AllEMAND
LES VERBES

Michel Esterle

HATIER

@ Cet ouvrage de la collection Bescherelle
est associé à des **compléments numériques** :
un ensemble d'exercices interactifs
sur les principales difficultés
des verbes allemands.
Pour y accéder, connectez-vous au site
www.bescherelle.com.
Inscrivez-vous en sélectionnant
le titre de l'ouvrage.
Il vous suffira ensuite d'indiquer
un mot clé issu de l'ouvrage
pour afficher le sommaire des exercices.

Vous pourrez également utiliser librement
les ressources liées aux autres ouvrages
de la collection Bescherelle en allemand.

Coordination éditoriale : Claire Dupuis, **assistée de** Bénédicte Jacamon
Édition : Sylvie Mascle
Correction : Adrienne Cadiot
Conception graphique : Marie-Astrid Bailly-Maître, Sterenn Heudiard, Sandrine Albanel & Nicolas Taffin
Mise en page : Al'Solo

Typographie : cet ouvrage est composé principalement avec les polices de caractères
Cicéro (créée par Thierry Puyfoulhoux), Scala sans (créée par Martin Majoor)
et Sassoon (créée par Adrian Williams).

© **HATIER** – Paris – juin 2008 – ISSN 0990 3771 – ISBN 978-2-218-92616-7

Toute représentation, traduction ou reproduction, même partielle, par tous procédés, en tous pays, faite sans autorisation préalable est illicite et exposerait le contrevenant à des poursuites judiciaires. Réf. : loi du 11 mars 1957, alinéas 2 et 3 de l'article 41. Une représentation ou reproduction sans autorisation de l'éditeur ou du Centre français d'exploitation du droit de copie (20, rue des Grands-Augustins, 75006, Paris) constituerait une contrefaçon sanctionnée par les articles 425 et suivants du code pénal.

AVANT-PROPOS

→ **Ouvrage de référence** destiné à un large public – lycéens, étudiants, adultes –, les *Verbes allemands Bescherelle* décrit l'emploi des verbes de la langue allemande contemporaine.

→ Les **Tableaux de conjugaison** des 54 verbes modèles permettent l'identification rapide d'une forme verbale. Le sens principal, la construction courante et les caractéristiques morphologiques du verbe modèle figurent dans le chapeau explicatif, ainsi que les éventuelles variantes des verbes apparentés.

La **Grammaire du verbe** présente en parallèle formes verbales et emplois. Une étude comparative avec le français met en lumière plusieurs difficultés récurrentes de l'apprentissage de l'allemand.

Entièrement nouveau, le **Guide des verbes à particule et à préfixe** permet de mieux saisir le fonctionnement des verbes allemands et d'enrichir le vocabulaire actif. Il propose au lecteur un échantillon représentatif et un parcours didactique, visant à délimiter les aires de signification des particules les plus courantes (les particules séparables sont notées en gras dans les trois premières parties de l'ouvrage).

Enfin, le **Dictionnaire des verbes** regroupe plus de 7 000 entrées de la langue courante, orale ou écrite ; il associe des informations grammaticales immédiatement exploitables à un renvoi aux *Tableaux de conjugaison* et, le cas échéant, au *Guide des verbes à particule et à préfixe*.

→ Dans cette **nouvelle édition, entièrement revue**, chaque partie est associée à une couleur différente et les contenus sont structurés en **paragraphes numérotés**. Cette organisation facilite une circulation rapide et efficace à l'intérieur des parties ; elle permet une lecture en continu aussi bien qu'une consultation ponctuelle, à partir des sommaires et des renvois internes.

→ L'objectif final est bien de fournir à l'utilisateur tous les moyens d'une réelle **maîtrise de la conjugaison et de la construction des verbes allemands**.

SIGLES ET ABRÉVIATIONS UTILISÉS

♦	emploi réfléchi du verbe précédent	jd	jemand (nominatif)
+ A	verbe transitif direct (complément d'objet à l'accusatif)	jm	jemandem (datif)
		jn	jemanden (accusatif)
adj.	adjectif	js	jemandes (génitif)
adm.	administratif	jur.	terme ou expression juridique
adv.	adverbe	lit.	terme littéraire ou poétique
angl.	anglais	mar.	maritime
arch.	archaïque	mil.	militaire
aux.	auxiliaire	part.	participe
com.	commercial	pers.	personne
+ D	verbe suivi d'un complément au datif	plur.	pluriel
etw.	etwas	prép.	préposition
fam.	emploi ou registre familier	qqch.	quelque chose
fig.	sens ou emploi figuré	qqn	quelqu'un
fr.	français	sich	verbe pronominal ou réfléchi
+ G	verbe suivi d'un complément au génitif	sing.	singulier
		techn.	mot technique
GN	groupe nominal	vi	verbe intransitif
GPREP	groupe prépositionnel	vi (hat)	verbe intransitif d'état conjugué avec l'auxiliaire haben
inf.	infinitif		
inform.	informatique	vimp. (es)	verbe impersonnel
ist	verbe intransitif conjugué avec l'auxiliaire sein	vmod	verbe de modalité
		vulg.	vulgaire

Sommaire

TABLEAUX ET LISTES

Liste des verbes modèles
Tableaux de conjugaison   **1-54**

GRAMMAIRE DU VERBE

La typologie des verbes	**55-74**
L'indicatif : formes et emplois	**75-89**
Le subjonctif : formes et emplois	**90-102**
Autres modes. Bilan	**103-114**
Les verbes *sein*, *haben* et *werden*	**115-123**
Les verbes de modalité et le verbe *wissen*	**124-135**
La voix passive	**136-140**
Les verbes à particule et à préfixe	**141-152**
La place du verbe dans la phrase	**153-154**

GUIDE DES VERBES À PARTICULE ET À PRÉFIXE

Les verbes	**155-190**
Les particules et les préfixes verbaux	**191-242**

DICTIONNAIRE DES VERBES

Comment utiliser ce dictionnaire
7 200 verbes usuels de A à Z

Les numéros renvoient aux paragraphes.

Tableaux
et listes

LISTE DES VERBES MODÈLES
TABLEAUX DE CONJUGAISON   1-54

Liste des verbes modèles

AUXILIAIRES

1 haben   2 sein   3 werden

VERBES FAIBLES
VOIX ACTIVE, VOIX PASSIVE, FORME RÉFLÉCHIE

4 fragen   5 gefragt werden   6 sich fragen

AUTRES VERBES FAIBLES

7 verbes en **eln** : sammeln   9 arbeiten
8 verbes en **ern** : fordern   10 studieren

VERBES FAIBLES IRRÉGULIERS

11 kennen   12 wenden   13 bringen

VERBES DE MODALITÉ + WISSEN

14 können   17 wollen   19 müssen
15 dürfen   18 sollen   20 wissen
16 mögen

VERBES FORTS

• 1RE SÉRIE : A-B-B

21 bleiben   25 schwören   29 dreschen
22 greifen   26 lügen   30 tun
23 heben   27 saugen   31 stehen
24 biegen   28 schießen

• 2^E SÉRIE : A-B-A

32 geben   36 waschen   40 stoßen
33 essen   37 schlafen   41 rufen
34 kommen   38 laufen   42 fallen
35 fahren   39 heißen   43 fangen

• 3^E SÉRIE : A-B-C

44 liegen   48 nehmen   52 singen
45 bitten   49 sprechen   53 gehen
46 sitzen   50 helfen
47 stehlen   51 schwimmen

« MUTANTS »

54 mahlen

Auxiliaire

1 haben avoir

hatte
geh$\underline{a}$bt

- Le verbe **haben** est associé comme auxiliaire au participe II (passé) des verbes transitifs, pronominaux et intransitifs d'état dans la formation des temps composés du passé (→ 118).
- Par son sens plein, il exprime avant tout la possession (*avoir, posséder*), mais sert aussi à former de nombreuses expressions idiomatiques : **jn lieb haben**, *aimer qqn*, **etw. gern haben**, *aimer bien* ; **etw. lieber haben**, *préférer* ; **es satt haben**, *en avoir assez* ; **es eilig haben**, *être pressé*.
- La voyelle **a**, commune à l'ensemble de la conjugaison, est brève (**hat, hatte**) ou longue (**habe, habt**).
  – Radical du présent : h$\underline{a}$b- ; 2ᵉ et 3ᵉ pers. sing. : **hast, hat**.
  – Radical du prétérit : **hatte** → Présent du subjonctif II : **hätte**.

	INDICATIF		SUBJONCTIF I	SUBJONCTIF II
	PRÉSENT	**PRÉTÉRIT**	**PRÉSENT**	**PRÉSENT**
ich	habe	hatte	habe	hätte
du	hast	hattest	habest	hättest
er/sie/es	hat[1]	hatte	habe	hätte
wir	haben	hatten	haben	hätten
ihr	habt	hattet	habet	hättet
sie/Sie	haben	hatten	haben	hätten
	PARFAIT	**PLUS-QUE-PARFAIT**	**PASSÉ**	**PASSÉ**
ich	habe gehabt	hatte gehabt	habe gehabt	hätte gehabt
du	hast gehabt	hattest gehabt	habest gehabt	hättest gehabt
er/sie/es	hat gehabt	hatte gehabt	habe gehabt	hätte gehabt
wir	haben gehabt	hatten gehabt	haben gehabt	hätten gehabt
ihr	habt gehabt	hattet gehabt	habet gehabt	hättet gehabt
sie/Sie	haben gehabt	hatten gehabt	haben gehabt	hätten gehabt
	FUTUR I	**FUTUR II**	**FUTUR I**	**FUTUR I**
ich	werde haben	werde gehabt haben	werde haben	würde haben
du	wirst haben	wirst gehabt haben	werdest haben	würdest haben
er/sie/es	wird haben	wird gehabt haben	werde haben	würde haben
wir	werden haben	werden gehabt haben	werden haben	würden haben
ihr	werdet haben	werdet gehabt haben	werdet haben	würdet haben
sie/Sie	werden haben	werden gehabt haben	werden haben	würden haben

	IMPÉRATIF	INFINITIF	PARTICIPE
sing. 2ᵉ	habe!	**INFINITIF I**	**PARTICIPE I**
plur. 1ʳᵉ	haben wir!	haben	habend
2ᵉ	habt!	**INFINITIF II**	**PARTICIPE II**
f. de politesse	haben Sie!	gehabt haben	gehabt

1 **A** bref par opposition à h$\underline{a}$be, h$\underline{a}$ben, h$\underline{a}$bt.

Auxiliaire

2   sein *être*

war
gewesen
er ist

- Le verbe **sein** est employé comme auxiliaire du passé (parfait, plus-que-parfait) des verbes **sein, bleiben, werden** et des verbes intransitifs de mouvement ou de changement d'état. Il intervient aussi dans la formation du passif-état de l'ensemble des verbes (→ 115).
- Comme verbe à part entière, il est notamment associé à des adjectifs-adverbes ou à des groupes nominaux attributs : **sportlich sein**, *être sportif* ; **ein guter Redner sein**, *être bon orateur*.
- Présent, prétérit et participe II présentent chacun un radical différent.
  - Présent : **ich bin, du bist, er ist, wir/sie sind.**
  - Radical du prétérit : **war** → Présent du subjonctif II : **wäre.**
  - Participe II (passé) : **gewesen.**

	INDICATIF		SUBJONCTIF I	SUBJONCTIF II
	PRÉSENT	**PRÉTÉRIT**	**PRÉSENT**	**PRÉSENT**
ich	bin	war	sei	wäre
du	bist	warst	seist	wärest
er/sie/es	ist	war	sei	wäre
wir	sind	waren	seien	wären
ihr	seid	wart	seiet	wäret
sie/Sie	sind	waren	seien	wären
	PARFAIT	**PLUS-QUE-PARFAIT**	**PASSÉ**	**PASSÉ**
ich	bin gewesen	war gewesen	sei gewesen	wäre gewesen
du	bist gewesen	warst gewesen	seist gewesen	wärest gewesen
er/sie/es	ist gewesen	war gewesen	sei gewesen	wäre gewesen
wir	sind gewesen	waren gewesen	seien gewesen	wären gewesen
ihr	seid gewesen	wart gewesen	seiet gewesen	wäret gewesen
sie/Sie	sind gewesen	waren gewesen	seien gewesen	wären gewesen
	FUTUR I	**FUTUR II**	**FUTUR I**	**FUTUR I**
ich	werde sein	werde gewesen sein	werde sein	würde sein
du	wirst sein	wirst gewesen sein	werdest sein	würdest sein
er/sie/es	wird sein	wird gewesen sein	werde sein	würde sein
wir	werden sein	werden gewesen sein	werden sein	würden sein
ihr	werdet sein	werdet gewesen sein	werdet sein	würdet sein
sie/Sie	werden sein	werden gewesen sein	werden sein	würden sein

	IMPÉRATIF	INFINITIF	PARTICIPE
sing. 2ᵉ	sei !	**INFINITIF I**	**PARTICIPE I**
plur. 1ʳᵉ	seien wir !	sein	seiend *(inusité)*
2ᵉ	seid !	**INFINITIF II**	**PARTICIPE II**
f. de politesse	seien Sie !	gewesen sein	gewesen

TABLEAUX DE CONJUGAISON

Auxiliaire

3 werden *devenir*

wurde
geworden
er wird

- Le verbe werden s'emploie dans la formation du futur et dans celle du passif-action (→ 121). Dans le premier cas, il est associé à l'infinitif, dans le second cas, au participe II (passé) du verbe.
- Par son sens plein, werden traduit en outre l'idée d'un processus en cours.
  – Radical du présent : werd- ; 2ᵉ et 3ᵉ pers. sing. : wirst, wird.
  – Radical du prétérit : wurd(e) → Présent du subjonctif II : würde.
  – Participe II : geworden (au passif, on emploie la forme worden).

	INDICATIF		SUBJONCTIF I	SUBJONCTIF II
	PRÉSENT	**PRÉTÉRIT**	**PRÉSENT**	**PRÉSENT**
ich	werde	wurde	werde	würde
du	wirst	wurdest	werdest	würdest
er/sie/es	wird	wurde	werde	würde
wir	werden	wurden	werden	würden
ihr	werdet	wurdet	werdet	würdet
sie/Sie	werden	wurden	werden	würden
	PARFAIT	**PLUS-QUE-PARFAIT**	**PASSÉ**	**PASSÉ**
ich	bin geworden	war geworden	sei geworden	wäre geworden
du	bist geworden	warst geworden	seist geworden	wärest geworden
er/sie/es	ist geworden	war geworden	sei geworden	wäre geworden
wir	sind geworden	waren geworden	seien geworden	wären geworden
ihr	seid geworden	wart geworden	seiet geworden	wäret geworden
sie/Sie	sind geworden	waren geworden	seien geworden	wären geworden
	FUTUR I	**FUTUR II**	**FUTUR I**	**FUTUR I**
ich	werde werden	werde geworden sein	werde werden	würde werden
du	wirst werden	wirst geworden sein	werdest werden	würdest werden
er/sie/es	wird werden	wird geworden sein	werde werden	würde werden
wir	werden werden	werden geworden sein	werden werden	würden werden
ihr	werdet werden	werdet geworden sein	werdet werden	würdet werden
sie/Sie	werden werden	werden geworden sein	werden werden	würden werden

	IMPÉRATIF	INFINITIF	PARTICIPE
sing. 2ᵉ	werde !	**INFINITIF I**	**PARTICIPE I**
plur. 1ʳᵉ	werden wir !	werden	werdend
2ᵉ	werdet !	**INFINITIF II**	**PARTICIPE II**
f. de politesse	werden Sie !	geworden sein	geworden/worden

Verbe faible

4 fragen interroger

- Le verbe fragen conserve le même radical pour l'ensemble de la conjugaison. Il représente ainsi la majorité des verbes réguliers ou faibles.
  - Radical du présent : frag-.
  - Prétérit : fragte → Présent du subjonctif II : fragte.

	INDICATIF		SUBJONCTIF I	SUBJONCTIF II
	PRÉSENT	**PRÉTÉRIT**	**PRÉSENT**	**PRÉSENT**
ich	frage	fragte	frage	fragte
du	fragst[1]	fragtest	fragest	fragtest
er/sie/es	fragt	fragte	frage	fragte
wir	fragen	fragten	fragen	fragten
ihr	fragt	fragtet	fraget	fragtet
sie/Sie	fragen	fragten	fragen	fragten
	PARFAIT	**PLUS-QUE-PARFAIT**	**PASSÉ**	**PASSÉ**
ich	habe gefragt	hatte gefragt	habe gefragt	hätte gefragt
du	hast gefragt	hattest gefragt	habest gefragt	hättest gefragt
er/sie/es	hat gefragt	hatte gefragt	habe gefragt	hätte gefragt
wir	haben gefragt	hatten gefragt	haben gefragt	hätten gefragt
ihr	habt gefragt	hattet gefragt	habet gefragt	hättet gefragt
sie/Sie	haben gefragt	hatten gefragt	haben gefragt	hätten gefragt
	FUTUR I	**FUTUR II**	**FUTUR I**	**FUTUR I**
ich	werde fragen	werde gefragt haben	werde fragen	würde fragen
du	wirst fragen	wirst gefragt haben	werdest fragen	würdest fragen
er/sie/es	wird fragen	wird gefragt haben	werde fragen	würde fragen
wir	werden fragen	werden gefragt haben	werden fragen	würden fragen
ihr	werdet fragen	werdet gefragt haben	werdet fragen	würdet fragen
sie/Sie	werden fragen	werden gefragt haben	werden fragen	würden fragen

	IMPÉRATIF	INFINITIF	PARTICIPE
sing. 2e	frag(e)!	**INFINITIF I**	**PARTICIPE I**
plur. 1re	fragen wir!	fragen	fragend
plur. 2e	fragt!	**INFINITIF II**	**PARTICIPE II**
f. de politesse	fragen Sie!	gefragt haben	gefragt

---

1 À la 2e personne du singulier du présent, les verbes dont le radical se termine par s, ss, ß, z ou tz **ne prennent pas de** e intercalaire : reisen, voyager : du reist; hassen, haïr : du hasst; grüßen, saluer : du grüßt; putzen, nettoyer : du putzt. Les 2e et 3e personnes du singulier et la 2e personne du pluriel sont alors identiques.

Verbe faible : voix passive

5 · **gefragt werden** *être interrogé*

- Les clés de la conjugaison du **passif-action** reposent sur l'auxiliaire werden.
  – Indicatif présent : ich werde gefragt ; 2ᵉ et 3ᵉ pers. sing. : du wirst, er wird gefragt.
  – Indicatif prétérit : ich wurde gefragt → Présent du subjonctif II : ich würde gefragt.
  – Participe II (passé) : gefragt worden.
- Les verbes forts se distinguent uniquement du modèle ci-dessous par leur participe II :
  ich werde gerufen, *je suis appelé*.

	INDICATIF		SUBJONCTIF I	SUBJONCTIF II
	PRÉSENT	**PRÉTÉRIT**	**PRÉSENT**	**PRÉSENT**
ich	werde gefragt	wurde gefragt	werde gefragt	würde gefragt
du	wirst gefragt	wurdest gefragt	werdest gefragt	würdest gefragt
er/sie/es	wird gefragt	wurde gefragt	werde gefragt	würde gefragt
wir	werden gefragt	wurden gefragt	werden gefragt	würden gefragt
ihr	werdet gefragt	wurdet gefragt	werdet gefragt	würdet gefragt
sie/Sie	werden gefragt	wurden gefragt	werden gefragt	würden gefragt
	PARFAIT	**PLUS-QUE-PARFAIT**	**PASSÉ**	**PASSÉ**
ich	bin gefragt worden	war gefragt worden	sei gefragt worden	wäre gefragt worden
du	bist gefragt worden	warst gefragt worden	seist gefragt worden	wärest gefragt worden
er/sie/es	ist gefragt worden	war gefragt worden	sei gefragt worden	wäre gefragt worden
wir	sind gefragt worden	waren gefragt worden	seien gefragt worden	wären gefragt worden
ihr	seid gefragt worden	wart gefragt worden	seiet gefragt worden	wäret gefragt worden
sie/Sie	sind gefragt worden	waren gefragt worden	seien gefragt worden	wären gefragt worden
	FUTUR I	**FUTUR II**	**FUTUR I**	**FUTUR I**
ich	werde gefragt werden	*inusité*	werde gefragt werden	würde gefragt werden
du	wirst gefragt werden		werdest gefragt werden	würdest gefragt werden
er/sie/es	wird gefragt werden		werde gefragt werden	würde gefragt werden
wir	werden gefragt werden		werden gefragt werden	würden gefragt werden
ihr	werdet gefragt werden		werdet gefragt werden	würdet gefragt werden
sie/Sie	werden gefragt werden		werden gefragt werden	würden gefragt werden

	IMPÉRATIF	INFINITIF	PARTICIPE
sing. 2ᵉ	*inusité*	**INFINITIF I**	**PARTICIPE I**
plur. 1ʳᵉ		gefragt werden	gefragt werdend
2ᵉ		**INFINITIF II**	**PARTICIPE II**
f. de politesse		gefragt worden sein	gefragt worden

Verbe faible : forme réfléchie

6 sich fragen *se demander*

- **Sich fragen** peut servir de modèle de référence pour l'ensemble des formes pronominales et réfléchies. Le verbe **fragen** s'accompagne ici d'un pronom à l'**accusatif** qui renvoie au sujet.
  - Radical du présent : frag- → ich frage mich, du fragst dich.
  - Prétérit de l'indicatif et présent du subjonctif II : fragte.
- Pour les verbes forts, on se reportera au modèle correspondant : **sich waschen**, *se laver* (→ 36), **sich befinden**, *se trouver* (→ 52).

INDICATIF		SUBJONCTIF I	SUBJONCTIF II
PRÉSENT	**PRÉTÉRIT**	**PRÉSENT**	**PRÉSENT**
ich frage mich	fragte mich	frage mich	fragte mich
du fragst dich	fragtest dich	fragest dich	fragtest dich
er/sie/es fragt sich	fragte sich	frage sich	fragte sich
wir fragen uns	fragten uns	fragen uns	fragten uns
ihr fragt euch	fragtet euch	fraget euch	fragtet euch
sie/Sie fragen sich	fragten sich	fragen sich	fragten sich
PARFAIT	**PLUS-QUE-PARFAIT**	**PASSÉ**	**PASSÉ**
ich habe mich gefragt	hatte mich gefragt	habe mich gefragt	hätte mich gefragt
du hast dich gefragt	hattest dich gefragt	habest dich gefragt	hättest dich gefragt
er/sie/es hat sich gefragt	hatte sich gefragt	habe sich gefragt	hätte sich gefragt
wir haben uns gefragt	hatten uns gefragt	haben uns gefragt	hätten uns gefragt
ihr habt euch gefragt	hattet euch gefragt	habet euch gefragt	hättet euch gefragt
sie/Sie haben sich gefragt	hatten sich gefragt	haben sich gefragt	hätten sich gefragt
FUTUR I	**FUTUR II**	**FUTUR I**	**FUTUR I**
ich werde mich fragen	werde mich gefragt haben	werde mich fragen	würde mich fragen
du wirst dich fragen	wirst dich gefragt haben	werdest dich fragen	würdest dich fragen
er/sie/es wird sich fragen	wird sich gefragt haben	werde sich fragen	würde sich fragen
wir werden uns fragen	werden uns gefragt haben	werden uns fragen	würden uns fragen
ihr werdet euch fragen	werdet euch gefragt haben	werdet euch fragen	würdet euch fragen
sie/Sie werden sich fragen	werden sich gefragt haben	werden sich fragen	würden sich fragen

	IMPÉRATIF	INFINITIF	PARTICIPE
sing. 2ᵉ	frage dich!	**INFINITIF I**	**PARTICIPE I**
plur. 1ʳᵉ	fragen wir uns!	sich fragen	sich fragend
2ᵉ	fragt euch!	**INFINITIF II**	**PARTICIPE II**
f. de politesse	fragen Sie sich!	sich gefragt haben	gefragt

TABLEAUX DE CONJUGAISON

Verbe en eln

7 sammeln *collectionner*

- Le verbe **sammeln** conserve le même radical à tous les temps et à tous les modes. Il se différencie toutefois du modèle général par la chute du **e** du radical à la 1re personne du singulier de l'indicatif présent : **ich sammle**, de même qu'au subjonctif I (1re et 3e pers. sing.) : **ich/er sammle**, et à l'impératif singulier : **sammle!**
- Radical du présent : **sammel-/samml-** → 1re pers. sing. : **ich sammle**.
- Prétérit de l'indicatif et présent du subjonctif II : **sammelte**.

	INDICATIF		SUBJONCTIF I	SUBJONCTIF II
	PRÉSENT	**PRÉTÉRIT**	**PRÉSENT**	**PRÉSENT**
ich	sammle	sammelte	samm(e)le	sammelte
du	sammelst	sammeltest	sammlest	sammeltest
er/sie/es	sammelt	sammelte	samm(e)le	sammelte
wir	sammeln	sammelten	sammeln	sammelten
ihr	sammelt	sammeltet	sammlet	sammeltet
sie/Sie	sammeln	sammelten	sammeln	sammelten
	PARFAIT	**PLUS-QUE-PARFAIT**	**PASSÉ**	**PASSÉ**
ich	habe gesammelt	hatte gesammelt	habe gesammelt	hätte gesammelt
du	hast gesammelt	hattest gesammelt	habest gesammelt	hättest gesammelt
er/sie/es	hat gesammelt	hatte gesammelt	habe gesammelt	hätte gesammelt
wir	haben gesammelt	hatten gesammelt	haben gesammelt	hätten gesammelt
ihr	habt gesammelt	hattet gesammelt	habet gesammelt	hättet gesammelt
sie/Sie	haben gesammelt	hatten gesammelt	haben gesammelt	hätten gesammelt
	FUTUR I	**FUTUR II**	**FUTUR I**	**FUTUR I**
ich	werde sammeln	werde gesammelt haben	werde sammeln	würde sammeln
du	wirst sammeln	wirst gesammelt haben	werdest sammeln	würdest sammeln
er/sie/es	wird sammeln	wird gesammelt haben	werde sammeln	würde sammeln
wir	werden sammeln	werden gesammelt haben	werden sammeln	würden sammeln
ihr	werdet sammeln	werdet gesammelt haben	werdet sammeln	würdet sammeln
sie/Sie	werden sammeln	werden gesammelt haben	werden sammeln	würden sammeln

	IMPÉRATIF	INFINITIF	PARTICIPE
sing. 2^e	sammle!	**INFINITIF I**	**PARTICIPE I**
plur. 1re	sammeln wir!	sammeln	sammelnd
2^e	sammelt!	**INFINITIF II**	**PARTICIPE II**
f. de politesse	sammeln Sie!	gesammelt haben	gesammelt

Verbe en ern

8 fordern réclamer, exiger

- Les verbes en **ern** présentent un phénomène identique aux verbes en **eln**, mais moins systématique : le **e** du radical tend à se maintenir, surtout dans la langue soignée, et les deux formes coexistent : **ich fordere** ou **fordre**, la première étant souvent la seule usitée : **ich erinnere mich**, *je me souviens*.
  – Radical du présent : **forder-/fordr-** → 1ʳᵉ pers. sing. : **ich fordere/fordre**.
  – Prétérit de l'indicatif et présent du subjonctif II : **forderte**.

	INDICATIF		SUBJONCTIF I	SUBJONCTIF II
	PRÉSENT	**PRÉTÉRIT**	**PRÉSENT**	**PRÉSENT**
ich	ford(e)re	forderte	ford(e)re	forderte
du	forderst	fordertest	ford(e)rest	fordertest
er/sie/es	fordert	forderte	ford(e)re	forderte
wir	fordern	forderten	fordern	forderten
ihr	fordert	fordertet	fordert	fordertet
sie/Sie	fordern	forderten	fordern	forderten
	PARFAIT	**PLUS-QUE-PARFAIT**	**PASSÉ**	**PASSÉ**
ich	habe gefordert	hatte gefordert	habe gefordert	hätte gefordert
du	hast gefordert	hattest gefordert	habest gefordert	hättest gefordert
er/sie/es	hat gefordert	hatte gefordert	habe gefordert	hätte gefordert
wir	haben gefordert	hatten gefordert	haben gefordert	hätten gefordert
ihr	habt gefordert	hattet gefordert	habet gefordert	hättet gefordert
sie/Sie	haben gefordert	hatten gefordert	haben gefordert	hätten gefordert
	FUTUR I	**FUTUR II**	**FUTUR I**	**FUTUR I**
ich	werde fordern	werde gefordert haben	werde fordern	würde fordern
du	wirst fordern	wirst gefordert haben	werdest fordern	würdest fordern
er/sie/es	wird fordern	wird gefordert haben	werde fordern	würde fordern
wir	werden fordern	werden gefordert haben	werden fordern	würden fordern
ihr	werdet fordern	werdet gefordert haben	werdet fordern	würdet fordern
sie/Sie	werden fordern	werden gefordert haben	werden fordern	würden fordern

	IMPÉRATIF	**INFINITIF**	**PARTICIPE**
sing. 2ᵉ	ford(e)re!	**INFINITIF I**	**PARTICIPE I**
plur. 1ʳᵉ	fordern wir!	fordern	fordernd
2ᵉ	fordert!	**INFINITIF II**	**PARTICIPE II**
f. de politesse	fordern Sie!	gefordert haben	gefordert

Verbe faible : radical en t/d

9 **arbeiten** *travailler*

- Le verbe **arbeiten** représente la classe des verbes faibles dont le radical se termine par **d, t, tt, st** ou par un groupe de consonnes difficiles à prononcer. Ces verbes intercalent un **e**, appelé **e** euphonique, entre la consonne du radical et les terminaisons **st, t** du présent, **te** du prétérit et **t** du participe II.
  – Radical du présent : arb**ei**t- → du arb**ei**t**est**, er arb**ei**t**et**, ihr arb**ei**t**et**.
  – Prétérit de l'indicatif et présent du subjonctif II : arb**ei**tete.
  – Participe II : gearb**ei**tet.
- De même **bilden**, *former* ; **öffnen**, *ouvrir* ; **zeichnen**, *dessiner* ; **atmen**, *respirer*.

	INDICATIF		SUBJONCTIF I	SUBJONCTIF II
	PRÉSENT	**PRÉTÉRIT**	**PRÉSENT**	**PRÉSENT**
ich	arbeite	arbeitete	arbeite	arbeitete
du	arbeitest	arbeitetest	arbeitest	arbeitetest
er/sie/es	arbeitet	arbeitete	arbeite	arbeitete
wir	arbeiten	arbeiteten	arbeiten	arbeiteten
ihr	arbeitet	arbeitetet	arbeitet	arbeitetet
sie/Sie	arbeiten	arbeiteten	arbeiten	arbeiteten
	PARFAIT	**PLUS-QUE-PARFAIT**	**PASSÉ**	**PASSÉ**
ich	habe gearbeitet	hatte gearbeitet	habe gearbeitet	hätte gearbeitet
du	hast gearbeitet	hattest gearbeitet	habest gearbeitet	hättest gearbeitet
er/sie/es	hat gearbeitet	hatte gearbeitet	habe gearbeitet	hätte gearbeitet
wir	haben gearbeitet	hatten gearbeitet	haben gearbeitet	hätten gearbeitet
ihr	habt gearbeitet	hattet gearbeitet	habet gearbeitet	hättet gearbeitet
sie/Sie	haben gearbeitet	hatten gearbeitet	haben gearbeitet	hätten gearbeitet
	FUTUR I	**FUTUR II**	**FUTUR I**	**FUTUR I**
ich	werde arbeiten	werde gearbeitet haben	werde arbeiten	würde arbeiten
du	wirst arbeiten	wirst gearbeitet haben	werdest arbeiten	würdest arbeiten
er/sie/es	wird arbeiten	wird gearbeitet haben	werde arbeiten	würde arbeiten
wir	werden arbeiten	werden gearbeitet haben	werden arbeiten	würden arbeiten
ihr	werdet arbeiten	werdet gearbeitet haben	werdet arbeiten	würdet arbeiten
sie/Sie	werden arbeiten	werden gearbeitet haben	werden arbeiten	würden arbeiten

	IMPÉRATIF	INFINITIF	PARTICIPE
sing. 2ᵉ	arbeite !	**INFINITIF I**	**PARTICIPE I**
plur. 1ʳᵉ	arbeiten wir !	arbeiten	arbeitend
2ᵉ	arbeitet !	**INFINITIF II**	**PARTICIPE II**
f. de politesse	arbeiten Sie !	gearbeitet haben	gearbeitet

Verbe en ieren

10 studieren *étudier*

- D'une incroyable profusion, les verbes répondant au modèle studieren sont formés à l'aide des suffixes **ieren**, **isieren** ou **izieren** (du latin *facere*, *faire*): **telefonieren**, *téléphoner*; **organisieren**, *organiser*; **fabrizieren**, *fabriquer*.
- Accentués sur l'avant-dernière syllabe **ie** [i:] du suffixe **ieren**, ils forment leur participe passé avec la seule terminaison **t**. Ils conservent toujours le même radical.
  – Radical du présent : studier- → ich studiere, du studierst.
  – Prétérit de l'indicatif et présent du subjonctif II : studierte.
  – Participe II (passé) : studiert.

	INDICATIF		SUBJONCTIF I	SUBJONCTIF II
	PRÉSENT	**PRÉTÉRIT**	**PRÉSENT**	**PRÉSENT**
ich	studiere	studierte	studiere	studierte
du	studierst	studiertest	studierest	studiertest
er/sie/es	studiert	studierte	studiere	studierte
wir	studieren	studierten	studieren	studierten
ihr	studiert	studiertet	studieret	studiertet
sie/Sie	studieren	studierten	studieren	studierten
	PARFAIT	**PLUS-QUE-PARFAIT**	**PASSÉ**	**PASSÉ**
ich	habe studiert	hatte studiert	habe studiert	hätte studiert
du	hast studiert	hattest studiert	habest studiert	hättest studiert
er/sie/es	hat studiert	hatte studiert	habe studiert	hätte studiert
wir	haben studiert	hatten studiert	haben studiert	hätten studiert
ihr	habt studiert	hattet studiert	habet studiert	hättet studiert
sie/Sie	haben studiert	hatten studiert	haben studiert	hätten studiert
	FUTUR I	**FUTUR II**	**FUTUR I**	**FUTUR I**
ich	werde studieren	werde studiert haben	werde studieren	würde studieren
du	wirst studieren	wirst studiert haben	werdest studieren	würdest studieren
er/sie/es	wird studieren	wird studiert haben	werde studieren	würde studieren
wir	werden studieren	werden studiert haben	werden studieren	würden studieren
ihr	werdet studieren	werdet studiert haben	werdet studieren	würdet studieren
sie/Sie	werden studieren	werden studiert haben	werden studieren	würden studieren

	IMPÉRATIF	INFINITIF	PARTICIPE
sing. 2ᵉ	studiere!	**INFINITIF I**	**PARTICIPE I**
plur. 1ʳᵉ	studieren wir!	studieren	studierend
2ᵉ	studiert!	**INFINITIF II**	**PARTICIPE II**
f. de politesse	studieren Sie!	studiert haben	studiert

Verbe faible irrégulier

11 **kennen** connaître

kann**te**
ge**kannt**

- Cette classe de verbes présente la particularité d'associer une altération de la voyelle du radical (e → a) au prétérit et au participe II à la présence de marques régulières (faibles) dans l'ensemble de la conjugaison.
  - Radical du présent : kenn- → ich kenne, du kennst.
  - Prétérit : ka**nn**te → Présent du subjonctif II : **ke**nnte (radical de l'infinitif).
  - Participe II : ge**ka**nnt.
- Autres verbes simples : brennen, brûler ; nennen, nommer ; rennen, courir.
- Rennen et les composés intransitifs de brennen (**ab**brennen, **aus**brennen) se conjuguent avec l'auxiliaire sein.

	INDICATIF		SUBJONCTIF I	SUBJONCTIF II
	PRÉSENT	PRÉTÉRIT	PRÉSENT	PRÉSENT
ich	kenne	kannte	kenne	kennte
du	kennst	kanntest	kennest	kenntest
er/sie/es	kennt	kannte	kenne	kennte
wir	kennen	kannten	kennen	kennten
ihr	kennt	kanntet	kennet	kenntet
sie/Sie	kennen	kannten	kennen	kennten
	PARFAIT	PLUS-QUE-PARFAIT	PASSÉ	PASSÉ
ich	habe gekannt	hatte gekannt	habe gekannt	hätte gekannt
du	hast gekannt	hattest gekannt	habest gekannt	hättest gekannt
er/sie/es	hat gekannt	hatte gekannt	habe gekannt	hätte gekannt
wir	haben gekannt	hatten gekannt	haben gekannt	hätten gekannt
ihr	habt gekannt	hattet gekannt	habet gekannt	hättet gekannt
sie/Sie	haben gekannt	hatten gekannt	haben gekannt	hätten gekannt
	FUTUR I	FUTUR II	FUTUR I	FUTUR I
ich	werde kennen	werde gekannt haben	werde kennen	würde kennen
du	wirst kennen	wirst gekannt haben	werdest kennen	würdest kennen
er/sie/es	wird kennen	wird gekannt haben	werde kennen	würde kennen
wir	werden kennen	werden gekannt haben	werden kennen	würden kennen
ihr	werdet kennen	werdet gekannt haben	werdet kennen	würdet kennen
sie/Sie	werden kennen	werden gekannt haben	werden kennen	würden kennen

	IMPÉRATIF	INFINITIF	PARTICIPE
sing. 2ᵉ	kenne !	INFINITIF I	PARTICIPE I
plur. 1ʳᵉ	kennen wir !	kennen	kennend
2ᵉ	kennt !	INFINITIF II	PARTICIPE II
f. de politesse	kennen Sie !	gekannt haben	gekannt

12 wenden *tourner*

Verbe faible irrégulier

wan**d**te
ge**wand**t
er wende**t**

- Le verbe wenden présente une autre variante de verbes faibles irréguliers, marqués par la coexistence de formes régulières avec une modification éventuelle de la voyelle du radical au prétérit et au participe II.
  - Radical du présent : wend- → ich wende, du wendest, er wendet (→ arbeiten 9).
  - Prétérit : wendete ou wandte → Présent du subjonctif II : wendete (radical de l'infinitif).
  - Participe II : gewendet ou gewandt.
- Autres verbes : senden, *envoyer, expédier*, et ses composés **ab**senden, versenden.
- Le verbe senden appartient à un registre administratif.

INDICATIF		SUBJONCTIF I	SUBJONCTIF II
PRÉSENT	**PRÉTÉRIT**	**PRÉSENT**	**PRÉSENT**
ich wende	wandte/wendete	wende	wendete[2]
du wendest	wandtest/wendetest	wendest	wendetest
er/sie/es wendet	wandte/wendete	wende	wendete
wir wenden	wandten/wendeten	wenden	wendeten
ihr wendet	wandtet/wendetet	wendet	wendetet
sie/Sie wenden	wandten/wendeten	wenden	wendeten
PARFAIT	**PLUS-QUE-PARFAIT**	**PASSÉ**	**PASSÉ**
ich habe gewandt	hatte gewandt/gewendet	habe gewandt	hätte gewandt
du hast gewandt	hattest gewandt/gewendet	habest gewandt	hättest gewandt
er/sie/es hat gewandt	hatte gewandt/gewendet	habe gewandt	hätte gewandt
wir haben gewandt	hatten gewandt/gewendet	haben gewandt	hätten gewandt
ihr habt gewandt	hattet gewandt/gewendet	habet gewandt	hättet gewandt
sie/Sie haben gewandt	hatten gewandt/gewendet	haben gewandt	hätten gewandt
FUTUR I	**FUTUR II**	**FUTUR I**	**FUTUR I**
ich werde wenden	werde gewandt haben	werde wenden	würde wenden
du wirst wenden	wirst gewandt haben	werdest wenden	würdest wenden
er/sie/es wird wenden	wird gewandt haben	werde wenden	würde wenden
wir werden wenden	werden gewandt haben	werden wenden	würden wenden
ihr werdet wenden	werdet gewandt haben	werdet wenden	würdet wenden
sie/Sie werden wenden	werden gewandt haben	werden wenden	würden wenden

IMPÉRATIF	INFINITIF	PARTICIPE
sing. 2ᵉ wende!	**INFINITIF I**	**PARTICIPE I**
plur. 1ʳᵉ wenden wir!	wenden	wendend
2ᵉ wendet!	**INFINITIF II**	**PARTICIPE II**
f. de politesse wenden Sie!	gewandt haben	gewandt/gewendet

1 On emploie le prétérit faible wendete, mais cette forme est généralement remplacée par le futur : ich würde... wenden.

Verbe faible irrégulier

13 bringen *apporter*

brachte
gebracht

- Le verbe **bringen** concilie les désinences **te, t** des verbes faibles avec une altération complète de son radical au prétérit et au participe II:
  - Radical du présent: **bring-**.
  - Prétérit (radical modifié): **brachte** → Présent du subjonctif II: **brächte (würde bringen)**.
  - Participe II (radical modifié): **gebracht**.
- Il en est de même pour **denken (dachte, gedacht)**, *penser* et l'ensemble de ses composés à particule et à préfixe.

INDICATIF		SUBJONCTIF I	SUBJONCTIF II
PRÉSENT	**PRÉTÉRIT**	**PRÉSENT**	**PRÉSENT**
ich bringe	brachte	bringe	brächte
du bringst	brachtest	bringest	brächtest
er/sie/es bringt	brachte	bringe	brächte
wir bringen	brachten	bringen	brächten
ihr bringt	brachtet	bringet	brächtet
sie/Sie bringen	brachten	bringen	brächten
PARFAIT	**PLUS-QUE-PARFAIT**	**PASSÉ**	**PASSÉ**
ich habe gebracht	hatte gebracht	habe gebracht	hätte gebracht
du hast gebracht	hattest gebracht	habest gebracht	hättest gebracht
er/sie/es hat gebracht	hatte gebracht	habe gebracht	hätte gebracht
wir haben gebracht	hatten gebracht	haben gebracht	hätten gebracht
ihr habt gebracht	hattet gebracht	habet gebracht	hättet gebracht
sie/Sie haben gebracht	hatten gebracht	haben gebracht	hätten gebracht
FUTUR I	**FUTUR II**	**FUTUR I**	**FUTUR I**
ich werde bringen	werde gebracht haben	werde bringen	würde bringen
du wirst bringen	wirst gebracht haben	werdest bringen	würdest bringen
er/sie/es wird bringen	wird gebracht haben	werde bringen	würde bringen
wir werden bringen	werden gebracht haben	werden bringen	würden bringen
ihr werdet bringen	werdet gebracht haben	werdet bringen	würdet bringen
sie/Sie werden bringen	werden gebracht haben	werden bringen	würden bringen

	IMPÉRATIF	INFINITIF	PARTICIPE
sing. 2ᵉ	bring(e)!	**INFINITIF I**	**PARTICIPE I**
plur. 1ʳᵉ	bringen wir!	bringen	bringend
2ᵉ	bringt!	**INFINITIF II**	**PARTICIPE II**
f. de politesse	bringen Sie!	gebracht haben	gebracht

Verbe de modalité

14 können pouvoir, être capable de

konnte
gekonnt
er kann

- *Können* appartient à la classe des verbes de modalité (→ 128). Le présent, issu d'un ancien prétérit, présente au singulier une voyelle distincte de celle de l'infinitif et une absence de terminaison à la 1re et à la 3e personne. Le prétérit et le participe II s'apparentent à la conjugaison faible avec perte de l'inflexion : ö → o.
  - Radical du présent : sing. kann-; plur. könn- (radical de l'infinitif).
  - Prétérit : konnte (sans *Umlaut*) → Présent du subjonctif II : könnte.
  - Participe II : gekonnt/können (au contact d'un infinitif complément).

	INDICATIF		SUBJONCTIF I	SUBJONCTIF II
	PRÉSENT	**PRÉTÉRIT**	**PRÉSENT**	**PRÉSENT**
ich	kann	konnte	könne	könnte
du	kannst	konntest	könnest	könntest
er/sie/es	kann	konnte	könne	könnte
wir	können	konnten	können	könnten
ihr	könnt	konntet	könnet	könntet
sie/Sie	können	konnten	können	könnten
	PARFAIT	**PLUS-QUE-PARFAIT**	**PASSÉ**	**PASSÉ**
ich	habe gekonnt/können	hatte gekonnt/können	habe gekonnt/können	hätte gekonnt/können
du	hast gekonnt	hattest gekonnt	habest gekonnt	hättest gekonnt
er/sie/es	hat gekonnt	hatte gekonnt	habe gekonnt	hätte gekonnt
wir	haben gekonnt	hatten gekonnt	haben gekonnt	hätten gekonnt
ihr	habt gekonnt	hattet gekonnt	habet gekonnt	hättet gekonnt
sie/Sie	haben gekonnt	hatten gekonnt	haben gekonnt	hätten gekonnt
	FUTUR I	**FUTUR II**	**FUTUR I**	**FUTUR I**[1]
ich	werde können	werde gekonnt haben	werde können	
du	wirst können	wirst gekonnt haben	werdest können	
er/sie/es	wird können	wird gekonnt haben	werde können	
wir	werden können	werden gekonnt haben	werden können	
ihr	werdet können	werdet gekonnt haben	werdet können	
sie/Sie	werden können	werden gekonnt haben	werden können	

	IMPÉRATIF	INFINITIF	PARTICIPE
sing. 2e	*inusité*		
plur. 1re		**INFINITIF I**	**PARTICIPE I**
2e		können	könnend (*rare*)
f. de politesse		**INFINITIF II**	**PARTICIPE II**
		gekonnt haben	gekonnt/können

1 On emploie le présent du subjonctif II : ich könnte.

Verbe de modalité

15 dürfen avoir la permission de

durfte
gedurft
er darf

- Le verbe **dürfen**, moins usité que **können**, appartient comme lui à la classe des verbes de modalité (→ 129, 131). Le présent, issu d'un ancien prétérit, présente au singulier une voyelle distincte de celle de l'infinitif et une absence de terminaison à la 1ʳᵉ et à la 3ᵉ personne. Le prétérit et le participe II s'apparentent à la conjugaison faible avec perte de l'inflexion : ü → u.
  - Radical du présent : sing. : **darf-** ; plur. : **dürf-** (radical de l'infinitif).
  - Prétérit : **durf**te (sans *Umlaut*) → Présent du subjonctif II : **dürf**te.
  - Participe II : **ge**durf**t**/**dürfen** (au contact d'un infinitif complément).

	INDICATIF			SUBJONCTIF I	SUBJONCTIF II
	PRÉSENT		**PRÉTÉRIT**	**PRÉSENT**	**PRÉSENT**
ich	darf		durfte	dürfe	dürfte
du	darfst		durftest	dürfest	dürftest
er/sie/es	darf		durfte	dürfe	dürfte
wir	dürfen		durften	dürfen	dürften
ihr	dürft		durftet	dürfet	dürftet
sie/Sie	dürfen		durften	dürfen	dürften
	PARFAIT		**PLUS-QUE-PARFAIT**	**PASSÉ**	**PASSÉ**
ich	habe gedurft/dürfen		hatte gedurft/dürfen	habe gedurft/dürfen	hätte gedurft/dürfen
du	hast gedurft		hattest gedurft	habest gedurft	hättest gedurft
er/sie/es	hat gedurft		hatte gedurft	habe gedurft	hätte gedurft
wir	haben gedurft		hatten gedurft	haben gedurft	hätten gedurft
ihr	habt gedurft		hattet gedurft	habet gedurft	hättet gedurft
sie/Sie	haben gedurft		hatten gedurft	haben gedurft	hätten gedurft
	FUTUR I		**FUTUR II**	**FUTUR I**	**FUTUR I**[1]
ich	werde dürfen		werde gedurft haben	werde dürfen	
du	wirst dürfen		wirst gedurft haben	werdest dürfen	
er/sie/es	wird dürfen		wird gedurft haben	werde dürfen	
wir	werden dürfen		werden gedurft haben	werden dürfen	
ihr	werdet dürfen		werdet gedurft haben	werdet dürfen	
sie/Sie	werden dürfen		werden gedurft haben	werden dürfen	

		IMPÉRATIF	INFINITIF	PARTICIPE
sing. 2ᵉ		*inusité*	**INFINITIF I**	**PARTICIPE I**
plur. 1ʳᵉ			dürfen	dürfend *(rare)*
2ᵉ			**INFINITIF II**	**PARTICIPE II**
f. de politesse			gedurft haben	gedurft/dürfen

---

[1] On emploie le présent du subjonctif II : **ich dürfte**.

16 mögen *aimer bien, désirer*

Verbe de modalité

mochte
gemocht
er mag

- Le verbe **mögen** appartient à la classe des verbes de modalité (→ 134). Le présent, issu d'un ancien prétérit, présente au singulier une voyelle distincte de celle de l'infinitif et une absence de terminaison à la 1re et à la 3e personne. Le prétérit et le participe II s'apparentent à la conjugaison faible avec altération du radical : **mögen** → **mochte**.
  - Radical du présent : sing. : **mag-** ; plur. : **mög-**.
  - Prétérit : **mochte** (sans *Umlaut*) → Présent du subjonctif II : **möchte**.
  - Participe II : **gemocht/mögen** (au contact d'un infinitif complément).

	INDICATIF		SUBJONCTIF I	SUBJONCTIF II
	PRÉSENT	PRÉTÉRIT	PRÉSENT	PRÉSENT
ich	mag	mochte	möge	möchte
du	magst	mochtest	mögest	möchtest
er/sie/es	mag	mochte	möge	möchte
wir	mögen	mochten	mögen	möchten
ihr	mögt	mochtet	möget	möchtet
sie/Sie	mögen	mochten	mögen	möchten
	PARFAIT	PLUS-QUE-PARFAIT	PASSÉ	PASSÉ
ich	habe gemocht/mögen	hatte gemocht/mögen	habe gemocht/mögen	hätte gemocht/mögen
du	hast gemocht	hattest gemocht	habest gemocht	hättest gemocht
er/sie/es	hat gemocht	hatte gemocht	habe gemocht	hätte gemocht
wir	haben gemocht	hatten gemocht	haben gemocht	hätten gemocht
ihr	habt gemocht	hattet gemocht	habet gemocht	hättet gemocht
sie/Sie	haben gemocht	hatten gemocht	haben gemocht	hätten gemocht
	FUTUR I	FUTUR II	FUTUR I	FUTUR I[1]
ich	werde mögen	werde gemocht haben	werde mögen	
du	wirst mögen	wirst gemocht haben	werdest mögen	
er/sie/es	wird mögen	wird gemocht haben	werde mögen	
wir	werden mögen	werden gemocht haben	werden mögen	
ihr	werdet mögen	werdet gemocht haben	werdet mögen	
sie/Sie	werden mögen	werden gemocht haben	werden mögen	

	IMPÉRATIF	INFINITIF	PARTICIPE
sing. 2e	*inusité*	INFINITIF I	PARTICIPE I
plur. 1re		mögen	mögend *(rare)*
2e		INFINITIF II	PARTICIPE II
f. de politesse		gemocht haben	gemocht/mögen

[1] On emploie le présent du subjonctif II : **ich möchte**.

Verbe de modalité

17 **wollen** *vouloir*

wollte
gewollt
er will

- Le verbe wollen appartient à la classe des verbes de modalité (→ 133). Le présent, issu d'un ancien prétérit, présente au singulier une voyelle distincte de celle de l'infinitif et une absence de terminaison à la 1re et à la 3e personne. Le prétérit et le participe II, qui conservent le radical de l'infinitif, s'apparentent totalement à la conjugaison faible.
  - Radical du présent : sing. : will-; plur. : woll-.
  - Radical du prétérit et du participe II : woll- → Présent du subjonctif II : wollte (sans *Umlaut*).

	INDICATIF		SUBJONCTIF I	SUBJONCTIF II
	PRÉSENT	PRÉTÉRIT	PRÉSENT	PRÉSENT
ich	will	wollte	wolle	wollte
du	willst	wolltest	wollest	wolltest
er/sie/es	will	wollte	wolle	wollte
wir	wollen	wollten	wollen	wollten
ihr	wollt	wolltet	wollet	wolltet
sie/Sie	wollen	wollten	wollen	wollten
	PARFAIT	PLUS-QUE-PARFAIT	PASSÉ	PASSÉ
ich	habe gewollt/wollen	hatte gewollt/wollen	habe gewollt/wollen	hätte gewollt/wollen
du	hast gewollt	hattest gewollt	habest gewollt	hättest gewollt
er/sie/es	hat gewollt	hatte gewollt	habe gewollt	hätte gewollt
wir	haben gewollt	hatten gewollt	haben gewollt	hätten gewollt
ihr	habt gewollt	hattet gewollt	habet gewollt	hättet gewollt
sie/Sie	haben gewollt	hatten gewollt	haben gewollt	hätten gewollt
	FUTUR I	FUTUR II	FUTUR I	FUTUR I[1]
ich	werde wollen	werde gewollt haben	werde wollen	
du	wirst wollen	wirst gewollt haben	werdest wollen	
er/sie/es	wird wollen	wird gewollt haben	werde wollen	
wir	werden wollen	werden gewollt haben	werden wollen	
ihr	werdet wollen	werdet gewollt haben	werdet wollen	
sie/Sie	werden wollen	werden gewollt haben	werden wollen	

	IMPÉRATIF	INFINITIF	PARTICIPE
sing. 2e	*inusité*	INFINITIF I	PARTICIPE I
plur. 1re		wollen	wollend (*rare*)
2e		INFINITIF II	PARTICIPE II
f. de politesse		gewollt haben	gewollt/wollen

[1] On emploie le présent du subjonctif II : **ich wollte**.

Verbe de modalité

18 sollen devoir

sollte
gesollt
er soll

- Le verbe **sollen** appartient à la classe des verbes de modalité (→ 132). Le présent, issu d'un ancien prétérit, conserve la voyelle de l'infinitif, mais ne présente aucune terminaison à la 1re et à la 3e personne du singulier. Le prétérit et le participe II, qui conservent eux aussi le radical de l'infinitif, s'apparentent totalement à la conjugaison faible.
  – Radical du présent (sing. et plur.) : **soll-**.
  – Radical du prétérit et du participe II : **soll-** → Présent du subjonctif II : **sollte** (sans *Umlaut*).

	INDICATIF		SUBJONCTIF I	SUBJONCTIF II
	PRÉSENT	PRÉTÉRIT	PRÉSENT	PRÉSENT
ich	soll	sollte	solle	sollte
du	sollst	solltest	sollest	solltest
er/sie/es	soll	sollte	solle	sollte
wir	sollen	sollten	sollen	sollten
ihr	sollt	solltet	sollet	solltet
sie/Sie	sollen	sollten	sollen	sollten
	PARFAIT	PLUS-QUE-PARFAIT	PASSÉ	PASSÉ
ich	habe gesollt/sollen	hatte gesollt/sollen	habe gesollt/sollen	hätte gesollt/sollen
du	hast gesollt	hattest gesollt	habest gesollt	hättest gesollt
er/sie/es	hat gesollt	hatte gesollt	habe gesollt	hätte gesollt
wir	haben gesollt	hatten gesollt	haben gesollt	hätten gesollt
ihr	habt gesollt	hattet gesollt	habet gesollt	hättet gesollt
sie/Sie	haben gesollt	hatten gesollt	haben gesollt	hätten gesollt
	FUTUR I	FUTUR II	FUTUR I	FUTUR I[1]
ich	werde sollen	werde gesollt haben	werde sollen	
du	wirst sollen	wirst gesollt haben	werdest sollen	
er/sie/es	wird sollen	wird gesollt haben	werde sollen	
wir	werden sollen	werden gesollt haben	werden sollen	
ihr	werdet sollen	werdet gesollt haben	werdet sollen	
sie/Sie	werden sollen	werden gesollt haben	werden sollen	

	IMPÉRATIF	INFINITIF	PARTICIPE
sing. 2e	*inusité*	INFINITIF I	PARTICIPE I
plur. 1re		sollen	*inusité*
2e		INFINITIF II	PARTICIPE II
f. de politesse		gesollt haben	gesollt/sollen

---

1 On emploie le présent du subjonctif II : **ich sollte**.

Verbe de modalité

19 müssen être obligé(e) de

musste
gemusst
er muss

- Le verbe **müssen** appartient à la classe des verbes de modalité (→ 130). Le présent, issu d'un ancien prétérit, présente au singulier une voyelle distincte de celle de l'infinitif et une absence de terminaison à la 1re et à la 3e personne. Le prétérit et le participe II s'apparentent à la conjugaison faible avec chute de l'*Umlaut*: **müssen → musste; gemusst**.
  – Radical du présent: sing.: **muss-**; plur.: **müss-**.
  – Prétérit: **musste** (sans *Umlaut*) → Présent du subjonctif II: **müsste**.
  – Participe II: **gemusst/müssen** (au contact d'un infinitif complément).

	INDICATIF		SUBJONCTIF I	SUBJONCTIF II
	PRÉSENT	PRÉTÉRIT	PRÉSENT	PRÉSENT
ich	muss	musste	müsse	müsste
du	musst	musstest	müssest	müsstest
er/sie/es	muss	musste	müsse	müsste
wir	müssen	mussten	müssen	müssten
ihr	müsst	musstet	müsset	müsstet
sie/Sie	müssen	mussten	müssen	müssten
	PARFAIT	PLUS-QUE-PARFAIT	PASSÉ	PASSÉ
ich	habe gemusst/müssen	hatte gemusst/müssen	habe gemusst/müssen	hätte gemusst/müssen
du	hast gemusst	hattest gemusst	habest gemusst	hättest gemusst
er/sie/es	hat gemusst	hatte gemusst	habe gemusst	hätte gemusst
wir	haben gemusst	hatten gemusst	haben gemusst	hätten gemusst
ihr	habt gemusst	hattet gemusst	habet gemusst	hättet gemusst
sie/Sie	haben gemusst	hatten gemusst	haben gemusst	hätten gemusst
	FUTUR I	FUTUR II	FUTUR I	FUTUR I[1]
ich	werde müssen	werde gemusst haben	werde müssen	
du	wirst müssen	wirst gemusst haben	werdest müssen	
er/sie/es	wird müssen	wird gemusst haben	werde müssen	
wir	werden müssen	werden gemusst haben	werden müssen	
ihr	werdet müssen	werdet gemusst haben	werdet müssen	
sie/Sie	werden müssen	werden gemusst haben	werden müssen	

	IMPÉRATIF	INFINITIF	PARTICIPE
sing. 2e	*inusité*	INFINITIF I	PARTICIPE I
plur. 1re		müssen	*inusité*
2e		INFINITIF II	PARTICIPE II
f. de politesse		gemusst haben	gemusst/müssen

[1] On emploie le présent du subjonctif II: **ich müsste**.

Verbe faible irrégulier

20 wissen *savoir*

wusste
gewusst
er weiß

- Le verbe **wissen** s'apparente par sa conjugaison aux six verbes de modalité précédents. Son présent, issu d'un ancien prétérit, présente au singulier un radical distinct de celui de l'infinitif et une absence de terminaison à la 1re et à la 3e personne. Le prétérit et le participe II présentent, comme les verbes forts, un radical différent de celui de l'infinitif, mais adoptent les marques **te** et **t** de la conjugaison faible.
  – Radical du présent : sing. : **weiß-** ; plur. : **wiss-**.
  – Prétérit : **wusste** (sans *Umlaut*) → Présent du subjonctif II : **wüsste**.
  – Participe II : **gewusst** (pas d'infinitif complément en jonction directe).

	INDICATIF		SUBJONCTIF I	SUBJONCTIF II
	PRÉSENT	PRÉTÉRIT	PRÉSENT	PRÉSENT
ich	weiß	wusste	wisse	wüsste
du	weißt	wusstest	wissest	wüsstest
er/sie/es	weiß	wusste	wisse	wüsste
wir	wissen	wussten	wissen	wüssten
ihr	wisst	wusstet	wisset	wüsstet
sie/Sie	wissen	wussten	wissen	wüssten
	PARFAIT	PLUS-QUE-PARFAIT	PASSÉ	PASSÉ
ich	habe gewusst	hatte gewusst	habe gewusst	hätte gewusst
du	hast gewusst	hattest gewusst	habest gewusst	hättest gewusst
er/sie/es	hat gewusst	hatte gewusst	habe gewusst	hätte gewusst
wir	haben gewusst	hatten gewusst	haben gewusst	hätten gewusst
ihr	habt gewusst	hattet gewusst	habet gewusst	hättet gewusst
sie/Sie	haben gewusst	hatten gewusst	haben gewusst	hätten gewusst
	FUTUR I	FUTUR II	FUTUR I	FUTUR I
ich	werde wissen	werde gewusst haben	werde wissen	würde wissen
du	wirst wissen	wirst gewusst haben	werdest wissen	würdest wissen
er/sie/es	wird wissen	wird gewusst haben	werde wissen	würde wissen
wir	werden wissen	werden gewusst haben	werden wissen	würden wissen
ihr	werdet wissen	werdet gewusst haben	werdet wissen	würdet wissen
sie/Sie	werden wissen	werden gewusst haben	werden wissen	würden wissen

	IMPÉRATIF	INFINITIF	PARTICIPE
sing. 2e	wisse!	INFINITIF I	PARTICIPE I
plur. 1re	wissen wir!	wissen	wissend
2e	wisst!	INFINITIF II	PARTICIPE II
f. de politesse	wissen Sie!	gewusst haben	gewusst

Verbe fort, 1ʳᵉ série : A B B : ei [ai] | ie [iː] | ie [iː]

21 bleiben *rester*

blieb
geblieben

- Série **A-B-B** : deux radicaux différents. Le radical de l'infinitif se maintient au présent. Prétérit et participe II changent la diphtongue ei de l'infinitif en i long (noté ie).
  – Radical du présent : bleib-.
  – Radical du prétérit : blieb- → Présent du subjonctif II : bliebe.
  – Participe II : geblieben.
- Seuls **steigen**, monter ; **erscheinen**, *apparaître* ; **gedeihen**, *prospérer*, forment les temps composés du passé avec l'auxiliaire sein.

	INDICATIF		SUBJONCTIF I	SUBJONCTIF II
	PRÉSENT	**PRÉTÉRIT**	**PRÉSENT**	**PRÉSENT**
ich	bleibe	blieb	bleibe	bliebe
du	bleibst[1]	bliebst	bleibest	bliebest
er/sie/es	bleibt	blieb	bleibe	bliebe
wir	bleiben	blieben	bleiben	blieben
ihr	bleibt	bliebt	bleibet	bliebet
sie/Sie	bleiben	blieben	bleiben	blieben
	PARFAIT	**PLUS-QUE-PARFAIT**	**PASSÉ**	**PASSÉ**
ich	bin geblieben	war geblieben	sei geblieben	wäre geblieben
du	bist geblieben	warst geblieben	seist geblieben	wärest geblieben
er/sie/es	ist geblieben	war geblieben	sei geblieben	wäre geblieben
wir	sind geblieben	waren geblieben	seien geblieben	wären geblieben
ihr	seid geblieben	wart geblieben	seiet geblieben	wäret geblieben
sie/Sie	sind geblieben	waren geblieben	seien geblieben	wären geblieben
	FUTUR I	**FUTUR II**	**FUTUR I**	**FUTUR I**
ich	werde bleiben	werde geblieben sein	werde bleiben	würde bleiben
du	wirst bleiben	wirst geblieben sein	werdest bleiben	würdest bleiben
er/sie/es	wird bleiben	wird geblieben sein	werde bleiben	würde bleiben
wir	werden bleiben	werden geblieben sein	werden bleiben	würden bleiben
ihr	werdet bleiben	werdet geblieben sein	werdet bleiben	würdet bleiben
sie/Sie	werden bleiben	werden geblieben sein	werden bleiben	würden bleiben

	IMPÉRATIF	INFINITIF	PARTICIPE
sing. 2ᵉ	bleib(e)!	**INFINITIF I**	**PARTICIPE I**
plur. 1ʳᵉ	bleiben wir!	bleiben	bleibend
2ᵉ	bleibt!	**INFINITIF II**	**PARTICIPE II**
f. de politesse	bleiben Sie!	geblieben sein	geblieben

---

1 Présence d'un **e** intercalaire pour **meiden**, **vermeiden**, *éviter*, de même que pour **scheiden**, *séparer*, et **sich entscheiden**, *trancher, se décider*.

Verbe fort, 1ʳᵉ série : A B B : ei [ai] | i [i] | i [i]

22 greifen *saisir*

griff
gegriffen

- Série **A-B-B** : deux radicaux différents. Le radical de l'infinitif se maintient au présent. Prétérit et participe II changent la diphtongue ei de l'infinitif en i bref.
  - Radical du présent : greif-.
  - Radical du prétérit : griff- → Présent du subjonctif II : griffe.
  - Participe II : gegriffen.
- De même pour **pfeifen**, **pfiff**, **gepfiffen**, siffler ; **kneifen**, pincer, et **schleifen**, aiguiser ; **schneiden**, **schnitt**, **geschnitten**, couper ; **leiden**, **litt**, **gelitten**, souffrir ; **reißen**, **riss**, **gerissen**, déchirer.

	INDICATIF		SUBJONCTIF I	SUBJONCTIF II
	PRÉSENT	PRÉTÉRIT	PRÉSENT	PRÉSENT
ich	greife	griff	greife	griffe
du	greifst[1]	griffst	greifest	griffest
er/sie/es	greift	griff	greife	griffe
wir	greifen	griffen	greifen	griffen
ihr	greift	grifft	greifet	griffet
sie/Sie	greifen	griffen	greifen	griffen
	PARFAIT	PLUS-QUE-PARFAIT	PASSÉ	PASSÉ
ich	habe gegriffen	hatte gegriffen	habe gegriffen	hätte gegriffen
du	hast gegriffen	hattest gegriffen	habest gegriffen	hättest gegriffen
er/sie/es	hat gegriffen	hatte gegriffen	habe gegriffen	hätte gegriffen
wir	haben gegriffen	hatten gegriffen	haben gegriffen	hätten gegriffen
ihr	habt gegriffen	hattet gegriffen	habet gegriffen	hättet gegriffen
sie/Sie	haben gegriffen	hatten gegriffen	haben gegriffen	hätten gegriffen
	FUTUR I	FUTUR II	FUTUR I	FUTUR I
ich	werde greifen	werde gegriffen haben	werde greifen	würde greifen
du	wirst greifen	wirst gegriffen haben	werdest greifen	würdest greifen
er/sie/es	wird greifen	wird gegriffen haben	werde greifen	würde greifen
wir	werden greifen	werden gegriffen haben	werden greifen	würden greifen
ihr	werdet greifen	werdet gegriffen haben	werdet greifen	würdet greifen
sie/Sie	werden greifen	werden gegriffen haben	werden greifen	würden greifen

	IMPÉRATIF	INFINITIF	PARTICIPE
sing. 2ᵉ	greif(e) !	INFINITIF I	PARTICIPE I
plur. 1ʳᵉ	greifen wir !	greifen	greifend
2ᵉ	greift !	INFINITIF II	PARTICIPE II
f. de politesse	greifen Sie !	gegriffen haben	gegriffen

---

1 Aux 2ᵉ et 3ᵉ personnes du singulier et à la 2ᵉ personne du pluriel, les verbes dont le radical se termine par **d** ou **t** prennent le **e** intercalaire : du schneidest, du leidest, er reitet, er gleitet, ihr streitet euch.

Verbe fort, 1re série : A B B : e [eː] | o [oː] | o [oː]

23 heben *soulever*

hob
gehoben

- Série **A-B-B** : deux radicaux différents. Le radical de l'infinitif se maintient au présent. Alternance **e** long à l'infinitif/**o** long au prétérit et au participe II.
  – Radical du présent : **heb**-.
  – Radical du prétérit : **hob**- → Présent du subjonctif II : **höbe** (inusité).
  – Participe II : **gehoben**.
- Autres verbes :
  – **bewegen**, au sens de *pousser, inciter à* (faible dans les autres sens) ;
  – **erwägen**, *peser, considérer*, qui a conservé son participe passé fort : **alles wohl erwogen**, *tout bien considéré*.

	INDICATIF		SUBJONCTIF I	SUBJONCTIF II
	PRÉSENT	**PRÉTÉRIT**	**PRÉSENT**	**PRÉSENT**
ich	hebe	hob	hebe	höbe[1]
du	hebst	hobst	hebest	höbest
er/sie/es	hebt	hob	hebe	höbe
wir	heben	hoben	heben	höben
ihr	hebt	hobt	hebet	höbet
sie/Sie	heben	hoben	heben	höben
	PARFAIT	**PLUS-QUE-PARFAIT**	**PASSÉ**	**PASSÉ**
ich	habe gehoben	hatte gehoben	habe gehoben	hätte gehoben
du	hast gehoben	hattest gehoben	habest gehoben	hättest gehoben
er/sie/es	hat gehoben	hatte gehoben	habe gehoben	hätte gehoben
wir	haben gehoben	hatten gehoben	haben gehoben	hätten gehoben
ihr	habt gehoben	hattet gehoben	habet gehoben	hättet gehoben
sie/Sie	haben gehoben	hatten gehoben	haben gehoben	hätten gehoben
	FUTUR I	**FUTUR II**	**FUTUR I**	**FUTUR I**
ich	werde heben	werde gehoben haben	werde heben	würde heben
du	wirst heben	wirst gehoben haben	werdest heben	würdest heben
er/sie/es	wird heben	wird gehoben haben	werde heben	würde heben
wir	werden heben	werden gehoben haben	werden heben	würden heben
ihr	werdet heben	werdet gehoben haben	werdet heben	würdet heben
sie/Sie	werden heben	werden gehoben haben	werden heben	würden heben

	IMPÉRATIF	INFINITIF	PARTICIPE
sing. 2e	heb(e)!	**INFINITIF I**	**PARTICIPE I**
plur. 1re	heben wir!	heben	hebend
2e	hebt!	**INFINITIF II**	**PARTICIPE II**
f. de politesse	heben Sie!	gehoben haben	gehoben

---

1 On emploie le futur du subjonctif II : **ich würde heben**.

Verbe fort, 1re série : A B B : ie [i:] | o [o:] | o [o:]

24 biegen *plier*

bog
gebogen

- Série **A-B-B** : deux radicaux différents. Le radical de l'infinitif se maintient au présent. Alternance i long (noté ie) à l'infinitif/o long au prétérit et au participe II.
  – Radical du présent : bieg-.
  – Radical du prétérit : bog- → Présent du subjonctif II : böge (rare).
  – Participe II : gebogen.
- Autres verbes :
  – avec l'auxiliaire haben : wiegen, *peser* ; bieten, bot, geboten, *offrir* ; verbieten, verbot, verboten, *interdire* ; schieben, schob, geschoben, *pousser* ; frieren, fror, gefroren, *geler* ; verlieren, verlor, verloren, *perdre* ; ziehen, zog, gezogen, *tirer* ;
  – avec l'auxiliaire sein : fliegen, *voler* ; fliehen, floh, geflohen, *fuir* ; ziehen, *partir*.

	INDICATIF		SUBJONCTIF I	SUBJONCTIF II
	PRÉSENT	PRÉTÉRIT	PRÉSENT	PRÉSENT
ich	biege	bog	biege	böge
du	biegst[1]	bogst	biegest	bögest
er/sie/es	biegt	bog	biege	böge
wir	biegen	bogen	biegen	bögen
ihr	biegt	bogt	bieget	böget
sie/Sie	biegen	bogen	biegen	bögen
	PARFAIT	PLUS-QUE-PARFAIT	PASSÉ	PASSÉ
ich	habe gebogen[2]	hatte gebogen	habe gebogen	hätte gebogen
du	hast gebogen	hattest gebogen	habest gebogen	hättest gebogen
er/sie/es	hat gebogen	hatte gebogen	habe gebogen	hätte gebogen
wir	haben gebogen	hatten gebogen	haben gebogen	hätten gebogen
ihr	habt gebogen	hattet gebogen	habet gebogen	hättet gebogen
sie/Sie	haben gebogen	hatten gebogen	haben gebogen	hätten gebogen
	FUTUR I	FUTUR II	FUTUR I	FUTUR I
ich	werde biegen	werde gebogen haben	werde biegen	würde biegen
du	wirst biegen	wirst gebogen haben	werdest biegen	würdest biegen
er/sie/es	wird biegen	wird gebogen haben	werde biegen	würde biegen
wir	werden biegen	werden gebogen haben	werden biegen	würden biegen
ihr	werdet biegen	werdet gebogen haben	werdet biegen	würdet biegen
sie/Sie	werden biegen	werden gebogen haben	werden biegen	würden biegen

	IMPÉRATIF	INFINITIF	PARTICIPE
sing. 2e	bieg(e)!	INFINITIF I	PARTICIPE I
plur. 1re	biegen wir!	biegen	biegend
2e	biegt!	INFINITIF II	PARTICIPE II
f. de politesse	biegen Sie!	gebogen haben	gebogen

---

[1] Présence d'un e intercalaire pour **bieten, verbieten,** etc.
[2] Les composés **abbiegen, einbiegen,** *tourner,* se conjuguent avec **sein.**

Verbe fort, 1ʳᵉ série : A B B : ö [œ] | o [oː] | o [oː]

25 schwören *jurer*

schwor
geschworen

- Série **A-B-B** : deux radicaux différents. Le radical de l'infinitif se maintient au présent. Alternance ö long à l'infinitif/o long au prétérit et au participe II.
  – Radical du présent : schwör-.
  – Radical du prétérit : schwor-/schwur- → Présent du subjonctif II : schwöre/schwüre.
  – Participe II : geschworen.

INDICATIF		SUBJONCTIF I	SUBJONCTIF II
PRÉSENT	**PRÉTÉRIT**	**PRÉSENT**	**PRÉSENT**
ich schwöre	schwor/schwur	schwöre	schwöre/schwüre[1]
du schwörst	schwor(e)st/schwur(e)st	schwörest	schwörest
er/sie/es schwört	schwor/schwur	schwöre	schwöre
wir schwören	schworen/schwuren	schwören	schwören
ihr schwört	schwort/schwurt	schwöret	schwöret
sie/Sie schwören	schworen/schwuren	schwören	schwören
PARFAIT	**PLUS-QUE-PARFAIT**	**PASSÉ**	**PASSÉ**
ich habe geschworen	hatte geschworen	habe geschworen	hätte geschworen
du hast geschworen	hattest geschworen	habest geschworen	hättest geschworen
er/sie/es hat geschworen	hatte geschworen	habe geschworen	hätte geschworen
wir haben geschworen	hatten geschworen	haben geschworen	hätten geschworen
ihr habt geschworen	hattet geschworen	habet geschworen	hättet geschworen
sie/Sie haben geschworen	hatten geschworen	haben geschworen	hätten geschworen
FUTUR I	**FUTUR II**	**FUTUR I**	**FUTUR I**
ich werde schwören	werde geschworen haben	werde schwören	würde schwören
du wirst schwören	wirst geschworen haben	werdest schwören	würdest schwören
er/sie/es wird schwören	wird geschworen haben	werde schwören	würde schwören
wir werden schwören	werden geschworen haben	werden schwören	würden schwören
ihr werdet schwören	werdet geschworen haben	werdet schwören	würdet schwören
sie/Sie werden schwören	werden geschworen haben	werden schwören	würden schwören

	IMPÉRATIF	INFINITIF	PARTICIPE
sing. 2ᵉ	schwöre!	**INFINITIF I**	**PARTICIPE I**
plur. 1ʳᵉ	schwören wir!	schwören	schwörend
2ᵉ	schwört!	**INFINITIF II**	**PARTICIPE II**
f. de politesse	schwören Sie!	geschworen haben	geschworen

1 La forme **schwüre**, issue de l'ancien prétérit **schwur**, s'est maintenue en raison de la confusion de **schwöre** avec le présent de l'indicatif. Dans la langue courante, ces deux formes sont toutefois remplacées par le futur du subjonctif II : ich würde... schwören.

Verbe fort, 1ʳᵉ série : A B B : ü [y:] | o [o:] | o [o:]

26 lügen mentir

log
gelogen
er lügt

- Série **A-B-B** : deux radicaux différents. Le radical de l'infinitif se maintient au présent. Alternance ü long à l'infinitif/o long au prétérit et au participe II.
  – Radical du présent : lüg-.
  – Radical du prétérit : log → Présent du subjonctif II : löge.
  – Participe II : gelogen.

	INDICATIF		SUBJONCTIF I	SUBJONCTIF II
	PRÉSENT	**PRÉTÉRIT**	**PRÉSENT**	**PRÉSENT**
ich	lüge	log	lüge	löge
du	lügst	logst	lügest	lögest
er/sie/es	lügt	log	lüge	löge
wir	lügen	logen	lügen	lögen
ihr	lügt	logt	lüget	löget
sie/Sie	lügen	logen	lügen	lögen
	PARFAIT	**PLUS-QUE-PARFAIT**	**PASSÉ**	**PASSÉ**
ich	habe gelogen	hatte gelogen	habe gelogen	hätte gelogen
du	hast gelogen	hattest gelogen	habest gelogen	hättest gelogen
er/sie/es	hat gelogen	hatte gelogen	habe gelogen	hätte gelogen
wir	haben gelogen	hatten gelogen	haben gelogen	hätten gelogen
ihr	habt gelogen	hattet gelogen	habet gelogen	hättet gelogen
sie/Sie	haben gelogen	hatten gelogen	haben gelogen	hätten gelogen
	FUTUR I	**FUTUR II**	**FUTUR I**	**FUTUR I**
ich	werde lügen	werde gelogen haben	werde lügen	würde lügen
du	wirst lügen	wirst gelogen haben	werdest lügen	würdest lügen
er/sie/es	wird lügen	wird gelogen haben	werde lügen	würde lügen
wir	werden lügen	werden gelogen haben	werden lügen	würden lügen
ihr	werdet lügen	werdet gelogen haben	werdet lügen	würdet lügen
sie/Sie	werden lügen	werden gelogen haben	werden lügen	würden lügen

	IMPÉRATIF	INFINITIF	PARTICIPE
sing. 2ᵉ	lüg(e)!	**INFINITIF I**	**PARTICIPE I**
plur. 1ʳᵉ	lügen wir!	lügen	lügend
2ᵉ	lügt!	**INFINITIF II**	**PARTICIPE II**
f. de politesse	lügen Sie!	gelogen haben	gelogen

Verbe fort, 1ʳᵉ série : A B B : au [au] | o [oː] | o [oː]

27 saugen *aspirer*

sog
gesogen
er saugt

- Série **A-B-B** :
  Saugen : deux radicaux différents. Le radical de l'infinitif se maintient au présent. Alternance **au** à l'infinitif/**o** long au prétérit et au participe II.
  – Radical du présent : saug- (radical inchangé).
  – Radical du prétérit : sog- → Présent du subjonctif II : söge (rare).
  – Participe II : gesogen.
- Cas particulier : **saufen**, boire *(vulg.)*, **au** à l'infinitif/**o** bref au prétérit et au participe II.
  – Radical du présent : sauf- → 2ᵉ et 3ᵉ pers. sing. : du säufst, er säuft (→ laufen 38).

INDICATIF		SUBJONCTIF I	SUBJONCTIF II
PRÉSENT	**PRÉTÉRIT**	**PRÉSENT**	**PRÉSENT**
ich sauge	sog[1]	sauge	söge
du saugst	sogst	saugest	sögest
er/sie/es saugt	sog	sauge	söge
wir saugen	sogen	saugen	sögen
ihr saugt	sogt	sauget	söget
sie/Sie saugen	sogen	saugen	sögen
PARFAIT	**PLUS-QUE-PARFAIT**	**PASSÉ**	**PASSÉ**
ich habe gesogen	hatte gesogen	habe gesogen	hätte gesogen
du hast gesogen	hattest gesogen	habest gesogen	hättest gesogen
er/sie/es hat gesogen	hatte gesogen	habe gesogen	hätte gesogen
wir haben gesogen	hatten gesogen	haben gesogen	hätten gesogen
ihr habt gesogen	hattet gesogen	habet gesogen	hättet gesogen
sie/Sie haben gesogen	hatten gesogen	haben gesogen	hätten gesogen
FUTUR I	**FUTUR II**	**FUTUR I**	**FUTUR I**
ich werde saugen	werde gesogen haben	werde saugen	würde saugen
du wirst saugen	wirst gesogen haben	werdest saugen	würdest saugen
er/sie/es wird saugen	wird gesogen haben	werde saugen	würde saugen
wir werden saugen	werden gesogen haben	werden saugen	würden saugen
ihr werdet saugen	werdet gesogen haben	werdet saugen	würdet saugen
sie/Sie werden saugen	werden gesogen haben	werden saugen	würden saugen

	IMPÉRATIF	INFINITIF	PARTICIPE
sing. 2ᵉ	sauge!	**INFINITIF I**	**PARTICIPE I**
plur. 1ʳᵉ	saugen wir!	saugen	saugend
2ᵉ	saugt!	**INFINITIF II**	**PARTICIPE II**
f. de politesse	saugen Sie!	gesogen haben	gesogen

---

[1] En concurrence avec le prétérit faible **saugte**. De même pour le participe II : **gesaugt**. Noter le composé Staub saugen, passer l'aspirateur : Ich habe **Staub** gesaugt. J'ai passé l'aspirateur.

Verbe fort, 1ʳᵉ série : A B B : ie [iː] | o [ɔ] | o [ɔ]

28 schießen tirer un projectile

schoss
geschossen

- Série **A-B-B** : deux radicaux différents. Le radical de l'infinitif se maintient au présent. Le i long (noté ie) de l'infinitif se transforme en o bref au prétérit et au participe II.
  – Radical du présent : schieß-.
  – Radical du prétérit : schoss- → Présent du subjonctif II : schösse.
  – Participe II : geschossen.
- Autres verbes :
  – radical en ß/ss : fließen (aux. sein), *couler* ; gießen, *verser, fondre* ; genießen, *profiter de* ; schließen, *fermer* ; beschließen, *décider* ; verdrießen, *contrarier*.
  – radical en ch : riechen, *sentir*, et kriechen, *ramper* (aux. sein).

INDICATIF		SUBJONCTIF I	SUBJONCTIF II
PRÉSENT	**PRÉTÉRIT**	**PRÉSENT**	**PRÉSENT**
ich schieße	schoss	schieße	schösse
du schießt	schossest[1]	schießest	schössest
er/sie/es schießt	schoss	schieße	schösse
wir schießen	schossen	schießen	schössen
ihr schießt	schosst	schießet	schösset
sie/Sie schießen	schossen	schießen	schössen
PARFAIT	**PLUS-QUE-PARFAIT**	**PASSÉ**	**PASSÉ**
ich habe geschossen	hatte geschossen	habe geschossen	hätte geschossen
du hast geschossen	hattest geschossen	habest geschossen	hättest geschossen
er/sie/es hat geschossen	hatte geschossen	habe geschossen	hätte geschossen
wir haben geschossen	hatten geschossen	haben geschossen	hätten geschossen
ihr habt geschossen	hattet geschossen	habet geschossen	hättet geschossen
sie/Sie haben geschossen	hatten geschossen	haben geschossen	hätten geschossen
FUTUR I	**FUTUR II**	**FUTUR I**	**FUTUR I**
ich werde schießen	werde geschossen haben	werde schießen	würde schießen
du wirst schießen	wirst geschossen haben	werdest schießen	würdest schießen
er/sie/es wird schießen	wird geschossen haben	werde schießen	würde schießen
wir werden schießen	werden geschossen haben	werden schießen	würden schießen
ihr werdet schießen	werdet geschossen haben	werdet schießen	würdet schießen
sie/Sie werden schießen	werden geschossen haben	werden schießen	würden schießen

	IMPÉRATIF	INFINITIF	PARTICIPE
sing. 2ᵉ	schieß(e)	**INFINITIF I**	**PARTICIPE I**
plur. 1ʳᵉ	schießen wir!	schießen	schießend
2ᵉ	schießt!	**INFINITIF II**	**PARTICIPE II**
f. de politesse	schießen Sie!	geschossen haben	geschossen

1 Présence du **e** intercalaire.

Verbe fort, 1ʳᵉ série : A B B : e [ɛ] | o [ɔ] | o [ɔ] | i [i]   *a treiera (agricult)*

29 dreschen battre le blé[1] *to tresh*

drosch
gedroschen
er drischt

- Série **A-B-B** : trois radicaux différents = trois voyelles brèves.
  – Radical du présent : dresch- → 2ᵉ et 3ᵉ pers. sing : du drischst, er drischt.
  – Radical du prétérit : drosch- → Présent du subjonctif II : drösche.
  – Participe II : gedroschen.
- Autres verbes : flechten, tresser ; erlöschen, erlosch, erloschen, s'éteindre, aux. sein, de même que quellen, jaillir ; schmelzen, fondre ; schwellen, enfler, se gonfler.

	INDICATIF		SUBJONCTIF I	SUBJONCTIF II
	PRÉSENT	**PRÉTÉRIT**	**PRÉSENT**	**PRÉSENT**
ich	dresche	drosch	dresche	drösche
du	drischst	droschst	dreschest	dröschest
er/sie/es	drischt	drosch	dresche	drösche
wir	dreschen	droschen	dreschen	dröschen
ihr	drescht	droscht	dreschet	dröschet
sie/Sie	dreschen	droschen	dreschen	dröschen
	PARFAIT	**PLUS-QUE-PARFAIT**	**PASSÉ**	**PASSÉ**
ich	habe gedroschen	hatte gedroschen	habe gedroschen	hätte gedroschen
du	hast gedroschen	hattest gedroschen	habest gedroschen	hättest gedroschen
er/sie/es	hat gedroschen	hatte gedroschen	habe gedroschen	hätte gedroschen
wir	haben gedroschen	hatten gedroschen	haben gedroschen	hätten gedroschen
ihr	habt gedroschen	hattet gedroschen	habet gedroschen	hättet gedroschen
sie/Sie	haben gedroschen	hatten gedroschen	haben gedroschen	hätten gedroschen
	FUTUR I	**FUTUR II**	**FUTUR I**	**FUTUR I**
ich	werde dreschen	werde gedroschen haben	werde dreschen	würde dreschen
du	wirst dreschen	wirst gedroschen haben	werdest dreschen	würdest dreschen
er/sie/es	wird dreschen	wird gedroschen haben	werde dreschen	würde dreschen
wir	werden dreschen	werden gedroschen haben	werden dreschen	würden dreschen
ihr	werdet dreschen	werdet gedroschen haben	werdet dreschen	würdet dreschen
sie/Sie	werden dreschen	werden gedroschen haben	werden dreschen	würden dreschen

	IMPÉRATIF	INFINITIF	PARTICIPE
sing. 2ᵉ	drisch !	**INFINITIF I**	**PARTICIPE I**
plur. 1ʳᵉ	dreschen wir !	dreschen	dreschend
2ᵉ	drescht !	**INFINITIF II**	**PARTICIPE II**
f. de politesse	dreschen Sie !	gedroschen haben	gedroschen

1 Verdreschen (fam.), rouer de coups.

Verbe fort, 1re série : A B B : u [uː] | a [ɑː] | a [ɑː]

30 tun *faire*

tat
getan

- Série **A-B-B** : deux radicaux différents. Le radical de l'infinitif se maintient au présent. Alternance u long à l'infinitif/a long au prétérit et au participe II.
  – Radical du présent : tu- (non modifié).
  – Radical du prétérit : tat- → Présent du subjonctif II : täte.
  – Participe II : getan.

	INDICATIF		SUBJONCTIF I	SUBJONCTIF II
	PRÉSENT	PRÉTÉRIT	PRÉSENT	PRÉSENT
ich	tue	tat	tue	täte
du	tust	tatest[1]	tust	tätest
er/sie/es	tut	tat	tue	täte
wir	tun	taten	tun	täten
ihr	tut	tatet	tut	tätet
sie/Sie	tun	taten	tun	täten
	PARFAIT	PLUS-QUE-PARFAIT	PASSÉ	PASSÉ
ich	habe getan	hatte getan	habe getan	hätte getan
du	hast getan	hattest getan	habest getan	hättest getan
er/sie/es	hat getan	hatte getan	habe getan	hätte getan
wir	haben getan	hatten getan	haben getan	hätten getan
ihr	habt getan	hattet getan	habet getan	hättet getan
sie/Sie	haben getan	hatten getan	haben getan	hätten getan
	FUTUR I	FUTUR II	FUTUR I	FUTUR I
ich	werde tun	werde getan haben	werde tun	würde tun
du	wirst tun	wirst getan haben	werdest tun	würdest tun
er/sie/es	wird tun	wird getan haben	werde tun	würde tun
wir	werden tun	werden getan haben	werden tun	würden tun
ihr	werdet tun	werdet getan haben	werdet tun	würdet tun
sie/Sie	werden tun	werden getan haben	werden tun	würden tun

	IMPÉRATIF	INFINITIF	PARTICIPE
sing. 2e	tu(e)!	INFINITIF I	PARTICIPE I
plur. 1re	tun wir!	tun	tuend
2e	tut!	INFINITIF II	PARTICIPE II
f. de politesse	tun Sie!	getan haben	getan

1 Présence du **e** intercalaire.

Verbe fort, 1ʳᵉ série : A B B : e [e:] | a [a] | a [a]

31 stehen *être debout*

stand
gestanden

- Série **A-B-B** : deux radicaux différents. Le radical de l'infinitif se maintient au présent. Alternance e long à l'infinitif/a bref au prétérit et au participe II.
  – Radical du présent : st**e**h- (non modifié).
  – Radical du prétérit : st**a**nd- → Présent du subjonctif II : st**ä**nde/st**ü**nde.
  – Participe II : gest**a**nden.
- Autres verbes de la famille de stehen (attention à l'emploi de l'auxiliaire) :
  – **auf**stehen (ist **auf**gestanden), *se lever* ; **bei**stehen (+ D), *assister qqn* ;
  – bestehen, *réussir (un examen)* ; entstehen, *naître* ; verstehen, *comprendre*.

INDICATIF		SUBJONCTIF I	SUBJONCTIF II
PRÉSENT	**PRÉTÉRIT**	**PRÉSENT**	**PRÉSENT**
ich stehe	stand	stehe	stünde/stände[1]
du stehst	stand(e)st	stehest	stündest/ständest
er/sie/es steht	stand	stehe	stünde/stände
wir stehen	standen	stehen	stünden/ständen
ihr steht	standet	stehet	stündet/ständet
sie/Sie stehen	standen	stehen	stünden/ständen
PARFAIT	**PLUS-QUE-PARFAIT**	**PASSÉ**	**PASSÉ**
ich habe gestanden[2]	hatte gestanden	habe gestanden	hätte gestanden
du hast gestanden	hattest gestanden	habest gestanden	hättest gestanden
er/sie/es hat gestanden	hatte gestanden	habe gestanden	hätte gestanden
wir haben gestanden	hatten gestanden	haben gestanden	hätten gestanden
ihr habt gestanden	hattet gestanden	habet gestanden	hättet gestanden
sie/Sie haben gestanden	hatten gestanden	haben gestanden	hätten gestanden
FUTUR I	**FUTUR II**	**FUTUR I**	**FUTUR II**
ich werde stehen	werde gestanden haben	werde stehen	würde stehen
du wirst stehen	wirst gestanden haben	werdest stehen	würdest stehen
er/sie/es wird stehen	wird gestanden haben	werde stehen	würde stehen
wir werden stehen	werden gestanden haben	werden stehen	würden stehen
ihr werdet stehen	werdet gestanden haben	werdet stehen	würdet stehen
sie/Sie werden stehen	werden gestanden haben	werden stehen	würden stehen

	IMPÉRATIF	INFINITIF	PARTICIPE
sing. 2ᵉ	steh(e) !	**INFINITIF I**	**PARTICIPE I**
plur. 1ʳᵉ	stehen wir !	stehen	stehend
2ᵉ	steht !	**INFINITIF II**	**PARTICIPE II**
f. de politesse	stehen Sie !	gestanden haben	gestanden

1 La forme stünde, archaïsante, est encore employée à l'écrit, notamment avec le verbe verstehen : *Wenn Sie mich recht verstünden...* Si vous me compreniez bien...
2 *Ich bin gestanden* se rencontre en Allemagne du Sud. *Ich habe gestanden* reste toutefois la seule forme grammaticalement admise.

Verbe fort, 2ᵉ série : A B A : e [eː] | a [ɑː] | e [eː] | i [i]

32 geben *donner*

gab
gegeben
er gibt

- Série **A-B-A** : même radical à l'infinitif et au participe II. **A** long au prétérit.
  - Radical du présent : geb- → 2ᵉ et 3ᵉ pers. sing. : **du gibst, er gibt**.
  - Radical du prétérit : gab- → Présent du subjonctif II : gäbe.
  - Participe II : gegeben.

	INDICATIF		SUBJONCTIF I	SUBJONCTIF II
	PRÉSENT	**PRÉTÉRIT**	**PRÉSENT**	**PRÉSENT**
ich	gebe	gab	gebe	gäbe
du	gibst[1]	gabst	gebest	gäbest
er/sie/es	gibt	gab	gebe	gäbe
wir	geben	gaben	geben	gäben
ihr	gebt	gabt	gebet	gäbet
sie/Sie	geben	gaben	geben	gäben
	PARFAIT	**PLUS-QUE-PARFAIT**	**PASSÉ**	**PASSÉ**
ich	habe gegeben	hatte gegeben	habe gegeben	hätte gegeben
du	hast gegeben	hattest gegeben	habest gegeben	hättest gegeben
er/sie/es	hat gegeben	hatte gegeben	habe gegeben	hätte gegeben
wir	haben gegeben	hatten gegeben	haben gegeben	hätten gegeben
ihr	habt gegeben	hattet gegeben	habet gegeben	hättet gegeben
sie/Sie	haben gegeben	hatten gegeben	haben gegeben	hätten gegeben
	FUTUR I	**FUTUR II**	**FUTUR I**	**FUTUR I**
ich	werde geben	werde gegeben haben	werde geben	würde geben
du	wirst geben	wirst gegeben haben	werdest geben	würdest geben
er/sie/es	wird geben	wird gegeben haben	werde geben	würde geben
wir	werden geben	werden gegeben haben	werden geben	würden geben
ihr	werdet geben	werdet gegeben haben	werdet geben	würdet geben
sie/Sie	werden geben	werden gegeben haben	werden geben	würden geben

	IMPÉRATIF	**INFINITIF**	**PARTICIPE**
sing. 2ᵉ	gib![2]	**INFINITIF I**	**PARTICIPE I**
plur. 1ʳᵉ	geben wir!	geben	gebend
2ᵉ	gebt!	**INFINITIF II**	**PARTICIPE II**
f. de politesse	geben Sie!	gegeben haben	gegeben

---

1 **i** bref pour **geben** et **treten**, marcher (**er tritt**), **i** long (noté **ie**) pour tous les autres verbes : **lesen**, lire : **du liest, er liest; sehen**, voir : **du siehst, er sieht; geschehen**, se produire, **es geschieht**.
2 À rapprocher de la 2ᵉ personne de l'indicatif présent. Pas de terminaison au singulier.

TABLEAUX DE CONJUGAISON

Verbe fort, 2ᵉ série : A B A : e [ɛ] | a [ɑ:] | e [ɛ] | i [i]

33 essen *manger*

aß
gegessen
er isst

- Série **A-B-A** : même voyelle à l'infinitif et au participe II. **A** long au prétérit. Alternance **[ɛ]/[i]** au présent.
  - Radical du présent : **ess-** → 2ᵉ et 3ᵉ pers. sing. : **du isst, er isst**.
  - Radical du prétérit : **aß-** → Présent du subjonctif II : **äße**.
  - Participe II : **gegessen**.
- Autres verbes :
  - **fressen, fraß, gefressen**, *manger* (se dit pour les animaux ou de façon triviale) ;
  - **messen, maß, gemessen**, *mesurer* ; **vergessen, vergaß, vergessen**, *oublier*.

	INDICATIF		SUBJONCTIF I	SUBJONCTIF II
	PRÉSENT	PRÉTÉRIT	PRÉSENT	PRÉSENT
ich	esse	aß	esse	äße
du	isst	aßest	essest	äßest
er/sie/es	isst	aß	esse	äße
wir	essen	aßen	essen	äßen
ihr	esst	aßt	esset	äßet
sie/Sie	essen	aßen	essen	äßen
	PARFAIT	PLUS-QUE-PARFAIT	PASSÉ	PASSÉ
ich	habe gegessen	hatte gegessen	habe gegessen	hätte gegessen
du	hast gegessen	hattest gegessen	habest gegessen	hättest gegessen
er/sie/es	hat gegessen	hatte gegessen	habe gegessen	hätte gegessen
wir	haben gegessen	hatten gegessen	haben gegessen	hätten gegessen
ihr	habt gegessen	hattet gegessen	habet gegessen	hättet gegessen
sie/Sie	haben gegessen	hatten gegessen	haben gegessen	hätten gegessen
	FUTUR I	FUTUR II	FUTUR I	FUTUR I
ich	werde essen	werde gegessen haben	werde essen	würde essen
du	wirst essen	wirst gegessen haben	werdest essen	würdest essen
er/sie/es	wird essen	wird gegessen haben	werde essen	würde essen
wir	werden essen	werden gegessen haben	werden essen	würden essen
ihr	werdet essen	werdet gegessen haben	werdet essen	würdet essen
sie/Sie	werden essen	werden gegessen haben	werden essen	würden essen

	IMPÉRATIF	INFINITIF	PARTICIPE
sing. 2ᵉ	iss!	INFINITIF I	PARTICIPE I
plur. 1ʳᵉ	essen wir!	essen	essend
2ᵉ	esst!	INFINITIF II	PARTICIPE II
f. de politesse	essen Sie!	gegessen haben	gegessen

Verbe fort, 2ᵉ série : A B A : o [ɔ] | a [ɑː] | o [ɔ]

34 kommen *venir*

k**a**m
gekommen

- Série **A-B-A** : même voyelle à l'infinitif et au participe II. A long au prétérit. Le radical de l'infinitif est conservé au présent.
  - Radical du présent : komm-.
  - Radical du prétérit : k**a**m- → Présent du subjonctif II : k**ä**me.
  - Participe II : gekommen.
- Autres verbes de la famille de kommen :
  - **an**kommen, *arriver* ; **auf**kommen, *s'élever* ; (gut/schlecht) **aus**kommen, *se tirer d'affaire* ; **davon**kommen, *s'en sortir* ;
  - bekommen + A, *recevoir*.

INDICATIF		SUBJONCTIF I	SUBJONCTIF II
PRÉSENT	**PRÉTÉRIT**	**PRÉSENT**	**PRÉSENT**
ich komme	kam	komme	käme
du kommst	kamst	kommest	kämest
er/sie/es kommt	kam	komme	käme
wir kommen	kamen	kommen	kämen
ihr kommt	kamt	kommet	kämet
sie/Sie kommen	kamen	kommen	kämen
PARFAIT	**PLUS-QUE-PARFAIT**	**PASSÉ**	**PASSÉ**
ich bin gekommen	war gekommen	sei gekommen	wäre gekommen
du bist gekommen	warst gekommen	seist gekommen	wärest gekommen
er/sie/es ist gekommen	war gekommen	sei gekommen	wäre gekommen
wir sind gekommen	waren gekommen	seien gekommen	wären gekommen
ihr seid gekommen	wart gekommen	seiet gekommen	wäret gekommen
sie/Sie sind gekommen	waren gekommen	seien gekommen	wären gekommen
FUTUR I	**FUTUR II**	**FUTUR I**	**FUTUR I**
ich werde kommen	werde gekommen sein	werde kommen	würde kommen
du wirst kommen	wirst gekommen sein	werdest kommen	würdest kommen
er/sie/es wird kommen	wird gekommen sein	werde kommen	würde kommen
wir werden kommen	werden gekommen sein	werden kommen	würden kommen
ihr werdet kommen	werdet gekommen sein	werdet kommen	würdet kommen
sie/Sie werden kommen	werden gekommen sein	werden kommen	würden kommen

IMPÉRATIF	INFINITIF	PARTICIPE
sing. 2ᵉ komm!	**INFINITIF I**	**PARTICIPE I**
plur. 1ʳᵉ kommen wir!	kommen	kommend
2ᵉ kommt!	**INFINITIF II**	**PARTICIPE II**
f. de politesse kommen Sie!	gekommen sein	gekommen

TABLEAUX DE CONJUGAISON

Verbe fort, 2ᵉ série : A B A : a [ɑː] | u [uː] | a [ɑː] | ä [æ]

35 fahren *aller, conduire*

fuhr
gefahren
er fährt

- Série **A-B-A** : radical toujours long : a à l'infinitif et au participe II, u au prétérit.
  La 2ᵉ et la 3ᵉ personne du singulier du présent prennent l'*Umlaut*.
  – Radical du présent : fahr- → 2ᵉ et 3ᵉ pers. sing. : du fährst, er fährt.
  – Radical du prétérit : fuhr- → Présent du subjonctif II : führe.
  – Participe II : gefahren.
- Autres verbes (aux. **haben**) : **tragen**, *porter* ; **schlagen**, *frapper* ; **graben**, *creuser* ; **laden**, *charger*, et son composé **einladen**, *inviter*.

	INDICATIF		SUBJONCTIF I	SUBJONCTIF II
	PRÉSENT	**PRÉTÉRIT**	**PRÉSENT**	**PRÉSENT**
ich	fahre	fuhr	fahre	führe
du	fährst	fuhrst	fahrest	führest
er/sie/es	fährt	fuhr	fahre	führe
wir	fahren	fuhren	fahren	führen
ihr	fahrt	fuhrt	fahret	führet
sie/Sie	fahren	fuhren	fahren	führen
	PARFAIT	**PLUS-QUE-PARFAIT**	**PASSÉ**	**PASSÉ**
ich	bin gefahren[1]	war gefahren	sei gefahren	wäre gefahren
du	bist gefahren	warst gefahren	seist gefahren	wärest gefahren
er/sie/es	ist gefahren	war gefahren	sei gefahren	wäre gefahren
wir	sind gefahren	waren gefahren	seien gefahren	wären gefahren
ihr	seid gefahren	wart gefahren	seiet gefahren	wäret gefahren
sie/Sie	sind gefahren	waren gefahren	seien gefahren	wären gefahren
	FUTUR I	**FUTUR II**	**FUTUR I**	**FUTUR I**
ich	werde fahren	werde gefahren sein	werde fahren	würde fahren
du	wirst fahren	wirst gefahren sein	werdest fahren	würdest fahren
er/sie/es	wird fahren	wird gefahren sein	werde fahren	würde fahren
wir	werden fahren	werden gefahren sein	werden fahren	würden fahren
ihr	werdet fahren	werdet gefahren sein	werdet fahren	würdet fahren
sie/Sie	werden fahren	werden gefahren sein	werden fahren	würden fahren

	IMPÉRATIF	INFINITIF	PARTICIPE
sing. 2ᵉ	fahr!	**INFINITIF I**	**PARTICIPE I**
plur. 1ʳᵉ	fahren wir!	fahren	fahrend
2ᵉ	fahrt!	**INFINITIF II**	**PARTICIPE II**
f. de politesse	fahren Sie!	gefahren sein	gefahren

---

[1] **Ich habe gefahren** n'est possible que lorsque le verbe est employé comme verbe transitif (avec un complément d'objet à l'accusatif) dans le sens de *conduire* (un véhicule) ou de *véhiculer qqn*.

Verbe fort, 2ᵉ série : A B A : a [a] | u [uː] | a [a] | ä [ɛ]

36 waschen *laver*

wusch
gewaschen
er wäscht

- Série **A-B-A** : **a** bref à l'infinitif et au participe II, **u** long au prétérit. La 2ᵉ et la 3ᵉ personne du singulier du présent prennent l'*Umlaut*.
  – Radical du présent : **wasch-** → 2ᵉ et 3ᵉ pers. sing. : **du wäschst, er wäscht**.
  – Radical du prétérit : **wusch-** → Présent du subjonctif II : **wüsche**.
  – Participe II : **gewaschen**.
- Autres verbes :
  – **backen**, *cuire au four* : prétérit **backte** (rarement **buk**), participe II **gebacken** ;
  – **schaffen, schuf, geschaffen** seulement dans le sens ancien de *créer*.

	INDICATIF		SUBJONCTIF I	SUBJONCTIF II
	PRÉSENT	PRÉTÉRIT	PRÉSENT	PRÉSENT
ich	wasche	wusch	wasche	wüsche
du	wäschst	wuschst	waschest	wüschest
er/sie/es	wäscht	wusch	wasche	wüsche
wir	waschen	wuschen	waschen	wüschen
ihr	wascht	wuscht	waschet	wüschet
sie/Sie	waschen	wuschen	waschen	wüschen
	PARFAIT	PLUS-QUE-PARFAIT	PASSÉ	PASSÉ
ich	habe gewaschen	hatte gewaschen	habe gewaschen	hätte gewaschen
du	hast gewaschen	hattest gewaschen	habest gewaschen	hättest gewaschen
er/sie/es	hat gewaschen	hatte gewaschen	habe gewaschen	hätte gewaschen
wir	haben gewaschen	hatten gewaschen	haben gewaschen	hätten gewaschen
ihr	habt gewaschen	hattet gewaschen	habet gewaschen	hättet gewaschen
sie/Sie	haben gewaschen	hatten gewaschen	haben gewaschen	hätten gewaschen
	FUTUR I	FUTUR II	FUTUR I	FUTUR I
ich	werde waschen	werde gewaschen haben	werde waschen	würde waschen
du	wirst waschen	wirst gewaschen haben	werdest waschen	würdest waschen
er/sie/es	wird waschen	wird gewaschen haben	werde waschen	würde waschen
wir	werden waschen	werden gewaschen haben	werden waschen	würden waschen
ihr	werdet waschen	werdet gewaschen haben	werdet waschen	würdet waschen
sie/Sie	werden waschen	werden gewaschen haben	werden waschen	würden waschen

	IMPÉRATIF	INFINITIF	PARTICIPE
sing. 2ᵉ	wasch(e) !	INFINITIF I	PARTICIPE I
plur. 1ʳᵉ	waschen wir !	waschen	waschend
2ᵉ	wascht !	INFINITIF II	PARTICIPE II
f. de politesse	waschen Sie !	gewaschen haben	gewaschen

Verbe fort, 2ᵉ série : A B A : a [ɑː] | ie [iː] | a [ɑː] | ä [ae]

37 schlafen dormir

schlief
geschlafen
er schläft

- Série **A-B-A** : **a** long à l'infinitif et au participe II, **i** long (noté **ie**) au prétérit. La 2ᵉ et la 3ᵉ personne du singulier du présent prennent l'*Umlaut*.
  – Radical du présent : **schlaf-** → 2ᵉ et 3ᵉ pers. sing. : **du schläfst, er schläft**.
  – Radical du prétérit : **schlief-** → Présent du subjonctif II : **schliefe**.
  – Participe II : **geschlafen**.
- Autres verbes : **blasen,** *souffler* ; **braten** *(faire)* rôtir ; **raten,** *conseiller, deviner*.

	INDICATIF		SUBJONCTIF I	SUBJONCTIF II
	PRÉSENT	**PRÉTÉRIT**	**PRÉSENT**	**PRÉSENT**
ich	schlafe	schlief	schlafe	schliefe
du	schläfst	schliefst	schlafest	schliefest
er/sie/es	schläft	schlief	schlafe	schliefe
wir	schlafen	schliefen	schlafen	schliefen
ihr	schlaft	schlieft	schlafet	schliefet
sie/Sie	schlafen	schliefen	schlafen	schliefen
	PARFAIT	**PLUS-QUE-PARFAIT**	**PASSÉ**	**PASSÉ**
ich	habe geschlafen	hatte geschlafen	habe geschlafen	hätte geschlafen
du	hast geschlafen	hattest geschlafen	habest geschlafen	hättest geschlafen
er/sie/es	hat geschlafen	hatte geschlafen	habe geschlafen	hätte geschlafen
wir	haben geschlafen	hatten geschlafen	haben geschlafen	hätten geschlafen
ihr	habt geschlafen	hattet geschlafen	habet geschlafen	hättet geschlafen
sie/Sie	haben geschlafen	hatten geschlafen	haben geschlafen	hätten geschlafen
	FUTUR I	**FUTUR II**	**FUTUR I**	**FUTUR I**
ich	werde schlafen	werde geschlafen haben	werde schlafen	würde schlafen
du	wirst schlafen	wirst geschlafen haben	werdest schlafen	würdest schlafen
er/sie/es	wird schlafen	wird geschlafen haben	werde schlafen	würde schlafen
wir	werden schlafen	werden geschlafen haben	werden schlafen	würden schlafen
ihr	werdet schlafen	werdet geschlafen haben	werdet schlafen	würdet schlafen
sie/Sie	werden schlafen	werden geschlafen haben	werden schlafen	würden schlafen

	IMPÉRATIF	INFINITIF	PARTICIPE
sing. 2ᵉ	schlaf(e)!	**INFINITIF I**	**PARTICIPE I**
plur. 1ʳᵉ	schlafen wir!	schlafen	schlafend
2ᵉ	schlaft!	**INFINITIF II**	**PARTICIPE II**
f. de politesse	schlafen Sie!	geschlafen haben	geschlafen

Verbe fort, 2ᵉ série : A B A : au [au] | ie [iː] | au [au] | äu [ɔy]

38 laufen courir

lief
gelaufen
er läuft

- Série **A-B-A** : diphtongue **au** à l'infinitif et au participe II, **i** long (noté **ie**) au prétérit. La 2ᵉ et la 3ᵉ personne du singulier du présent prennent l'*Umlaut*.
  – Radical du présent : **lauf-** → 2ᵉ et 3ᵉ pers. sing. : **du läufst, er läuft**.
  – Radical du prétérit : **lief-** → Présent du subjonctif II : **liefe**.
  – Participe II : **gelaufen**.

	INDICATIF		SUBJONCTIF I	SUBJONCTIF II
	PRÉSENT	PRÉTÉRIT	PRÉSENT	PRÉSENT
ich	laufe	lief	laufe	liefe
du	läufst	liefst	laufest	liefest
er/sie/es	läuft	lief	laufe	liefe
wir	laufen	liefen	laufen	liefen
ihr	lauft	lieft	laufet	liefet
sie/Sie	laufen	liefen	laufen	liefen
	PARFAIT	PLUS-QUE-PARFAIT	PASSÉ	PASSÉ
ich	bin gelaufen[1]	war gelaufen	sei gelaufen	wäre gelaufen
du	bist gelaufen	warst gelaufen	seist gelaufen	wärest gelaufen
er/sie/es	ist gelaufen	war gelaufen	sei gelaufen	wäre gelaufen
wir	sind gelaufen	waren gelaufen	seien gelaufen	wären gelaufen
ihr	seid gelaufen	wart gelaufen	seiet gelaufen	wäret gelaufen
sie/Sie	sind gelaufen	waren gelaufen	seien gelaufen	wären gelaufen
	FUTUR I	FUTUR II	FUTUR I	FUTUR I
ich	werde laufen	werde gelaufen sein	werde laufen	würde laufen
du	wirst laufen	wirst gelaufen sein	werdest laufen	würdest laufen
er/sie/es	wird laufen	wird gelaufen sein	werde laufen	würde laufen
wir	werden laufen	werden gelaufen sein	werden laufen	würden laufen
ihr	werdet laufen	werdet gelaufen sein	werdet laufen	würdet laufen
sie/Sie	werden laufen	werden gelaufen sein	werden laufen	würden laufen

	IMPÉRATIF	INFINITIF	PARTICIPE
sing. 2ᵉ	lauf(e)!	INFINITIF I	PARTICIPE I
plur. 1ʳᵉ	laufen wir!	laufen	laufend
2ᵉ	lauft!	INFINITIF II	PARTICIPE II
f. de politesse	laufen Sie!	gelaufen sein	gelaufen

[1] Noter l'emploi réfléchi de **laufen: Er hat sich müde gelaufen**. *Il s'est fatigué à courir.*

TABLEAUX DE CONJUGAISON

Verbe fort, 2ᵉ série : A B A : ei [ai] | ie [i:] | ei [ai]

39 heißen *s'appeler*

hieß
geheißen

- Série **A-B-A** : diphtongue **ei** à l'infinitif et au participe II, i long (noté **ie**) au prétérit.
  - Radical du présent : **heiß-**.
  - Radical du prétérit : **hieß-** → Présent du subjonctif II : **hieße**.
  - Participe II : **geheißen**.

	INDICATIF		SUBJONCTIF I	SUBJONCTIF II
	PRÉSENT	**PRÉTÉRIT**	**PRÉSENT**	**PRÉSENT**
ich	heiße	hieß	heiße	hieße
du	heißt[1]	hießest	heißest	hießest
er/sie/es	heißt	hieß	heiße	hieße
wir	heißen	hießen	heißen	hießen
ihr	heißt	hießt	heißet	hießet
sie/Sie	heißen	hießen	heißen	hießen
	PARFAIT	**PLUS-QUE-PARFAIT**	**PASSÉ**	**PASSÉ**
ich	habe geheißen	hatte geheißen	habe geheißen	hätte geheißen
du	hast geheißen	hattest geheißen	habest geheißen	hättest geheißen
er/sie/es	hat geheißen	hatte geheißen	habe geheißen	hätte geheißen
wir	haben geheißen	hatten geheißen	haben geheißen	hätten geheißen
ihr	habt geheißen	hattet geheißen	habet geheißen	hättet geheißen
sie/Sie	haben geheißen	hatten geheißen	haben geheißen	hätten geheißen
	FUTUR I	**FUTUR II**	**FUTUR I**	**FUTUR I**
ich	werde heißen	werde geheißen haben	werde heißen	würde heißen
du	wirst heißen	wirst geheißen haben	werdest heißen	würdest heißen
er/sie/es	wird heißen	wird geheißen haben	werde heißen	würde heißen
wir	werden heißen	werden geheißen haben	werden heißen	würden heißen
ihr	werdet heißen	werdet geheißen haben	werdet heißen	würdet heißen
sie/Sie	werden heißen	werden geheißen haben	werden heißen	würden heißen

	IMPÉRATIF	INFINITIF	PARTICIPE
sing. 2ᵉ	heiß(e) !	**INFINITIF I**	**PARTICIPE I**
plur. 1ʳᵉ	heißen wir !	heißen	heißend *(rare)*
2ᵉ	heißt !	**INFINITIF II**	**PARTICIPE II**
f. de politesse	heißen Sie !	geheißen haben	geheißen

1 Contraction du **ß** du radical avec la terminaison **st**.

Verbe fort, 2ᵉ série : A B A : o [oː] | ie [iː] | o [oː] | ö [œ]

40 stoßen pousser, heurter

stieß
gestoßen
er stößt

- Série **A-B-A** : **o** long à l'infinitif et au participe II, **i** long (noté **ie**) au prétérit. La 2ᵉ et la 3ᵉ personne du singulier du présent prennent l'*Umlaut*.
  – Radical du présent : sto**ß**- → 2ᵉ et 3ᵉ pers. sing. : stö**ß**t.
  – Radical du prétérit : stie**ß**- → Présent du subjonctif II : stie**ß**e.
  – Participe II : gest**o**ßen.

	INDICATIF		SUBJONCTIF I	SUBJONCTIF II
	PRÉSENT	**PRÉTÉRIT**	**PRÉSENT**	**PRÉSENT**
ich	stoße	stieß	stoße	stieße
du	stößt	stießest	stoßest	stießest
er/sie/es	stößt	stieß	stoße	stieße
wir	stoßen	stießen	stoßen	stießen
ihr	stoßt	stießt	stoßet	stießet
sie/Sie	stoßen	stießen	stoßen	stießen
	PARFAIT	**PLUS-QUE-PARFAIT**	**PASSÉ**	**PASSÉ**
ich	habe gestoßen[1]	hatte gestoßen	habe gestoßen	hätte gestoßen
du	hast gestoßen	hattest gestoßen	habest gestoßen	hättest gestoßen
er/sie/es	hat gestoßen	hatte gestoßen	habe gestoßen	hätte gestoßen
wir	haben gestoßen	hatten gestoßen	haben gestoßen	hätten gestoßen
ihr	habt gestoßen	hattet gestoßen	habet gestoßen	hättet gestoßen
sie/Sie	haben gestoßen	hatten gestoßen	haben gestoßen	hätten gestoßen
	FUTUR I	**FUTUR II**	**FUTUR I**	**FUTUR I**
ich	werde stoßen	werde gestoßen haben	werde stoßen	würde stoßen
du	wirst stoßen	wirst gestoßen haben	werdest stoßen	würdest stoßen
er/sie/es	wird stoßen	wird gestoßen haben	werde stoßen	würde stoßen
wir	werden stoßen	werden gestoßen haben	werden stoßen	würden stoßen
ihr	werdet stoßen	werdet gestoßen haben	werdet stoßen	würdet stoßen
sie/Sie	werden stoßen	werden gestoßen haben	werden stoßen	würden stoßen

	IMPÉRATIF	INFINITIF	PARTICIPE
sing. 2ᵉ	stoß(e)!	**INFINITIF I**	**PARTICIPE I**
plur. 1ʳᵉ	stoßen wir!	stoßen	stoßend
2ᵉ	stoßt!	**INFINITIF II**	**PARTICIPE II**
f. de politesse	stoßen Sie!	gestoßen haben	gestoßen

---

[1] On utilise l'auxiliaire **sein** lorsque le verbe est intransitif : **Er ist auf seinen Direktor gestoßen.** *Il est tombé sur son directeur.* De même avec les composés à particules **zustoßen**, *arriver accidentellement*, et **zusammenstoßen**, *entrer en collision*.

Verbe fort, 2ᵉ série : A B A : u [uː] | ie [iː] | u [uː]

41 rufen appeler

rief
gerufen

- Série **A-B-A** : **i** long (noté **ie**) au prétérit ; **u** long à l'infinitif et au participe II.
  - Radical du présent : **ruf-** (ce radical reste inchangé).
  - Radical du prétérit : **rief-** → Présent du subjonctif II : **riefe**.
  - Participe II : **gerufen**.
- Autres verbes de la famille de **rufen** :
  - **an**rufen, appeler au téléphone ; **auf**rufen (zu), lancer un appel (à) ; **aus**rufen, proclamer, s'écrier ; **hervor**rufen, causer, provoquer ; **zu**rufen, crier à qqn ;
  - **einbe**rufen, convoquer, enrôler.

	INDICATIF		SUBJONCTIF I	SUBJONCTIF II
	PRÉSENT	PRÉTÉRIT	PRÉSENT	PRÉSENT
ich	rufe	rief	rufe	riefe
du	rufst	riefst	rufest	riefest
er/sie/es	ruft	rief	rufe	riefe
wir	rufen	riefen	rufen	riefen
ihr	ruft	rieft	rufet	riefet
sie/Sie	rufen	riefen	rufen	riefen
	PARFAIT	PLUS-QUE-PARFAIT	PASSÉ	PASSÉ
ich	habe gerufen	hatte gerufen	habe gerufen	hätte gerufen
du	hast gerufen	hattest gerufen	habest gerufen	hättest gerufen
er/sie/es	hat gerufen	hatte gerufen	habe gerufen	hätte gerufen
wir	haben gerufen	hatten gerufen	haben gerufen	hätten gerufen
ihr	habt gerufen	hattet gerufen	habet gerufen	hättet gerufen
sie/Sie	haben gerufen	hatten gerufen	haben gerufen	hätten gerufen
	FUTUR I	FUTUR II	FUTUR I	FUTUR I
ich	werde rufen	werde gerufen haben	werde rufen	würde rufen
du	wirst rufen	wirst gerufen haben	werdest rufen	würdest rufen
er/sie/es	wird rufen	wird gerufen haben	werde rufen	würde rufen
wir	werden rufen	werden gerufen haben	werden rufen	würden rufen
ihr	werdet rufen	werdet gerufen haben	werdet rufen	würdet rufen
sie/Sie	werden rufen	werden gerufen haben	werden rufen	würden rufen

	IMPÉRATIF	INFINITIF	PARTICIPE
sing. 2ᵉ	ruf!	INFINITIF I	PARTICIPE I
plur. 1ʳᵉ	rufen wir!	rufen	rufend
2ᵉ	ruft!		
f. de politesse	rufen Sie!	INFINITIF II	PARTICIPE II
		gerufen haben	gerufen

Verbe fort, 2ᵉ série : A B A : a [a] | ie [iː] | a [a] | ä [ɛ]

42 fallen *tomber*

fiel
gefallen
er fällt

- Série **A-B-A** : **i** long (noté **ie**) au prétérit comme pour les cinq verbes précédents ; **a** bref à l'infinitif et au participe II. La 2ᵉ et la 3ᵉ personne du singulier du présent prennent l'*Umlaut*.
  – Radical du présent : **fall-** → 2ᵉ et 3ᵉ pers. sing. : **du fällst, er fällt**.
  – Radical du prétérit : **fiel-** → Présent du subjonctif II : **fiele**.
  – Participe II : **gefallen**.
- Autres verbes (aux. **haben**) : **halten, hielt, gehalten**, *tenir* ; **lassen, ließ, gelassen**, *laisser, faire* (+ inf.).

	INDICATIF		SUBJONCTIF I	SUBJONCTIF II
	PRÉSENT	PRÉTÉRIT	PRÉSENT	PRÉSENT
ich	falle	fiel	falle	fiele
du	fällst	fielst	fallest	fielest
er/sie/es	fällt	fiel	falle	fiele
wir	fallen	fielen	fallen	fielen
ihr	fallt	fielt	fallet	fielet
sie/Sie	fallen	fielen	fallen	fielen
	PARFAIT	PLUS-QUE-PARFAIT	PASSÉ	PASSÉ
ich	bin gefallen[1]	war gefallen	sei gefallen	wäre gefallen
du	bist gefallen	warst gefallen	seist gefallen	wärest gefallen
er/sie/es	ist gefallen	war gefallen	sei gefallen	wäre gefallen
wir	sind gefallen	waren gefallen	seien gefallen	wären gefallen
ihr	seid gefallen	wart gefallen	seiet gefallen	wäret gefallen
sie/Sie	sind gefallen	waren gefallen	seien gefallen	wären gefallen
	FUTUR I	FUTUR II	FUTUR I	FUTUR I
ich	werde fallen	werde gefallen sein	werde fallen	würde fallen
du	wirst fallen	wirst gefallen sein	werdest fallen	würdest fallen
er/sie/es	wird fallen	wird gefallen sein	werde fallen	würde fallen
wir	werden fallen	werden gefallen sein	werden fallen	würden fallen
ihr	werdet fallen	werdet gefallen sein	werdet fallen	würdet fallen
sie/Sie	werden fallen	werden gefallen sein	werden fallen	würden fallen

	IMPÉRATIF	INFINITIF	PARTICIPE
sing. 2ᵉ	fall(e)!	INFINITIF I	PARTICIPE I
plur. 1ʳᵉ	fallen wir!	fallen	fallend
2ᵉ	fallt!	INFINITIF II	PARTICIPE II
f. de politesse	fallen Sie!	gefallen sein	gefallen

---

1 On emploie l'auxiliaire **sein** avec les composés intransitifs **auf**fallen (+ D), *frapper l'attention* ; **aus**fallen, *ne pas avoir lieu*, mais **haben** avec les verbes **be**fallen, *atteindre (maladie)* ; **ge**fallen, *plaire* ; **miss**fallen, *déplaire* ; **über**fallen, *assaillir*.

Verbe fort, 2ᵉ série : A B A : a [a] | i [i] | a [a] | ä [ɛ]

43 **fangen** attraper

fing
gefangen
er fängt

- Série **A-B-A** : **a** bref à l'infinitif et au participe II ; **i** bref au prétérit. Ce vocalisme s'explique par la présence du groupe de consonnes **ng**. La 2ᵉ et la 3ᵉ personne du singulier du présent prennent l'*Umlaut*.
  – Radical du présent : **fang-** → 2ᵉ et 3ᵉ pers. sing. : **du fängst, er fängt**.
  – Radical du prétérit : **fing-** → Présent du subjonctif II : **finge**.
  – Participe II : **gefangen**.
- Autres verbes : **hängen**, *être suspendu*, lorsqu'il est employé comme verbe de position intransitif, et ses composés.

	INDICATIF		SUBJONCTIF I	SUBJONCTIF II
	PRÉSENT	**PRÉTÉRIT**	**PRÉSENT**	**PRÉSENT**
ich	fange	fing	fange	finge
du	fängst	fingst	fangest	fingest
er/sie/es	fängt	fing	fange	finge
wir	fangen	fingen	fangen	fingen
ihr	fangt	fingt	fanget	finget
sie/Sie	fangen	fingen	fangen	fingen
	PARFAIT	**PLUS-QUE-PARFAIT**	**PASSÉ**	**PASSÉ**
ich	habe gefangen	hatte gefangen	habe gefangen	hätte gefangen
du	hast gefangen	hattest gefangen	habest gefangen	hättest gefangen
er/sie/es	hat gefangen	hatte gefangen	habe gefangen	hätte gefangen
wir	haben gefangen	hatten gefangen	haben gefangen	hätten gefangen
ihr	habt gefangen	hattet gefangen	habet gefangen	hättet gefangen
sie/Sie	haben gefangen	hatten gefangen	haben gefangen	hätten gefangen
	FUTUR I	**FUTUR II**	**FUTUR I**	**FUTUR I**
ich	werde fangen	werde gefangen haben	werde fangen	würde fangen
du	wirst fangen	wirst gefangen haben	werdest fangen	würdest fangen
er/sie/es	wird fangen	wird gefangen haben	werde fangen	würde fangen
wir	werden fangen	werden gefangen haben	werden fangen	würden fangen
ihr	werdet fangen	werdet gefangen haben	werdet fangen	würdet fangen
sie/Sie	werden fangen	werden gefangen haben	werden fangen	würden fangen

	IMPÉRATIF	INFINITIF	PARTICIPE
sing. 2ᵉ	fang(e) !	**INFINITIF I**	**PARTICIPE I**
plur. 1ʳᵉ	fangen wir !	fangen	fangend
2ᵉ	fangt !	**INFINITIF II**	**PARTICIPE II**
f. de politesse	fangen Sie !	gefangen haben	gefangen

Verbe fort, 3ᵉ série : A B C : ie [iː] | a [ɑː] | e [eː]

44 liegen *être couché*

lag
gelegen

- Série **A-B-C** : trois radicaux différents : i long (ie) à l'infinitif, a long au prétérit, e long au participe II. Liegen est le seul verbe fort à présenter cette alternance.
  – Radical du présent : lieg-.
  – Radical du prétérit : lag- → Présent du subjonctif II : läge.
  – Participe II : gelegen.
- Autres verbes de la famille de liegen : **ab**liegen, *être à l'écart* ; **bei**liegen, *être joint à* ; **fest**liegen, *être immobilisé* ; **herum**liegen, *traîner* ; **nahe**liegen, *tomber sous le sens* ; **vor**liegen, *se présenter (objet, situation)*.

	INDICATIF		SUBJONCTIF I	SUBJONCTIF II
	PRÉSENT	PRÉTÉRIT	PRÉSENT	PRÉSENT
ich	liege	lag	liege	läge
du	liegst	lagst	liegest	lägest
er/sie/es	liegt	lag	liege	läge
wir	liegen	lagen	liegen	lägen
ihr	liegt	lagt	lieget	läget
sie/Sie	liegen	lagen	liegen	lägen
	PARFAIT	PLUS-QUE-PARFAIT	PASSÉ	PASSÉ
ich	habe gelegen[1]	hatte gelegen	habe gelegen	hätte gelegen
du	hast gelegen	hattest gelegen	habest gelegen	hättest gelegen
er/sie/es	hat gelegen	hatte gelegen	habe gelegen	hätte gelegen
wir	haben gelegen	hatten gelegen	haben gelegen	hätten gelegen
ihr	habt gelegen	hattet gelegen	habet gelegen	hättet gelegen
sie/Sie	haben gelegen	hatten gelegen	haben gelegen	hätten gelegen
	FUTUR I	FUTUR II	FUTUR I	FUTUR I
ich	werde liegen	werde gelegen haben	werde liegen	würde liegen
du	wirst liegen	wirst gelegen haben	werdest liegen	würdest liegen
er/sie/es	wird liegen	wird gelegen haben	werde liegen	würde liegen
wir	werden liegen	werden gelegen haben	werden liegen	würden liegen
ihr	werdet liegen	werdet gelegen haben	werdet liegen	würdet liegen
sie/Sie	werden liegen	werden gelegen haben	werden liegen	würden liegen

	IMPÉRATIF	INFINITIF	PARTICIPE
sing. 2ᵉ	lieg(e)!	INFINITIF I	PARTICIPE I
plur. 1ʳᵉ	liegen wir!	liegen	liegend
2ᵉ	liegt!	INFINITIF II	PARTICIPE II
f. de politesse	liegen Sie!	gelegen haben	gelegen

---

[1] **Ich bin gelegen** est courant en Allemagne du Sud. **Ich habe gelegen** demeure toutefois la seule forme grammaticalement correcte.

Verbe fort, 3ᵉ série : A B C : i [i] | a [ɑː] | e [eː]

45 | bitten *demander*

b<u>a</u>t
geb<u>e</u>ten

- Série **A-B-C** : trois radicaux différents : a long au prétérit, e long au participe II comme liegen. En revanche, le i de l'infinitif est bref parce que suivi d'une consonne double.
  – Radical du présent : bitt-.
  – Radical du prétérit : b<u>a</u>t- → Présent du subjonctif II : b<u>ä</u>te.
  – Participe II : geb<u>e</u>ten.

	INDICATIF		**SUBJONCTIF I**	**SUBJONCTIF II**
	PRÉSENT	PRÉTÉRIT	PRÉSENT	PRÉSENT
ich	bitte	bat	bitte	bäte[2]
du	bittest[1]	batest[1]	bittest	bätest
er/sie/es	bittet	bat	bitte	bäte
wir	bitten	baten	bitten	bäten
ihr	bittet	batet	bittet	bätet
sie/Sie	bitten	baten	bitten	bäten
	PARFAIT	PLUS-QUE-PARFAIT	PASSÉ	PASSÉ
ich	habe gebeten	hatte gebeten	habe gebeten	hätte gebeten
du	hast gebeten	hattest gebeten	habest gebeten	hättest gebeten
er/sie/es	hat gebeten	hatte gebeten	habe gebeten	hätte gebeten
wir	haben gebeten	hatten gebeten	haben gebeten	hätten gebeten
ihr	habt gebeten	hattet gebeten	habet gebeten	hättet gebeten
sie/Sie	haben gebeten	hatten gebeten	haben gebeten	hätten gebeten
	FUTUR I	FUTUR II	FUTUR I	FUTUR I
ich	werde bitten	werde gebeten haben	werde bitten	würde bitten
du	wirst bitten	wirst gebeten haben	werdest bitten	würdest bitten
er/sie/es	wird bitten	wird gebeten haben	werde bitten	würde bitten
wir	werden bitten	werden gebeten haben	werden bitten	würden bitten
ihr	werdet bitten	werdet gebeten haben	werdet bitten	würdet bitten
sie/Sie	werden bitten	werden gebeten haben	werden bitten	würden bitten

	IMPÉRATIF	**INFINITIF**	**PARTICIPE**
sing. 2ᵉ	bitte!	INFINITIF I	PARTICIPE I
plur. 1ʳᵉ	bitten wir!	bitten	bittend
2ᵉ	bittet!	INFINITIF II	PARTICIPE II
f. de politesse	bitten Sie!	gebeten haben	gebeten

1 Présence d'un **e** intercalaire.
2 Peu usité. On utilise de préférence le futur du subjonctif II : **ich würde bitten**.

Verbe fort, 3ᵉ série : A B C : i [i] | a [ɑː] | e [ɛ]

46 sitzen *être assis*

saß
gesessen

- Série **A-B-C**: trois radicaux différents: **a** long au prétérit comme pour **liegen** et **bitten**; voyelle brève, en revanche, au participe II. **Sitzen** est le seul verbe à présenter cette alternance.
  – Radical du présent: **sitz-**.
  – Radical du prétérit: **saß-** → Présent du subjonctif II: **säße**.
  – Participe II: **gesessen**.
- De même: **besitzen, besaß, besessen,** *posséder.*

	INDICATIF		SUBJONCTIF I	SUBJONCTIF II
	PRÉSENT	PRÉTÉRIT	PRÉSENT	PRÉSENT
ich	sitze	saß	sitze	säße
du	sitzt	saßest	sitzest	säßest
er/sie/es	sitzt	saß	sitze	säße
wir	sitzen	saßen	sitzen	säßen
ihr	sitzt	saßt	sitzet	säßet
sie/Sie	sitzen	saßen	sitzen	säßen
	PARFAIT	PLUS-QUE-PARFAIT	PASSÉ	PASSÉ
ich	habe gesessen[1]	hatte gesessen	habe gesessen	hätte gesessen
du	hast gesessen	hattest gesessen	habest gesessen	hättest gesessen
er/sie/es	hat gesessen	hatte gesessen	habe gesessen	hätte gesessen
wir	haben gesessen	hatten gesessen	haben gesessen	hätten gesessen
ihr	habt gesessen	hattet gesessen	habet gesessen	hättet gesessen
sie/Sie	haben gesessen	hatten gesessen	haben gesessen	hätten gesessen
	FUTUR I	FUTUR II	FUTUR I	FUTUR I
ich	werde sitzen	werde gesessen haben	werde sitzen	würde sitzen
du	wirst sitzen	wirst gesessen haben	werdest sitzen	würdest sitzen
er/sie/es	wird sitzen	wird gesessen haben	werde sitzen	würde sitzen
wir	werden sitzen	werden gesessen haben	werden sitzen	würden sitzen
ihr	werdet sitzen	werdet gesessen haben	werdet sitzen	würdet sitzen
sie/Sie	werden sitzen	werden gesessen haben	werden sitzen	würden sitzen

	IMPÉRATIF	INFINITIF	PARTICIPE
sing. 2ᵉ	sitz(e)!	INFINITIF I	PARTICIPE I
plur. 1ʳᵉ	sitzen wir!	sitzen	sitzend
2ᵉ	sitzt!	INFINITIF II	PARTICIPE II
f. de politesse	sitzen Sie!	gesessen haben	gesessen

---

[1] **Ich bin gesessen** est courant en Allemagne du Sud. **Ich habe gesessen** demeure toutefois la seule forme grammaticalement correcte.

TABLEAUX DE CONJUGAISON

Verbe fort, 3ᵉ série : A B C : e [eː] | a [ɑː] | o [oː] | ie [iː]

47 stehlen *voler, dérober*

stahl
gestohlen
er stiehlt

- Série **A-B-C** : trois radicaux différents : **a** long au prétérit comme pour les verbes précédents. Alternance **e** long/**i** long (**ie**) au présent.
  – Radical du présent : steh l- → 2ᵉ et 3ᵉ pers. sing. : du stiehlst, er stiehlt.
  – Radical du prétérit : stahl- → Présent du subjonctif II : stähle/stöhle (rares).
  – Participe II : gestohlen.
- Autres verbes : **befehlen**, ordonner ; **empfehlen**, recommander ; **gebären**, gebar, geboren, sie gebärt/gebiert, mettre au monde (n'est plus guère employé qu'au participe II : **geboren**, né).

	INDICATIF		SUBJONCTIF I	SUBJONCTIF II
	PRÉSENT	**PRÉTÉRIT**	**PRÉSENT**	**PRÉSENT**
ich	stehle	stahl	stehle	stähle/stöhle[1]
du	stiehlst	stahlst	stehlest	stählest/stöhlest
er/sie/es	stiehlt	stahl	stehle	stähle/stöhle
wir	stehlen	stahlen	stehlen	stählen/stöhlen
ihr	stehlt	stahlt	stehlet	stählet/stöhlet
sie/Sie	stehlen	stahlen	stehlen	stählen/stöhlen
	PARFAIT	**PLUS-QUE-PARFAIT**	**PASSÉ**	**PASSÉ**
ich	habe gestohlen	hatte gestohlen	habe gestohlen	hätte gestohlen
du	hast gestohlen	hattest gestohlen	habest gestohlen	hättest gestohlen
er/sie/es	hat gestohlen	hatte gestohlen	habe gestohlen	hätte gestohlen
wir	haben gestohlen	hatten gestohlen	haben gestohlen	hätten gestohlen
ihr	habt gestohlen	hattet gestohlen	habet gestohlen	hättet gestohlen
sie/Sie	haben gestohlen	hatten gestohlen	haben gestohlen	hätten gestohlen
	FUTUR I	**FUTUR II**	**FUTUR I**	**FUTUR I**
ich	werde stehlen	werde gestohlen haben	werde stehlen	würde stehlen
du	wirst stehlen	wirst gestohlen haben	werdest stehlen	würdest stehlen
er/sie/es	wird stehlen	wird gestohlen haben	werde stehlen	würde stehlen
wir	werden stehlen	werden gestohlen haben	werden stehlen	würden stehlen
ihr	werdet stehlen	werdet gestohlen haben	werdet stehlen	würdet stehlen
sie/Sie	werden stehlen	werden gestohlen haben	werden stehlen	würden stehlen

	IMPÉRATIF	INFINITIF	PARTICIPE
sing. 2ᵉ	stiehl!	**INFINITIF I**	**PARTICIPE I**
plur. 1ʳᵉ	stehlen wir!	stehlen	stehlend
2ᵉ	stehlt!	**INFINITIF II**	**PARTICIPE II**
f. de politesse	stehlen Sie!	gestohlen haben	gestohlen

[1] Des formes en **ö** subsistent pour **befehlen**: **beföhle** et pour **empfehlen**: **empföhle**.

Verbe fort, 3ᵉ série : A B C : e [eː] | a [ɑː] | o [ɔ] | i [i]

48 nehmen prendre

nahm
genommen
er nimmt

- Série **A-B-C** : trois radicaux différents : e long à l'infinitif, a long au prétérit ; o bref au participe II. Alternance e long/i bref au présent.
  - Radical du présent : n*e*hm- → 2ᵉ et 3ᵉ pers. sing. : du nimmst, er nimmt.
  - Radical du prétérit : n*a*hm- → Présent du subjonctif II : nähme.
  - Participe II : genommen.
- Autres verbes de la famille de nehmen: **ab**nehmen, ôter, diminuer ; **an**nehmen, accepter, supposer ; **auf**nehmen, accueillir ; sich benehmen, se comporter ; entnehmen, prélever, tirer de ; übernehmen, assumer ; unternehmen, entreprendre.

	INDICATIF		SUBJONCTIF I	SUBJONCTIF II
	PRÉSENT	PRÉTÉRIT	PRÉSENT	PRÉSENT
ich	nehme	nahm	nehme	nähme
du	nimmst	nahmst	nehmest	nähmest
er/sie/es	nimmt	nahm	nehme	nähme
wir	nehmen	nahmen	nehmen	nähmen
ihr	nehmt	nahmt	nehmet	nähmet
sie/Sie	nehmen	nahmen	nehmen	nähmen
	PARFAIT	PLUS-QUE-PARFAIT	PASSÉ	PASSÉ
ich	habe genommen	hatte genommen	habe genommen	hätte genommen
du	hast genommen	hattest genommen	habest genommen	hättest genommen
er/sie/es	hat genommen	hatte genommen	habe genommen	hätte genommen
wir	haben genommen	hatten genommen	haben genommen	hätten genommen
ihr	habt genommen	hattet genommen	habet genommen	hättet genommen
sie/Sie	haben genommen	hatten genommen	haben genommen	hätten genommen
	FUTUR I	FUTUR II	FUTUR I	FUTUR I
ich	werde nehmen	werde genommen haben	werde nehmen	würde nehmen
du	wirst nehmen	wirst genommen haben	werdest nehmen	würdest nehmen
er/sie/es	wird nehmen	wird genommen haben	werde nehmen	würde nehmen
wir	werden nehmen	werden genommen haben	werden nehmen	würden nehmen
ihr	werdet nehmen	werdet genommen haben	werdet nehmen	würdet nehmen
sie/Sie	werden nehmen	werden genommen haben	werden nehmen	würden nehmen

	IMPÉRATIF	INFINITIF	PARTICIPE
sing. 2ᵉ	nimm!	INFINITIF I	PARTICIPE I
plur. 1ʳᵉ	nehmen wir!	nehmen	nehmend
2ᵉ	nehmt!	INFINITIF II	PARTICIPE II
f. de politesse	nehmen Sie!	genommen haben	genommen

Verbe fort, 3ᵉ série : A B C : e [ɛ] | a [ɑː] | o [ɔ] | i [i]

49 **sprechen** *parler*

sprach
gesprochen
er spricht

- Série **A-B-C** : trois radicaux différents : e bref à l'infinitif, a long au prétérit, o bref au participe II. Alternance e bref/i bref au présent.
  – Radical du présent : sprech- → 2ᵉ et 3ᵉ pers. sing. : du sprichst, er spricht.
  – Radical du prétérit : sprach- → Présent du subjonctif II : spräche.
  – Participe II : gesprochen.
- Autres verbes :
  – **an**sprechen, *aborder*; **aus**sprechen, *prononcer*; **nach**sprechen, *répéter*; etw. besprechen, *discuter de*; **ver**sprechen, *promettre*;
  – brechen, *rompre, (se) briser*; stechen, *piquer*;
  – treffen, traf, getroffen, er trifft, *atteindre, rencontrer*;
  – erschrecken, erschrak, erschrocken, er erschrickt, *s'effrayer* (aux. sein).

	INDICATIF		SUBJONCTIF I	SUBJONCTIF II
	PRÉSENT	PRÉTÉRIT	PRÉSENT	PRÉSENT
ich	spreche	sprach	spreche	spräche
du	sprichst	sprachst	sprechest	sprächest
er/sie/es	spricht	sprach	spreche	spräche
wir	sprechen	sprachen	sprechen	sprächen
ihr	sprecht	spracht	sprechet	sprächet
sie/Sie	sprechen	sprachen	sprechen	sprächen
	PARFAIT	PLUS-QUE-PARFAIT	PASSÉ	PASSÉ
ich	habe gesprochen	hatte gesprochen	habe gesprochen	hätte gesprochen
du	hast gesprochen	hattest gesprochen	habest gesprochen	hättest gesprochen
er/sie/es	hat gesprochen	hatte gesprochen	habe gesprochen	hätte gesprochen
wir	haben gesprochen	hatten gesprochen	haben gesprochen	hätten gesprochen
ihr	habt gesprochen	hattet gesprochen	habet gesprochen	hättet gesprochen
sie/Sie	haben gesprochen	hatten gesprochen	haben gesprochen	hätten gesprochen
	FUTUR I	FUTUR II	FUTUR I	FUTUR I
ich	werde sprechen	werde gesprochen haben	werde sprechen	würde sprechen
du	wirst sprechen	wirst gesprochen haben	werdest sprechen	würdest sprechen
er/sie/es	wird sprechen	wird gesprochen haben	werde sprechen	würde sprechen
wir	werden sprechen	werden gesprochen haben	werden sprechen	würden sprechen
ihr	werdet sprechen	werdet gesprochen haben	werdet sprechen	würdet sprechen
sie/Sie	werden sprechen	werden gesprochen haben	werden sprechen	würden sprechen

	IMPÉRATIF	INFINITIF	PARTICIPE
sing. 2ᵉ	sprich!	INFINITIF I	PARTICIPE I
plur. 1ʳᵉ	sprechen wir!	sprechen	sprechend
2ᵉ	sprecht!	INFINITIF II	PARTICIPE II
f. de politesse	sprechen Sie!	gesprochen haben	gesprochen

Verbe fort, 3ᵉ série : A B C : e [ɛ] | a [a] | o [ɔ] | i [i]

50 helfen *aider*

half
geholfen
er hilft

- Série **A-B-C** : trois radicaux différents. Le verbe helfen ne présente que des voyelles brèves : e à l'infinitif, a au prétérit ; o au participe II. Alternance e bref/i bref au présent.
  – Radical du présent : helf- → 2ᵉ et 3ᵉ pers. sing. : du hilfst, er hilft.
  – Radical du prétérit : half- → Présent du subjonctif II : hälfe/hülfe.
  – Participe II : geholfen.
- Autres verbes :
  – werfen, lancer, et ses composés à particule : **ein**werfen, introduire, objecter ; **um**werfen, renverser ; **vor**werfen, reprocher ; **weg**werfen, jeter ;
  – sterben, mourir (aux. sein) : werben, faire de la publicité, et verderben, se gâter, lorsque ce verbe est employé comme verbe intransitif (aux. sein).

	INDICATIF		SUBJONCTIF I	SUBJONCTIF II
	PRÉSENT	**PRÉTÉRIT**	**PRÉSENT**	**PRÉSENT**
ich	helfe	half	helfe	hälfe/hülfe[1]
du	hilfst	halfst	helfest	hälfest/hülfest
er/sie/es	hilft	half	helfe	hälfe/hülfe
wir	helfen	halfen	helfen	hälfen/hülfen
ihr	helft	halft	helfet	hälfet/hülfet
sie/Sie	helfen	halfen	helfen	hälfen/hülfen
	PARFAIT	**PLUS-QUE-PARFAIT**	**PASSÉ**	**PASSÉ**
ich	habe geholfen	hatte geholfen	habe geholfen	hätte geholfen
du	hast geholfen	hattest geholfen	habest geholfen	hättest geholfen
er/sie/es	hat geholfen	hatte geholfen	habe geholfen	hätte geholfen
wir	haben geholfen	hatten geholfen	haben geholfen	hätten geholfen
ihr	habt geholfen	hattet geholfen	habet geholfen	hättet geholfen
sie/Sie	haben geholfen	hatten geholfen	haben geholfen	hätten geholfen
	FUTUR I	**FUTUR II**	**FUTUR I**	**FUTUR I**
ich	werde helfen	werde geholfen haben	werde helfen	würde helfen
du	wirst helfen	wirst geholfen haben	werdest helfen	würdest helfen
er/sie/es	wird helfen	wird geholfen haben	werde helfen	würde helfen
wir	werden helfen	werden geholfen haben	werden helfen	würden helfen
ihr	werdet helfen	werdet geholfen haben	werdet helfen	würdet helfen
sie/Sie	werden helfen	werden geholfen haben	werden helfen	würden helfen

	IMPÉRATIF	INFINITIF	PARTICIPE
sing. 2ᵉ	hilf!	**INFINITIF I**	**PARTICIPE I**
plur. 1ʳᵉ	helfen wir!	helfen	helfend
2ᵉ	helft!	**INFINITIF II**	**PARTICIPE II**
f. de politesse	helfen Sie!	geholfen haben	geholfen

[1] Forme alternative de **hälfe** en raison de la confusion de cette dernière avec le subjonctif I. On emploie aujourd'hui de préférence le futur du subjonctif II : **ich würde helfen**.

Verbe fort, 3e série : A B C : i [i] | a [a] | o [ɔ]

51 schwimmen *nager*

schwamm
geschwommen

- Série **A-B-C** : trois radicaux différents. Le verbe schwimmen ne présente que des voyelles brèves (→ helfen 50). Le i bref de l'infinitif se maintient au présent.
  - Radical du présent : schwimm- (radical inchangé).
  - Radical du prétérit : schwamm- → Présent du subjonctif II : schwämme/ schwömme.
  - Participe II : geschwommen.
- Autres verbes : beginnen, *commencer* ; gewinnen, *gagner* ; ou (plus rares) : sinnen, sich besinnen, *méditer, réfléchir*, qui forment leurs temps du passé avec l'auxiliaire haben ; rinnen, *ruisseler*, avec l'auxiliaire sein.

	INDICATIF		SUBJONCTIF I	SUBJONCTIF II
	PRÉSENT	PRÉTÉRIT	PRÉSENT	PRÉSENT
ich	schwimme	schwamm	schwimme	schwämme/schwömme[2]
du	schwimmst	schwammst	schwimmest	schwämmest
er/sie/es	schwimmt	schwamm	schwimme	schwämme
wir	schwimmen	schwammen	schwimmen	schwämmen
ihr	schwimmt	schwammt	schwimmet	schwämmet
sie/Sie	schwimmen	schwammen	schwimmen	schwämmen
	PARFAIT	PLUS-QUE-PARFAIT	PASSÉ	PASSÉ
ich	bin geschwommen[1]	war geschwommen	sei geschwommen	wäre geschwommen
du	bist geschwommen	warst geschwommen	seist geschwommen	wärest geschwommen
er/sie/es	ist geschwommen	war geschwommen	sei geschwommen	wäre geschwommen
wir	sind geschwommen	waren geschwommen	seien geschwommen	wären geschwommen
ihr	seid geschwommen	wart geschwommen	seiet geschwommen	wäret geschwommen
sie/Sie	sind geschwommen	waren geschwommen	seien geschwommen	wären geschwommen
	FUTUR I	FUTUR II	FUTUR I	FUTUR I
ich	werde schwimmen	werde geschwommen sein	werde schwimmen	würde schwimmen
du	wirst schwimmen	wirst geschwommen sein	werdest schwimmen	würdest schwimmen
er/sie/es	wird schwimmen	wird geschwommen sein	werde schwimmen	würde schwimmen
wir	werden schwimmen	werden geschwommen sein	werden schwimmen	würden schwimmen
ihr	werdet schwimmen	werdet geschwommen sein	werdet schwimmen	würdet schwimmen
sie/Sie	werden schwimmen	werden geschwommen sein	werden schwimmen	würden schwimmen

	IMPÉRATIF	INFINITIF	PARTICIPE
sing. 2e	schwimm(e) !	INFINITIF I	PARTICIPE I
plur. 1re	schwimmen wir !	schwimmen	schwimmend
2e	schwimmt !	INFINITIF II	PARTICIPE II
f. de politesse	schwimmen Sie !	geschwommen sein	geschwommen

1 Ich habe geschwommen s'emploie lorsque l'action est envisagée sous l'angle de la durée.
2 La forme **schwömme** est dérivée de l'ancien prétérit **schwomm**. On emploie aujourd'hui de préférence le futur du subjonctif II : **ich würde schwimmen**.

Verbe fort, 3ᵉ série : A B C : i [i] | a [a] | u [u]

52 singen *chanter*

sang
gesungen

- Série **A-B-C** : trois radicaux différents. Le verbe singen ne présente que des voyelles brèves (→ helfen 50 ; schwimmen 51).
  - Radical du présent : sing- (radical inchangé).
  - Radical du prétérit : sang- → Présent du subjonctif II : sänge-.
  - Participe II : gesungen.
- Autres verbes :
  - radical en nd : finden, *trouver*, et tous les verbes forts présentant ce radical ;
  - radical en ng : dringen, *pénétrer* ; springen, *sauter* ;
  - radical en nk : trinken, *boire* ; (ver)sinken, *s'enfoncer, sombrer*.

INDICATIF		SUBJONCTIF I	SUBJONCTIF II
PRÉSENT	**PRÉTÉRIT**	**PRÉSENT**	**PRÉSENT**
ich singe[1]	sang	singe	sänge
du singst	sangst	singest	sängest
er/sie/es singt	sang	singe	sänge
wir singen	sangen	singen	sängen
ihr singt	sangt	singet	sänget
sie/Sie singen	sangen	singen	sängen
PARFAIT	**PLUS-QUE-PARFAIT**	**PASSÉ**	**PASSÉ**
ich habe gesungen	hatte gesungen	habe gesungen	hätte gesungen
du hast gesungen	hattest gesungen	habest gesungen	hättest gesungen
er/sie/es hat gesungen	hatte gesungen	habe gesungen	hätte gesungen
wir haben gesungen	hatten gesungen	haben gesungen	hätten gesungen
ihr habt gesungen	hattet gesungen	habet gesungen	hättet gesungen
sie/Sie haben gesungen	hatten gesungen	haben gesungen	hätten gesungen
FUTUR I	**FUTUR II**	**FUTUR I**	**FUTUR I**
ich werde singen	werde gesungen haben	werde singen	würde singen
du wirst singen	wirst gesungen haben	werdest singen	würdest singen
er/sie/es wird singen	wird gesungen haben	werde singen	würde singen
wir werden singen	werden gesungen haben	werden singen	würden singen
ihr werdet singen	werdet gesungen haben	werdet singen	würdet singen
sie/Sie werden singen	werden gesungen haben	werden singen	würden singen

	IMPÉRATIF	INFINITIF	PARTICIPE
sing. 2ᵉ	sing(e)![2]	**INFINITIF I**	**PARTICIPE I**
plur. 1ʳᵉ	singen wir!	singen	singend
2ᵉ	singt!	**INFINITIF II**	**PARTICIPE II**
f. de politesse	singen Sie!	gesungen haben	gesungen

---

1 Finden : présent : ich finde, du findest, er findet ; prétérit : ich fand, du fandest, er fand, ihr fandet.
2 Finden : sing. : finde! 2ᵉ pers. plur. : findet!

Verbe fort, 3ᵉ série : A B C : e [eː] | i [i] | a [a]

53 gehen *aller*

ging
gegangen

- Série **A-B-C** : trois radicaux différents : e long à l'infinitif et au présent ; voyelles brèves au prétérit et au participe II devant le groupe de consonnes ng.
  - Radical du présent : geh-.
  - Radical du prétérit : ging- → Présent du subjonctif II : ginge-.
  - Participe II : gegangen.
- Autres verbes de la famille de gehen:
  - **aus**gehen, sortir ; **fort**gehen, **weg**gehen, partir ; vergehen, passer (aux. sein) ;
  - begehen, commettre ; übergehen, omettre, oublier (aux. haben).

	INDICATIF		SUBJONCTIF I	SUBJONCTIF II
	PRÉSENT	PRÉTÉRIT	PRÉSENT	PRÉSENT
ich	gehe	ging	gehe	ginge
du	gehst	gingst	gehest	gingest
er/sie/es	geht	ging	gehe	ginge
wir	gehen	gingen	gehen	gingen
ihr	geht	gingt	gehet	ginget
sie/Sie	gehen	gingen	gehen	gingen
	PARFAIT	PLUS-QUE-PARFAIT	PASSÉ	PASSÉ
ich	bin gegangen	war gegangen	sei gegangen	wäre gegangen
du	bist gegangen	warst gegangen	seist gegangen	wärest gegangen
er/sie/es	ist gegangen	war gegangen	sei gegangen	wäre gegangen
wir	sind gegangen	waren gegangen	seien gegangen	wären gegangen
ihr	seid gegangen	wart gegangen	seiet gegangen	wäret gegangen
sie/Sie	sind gegangen	waren gegangen	seien gegangen	wären gegangen
	FUTUR I	FUTUR II	FUTUR I	FUTUR I
ich	werde gehen	werde gegangen sein	werde gehen	würde gehen
du	wirst gehen	wirst gegangen sein	werdest gehen	würdest gehen
er/sie/es	wird gehen	wird gegangen sein	werde gehen	würde gehen
wir	werden gehen	werden gegangen sein	werden gehen	würden gehen
ihr	werdet gehen	werdet gegangen sein	werdet gehen	würdet gehen
sie/Sie	werden gehen	werden gegangen sein	werden gehen	würden gehen

	IMPÉRATIF	INFINITIF	PARTICIPE
sing. 2ᵉ	geh!	INFINITIF I	PARTICIPE I
plur. 1ʳᵉ	gehen wir!	gehen	gehend
2ᵉ	geht!	INFINITIF II	PARTICIPE II
f. de politesse	gehen Sie!	gegangen sein	gegangen

« Mutant »

54 mahlen moudre

mahlte
gemahlen

- Nous regroupons sous le terme « mutants » les verbes qui, comme le verbe mahlen, présentent une conjugaison régulière (radical inchangé, marque te du prétérit) tout en adoptant la marque en au participe II.
- Autres verbes :
  – hauen, haute (ancien prétérit : hieb), gehauen, *frapper* (→ laufen 38) ;
  – salzen, salzte, gesalzen (ou gesalzt), *saler* ;
  – spalten, spaltete, gespalten, *fendre*.

INDICATIF			SUBJONCTIF I	SUBJONCTIF II
PRÉSENT		**PRÉTÉRIT**	**PRÉSENT**	**PRÉSENT**
ich	mahle	mahlte	mahle	mahlte
du	mahlst	mahltest	mahlest	mahltest
er/sie/es	mahlt	mahlte	mahle	mahlte
wir	mahlen	mahlten	mahlen	mahlten
ihr	mahlt	mahltet	mahlet	mahltet
sie/Sie	mahlen	mahlten	mahlen	mahlten
PARFAIT		**PLUS-QUE-PARFAIT**	**PASSÉ**	**PASSÉ**
ich	habe gemahlen	hatte gemahlen	habe gemahlen	hätte gemahlen
du	hast gemahlen	hattest gemahlen	habest gemahlen	hättest gemahlen
er/sie/es	hat gemahlen	hatte gemahlen	habe gemahlen	hätte gemahlen
wir	haben gemahlen	hatten gemahlen	haben gemahlen	hätten gemahlen
ihr	habt gemahlen	hattet gemahlen	habet gemahlen	hättet gemahlen
sie/Sie	haben gemahlen	hatten gemahlen	haben gemahlen	hätten gemahlen
FUTUR I		**FUTUR II**	**FUTUR I**	**FUTUR I**
ich	werde mahlen	werde gemahlen haben	werde mahlen	würde mahlen
du	wirst mahlen	wirst gemahlen haben	werdest mahlen	würdest mahlen
er/sie/es	wird mahlen	wird gemahlen haben	werde mahlen	würde mahlen
wir	werden mahlen	werden gemahlen haben	werden mahlen	würden mahlen
ihr	werdet mahlen	werdet gemahlen haben	werdet mahlen	würdet mahlen
sie/Sie	werden mahlen	werden gemahlen haben	werden mahlen	würden mahlen

	IMPÉRATIF	INFINITIF	PARTICIPE
sing. 2ᵉ	mahle !	**INFINITIF I**	**PARTICIPE I**
plur. 1ʳᵉ	mahlen wir !	mahlen	mahlend
2ᵉ	mahlt !	**INFINITIF II**	**PARTICIPE II**
f. de politesse	mahlen Sie !	gemahlen haben	gemahlen

Grammaire du verbe

LA TYPOLOGIE DES VERBES

Verbes de sens plein, auxiliaires, verbes de modalité, verbes copules	55-58
Verbes « faibles », verbes « forts »	59-61
Les trois séries de verbes forts	62-64
Verbes intransitifs, verbes transitifs	65-70
Verbes pronominaux, verbes réfléchis	71-72
Verbes impersonnels	73-74

L'INDICATIF : FORMES ET EMPLOIS

Présent, prétérit, futur I	75-80
Parfait, plus-que-parfait, futur II	81-86
Haben ou *sein* ?	87-89

LE SUBJONCTIF : FORMES ET EMPLOIS

Le subjonctif I	90-94
Le subjonctif II	95-99
Du subjonctif I au subjonctif II	100-102

AUTRES MODES. BILAN

L'impératif	103-105
Infinitifs et participes	106-112
L'emploi des modes : de l'allemand au français	113-114

LES VERBES SEIN, HABEN ET WERDEN

Sein	115-117
Haben	118-120
Werden	121-123

Les numéros renvoient aux paragraphes.
suite au dos

Grammaire du verbe

LES VERBES DE MODALITÉ ET LE VERBE WISSEN

Caractéristiques générales **124-127**

L'expression de la possibilité :
kann, könnte, dürfte **128-129**

L'expression de la nécessité :
muss, müsste **130**

L'expression de la permission,
de l'ordre, du conseil :
darf, soll, sollte **131-132**

L'expression de la volonté
absolue : *will, wollte*

L'expression du désir ou
du souhait : *mag, möchte* **133-134**

Le verbe *wissen* **135**

LA VOIX PASSIVE

La formation de la voix passive **136**

Le passif-action
(auxiliaire *werden*) **137-138**

Le passif-état
(auxiliaire *sein*) **139-140**

LES VERBES À PARTICULE ET À PRÉFIXE

Définitions **141**

Les verbes à particule
séparable **142-145**

Les verbes à préfixe
(inséparable) **146-149**

Les verbes à particule
« mixte » **150-152**

La place du verbe
dans la phrase **153-154**

Les numéros renvoient aux paragraphes.

La typologie des verbes

VERBES DE SENS PLEIN, AUXILIAIRES, VERBES DE MODALITÉ, VERBES COPULES

Selon leur sens et leur emploi, les verbes allemands peuvent se répartir en quatre groupes.

55 Les verbes de sens plein

Les verbes de sens plein portent l'information centrale de la phrase. Ainsi, dans l'exemple suivant : Mein Freund wohnt jetzt in Köln. *Mon ami habite maintenant à Cologne*, il suffit de supprimer le verbe pour rendre la phrase inintelligible, tant l'absence de verbe donne lieu à des hypothèses tout aussi invérifiables les unes que les autres : Mein Freund... ist, *est*, bleibt, *reste*, arbeitet, *travaille*, studiert, *étudie*, spielt, *joue*, schläft, *dort*...

56 Les auxiliaires

Les auxiliaires haben, sein et werden interviennent dans la formation :
– du passé : sein, *être*, haben, *avoir* ;
– du futur et du passif-action : werden, *devenir* ;
– du passif-état (sein),
mais demeurent des verbes à part entière et conservent leur sens propre.

> Ich **habe** keine Zeit. *Je n'ai pas le temps.*
> Max **war** doch immer mein Freund!
> *Max n'a-t-il pas toujours été mon ami ?*
> Bist du verrückt **geworden**? *Es-tu devenu(e) fou/folle ?*

57 Les verbes de modalité

Les verbes de modalité sont l'expression :
– de la possibilité et de la capacité (können);
– de la permission et de l'interdiction (dürfen);
– de la volonté (wollen) ou du souhait (mögen);
– de la contrainte exercée par un tiers (sollen) ou d'une nécessité inéluctable (müssen).

▶ Ils se construisent très souvent, comme en français, avec un **infinitif complément** à jonction directe (non précédé de zu).

> Ich **kann** heute nicht kommen.
> *Je ne peux pas venir aujourd'hui.*
> Ich **muss** zu Hause arbeiten.
> *Je dois travailler à la maison.*

▶ ATTENTION Le verbe wissen, savoir, s'apparente aux précédents par sa conjugaison, mais son infinitif complément est toujours précédé de zu.

> Er **weiß** sich immer **zu** helfen.
> *Il sait toujours s'en sortir.*

Il ne connaît pas le « double infinitif ».

> Er hat sich immer **zu helfen gewusst**.
> *Il a toujours su s'en sortir.*

58 Les verbes copules (verbes attributifs)

Ces verbes ont pour vocation de relier un nom ou un pronom à un adjectif ou à un groupe nominal attribut. On distingue deux catégories selon le type d'attribut.

▶ Les verbes sein, werden, bleiben, rester, aussehen, paraître, avoir l'air, admettent un **attribut du sujet**. L'adjectif est invariable, le groupe nominal se met au nominatif.

> Das Wetter **ist/wird** schön. *Il fait/va faire beau.*
> Peter **ist** Ingenieur. *Pierre est ingénieur.*
> Wir **sind** immer Freunde **geblieben**.
> *Nous sommes toujours restés amis.*
> Dieses Auto **sieht** neu **aus**. *Cette auto paraît neuve.*

▶ Certains verbes transitifs comme machen, faire, rendre, heißen, appeler, nennen, nommer, admettent un **attribut de l'objet**. L'adjectif reste invariable, le groupe nominal se met à l'accusatif.

> Das **macht** mich verrückt.
> *Cela me rend fou/folle.*
> Ich **heiße/nenne** ihn **einen Lügner** (+ A).
> *Je dis que c'est un menteur.*

L'attribut de l'objet est parfois introduit par la préposition für ou la conjonction als: halten (für), tenir pour, betrachten, erklären (als), considérer, déclarer.

> Das Gericht hat ihn **als schuldig erklärt**.
> *Le tribunal l'a déclaré coupable.*

VERBES « FAIBLES », VERBES « FORTS »

Du point de vue morphologique, on distingue deux grandes catégories de verbes : verbes réguliers ou « faibles » et verbes irréguliers ou « forts ».

59 Les verbes « faibles »

Les verbes « faibles » se caractérisent par :
– un **seul radical** (celui de l'infinitif) pour l'ensemble de la conjugaison ;
– les marques **te** au prétérit, **t** au participe II (passé).
> spielen, jouer → er spiel**te**, il jouait ou joua → (er hat) gespiel**t**, il a joué.

60 Les verbes « forts »

Les verbes « forts » se caractérisent par :
– deux, voire trois **radicaux différents** (alternance vocalique) ;
– dans tous les cas, un **changement de la voyelle** du radical au **prétérit** (kommen, venir → er kam) et, pour certains d'entre eux, au **participe II** (finden, trouver → er fand, er hat gefunden).
Ce changement peut affecter le radical tout entier (gehen, aller → er ging, er ist gegangen).

Aux 2e et 3e personnes du singulier du **présent** de l'indicatif, les verbes « forts » :
– en **a**, **au** et **o** prennent l'inflexion (l'*Umlaut*) :
> fallen, tomber → ich falle, du fällst, er fällt ;
> laufen, courir → ich laufe, du läufst, er läuft ;
> stoßen, pousser, heurter → ich stoße, du stößt, er stößt ;

– en **e** changent cette voyelle en **i/ie** ([i] long), ainsi qu'à la 2e personne du singulier de l'**impératif** :
> geben, donner → ich gebe, du gibst, er gibt ; impératif : gib !
> lesen, lire → ich lese, du liest, er liest ; impératif : lies !

61 Les verbes « faibles » irréguliers et les verbes de modalité

Les verbes « faibles » irréguliers (ou verbes « mixtes ») et les verbes de modalité peuvent se rattacher pour leur conjugaison à l'une et l'autre des conjugaisons précédentes.

Les verbes « **faibles** » **irréguliers** conservent les marques te au prétérit, t au participe II, mais présentent pour ces deux formes une voyelle a différente de celle de l'infinitif.

> kennen, connaître → er kannte, er hat gekannt.

Ils peuvent aussi changer de radical.

> bringen, apporter → er brachte, er hat gebracht.

Les **verbes de modalité** suivent une conjugaison particulière, due à l'évolution linguistique :
– leur présent est une ancienne forme de prétérit, d'où l'alternance vocalique (sauf pour sollen) et l'absence de terminaison à la 3e personne du singulier ;
– leur prétérit prend la marque te comme dans le cas des verbes faibles et leur radical n'est jamais infléchi ;
– leur participe II présente deux formes : radical + t quand le verbe est employé seul et une forme apparentée à l'infinitif au contact d'un infinitif complément.

> können → er kann → er konnte → er hat gekonnt/er hat kommen **können**.
> pouvoir → il peut → il put/pouvait → il a pu → il a pu venir.

LES TROIS SÉRIES DE VERBES FORTS

Le classement adopté pour les verbes « forts » (→ 62-64) est fondé sur la logique interne du système. L'**alternance vocalique** est le trait discriminant de tous ces verbes, et le critère essentiel est donc d'ordre phonétique ou phonologique. Les trois séries ainsi repérées comprennent respectivement une dizaine de verbes modèles. Elles recouvrent la totalité des verbes forts[1].

Dans le tableau ci-dessous, nous récapitulons les principales caractéristiques de chaque verbe modèle et le nombre de verbes simples qui s'y rattachent.

1re série : A – B – B (tableaux 21 à 31)

Deux radicaux différents, 11 verbes modèles :
– l'infinitif présente une voyelle longue ou une diphtongue (sauf dreschen) ;
– la voyelle du participe II est identique à la voyelle du prétérit.

---

[1] On compte 164 verbes de base irréguliers (sans leurs composés ni leurs dérivés). Certains sont peu représentatifs, voire pratiquement inusités dans la langue actuelle.

La typologie des verbes 61 à 63

▶ Prétérit + participe II : **i** long noté **ie** ou **i** bref

| bleiben | blieb | geblieben (→ 21) | rester | 16 verbes |
| greifen | griff | gegriffen (→ 22) | saisir | 23 verbes |

Alternance d/tt pour : leiden, litt, gelitten, souffrir ; schneiden, schnitt, geschnitten, couper.

▶ Prétérit + participe II : **o** long

| heben | hob | gehoben (→ 23) | lever | 5 verbes |
| biegen | bog | gebogen (→ 24) | plier | 11 verbes |

Alternance h/g pour : ziehen, zog, gezogen, tirer, aller.

schwören	schwor	geschworen (→ 25)	jurer	1 verbe
lügen	log	gelogen (→ 26)	mentir	2 verbes
saugen	sog	gesogen (→ 27)	aspirer	1 verbe

Alternance au/o : saufen, soff, gesoffen, boire (animal ou *fam.*).

▶ Prétérit + participe II : **o** bref

| schießen | schoss | geschossen (→ 28) | tirer | 11 verbes |
| dreschen | drosch | gedroschen | er drischt (→ 29) battre le blé | 7 verbes |

▶ Prétérit + participe II : **a** long, ou **a** bref (devant nd)

| tun | tat | getan (→ 30) | faire | 1 verbe |
| stehen | stand | gestanden (→ 31) | être debout | 1 verbe |

63 2ᵉ série : A – B – A (tableaux 32 à 43)

Deux radicaux différents, 12 verbes modèles :
– l'infinitif présente une voyelle longue ou brève ;
– la voyelle du prétérit est longue sauf devant ng;
– la voyelle du participe II est identique à la voyelle de l'infinitif.

▶ Prétérit : **a** long

geben	gab	gegeben	er gibt (→ 32)	donner	6 verbes
essen	aß	gegessen	er isst (→ 33)	manger	5 verbes
kommen	kam	gekommen	(→ 34)	venir	1 verbe

▶ Prétérit : **u** long

| fahren | fuhr | gefahren | er fährt (→ 35) | aller en véhicule | 6 verbes |
| waschen | wusch | gewaschen | er wäscht (→ 36) | laver | 4 verbes |

▶ Prétérit : **i** long noté **ie**

schlafen	schlief	geschlafen	er schläft (→ 37)	dormir	4 verbes
laufen	lief	gelaufen	er läuft (→ 38)	courir	3 verbes
heißen	hieß	geheißen	(→ 39)	s'appeler	1 verbe

stoßen	stieß	gestoßen	er stößt (→ 40)	pousser, heurter	1 verbe
rufen	rief	gerufen (→ 41)		appeler	1 verbe
fallen	fiel	gefallen	er fällt (→ 42)	tomber	3 verbes

▶ Prétérit : **i** bref devant **ng**

| fangen | fing | gefangen | er fängt (→ 43) | attraper | 2 verbes |

64 — 3ᵉ série : A – B – C (tableaux 44 à 53)

Trois radicaux différents, 10 verbes modèles :
– l'infinitif présente une voyelle longue ou brève ;
– le prétérit est toujours en **a** (sauf pour gehen) ;
– les voyelles de l'infinitif, du prétérit et du participe II sont différentes.

▶ Prétérit : **a** long

liegen	lag	gelegen (→ 44)		être couché	1 verbe
bitten	bat	gebeten (→ 45)		demander, prier	1 verbe
sitzen	saß	gesessen (→ 46)		être assis	1 verbe
stehlen	stahl	gestohlen	er stiehlt (→ 47)	dérober	4 verbes
nehmen	nahm	genommen	er nimmt (→ 48)	prendre	1 verbe
sprechen	sprach	gesprochen	er spricht (→ 49)	parler	5 verbes

▶ Prétérit : **a** bref

helfen	half	geholfen	er hilft (→ 50)	aider	9 verbes
schwimmen	schwamm	geschwommen (→ 51)		nager	6 verbes
singen	sang	gesungen (→ 52)		chanter	19 verbes

▶ Prétérit : **i** bref

| gehen | ging | gegangen (→ 53) | | aller à pied | 1 verbe |

VERBES INTRANSITIFS, VERBES TRANSITIFS

Un verbe peut, selon son sens, admettre ou refuser tel ou tel type de compléments : on parle à cet égard de **valence** ou encore de **rection verbale**. Cette distinction représente un aspect essentiel de la grammaire du verbe.

65 — Les verbes intransitifs

Ils n'ont pas de complément d'objet, mais peuvent s'adjoindre un complément **prépositionnel**.

Mark geht **nach Hause**. *Marc rentre chez lui*
(nach Hause, complément directif).
Die Firma sitzt **in Berlin**. *L'entreprise a son siège à Berlin*
(in Berlin, complément locatif).

66 Les verbes transitifs

Les verbes transitifs allemands admettent un **complément d'objet à l'accusatif** (+A).

Das Kind wirft **einen Ball**.
L'enfant lance un ballon.

Einen Ball est le complément d'objet à l'accusatif noté par la marque **en** de l'accusatif masculin. Il désigne l'objet visé par l'action.

Ces verbes sont transposables au **passif** (→ 136). Le complément d'objet devient alors **sujet** du verbe passif.

Ein Ball wird vom Kind geworfen.
Un ballon est lancé par l'enfant.

ATTENTION **Préposition en français/accusatif en allemand.** Certains verbes transitifs indirects en français se construisent en allemand avec l'accusatif. C'est le cas des verbes fragen (demander, poser une question) et brauchen (avoir besoin de).

Er hat **mich** nach dem Weg gefragt.
Il m'a demandé son chemin.
Ich brauche **deine Hilfe**.
J'ai besoin de ton aide.

REMARQUE

Les verbes **lehren** (enseigner) et **kosten** (coûter) se construisent en allemand avec un **double accusatif**.

Herr Lenz **lehrt seine Schüler Französisch**.
Monsieur Lenz enseigne le français à ses élèves.
Diese Reparatur hat **mich 500 Euro gekostet**.
Cette réparation m'a coûté 500 euros.

67 Les verbes intransitifs ou transitifs

Certains verbes peuvent être intransitifs ou transitifs selon leur sens : fahren (vi : *aller en véhicule*/+A : *conduire un véhicule ou conduire qqn en véhicule*).

Wir fahren **nach Berlin** (vi). *Nous allons à Berlin.*
Er fährt **einen BMW** (A). *Il conduit une BMW.*
Er fährt **mich** (A) **zum Bahnhof**. *Il me conduit à la gare.*

68 Les verbes à double complément (datif + accusatif)

Des verbes comme geben, donner, schenken, offrir, peuvent exiger **deux compléments**, l'un à l'**accusatif** (+ A), désignant la chose donnée, l'autre au **datif** (+ D), représentant la personne destinataire. Le complément au datif précède en général celui à l'accusatif.

> Gib **mir** (D) bitte **den Schlüssel** (A) ! Donne-moi la clé, s'il te plaît !
> Zum Geburtstag hat Max **seinem Vater** (D) **ein Handy** (A) geschenkt.
> Pour l'anniversaire de son père, Max lui a offert un téléphone portable.

69 Les verbes suivis d'un complément au datif ou au génitif

Certains verbes, transitifs directs en français, se construisent en allemand avec un **complément au datif** (+ D). C'est le cas, entre autres verbes, de danken, remercier, helfen, aider, glauben, croire, etc.

> Ich danke **dir/Ihnen**. Je te/vous remercie.
> Lea hilft **ihrer Mutter**. Léa aide sa mère.
> Ich kann **ihm** kaum glauben. J'ai du mal à le croire.

Ils sont également transposables à la voix passive.

> **Dir** wird nicht geglaubt. On ne te croit/croira pas.

Quelques verbes sont **suivis du génitif** (G) : bedürfen, avoir besoin de, sich bedienen, se servir de.

70 Les verbes à complément prépositionnel

Certains verbes se construisent obligatoirement avec un **groupe prépositionnel** (GPREP). Par exemple : denken (an + A), penser à, sich erinnern (an + A), se souvenir de, warten (auf + A), attendre, etc.

VERBES PRONOMINAUX, VERBES RÉFLÉCHIS

71 Les verbes pronominaux

Les verbes pronominaux s'emploient exclusivement avec le pronom **réfléchi** (qui renvoie au sujet) à l'accusatif.

> sich beeilen, se dépêcher → Beeile **dich**! Dépêche-toi !
> sich irren, se tromper → Ich habe **mich** geirrt. Je me suis trompé(e).

72 Les verbes réfléchis

Ce sont des verbes habituellement **transitifs** qui admettent la présence d'un pronom réfléchi. Ce pronom est :
– à l'**accusatif** :
>Die Mutter wäscht **ihr Kind**. La mère lave son enfant.
>Ich wasche **mich**. Je me lave.

– au **datif** quand le verbe a aussi un complément à l'accusatif :
>Ich wasche **mir** die Haare. Je me lave les cheveux.
>Ich sehe **mir** die Bilder **an**. Je regarde les photos.
>Hör **dir** das mal **an**! Écoute-moi ça !

Parmi les verbes réfléchis les plus courants, on peut citer les verbes suivants : sich freuen, se réjouir ; sich langweilen, s'ennuyer ; sich setzen, s'asseoir ; sich legen, se mettre au lit ou se calmer (tempête, colère) ; sich **an**ziehen, s'habiller ; sich **aus**ziehen, se déshabiller.

ATTENTION Un verbe réfléchi en français ne correspond pas toujours à un verbe réfléchi allemand, et inversement.
>Je **me** lève. Ich stehe **auf**.
>J'ai honte. Ich schäme **mich**.
>Je suis irrité. Ich ärgere **mich**.
>Ils **se** moquent de moi. Sie lachen mich **aus**.

VERBES IMPERSONNELS

73 Les verbes impersonnels

Certains verbes n'ont pas de sujet personnel, et leur conjugaison se réduit, comme en français, à la **3ᵉ personne du singulier**. Le pronom es fait alors fonction de sujet, il reste invariable et sa présence est obligatoire.
>**Heute regnet es/schneit es.**
>Aujourd'hui, il pleut/il neige.

On dira de même :
>**Heute ist es warm/heiß.**
>Aujourd'hui, il fait chaud/très chaud.
>**Heute ist es kalt.**
>Aujourd'hui, il fait froid.

▶ D'autres verbes peuvent être employés de façon **impersonnelle** et sont accompagnés du pronom es quand le sujet est inconnu ou la cause non mentionnée.

>**Es klopft**. *On frappe.*
>**Es klingelt**. *On sonne.*
>Mich **beunruhigt es**. *Cela m'inquiète.*

Mais ces mêmes verbes admettent aussi un sujet **personnel**.

>Mein Nachbar **klopft** an die Tür. *Mon voisin frappe à la porte.*
>Das Telefon **klingelt**. *Le téléphone sonne.*
>Diese Nachricht **beunruhigt** mich. *Cette nouvelle m'inquiète.*

74 Les tournures impersonnelles

▶ Certaines tournures impersonnelles ont un complément de personne à l'**accusatif** ou au **datif**.

>Es friert **mich**. *J'ai froid.*
>Es scheint **mir**… *Il me semble…*
>Es fällt **mir** ein… *Il me vient à l'esprit…*

REMARQUE

Le pronom personnel complément tend alors à se placer devant le verbe, et le pronom **es** disparaît (**es** explétif).

>**Mich** friert Ø, **mir** scheint Ø, **mir** fällt Ø gerade ein…

Ce phénomène se rencontre très souvent dans le cas du passif impersonnel (➔ 138).

>**Es** wird jetzt gesungen. Jetzt wird Ø gesungen. *À présent, on chante.*

▶ Il existe, en revanche, d'autres tournures impersonnelles dans lesquelles le pronom es est **obligatoire**, par exemple : es gibt (+ A), *il y a* ; es handelt sich um (+ A), *il s'agit de* ; es kommt **vor**, dass, *il arrive que* ; mir ist es auch recht, *cela me convient aussi*.

>Diesen Winter **gibt es** keinen Schnee. *Cet hiver, il n'y a pas de neige.*
>**Es handelt sich** um ein Missverständnis. *Il s'agit d'un malentendu.*

L'indicatif : formes et emplois

L'indicatif permet, en allemand comme en français, d'exposer un fait réel ou présenté comme tel. Il est le mode habituel des phrases déclaratives ou interrogatives et le plus apte à exprimer le **temps**. Dans la langue courante, l'indicatif prend souvent la place du subjonctif I de discours indirect et celle du subjonctif II hypothétique.

L'indicatif allemand comprend **deux temps simples** (formés sur le seul radical du verbe) – le présent et le prétérit – et **quatre temps composés** (formés à l'aide d'un auxiliaire) – le parfait (passé composé), le plus-que-parfait, le futur I (futur simple) et le futur II (futur antérieur).

Aux temps composés, la forme non conjuguée du verbe se situe toujours **à la fin de la proposition**.

PRÉSENT, PRÉTÉRIT, FUTUR I

Présent, prétérit et futur I s'opposent sur l'axe du temps.

Le présent

75 La formation du présent

Règle générale

Le présent de l'indicatif se forme selon ce schéma :

> Radical du verbe + désinences personnelles : e, st, t, en, t, en.

> ich spiel**e**, du spiel**st**, er/sie/es spiel**t**, wir spiel**en**, ihr spiel**t**, sie spiel**en**.

Ces terminaisons sont les mêmes pour les verbes faibles et les verbes forts. Mais certains verbes forts changent de voyelle radicale aux 2ᵉ et 3ᵉ personnes du singulier.

> nehmen → ich nehme, du nimmst, er/sie/es nimmt.

La forme de politesse correspond en allemand à la 3ᵉ personne du pluriel. Le pronom personnel Sie prend alors obligatoirement une majuscule.

> **Spielen Sie** Tennis? *Jouez-vous au tennis ?*

▶ Les verbes de modalité et le verbe wissen n'ont pas de désinence personnelle à la 1ʳᵉ et à la 3ᵉ personne du singulier.

ich **kann**	ich **will**	ich **weiß**
je peux	je veux	je sais
er **kann**	er **will**	er **weiß**
il peut	il veut	il sait

76 Les emplois du présent

Le présent s'emploie pour exprimer :

– un événement qui coïncide avec le **moment de l'acte de parole** (présent immédiat) :

> Wo ist denn Eva? – Sie **spielt** gerade im Garten.
> Où est passée Ève ? – Elle est en train de jouer dans le jardin.

– un **fait d'ordre général** dont la validité ne peut être remise en cause :

> Zwei mal drei **ist** sechs.
> Deux fois trois font six.

– un **futur proche**. Cette nuance est généralement soulignée par un adverbe de temps :

> Morgen **fahre** ich nach Berlin.
> Demain, je pars pour Berlin.

– un **présent historique** :

> Am 9. November 1919 **dankt** Kaiser Wilhelm II. **ab**. abdanken
> Le 9 novembre 1919, l'empereur Guillaume II abdique.

Le prétérit

77 La formation du prétérit

▶ **Règle générale**

• Le prétérit des **verbes faibles** se forme selon ce schéma :

> Radical + te + désinences personnelles : zéro (noté Ø), st, zéro (Ø), en, t, en.

> spielen, jouer → ich spielteØ, du spieltest, er spielteØ, wir spielten, ihr spieltet, sie spielten.

L'indicatif : formes et emplois

• Le prétérit des **verbes forts** se forme selon ce schéma :

> Radical modifié + désinences personnelles : zéro (noté Ø), st, zéro (Ø), en, t, en.

Tous les verbes forts présentent au prétérit une voyelle **différente de celle du présent**.

geben, donner → ich gabØ, du gabst, er gabØ, wir gaben, ihr gabt, sie gaben.
nehmen, prendre → ich nahmØ, du nahmst, er nahmØ, wir nahmen, ihr nahmt, sie nahmen.

▶ ATTENTION aux **particularités phonétiques** (communes aux verbes faibles et aux verbes forts).

• **Présence du e de liaison** :
– au présent et au prétérit pour l'ensemble des verbes dont le radical se termine par d, t, tt, ou un groupe de consonnes difficile à prononcer (→ arbeiten 9) :

finden, trouver → du findest, er findet;
arbeiten, travailler → du arbeitest, er arbeitet;
bitten, demander → du bittest, er bittet;
zeichnen, dessiner → du zeichnest, er zeichnet;

mais :

halten, tenir, s'arrêter → du hältst, er hält;
raten, conseiller → du rätst, er rät.

– au prétérit (2ᵉ pers. sing.) pour les verbes dont le radical se termine en ß:
ich saß, du saßest ; ich hieß, du hießest.

• **Fusion du s du radical** avec celui de la terminaison st pour les verbes dont le radical se termine en s, ss, ou ß:
ich esse, du isst; ich heiße, du heißt.

78 Les emplois du prétérit

Le prétérit fait référence à un **événement passé**. Il est le temps privilégié du **récit**.

Le prétérit allemand correspond à la fois au passé simple, à l'imparfait et au passé composé français.

Die Berliner Mauer **fiel** im November 1989.
Le mur de Berlin est tombé en novembre 1989.
Damals **war** ich noch ein kleiner Junge.
À cette époque, j'étais encore un gamin.

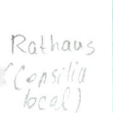

Le futur I (futur simple)

79 La formation du futur I

Le futur I se forme selon ce schéma :

> Présent de **werden** + **infinitif** (présent).

spielen, jouer → ich werde... spielen, du wirst... spielen, er wird... spielen, je jouerai, etc.

kommen, venir → ich werde... kommen, du wirst... kommen, er wird... kommen, je viendrai, etc.

80 Les emplois du futur I

Le futur I s'emploie pour exprimer :

– un **événement futur** :

Wirst du bald **heiraten?** Tu vas te marier bientôt ?

– une **prédiction** :

Es **wird** eine neue Zeit **beginnen**. Une nouvelle ère va commencer.

– une **résolution** (le sujet est à la 1re personne) :

Ich **werde** pünktlich da **sein**. Je serai là à l'heure.

Wir **werden** ihn nie **vergessen!** Jamais nous ne l'oublierons !

– un **ordre** :

Du **wirst** das sofort **zurücknehmen!**

Retire cette parole immédiatement !

– une **supposition** :

Peter ist heute nicht da. Er **wird** bestimmt krank **sein**.

Pierre n'est pas là aujourd'hui : il est sûrement malade.

REMARQUE

Par rapport au présent (futur proche), le futur I marque une nuance d'incertitude, soulignée par certains adverbes.

Ich **komme** gleich. J'arrive tout de suite.

Er **wird** wohl **kommen**. Il viendra sans doute.

L'indicatif : formes et emplois

PARFAIT, PLUS-QUE-PARFAIT, FUTUR II

Par rapport aux trois temps précédents, le parfait, le plus-que-parfait et le futur II désignent une action **accomplie** (opposition d'aspect).

Le parfait (passé composé)

81 La formation du parfait

Le parfait se forme selon ce schéma :

> Présent de haben ou de sein + participe II (passé).

> Er **hat... gespielt**. *Il a joué.*
> Er **ist gekommen**. *Il est venu.*

82 Les emplois du parfait

- Le parfait allemand s'emploie pour décrire une action **achevée au moment où l'on parle** (présent).

> Gestern **haben** die Kinder im Garten **gespielt**.
> *Hier, les enfants ont joué dans le jardin.*

- Il peut également désigner un **passé immédiat**, voire une action **projetée dans le futur**.

> Eben **ist** der ICE **eingetroffen**.
> *Le TGV vient juste d'entrer en gare.*
> Morgen **haben** wir es **geschafft**.
> *Demain, nous en aurons fini.*

Le plus-que-parfait

83 La formation du plus-que-parfait

Le plus-que-parfait se forme selon ce schéma :

> Prétérit de haben ou de sein + participe II (passé).

> Er **hatte... gespielt**. *Il avait joué.*
> Er **war... gekommen**. *Il était venu.*

GRAMMAIRE DU VERBE

84 Les emplois du plus-que-parfait

▶ Le plus-que-parfait désigne une action **achevée à un moment du passé**.
>   Sonja **war** zu Besuch **gekommen**.
>   Sonia était venue nous voir.

▶ Il traduit l'**antériorité** d'un événement par rapport au prétérit ou au parfait.
>   Es **hatte geregnet**, und die Straße war nass.
>   Il avait plu, et la route était mouillée.
>   Als wir gekommen sind, **war** er schon **gegangen**.
>   Quand nous sommes arrivés, il était déjà parti.

Le futur II (futur antérieur)

85 La formation du futur II

Le futur II se forme selon ce schéma :

> Présent de werden + infinitif II (passé).

>   Ich **werde**, du **wirst**, er **wird**... gespielt haben.
>   J'aurai, tu auras, il aura joué.
>   Ich **werde**, du **wirst**, er **wird**... gekommen sein.
>   Je serai, tu seras, il sera venu.

86 Les emplois du futur II

▶ Le futur II sert à représenter une action **achevée à un moment du futur**.
Il traduit l'**antériorité** par rapport à un événement futur.
>   Bis du **zurück**kommst, **werden** wir die Sache **erledigt haben**.
>   Avant ton retour, nous aurons réglé cette affaire.

▶ Il exprime également une **supposition** par rapport à un événement passé.
Cette nuance est souvent soulignée par un adverbe.
>   Er **wird** sich schon wieder **verlaufen haben**.
>   Il se sera de nouveau trompé de chemin.

HABEN **OU** SEIN ?

87 Emploi de l'auxiliaire *sein*

On emploie l'auxiliaire **sein** :

– avec les verbes sein, werden, bleiben :
>Er **ist** krank **gewesen**. *Il a été malade.*
>Du **bist** groß **geworden**. *Tu as grandi.*
>Gestern **bin** ich zu Hause **geblieben**. *Hier, je suis resté(e) chez moi.*

– avec les verbes **intransitifs** exprimant un **déplacement** :
>Wir **sind** nach Berlin **gefahren**.
>*Nous avons fait un voyage à Berlin.*

– avec les verbes **intransitifs** exprimant un **changement d'état** :
>Der See **ist** über Nacht **gefroren**. *Le lac a gelé durant la nuit.*

88 Emploi de l'auxiliaire *haben*

On emploie l'auxiliaire **haben** avec :

– tous les verbes **transitifs** (qui ont un complément d'objet à l'**accusatif**) :
>Meyers **haben** einen Wagen **gekauft**. *Les Meyer ont acheté une voiture.*
>**Hast** du diesen Roman schon **gelesen**? *As-tu déjà lu ce roman ?*

– les verbes **pronominaux** et **réfléchis** (en français, verbe être) :
>Wir **haben** uns **beeilt**. *Nous nous sommes dépêchés.*
>Wo **hat** er sich denn **versteckt**? *Où a-t-il bien pu se cacher ?*

– les verbes **intransitifs d'état ou de position** (sauf sein et bleiben) :
>Der Wagen **hat** vor der Tür **gestanden**.
>*La voiture était garée devant la porte.*

– les verbes **intransitifs** exprimant une **durée** :
>Wir **haben** lange **geplaudert**. *Nous avons bavardé longtemps.*

89 Emploi de l'un ou l'autre des auxiliaires

Certains verbes intransitifs peuvent être construits avec haben ou sein selon que l'accent est mis sur la **durée** ou sur le **déplacement**.
>Wir **haben** eine Stunde lang **geschwommen**.
>*Nous avons nagé pendant une heure.*

Mais :
>Wir **sind** bis ans andere Ufer **geschwommen**.
>*Nous avons nagé jusqu'à l'autre rive.*

RÉCAPITULATIF DES TEMPS DE L'INDICATIF

PRÉTÉRIT	PRÉSENT	FUTUR
action passée **er kam**	action en cours **er kommt**	action à venir **er wird kommen**

ANTÉRIORITÉ

PLUS-QUE-PARFAIT	PARFAIT	FUTUR II
passé accompli **er war gekommen**	présent accompli **er ist gekommen**	futur accompli **er wird gekommen sein**

PRÉSENT	événement présent vérité permanente présent historique futur proche
PRÉTÉRIT	passé
FUTUR I	événement futur prédiction/résolution ordre supposition
PARFAIT	action achevée dans le présent action achevée dans le futur vérité permanente passé
PLUS-QUE-PARFAIT	action achevée dans le passé
FUTUR II	action achevée dans le futur action supposée dans le futur action supposée dans le passé

Le subjonctif : formes et emplois

Dans la langue actuelle, le **subjonctif II** (hypothétique) tend à se généraliser au détriment du subjonctif I, mode du discours indirect, presque exclusivement réservé à l'écrit.

Le subjonctif I est formé sur le radical de l'**infinitif**, le subjonctif II sur celui du **prétérit** de l'indicatif.

La marque verbale e est commune à l'ensemble du subjonctif.

LE SUBJONCTIF I

Formation des temps du subjonctif I

90 La formation du présent du subjonctif I

Le présent du subjonctif I se forme selon ce schéma :

> Radical de l'infinitif + e + désinences du prétérit Ø, st, Ø, (e)n, t, (e)n.

ich spieleØ, du spielest, er spieleØ, wir spielen, ihr spielet, sie spielen.
ich gebeØ, du gebest, er gebeØ, wir geben, ihr gebet, sie geben.

La 1re personne du singulier ainsi que les 1re et 3e personnes du pluriel présentent des formes identiques à celles du présent de l'indicatif.

91 La formation du passé du subjonctif I

Le passé du subjonctif I se forme selon ce schéma :

> Présent du subjonctif I de haben ou sein + participe passé du verbe.

ich **habe**, du **habest**, er **habe**... gehabt, gespielt, gearbeitet, gegeben, geschlafen, etc.
ich **sei**, du **seist**, er **sei**... gewesen, geworden, gegangen, gekommen, gefahren, etc.

92 La formation du futur du subjonctif I

Le futur du subjonctif I se forme selon ce schéma :

> Présent du subjonctif I de **werden** + infinitif du verbe.

ich **werde**, du **werdest**, er **werde**... haben, sein, spielen, geben, schlafen, etc.

REMARQUE

Au style indirect, les formes du subjonctif I qui ne se distinguent pas de l'indicatif sont remplacées par les formes correspondantes du subjonctif II.

EMPLOIS DU SUBJONCTIF I

93 L'emploi du subjonctif I dans le discours indirect

Le subjonctif I permet de **rapporter les paroles d'autrui** sans se prononcer sur la véracité des faits. Il est surtout employé à l'**écrit**. Le verbe conserve au subjonctif I le **temps** qu'il aurait normalement à l'indicatif si les propos étaient tenus au discours direct.

– Thomas hat geschrieben, er **sei** krank.
Thomas a écrit qu'il était malade.
Discours direct : "Ich **bin** krank." « Je suis malade. »
– Thomas hat geschrieben, er **werde** später **kommen**.
Thomas a écrit qu'il viendrait plus tard.
Discours direct : "Ich **werde** später **kommen**."
« Je viendrai plus tard. »
– Der Minister erklärte, die Zahl der Arbeitslosen **sei** im letzten Semester **zurückgegangen**. Le ministre a déclaré que le nombre de chômeurs avait diminué au dernier semestre.
Discours direct : "Die Zahl der Arbeitslosen **ist zurückgegangen**."
« Le nombre de chômeurs a diminué. »

94 Autres emplois

Le subjonctif I se rencontre également dans l'expression :
– d'un **souhait** :

Möge er doch kommen! Puisse-t-il venir !
Dein Wille **geschehe**! Que ta volonté soit faite !

– d'une **instruction écrite** :
> Man **vermische** Mehl, Milch und Eier.
> Mélanger de la farine, du lait et des œufs.

– d'une **hypothèse mathématique** :
> **Gegeben sei** das Dreieck ABC… Soit le triangle ABC…

– dans des **formules figées** :
> Gott **sei** Dank! Dieu merci !
> **Komme,** was da **wolle**! Advienne que pourra !

LE SUBJONCTIF II

Formation des temps du subjonctif II

95 La formation du présent du subjonctif II

▶ Le présent du subjonctif II des **verbes faibles** présente des formes identiques à celles du prétérit de l'indicatif.

▶ Le présent du subjonctif II des **verbes forts** se forme selon ce schéma :

> Radical du prétérit + (¨) e + désinences du prétérit Ø, st, Ø, (e)n, t, (e)n.

Les voyelles a, o et u du radical prennent toujours l'*Umlaut*.

> geben → prétérit : g<u>a</u>b → subjonctif II : ich g<u>ä</u>beØ, du g<u>ä</u>best,
> er g<u>ä</u>beØ, wir g<u>ä</u>ben, ihr g<u>ä</u>bet, sie g<u>ä</u>ben.
> tragen → prétérit : tr<u>u</u>g → subjonctif II : ich tr<u>ü</u>geØ, du tr<u>ü</u>gest,
> er tr<u>ü</u>geØ, wir tr<u>ü</u>gen, ihr tr<u>ü</u>get, sie tr<u>ü</u>gen.

REMARQUE

Seul l'*Umlaut* permet de distinguer le subjonctif II du prétérit de l'indicatif :

– des auxiliaires haben, werden, des verbes de modalité können, dürfen, mögen, müssen et du verbe wissen :

> haben → prétérit : ich hatte → subjonctif II : ich hätte; werden → prétérit : ich wurde
> → subjonctif II : ich würde;
> mögen → prétérit : ich mochte → subjonctif II : ich möchte; wissen → prétérit :
> ich wusste → subjonctif II : ich wüsste;

– des 1re et 3e personnes du pluriel des verbes forts qui forment leur prétérit en a, o et u :
> g<u>e</u>ben → prétérit : wir/sie g<u>a</u>ben → subjonctif II : wir/sie g<u>ä</u>ben.

96 La formation du passé du subjonctif II

Le passé du subjonctif II se forme selon ce schéma :

> Présent du subjonctif II de **haben** ou **sein** + participe passé du verbe.

  ich **hätte**, du **hättest**, er **hätte**... gehabt, gespielt, gearbeitet, gegeben, geschlafen, etc.
  Ich **wäre**, du **wärest**, er **wäre**... gewesen, geworden, gegangen, gekommen, etc.

97 La formation du futur du subjonctif II

Le futur du subjonctif II se forme selon ce schéma :

> Présent du subjonctif II de **werden** + infinitif du verbe.

  ich **würde**, du **würdest**, er **würde**... haben, sein, spielen, geben, schlafen, etc.

EMPLOIS DU SUBJONCTIF II

98 Les emplois du présent et du futur du subjonctif II

▸ Au présent et au futur, le subjonctif II correspond au **conditionnel présent**. Il sert à exprimer :

– une **hypothèse peu probable** :
  Es **könnte** (wohl) **sein**, dass... Il se pourrait (bien) que...
  Stell dir vor, wir **würden** im Lotto **gewinnen**!
  Imagine que nous gagnions au Loto !

– un **souhait** :
  Ich **würde** mich riesig darüber **freuen**.
  J'en serais terriblement heureux.

– une **condition non réalisée dans le présent** :
  Wenn die Haifische Menschen **wären**.
  Si les requins étaient des hommes.

– une **comparaison** avec als ob (comme si) :
  Er wurde rot, **als ob** er sich **schämte (schämen würde)**.
  Il rougit, comme s'il avait honte.

Le subjonctif : formes et emplois

– une **demande polie** :
> **Würden** Sie mir bitte das Brot geben?
> Pourriez-vous me passer le pain, s'il vous plaît ?

– une **opinion prudente** :
> Ich **würde sagen**, dass... *Je dirais que...*
> Ich **würde meinen**, dass... *Je serais d'avis que...*

▶ On emploie le **futur du subjonctif II de préférence au présent** avec les verbes faibles : ich **würde spielen**, *je jouerais*, et les verbes forts dont les formes de présent, ressenties aujourd'hui comme désuètes, sont inusitées dans le langage courant.

> Ich **würde helfen**, *j'aiderais*, plutôt que : ich **hälfe** ou **hülfe**.
> Ich **würde raten**, *je conseillerais*, plutôt que : ich **riete**.
> Ich **würde verstehen**, *je comprendrais*, plutôt que : ich **verstände** ou **verstünde**.

Toutefois, le présent du subjonctif II est de règle pour les auxiliaires (ich **wäre**, ich **hätte**, ich **würde**), les verbes de modalité et le verbe wissen (ich **könnte**, **möchte**, **müsste**, **wüsste**).

REMARQUE
- Le **présent** du subjonctif II reste en usage pour certains verbes forts (ich **käme**, **ginge**, **bliebe**), notamment comme substitut du subjonctif I dans le discours indirect.
- Le **futur II** ich **würde... gefragt/gerufen haben**, *j'aurais demandé/appelé*, est remplacé dans la langue courante par le **passé** du subjonctif II : ich **dachte, dass du mir geschrieben hättest**, *je pensais que tu m'aurais écrit*, plutôt que : ich **dachte, dass du mir geschrieben haben würdest**.

99 Les emplois du passé du subjonctif II

Au passé, le subjonctif II correspond au **conditionnel passé**. Il sert à exprimer :

– un événement attendu **qui ne s'est pas réalisé** (irréel) :
> Ohne diesen Unfall **hätte** er sicher **gewonnen**.
> *Sans cet accident il aurait certainement gagné.*

– un **regret** :
> Wenn ich das nur **gewusst hätte**... *Si seulement j'avais su cela...*

– une **condition non réalisée dans le passé** :
> Wenn er pünktlich **gewesen wäre**, **hätte** er den Zug nicht **verpasst**.
> *S'il avait été à l'heure, il n'aurait pas raté son train.*

– une **comparaison** avec als ob (*comme si*) :
> Er tat, **als ob** er uns nicht **gesehen hätte**.
> *Il fit semblant de ne pas nous voir.*

DU SUBJONCTIF I AU SUBJONCTIF II

Au présent, au passé et au futur, le subjonctif II s'emploie dans le discours indirect à la place des formes du subjonctif I quand celles-ci **ne se distinguent pas de celles de l'indicatif.**

100 Au présent

DISCOURS DIRECT	DISCOURS INDIRECT
Er hat gesagt: „Ich kann dir helfen." Il a dit : « Je peux t'aider. »	Er hat gesagt, er **könne** mir helfen (subjonctif I). Il a dit qu'il pouvait m'aider.
Er hat gesagt: „Wir können euch helfen." Il a dit : « Nous pouvons vous aider. »	Er hat gesagt, sie **könnten** uns helfen (subjonctif II) Il a dit qu'ils pouvaient (ou pourraient) nous aider.

La forme **könne** se distingue de l'indicatif kann. Pas de substitution.
La forme **können** (3ᵉ pers. plur.) ne se distingue pas de l'indicatif. Le principe de substitution s'applique. Seul le contexte permet de reconnaître dans la forme **können** une éventuelle nuance d'incertitude.

101 Au passé

Les mêmes principes de substitution s'appliquent au passé du subjonctif I.

DISCOURS DIRECT	DISCOURS INDIRECT
Sie erzählte: „Ich war noch ein kleines Kind, als meine Eltern nach Amerika geflohen sind." Elle a raconté : « J'étais encore une enfant quand mes parents ont fui en Amérique. »	Sie erzählte, sie **sei** noch ein kleines Kind **gewesen**, als ihre Eltern nach Amerika geflohen sind. Elle a raconté qu'elle était encore une enfant quand ses parents ont fui en Amérique.
„Dort haben wir keine richtige Wohnung gefunden und so landeten wir in einer Notunterkunft."	(Sie erzählte weiter), sie **hätten** dort keine richtige Wohnung **gefunden** und so **seien** sie in einer Notunterkunft **gelandet**.

« Une fois là-bas, nous n'avons pas trouvé d'appartement correct et avons donc atterri dans un abri de fortune. »	(Elle a continué à raconter) qu'ils n'avaient pas trouvé là-bas d'appartement correct et qu'ils avaient donc atterri dans un abri de fortune.

Sie **sei**... **gewesen** (passé du subjonctif I) se distingue du parfait de l'indicatif et ne présente donc aucune ambiguïté ; ...als ihre Eltern... **geflohen sind** situe l'événement dans la réalité et reste à l'indicatif.

Le passé du subjonctif II sie **hätten**... **gefunden** se substitue au subjonctif I sie haben gefunden, qui se confond avec l'indicatif ; sie **seien gelandet** ne présente, au contraire, aucune ambiguïté.

102 Au futur

DISCOURS DIRECT	DISCOURS INDIRECT
Sie haben mir erklärt: „Wir haben jetzt etwas Anderes vor, wir werden aber gern das nächste Mal mitkommen."	Sie haben mir erklärt, sie **hätten** jetzt etwas Anderes **vor**, sie **würden** aber gern das nächste Mal **mitkommen**.
Ils m'ont expliqué : « Nous avons d'autres projets pour l'instant, mais nous vous accompagnerons volontiers la prochaine fois. »	Ils m'ont expliqué qu'ils avaient d'autres projets pour l'instant, mais qu'ils nous accompagneraient volontiers la prochaine fois.

Le subjonctif II sie **hätten**... **vor** et sie **würden**... **mitkommen** remplace le subjonctif I sie haben... **vor** et sie werden... **mitkommen** qui se confond avec l'indicatif. Dans ce cas, le subjonctif II n'a aucune valeur hypothétique.

RÉCAPITULATIF DU SUBJONCTIF

SUBJONCTIF I

temps du style direct	• discours indirect
	• autres emplois (rares)
	  – souhait
	  – instruction écrite
	  – hypothèse mathématique
	  – formules figées

SUBJONCTIF II

substitut du subjonctif 1 (présent, passé, futur)	• discours indirect

PRÉSENT + FUTUR	
würde... + infinitif V faibles – V forts inusités au subjonctif II	• hypothèse • souhait • condition (wenn) • comparaison (als ob) • demande polie • opinion prudente

PASSÉ	
	• irréel du passé • regret • condition (wenn) • comparaison (als ob)

Autres modes. Bilan

L'IMPÉRATIF

103 La formation de l'impératif

L'impératif allemand comprend quatre formes personnelles : la 2e personne du singulier, la 1re et la 2e personnes du pluriel et une forme de politesse (3e personne du pluriel + pronom Sie obligatoire).

Geh(e)! Va !   **Gehen wir!** Allons !   **Geht!** Allez !   **Gehen Sie!** Allez !

Les verbes forts en **e** (geben, lesen) changent de voyelle du radical à la **2e personne du singulier** comme au présent de l'indicatif : **e → i/ie**.

Gib! Donne !   **Gebt!** Donnez !   **Lies!** Lis !   **Lest!** Lisez !

104 L'emploi de l'impératif

L'impératif s'emploie comme en français pour exprimer :
– un **ordre** :
    Komm mit! Suis-moi/nous !

– un **conseil** :
    Macht doch **mit!** Venez donc vous joindre à nous !

– une **demande** :
    Seien Sie mir (bitte) nicht böse! Ne m'en veuillez pas !

– une **interdiction** :
    Macht keinen Unsinn! Ne faites pas de sottises !

105 Les autres moyens d'expression de l'ordre

Il existe d'autres procédés pour exprimer l'**ordre** :
– le participe II :
    Parken **verboten**! Interdit de stationner !

– l'infinitif :
    Bitte nicht **rauchen**! Prière de ne pas fumer !

– le présent de l'indicatif :
    Du gehst jetzt ins Bett! Au lit, maintenant !

– le passif avec werden :
>   Jetzt **wird gearbeitet!** *Maintenant au travail !*
– le verbe sollen :
>   Du **sollst** Acht geben! *Fais donc attention !*
– des particules verbales ou adverbes :
>   **Herein!** *Entre/Entrez !*   **Raus!** *Dehors !*   **Vorwärts!** *En avant!*
– des formules elliptiques :
>   Bitte **Ruhe!** *Silence, s'il vous plaît !*
>   Jetzt aber **Schluss!** *Finissons-en !*

Dans le discours indirect, l'impératif est rendu par un **verbe de modalité** :
– l'**ordre** s'exprime par le verbe sollen :
>   Ich habe ihm gesagt, er **soll** seine Musik leiser stellen.
>   *Je lui ai dit de baisser le son.*

– l'**interdiction** par nicht dürfen :
>   Er hat uns gewarnt, dass wir **nicht** rauchen **dürfen**.
>   *Il nous a avertis de ne pas fumer.*

INFINITIFS ET PARTICIPES

Infinitifs et participes sont des formes **nominales** qui ont été intégrées au système verbal :
– l'infinitif a une valeur verbale et nominale (infinitif substantivé) ;
– le participe a une valeur verbale et adjectivale.
Ces formes sont entrées dans le système des oppositions de temps, d'aspect et de voix.

Infinitif I, infinitif II

La formation de l'infinitif I et de l'infinitif II

L'**infinitif I** ou **infinitif présent** est toujours formé à partir du radical du verbe et de la terminaison en (spiel**en**, *jouer* ; geh**en**, *aller*) ou n (tu**n**, *faire* ; klingel**n**, *sonner*). L'infinitif II est formé à l'aide du participe II et de l'auxiliaire haben ou sein (→ 87-88) : gespielt haben, *avoir joué* ; gegangen sein, *être allé(e)/parti(e)*.

107 L'infinitif utilisé comme verbe

▶ L'infinitif est utilisé en association avec l'auxiliaire werden dans la formation des **temps composés** de l'indicatif et du subjonctif.

- L'**infinitif I** est associé à l'auxiliaire werden dans la formation du **futur simple**.
    Er **wird**... **spielen, gehen, kommen, sein, tun**.
    Il jouera, ira/partira, viendra, sera, fera.

- L'**infinitif II** est associé à l'auxiliaire werden dans la formation :
    – du **futur II** (futur antérieur) :
        Er **wird**... **gespielt haben**. Il aura joué.
        Er **wird**... **gekommen sein**. Il sera venu.

    – du **futur de la voix passive** :
        Er **wird**... **gefragt werden**. Il sera interrogé.
        Er **wird**... **gerufen werden**. Il sera appelé.

▶ L'infinitif peut être aussi employé comme **complément** d'un verbe :
– en jonction directe (non précédé de zu) :
    Wir gehen **spazieren**. Nous allons nous promener.
    Sie kann gut **schwimmen**. Elle sait bien nager.

– en jonction indirecte (précédé de zu) :
    Sie scheint, uns nicht **gesehen zu haben**.
    Elle semble ne pas nous avoir vus.

▶ On le trouve également en position de **complément** :
– d'une **locution verbale** :
    Hast du Lust, **mitzukommen**?
    As-tu envie de nous accompagner ?

– d'un **nom** :
    Die Kunst **zu malen**. L'art de peindre.

108 L'infinitif utilisé comme nom

▶ Tout infinitif allemand peut être transposé en un substantif (nom) de genre **neutre**. Il prend alors une majuscule.
    Das Leben, la vie ; das Lernen, l'apprentissage ; das Spielen, le jeu (action de jouer) ; das Springen, l'action de sauter ; das Laufen, la course (action de courir) ; das Surfen, le surf ; das Essen und Trinken, les mets et les boissons.

REMARQUE

L'infinitif substantivé désigne l'action du verbe en général, tandis que la base nominale ou racine du mot (→ **das Spiel**, le jeu ; **der Sprung**, le saut ; **der Lauf**, la course) désigne une action ponctuelle et admet une grande variété de composés : **der 100m-Lauf**, le cent-mètres ; **der Hürdenlauf**, la course de haies ; **der Marathonlauf**, le marathon, etc.

L'infinitif substantivé peut assumer les diverses fonctions d'un nom :
– **sujet** :
> **Schwimmen** ist gesund.
> Nager est bon pour la santé.

– **complément d'objet** :
> Ich muss **das Essen** bereiten. Il faut que je prépare le repas.

– **complément circonstanciel** :
> Sie war ein Star **im Schwimmen**. C'était une championne de natation.

– **complément de nom** (G) :
> Über das Problem **der Kriminalität** wurde viel diskutiert.
> On a beaucoup débattu du problème de la délinquance.

REMARQUE

L'infinitif substantivé s'emploie, entre autres, dans des expressions proverbiales.
> **Reden** ist Silber, **Schweigen** ist Gold. La parole est d'argent, mais le silence est d'or.

Participe I et participe II

Les deux participes peuvent être employés comme **adjectifs** ou être la base d'un **groupe participial**.

109 La formation du participe I (présent)

Pour l'ensemble des verbes, y compris ceux terminés en **eln** et **ern**, il suffit d'ajouter la terminaison **d** à l'infinitif.
> spielen, jouer → spielen**d**; lächeln, sourire → lächeln**d**;
> wandern, voyager à pied → wandern**d**.
> Seule exception : le verbe tun, faire → radical : tu → participe I : tu**end**.

110 Les emplois du participe I

Le participe I est un **adjectif**. Il peut être employé comme :
– **épithète**. Il prend alors les marques de l'adjectif épithète :
> Ein **spielendes** Kind, un enfant qui joue ;
> **spielende** Kinder, des enfants qui jouent.

– **attribut**. Il est alors invariable :
> Dieser Krimi war wirklich **spannend**.
> Ce film policier était vraiment captivant.
> Er wurde **wütend**. Il se mit en colère.

– **apposition**. Il est également invariable et correspond au **gérondif** français (en + participe présent) :
> Die Kinder rennen **schreiend** über den Spielplatz.
> Les enfants traversent l'aire de jeu en criant.

▶ Le participe I est un **nom (adjectif substantivé)**.
Il s'apparente au nom par la majuscule et à l'adjectif épithète par sa déclinaison.
> Reisen, voyager → reisend → **der Reisende**, le voyageur
> → **ein Handelsreisender**, un voyageur de commerce.

▶ Le participe I est la base d'un groupe participial.
> Er hat **ein 30.000 Euro kostendes** Motorrad gekauft.
> Il a acheté une moto qui coûte 30 000 euros.

111 La formation du participe II (passé)

On distingue deux procédés de formation selon que le verbe est faible ou fort.

▶ Verbes faibles

> Ge- + radical inchangé + **t** (**et** pour les verbes du type arbeiten).

> (Er hat) gesp**ie**lt, gelernt, gearb**ei**tet, gez**ei**chnet.
> (Il a) joué, appris, travaillé, dessiné.

▶ Verbes forts

> Ge- + radical souvent modifié + **en**.

> (Er hat) gel**e**sen, geh**o**lfen. (Il a) lu, aidé.
> (Er ist) gek**o**mmen, geg**a**ngen. (Il est) venu, allé/parti.

REMARQUE

Les verbes non accentués sur la 1re syllabe ne prennent pas le préfixe **ge-** au participe II :
besuchen, venir voir (qqn) ; (sie hat uns) besucht, (elle est) venue nous voir.
telefonieren, téléphoner ; (er hat) telefoniert, il a téléphoné (→ studieren 10).

Les verbes à particule séparable conservent le préfixe **ge-**, qui s'intercale entre la particule et le verbe :

ab|holen, aller chercher → **ab**geholt   **auf**|stehen, se lever → **auf**gestanden.

112 Les emplois du participe II

▶ Le participe II est un **verbe**. Il est associé :
- aux auxiliaires sein ou haben dans la formation des temps composés du passé ;
- au participe worden dans la formation des temps composés du passif (→ 5).

▶ Le participe II est un **adjectif**. Comme le participe I, il peut être :
- **épithète** et prendre les marques correspondantes :
    Sein Roman gehört zu den meist **verkauften** Büchern.
    Son roman compte parmi les bestsellers.

- **attribut** du sujet ou de l'objet. Il reste alors invariable :
    Meine Schwester ist **verheiratet**.
    Ma sœur est mariée.
    Ich habe dieses Buch **geschenkt** bekommen.
    J'ai reçu ce livre en cadeau.

- **apposition**. Il reste également invariable :
    Wir kamen **erschöpft** nach Hause.
    Nous sommes rentrés chez nous épuisés.

▶ Le participe II est un **nom (adjectif substantivé)**. Il subit les mêmes variations que le participe I.
    Der Gelähmte, le paralysé ; ein Gelähmter, un paralysé.

▶ Le participe II est la base d'un **groupe participial**.
    Auf dem Land aufgewachsen, kam sie erst mit 18 in die Stadt.
    Ayant grandi à la campagne, elle n'arriva à la ville qu'à l'âge de 18 ans.
    Das von der Stadt renovierte Rathaus wird heute eröffnet.
    L'hôtel de ville rénové par la municipalité est inauguré aujourd'hui.

▶ Le participe II d'un **verbe de déplacement** est associé au verbe kommen dans le sens d'un gérondif français.
    Die Kinder kommen **gelaufen**.
    Les enfants arrivent en courant.

L'EMPLOI DES MODES :
DE L'ALLEMAND AU FRANÇAIS

L'indicatif allemand envahit aussi bien le champ du discours indirect que la sphère de l'hypothétique.

>Er behauptet, dass er der Beste **ist** (plutôt que sei).
>Il prétend être le meilleur.
>Stell' dir vor, du **kommst** nach Paris! (plutôt que du kämest).
>Imagine que tu viens à Paris !

113 Indicatif en allemand – subjonctif en français

▶ Contrairement au français, l'allemand utilise toujours l'**indicatif** après les conjonctions :

– bis, jusqu'à ce que :
>Ich warte, **bis** du **kommst**. J'attends que tu viennes.

– damit, afin que :
>Mama kocht nur bio, **damit** wir gesund **bleiben**.
>Maman ne fait que de la cuisine bio afin que nous restions en bonne santé.

– obgleich, obschon, obwohl, bien que, quoique :
>**Obwohl** er schwerkrank **war**, wollte er nicht zurücktreten.
>Bien qu'il fût gravement malade, il n'a pas voulu démissionner.

▶ L'indicatif est également de règle en allemand :

– dans les propositions subordonnées relatives ayant pour antécédent : der Erste…, der Einzige, der…, le premier…, le seul qui… :
>Der Einzige, dem es **gelungen ist**. Le seul qui ait réussi.

– avec des verbes ou des expressions exprimant la joie, la crainte, le doute, etc. : sich freuen, se réjouir, fürchten, craindre, zweifeln, douter, et avec les tournures hypothétiques telles que es könnte sein, il se pourrait que :
>Ich freue mich, dass du **kommst**. Je me réjouis que tu viennes.
>Ich fürchte, dass er (beim Examen) **durchgefallen ist**.
>Je crains qu'il ait échoué (à l'examen).
>Ich zweifle daran, dass er die Wahrheit **sagt**.
>Je doute qu'il dise la vérité.
>Es könnte sein, dass wir eine Umwelt-Katastrophe **erleben**.
>Il se pourrait que nous connaissions une catastrophe écologique.

114 La transposition des modes et des temps du discours indirect

Discours indirect allemand – indicatif en français
Au style indirect sans **dass** de l'allemand correspond une subordonnée française à l'imparfait ou au plus-que-parfait (concordance des temps).

> Ich hatte geglaubt, das **ist** hier in der Nähe.
> J'avais cru que c'**était** tout près d'ici.
> Ich dachte, die Prüfung **wäre** heute.
> Je croyais que l'examen **avait lieu** aujourd'hui.
> Man hat mir gesagt, ich **müsse** Sie fragen.
> On m'a dit qu'il **fallait** vous demander.
> Er hat mir gesagt, er **sei** krank **gewesen**.
> Il m'a dit qu'il **avait été** malade.

Discours indirect allemand – conditionnel présent (futur du passé) en français
Au futur de style indirect (avec ou sans **dass**) le français répond par une subordonnée au conditionnel.

> Er hat gesagt, er **kommt** später.
> Il a dit qu'il **viendrait** plus tard.
> Er hat mir versprochen, dass er pünktlich um 8 da **sei**.
> Il m'a promis qu'il **serait** là à 8 heures précises.
> Ich habe gehört, Sie **würden** morgen auch da **sein**.
> J'ai entendu dire que vous **seriez** également là demain.

Hypothétique allemand – imparfait français
Dans une phrase contenant une subordonnée conditionnelle, l'allemand emploie le subjonctif II dans la principale **et** dans la subordonnée ; la subordonnée française, elle, est à l'imparfait.

> Wenn ich Zeit **hätte, würde** ich dir **helfen**.
> Si j'**avais** le temps, je t'aiderais.

Si j'avais correspond en fait à un irréel. La condition précédente (Zeit haben) n'est pas remplie.

Les verbes sein, haben et werden

Sein, haben, werden ont deux fonctions parallèles : celle d'auxiliaires et celle de verbes à part entière.

SEIN

Conjugaison de sein : → 2.

115 *Sein* employé comme auxiliaire

Comme auxiliaire, le verbe sein intervient :
- dans la formation du **passé** avec le participe II des verbes sein, bleiben, werden et des verbes intransitifs de mouvement ou de changement d'état (→ 87) ;
- dans l'expression du **passif-état** avec le participe II d'un verbe transitif (→ 139).

> Die Straße **ist gesperrt**. *La rue est barrée.*

116 *Sein* employé comme verbe de sens plein

Comme verbe de sens plein, sein s'emploie seul ou accompagné d'un groupe nominal, d'un adverbe ou d'un adjectif attribut invariable pour exprimer certains concepts fondamentaux :

– l'**être**, le **non-être** :
> Ich denke, also **bin** ich. *Je pense, donc je suis.*

– l'**identité** :
> Das **ist** Frau Bauer; das **ist** unsere neue Lehrerin.
> *C'est madame Bauer ; c'est notre nouveau professeur.*

– la **présence**, l'**absence** : hier/da/dabei sein, *être ici/là/être présent (à un événement)* ≠ **fort/weg** sein, *être parti* :
> **Warst** du **dabei**? *Étais-tu présent(e) (à cet événement) ?*
> – Nein, ich **war** schon **weg**. *Non, j'étais déjà parti(e).*

– la **qualité** :
> Diese Schülerin **ist** sehr **begabt**. *Cette élève est très douée.*
> Hier **ist** der Kunde **König**! *Ici, le client est roi !*

– la **quantité** :
> Das **ist** sicher **viel Geld**. *Cela fait à coup sûr beaucoup d'argent.*

– la **distance** :
> Von hier bis zum Strand **sind** es etwa **500 m**.
> *D'ici à la plage il y a environ 500 mètres.*

117 *Sein employé comme base verbale*

Le verbe sein est une **base verbale** associée à :

- un **adverbe-préverbe** en fonction d'attribut du sujet :
> Die Post **ist** bis 6 **auf**. *La poste est ouverte jusqu'à 6 heures.*

- un **groupe prépositionnel** :
> Der Wagen **ist** wieder **in Ordnung**. *La voiture est réparée.*
> Er **war** nicht mehr **in der Lage** zu fahren.
> *Il n'était plus en état de conduire.*

- une **tournure attributive** exprimant, selon le cas :
  – la possibilité/l'impossibilité :
> Das **ist möglich/nicht möglich**. *C'est/Ce n'est pas possible.*

  – l'opinion :
> Ich **bin der Meinung**, dass sie Recht hat. *Je pense qu'elle a raison.*

  – la certitude :
> Ich **bin sicher/überzeugt**, dass er lügt.
> *Je suis sûr(e)/convaincu(e) qu'il ment.*

- un **infinitif complément** avec valeur d'obligation (müssen) ou de possibilité (können). Cet infinitif est précédé de zu:
> Diese Briefe **sind** dringend **zu faxen**.
> *Il faut faxer ces lettres de toute urgence.*
> Das ist kaum **zu glauben**. *On a du mal à croire cela.*

HABEN

Conjugaison de haben : → 1.

118 *Haben employé comme auxiliaire*

Comme auxiliaire, haben intervient dans la formation du **passé** avec le participe II des verbes transitifs, des verbes pronominaux (ou réfléchis), ainsi que des verbes intransitifs d'état et duratifs (→ 88).

Les verbes sein, haben **et** werden

119 *Haben* employé comme verbe de sens plein

Comme verbe de sens plein, haben se construit avec un **complément d'objet à l'accusatif**.

▶ Pour exprimer une **relation d'appartenance** (le sujet est en général une personne ou un être animé).
>Selbst meine Oma **hat** ein Handy.
>*Même ma grand-mère a un portable.*

▶ Pour décrire :
– des **qualités** ou des **défauts** qui appartiennent en propre au sujet :
>Sie **hat** schwarze Haare. *Elle a les cheveux noirs.*
>Immer mehr Kinder **haben** Sprachstörungen.
>*De plus en plus d'enfants ont des troubles du langage.*

– les **propriétés techniques** d'un appareil :
>Dieser Wagen **hat** eine Klimaanlage.
>*Cette voiture a la climatisation.*

120 *Haben* employé comme base verbale

Comme **base verbale**, le verbe haben peut être associé à :
– un **adverbe-préverbe** en fonction d'attribut de l'objet :
>Die Post **hat** um halb neun **auf**.
>*La poste ouvre à 8h30.*

– un **infinitif complément** précédé de zu avec valeur d'obligation (müssen) ou d'interdiction (nicht dürfen) :
>Ich **habe** noch viel **zu tun**.
>*J'ai encore beaucoup à faire.*
>Sie **haben** uns nichts **vorzuwerfen**.
>*Ils n'ont rien à nous reprocher.*

– aux **adverbes** gern, lieber, am liebsten (haben) : aimer bien, aimer mieux, aimer par-dessus tout :
>Ich **habe** diese Musik **gern**. *J'aime bien cette musique.*

– à un **nom** ou un **adjectif** dans les locutions suivantes : Hunger haben, avoir faim ; Durst haben, avoir soif ; Glück haben, avoir de la chance ; Pech haben, être malchanceux (*fam.* « avoir la poisse ») ; Angst haben, avoir peur ; Lust haben, avoir envie ; Spaß haben, avoir du plaisir ; Recht haben, avoir raison ; Zeit haben, avoir le temps ; frei haben, être en congé ; es satt haben, en avoir assez ; es eilig haben, être pressé.

WERDEN

Conjugaison de werden : → 3.

121 *Werden* employé comme auxiliaire

Comme auxiliaire, le verbe werden intervient :
– dans la formation du **futur** avec l'infinitif de tous les verbes (→ 79). Il exprime alors soit un événement futur, soit une quasi-certitude.

> Er **wird** morgen **kommen**.
> Il viendra demain.
> Er **wird** bestimmt krank **sein**.
> Il est certainement malade.

– dans la formation du **futur du subjonctif II** (périphrase avec würde) (→ 97).

> Eigentlich **würde** ich lieber zu Hause **bleiben**.
> À vrai dire, je préférerais rester à la maison.

– dans la formation du **passif-action** (réservé aux seuls verbes transitifs) et du **passif impersonnel** (→ 138).

> Du **wirst gerufen**.
> On t'appelle.
> Heute **wird gefeiert**.
> Aujourd'hui, on fait la fête.

122 *Werden* employé comme verbe de sens plein

Comme verbe de sens plein, werden s'emploie dans le sens général de devenir. Il marque souvent l'accession à une profession, l'adhésion à une communauté ou une transformation :
– avec un **nom** ou **groupe nominal attribut** :

> Sie wollte schon immer **Lehrerin werden**.
> Elle a toujours voulu devenir enseignante.
> **Werden** Sie **Mitglied** von...!
> Devenez membre de... !

– avec un **adjectif attribut** (invariable) :

> Die Situation **wird gefährlich**.
> La situation devient dangereuse.

Cette notion de **passage d'un état à un autre** peut être soulignée par un comparatif de supériorité.

> Die Straße soll **sicherer werden**.
> Il faut renforcer la sécurité sur la route.

Les verbes sein, **haben et** werden

▶ Le **résultat** du processus est parfois précédé de la préposition zu, le **point de départ** (origine) est, lui, précédé de la préposition aus.

> Über Nacht **wurde** das Wasser **zu Eis**.
> L'eau a gelé pendant la nuit.
> **Aus dem kleinen Bergdorf ist** eine elegante Wintersportstation **geworden**.
> Le petit village de montagne s'est transformé en une élégante station de sport d'hiver.

123 *Werden employé comme base verbale*

Werden est associé comme **base verbale** à :

– une **particule séparable** : jn/etw. (A) **los**werden, se débarrasser de qqn/ de qqch. :

> Ich konnte diesen Vertreter einfach nicht **loswerden**.
> Impossible de me débarrasser de ce représentant !

– un **nom** ou un **adjectif attribut** (invariable) dans certaines expressions idiomatiques :

> Es **wird Zeit**. Il est temps.
> Es **wird dringend**. Cela devient urgent.
> Es **wird** mir **schlecht/übel**. Je me sens mal.
> Das **wird** mir **zu bunt**! C'en est trop !

Les verbes de modalité et le verbe wissen

À l'**indicatif,** les verbes de modalité traduisent les notions de possibilité, de capacité, de permission ou d'interdiction, de souhait, de volonté ou d'obligation.

Au **subjonctif II** (conditionnel français), ils traduisent un écart entre la réalité et la pensée du locuteur, lui permettant d'exprimer différents degrés de certitude ou de doute par rapport aux faits rapportés.

Ils peuvent être employés **seuls** ou suivis d'un **infinitif complément**.

CARACTÉRISTIQUES GÉNÉRALES

Formation

124 Les temps simples

- Au **présent** de l'indicatif, les trois personnes du singulier présentent une voyelle différente de l'infinitif (sauf sollen).
    > Ich k**a**nn, du k**a**nnst, er k**a**nn, wir können... Ich m**u**ss, du m**u**sst, er m**u**ss, wir müssen...
    > Ich w**i**ll, du w**i**llst, er w**i**ll, wir wollen... Ich w**ei**ß, du w**ei**ßt, er w**ei**ß, wir wissen...
    > Les désinences personnelles sont celles du prétérit : ø, st, ø, en, t, en.

- Le **prétérit** est formé sur le modèle des verbes faibles : radical non infléchi + te :
    > können → ich/er konn**te**, dürfen → ich/er durf**te**.

125 Les temps composés

Aux temps composés du passé, le participe II des verbes de modalité présente **deux** formes :
– l'une **faible** et **non infléchie** (gekonnt, gedurft), quand le verbe n'est pas suivi d'un infinitif :
> Ich wollte kommen, aber ich habe nicht **gedurft**.
> Je voulais venir, mais on ne me l'a pas permis.

– l'autre identique à l'**infinitif** (können, dürfen), quand le verbe de modalité est **au contact de son infinitif complément**. On pourrait appeler ce faux infinitif un « infinitif caméléon » :
>   Ich habe nicht **kommen können**. Je n'ai pas pu venir.

Dans la proposition subordonnée, l'auxiliaire conjugué se place **devant** le groupe formé par l'infinitif complément et le verbe de modalité (→ 154 Remarque).
>   Es tut mir leid, dass ich nicht **habe kommen können**.
>   Je regrette de ne pas avoir pu venir.

REMARQUE
Cette règle dite du **double infinitif** s'applique également au verbe lassen (faire + infinitif) et aux verbes de perception sehen (voir), hören (entendre).
>   Ich habe meinen Drucker **reparieren lassen**. J'ai fait réparer mon imprimante.
>   Ich habe dich nicht **kommen hören**. Je ne t'ai pas entendu venir.
>   Elle s'étend parfois au verbe brauchen, avoir besoin de.
>   Von mir aus hätten Sie nicht (zu) **kommen brauchen**.
>   De mon point de vue, vous n'étiez pas obligé(e) de venir.

Sens et emplois

126 Expression de la modalité et procédés de modalisation

Le sens et l'emploi des verbes de modalité se situent à deux niveaux :
– celui de la **modalité** : ils expriment les modalités **logiques** et permettent de présenter l'action comme possible ou nécessaire, comme la conséquence ou le résultat d'une décision, d'un acte intentionnel ;
– celui de la **modalisation** : ils permettent à un locuteur de manifester sa **distance** ou son **degré d'adhésion** à la réalité qu'il décrit (certitude, probabilité, doute, etc.).

127 Trois domaines sémantiques

Leur sens peut être circonscrit à trois grands domaines :
– celui de la **possibilité logique ou relative** : kann, könnte, dürfte ;
– celui de la **nécessité absolue ou relative** : muss, müsste, de l'autorisation (darf) ou de l'ordre émanant d'une tierce personne (soll), mais non encore suivi d'effet (sollte) ;
– celui de la **volonté absolue** (will, wollte) ou **relative**, désir ou souhait (mag, möchte).

L'EXPRESSION DE LA POSSIBILITÉ :
KANN, KÖNNTE, DÜRFTE

L'action dépend des **capacités** du sujet, elle est présentée comme **possible** ou simplement **probable** (könnte), voire envisagée avec une certaine **prudence** (dürfte).

128 *Kann, könnte*

▶ **Sens fondamental** : avoir la possibilité ou la capacité (*pouvoir, savoir [faire]*).
On retrouve ce sens dans les deux types d'emploi :
– verbe **seul** ou accompagné d'une **particule séparable** :
>Ich **kann** Deutsch. *Je parle allemand.*
>Wir **konnten** nicht **weiter**. *Nous ne pouvions pas continuer.*

– avec un **infinitif complément** :
>**Können** Sie mir bitte **helfen**? *Pouvez-vous m'aider, s'il vous plaît ?*
>Er **kann** immer noch nicht **schwimmen**. *Il ne sait toujours pas nager.*

▶ **Autres sens**
- Le verbe können permet d'exprimer la **permission** (plus courant que dürfen → 15).
>Sie **können** hier telefonieren. *Vous pouvez téléphoner d'ici.*

- Le présent du subjonctif II ich **könnte** (*je pourrais*) sert à exprimer :
– une **demande polie** :
>**Könnten** Sie mir bitte sagen...? *Pourriez-vous me dire, s'il vous plaît... ?*

– une **hypothèse** :
>Das **könnte** wohl stimmen. *Cela pourrait bien être vrai.*

– un **souhait** dont la réalisation est incertaine :
>Wenn ich nur fliegen **könnte**! *Ah, si seulement je pouvais voler !*

129 *Dürfte*

La forme dürfte (présent du subjonctif II de dürfen) exprime une **demande polie** ou une **hypothèse prudente**.
>**Dürfte** ich bitte einen Kaffee bekommen?
>*Pourrais-je avoir un café, s'il vous plaît ?*
>Es **dürfte** nicht zu schwer sein.
>*Cela ne devrait pas être trop difficile.*

L'EXPRESSION DE LA NÉCESSITÉ : MUSS, MÜSSTE

130 *Muss, müsste*

L'action échappe à la volonté du sujet : elle est **imposée** par la nécessité ou par les circonstances. D'où la notion de **certitude**, à rapprocher de wird (→ 80), l'événement dont la réalisation est encore incertaine étant rendu par le subjonctif II müsste.

▶ Sens **fondamental** : devoir (avec l'idée d'une nécessité absolue).
On retrouve ce sens dans les deux types d'emploi :
– verbe **seul**, avec **complément directionnel** ou **particule séparable** :
> Ich **muss zum Arzt**.
> *Je dois aller voir le médecin.*
> Dieser Müll **muss weg**.
> *Ces détritus doivent disparaître.*

– avec un **infinitif complément** :
> Ich **muss** um 8 wieder zu Hause **sein**.
> *Je dois être rentré(e) à 8 heures.*

Le sens de müssen est souvent souligné par l'adverbe unbedingt, absolument.
> Er **musste** sich **unbedingt** operieren lassen.
> *Il fallait absolument l'opérer.*

REMARQUE
La contrainte exprimée par müssen est la conséquence d'une situation, d'une condition, d'une loi naturelle ou physique. Elle est inéluctable.
> Alle Menschen **müssen** sterben. *Tous les hommes sont mortels.*

Elle peut être également imposée par les circonstances.
> Hier ist die Straße sehr gefährlich: Du **musst** langsamer fahren.
> *Ici, la route est très dangereuse : il te faut ralentir.*

▶ **Autres sens**
• Le **présent** de l'indicatif ich muss exprime une **quasi-certitude**.
> Er **muss** jeden Moment kommen.
> *Il va arriver d'un moment à l'autre (je suis sûr qu'il va venir).*
> Es **muss** geschehen.
> *Cela va arriver (c'est écrit).*

• Le **présent du subjonctif II** müsste correspond à une **hypothèse** non encore réalisée.
> Er **müsste** schon da sein. *Il devrait être déjà là.*
> Das Geld **müsste** reichen. *L'argent devrait suffire.*

L'EXPRESSION DE LA PERMISSION, DE L'ORDRE, DU CONSEIL : DARF, SOLL, SOLLTE

L'action est permise ou interdite : ich darf (nicht). Dans tous les cas, elle échappe à la volonté du sujet, elle est **imposée** par une **personne** ou une **institution** (soll), ce qui lui vaut, dans certaines grammaires, la qualification de « devoir moral », mais elle traduit avant tout un ordre **transmis**, l'opinion d'un autre, voire de la rue (on dit que). Sollte (subjonctif II) indique que l'ordre n'est **pas encore suivi d'effet**.

131 *Darf*

▶ **Sens fondamental** : pouvoir, avoir la permission.
On retrouve ce sens dans les deux types d'emploi :
– verbe **seul** :
> Das **darfst** du nicht. Tu n'en as pas le droit.

– avec un **infinitif complément** :
> Da vorn(e) **darf** man **parken**. On peut stationner devant.

▶ **Autres sens**
• Le verbe dürfen peut aussi exprimer une **demande polie**.
> **Darf** ich bitte mal telefonieren?
> Vous permettez que je téléphone ?

• Il s'emploie également pour donner une **instruction**.
> Sie **dürfen** die Delete-Taste nicht drücken.
> Il ne faut pas presser la touche « Del ».

Dürfen est souvent associé dans ce sens à un **infinitif passif**.
> Der Film **darf** nicht **überbelichtet werden**.
> Il ne faut pas surexposer la pellicule.

132 *Soll, sollte*

▶ **Sens fondamental** : devoir (contrainte imposée par une tierce personne).
Sollen permet ainsi d'exprimer :
– un **ordre direct**, explicite :
> Du **sollst** jetzt schlafen gehen. Maintenant, va te coucher !

– un **ordre transmis** :
> Er **soll** sofort kommen. Qu'il vienne tout de suite !

– au subjonctif II (ich sollte), **un ordre implicite**, conseil ou recommandation :
> Du **solltest** nicht soviel rauchen.
> Tu ne devrais pas tant fumer.

Autres sens

Le verbe sollen permet aussi d'exprimer :
– une **prévision** :
> Es **soll** noch kälter werden.
> Le temps va encore se rafraîchir.

– une **opinion répandue** : on dit que, il paraît que :
> Er **soll** sehr reich sein.
> Il paraît qu'il est très riche.

L'EXPRESSION DE LA VOLONTÉ ABSOLUE : WILL, WOLLTE. L'EXPRESSION DU DÉSIR OU DU SOUHAIT : MAG, MÖCHTE

133 *Will, wollte*

Sens fondamental : vouloir absolument (différent de mögen).
Cette fois, la **volonté** du sujet est pleinement prise en compte, même au prétérit (ich) wollte (je voulais), le sens hypothétique étant réservé à möchte. À la 3e personne (er will/wollte), c'est soit l'**intention**, soit l'**opinion** d'autrui qui s'exprime (« je » ne se prononce pas).

On retrouve ce sens dans les deux types d'emploi :
– verbe **seul**, accompagné d'un **complément directionnel** ou d'une **particule séparable**.
> Wer **will**, der kann.
> Impossible n'est pas français.
> Er **wollte nach London**.
> Il voulait aller à Londres.
> Er **wollte weg**. Il voulait partir.

– avec un **infinitif complément**.
> **Willst** du mit ins Kino **gehen**?
> Veux-tu m'accompagner au cinéma ?
> Er **hat** ein futuristisches Bild **malen wollen**.
> Il a voulu peindre un tableau futuriste.

▶ **Autres sens**
- **Futur proche.**
  > Morgen **wollen** wir einen Ausflug machen.
  > Demain, nous allons faire une excursion.
  > Das **wollte** ich eben sagen.
  > C'est ce que j'allais dire.

- **Ordre implicite.**
  > Wir **wollen** jetzt gehen.
  > Maintenant, partons !

- **Invitation.**
  > **Wollen** Sie sich denn nicht setzen?
  > Vous ne voulez pas vous asseoir ?

- Expression d'une **préférence** avec les adverbes lieber, am liebsten.
  > Er **will lieber** erst morgen kommen.
  > Il préfère n'arriver que demain.

- **Discours rapporté**, à propos duquel on ne se prononce pas.
  > Sie **will** erst 30 sein.
  > Elle prétend n'avoir que 30 ans.

Mag, möchte

Le présent mag traduit une double notion de **désir** (ich mag Kuchen, j'aime les gâteaux) et de **concession** faite un peu à contrecœur (es mag sein). Le subjonctif II (ich) möchte (je voudrais) exprime le simple **souhait**. Mag s'oppose tout autant à will qu'à muss ou wird.

▶ **Sens fondamental** : aimer, vouloir bien.
On retrouve ce sens dans les deux types d'emploi :
– verbe **seul** :
  > Ich **mag**/esse gern Eis.
  > J'aime bien les glaces.
  > Mein Sohn **möchte** ein neues Fahrrad.
  > Mon fils voudrait un nouveau vélo.

– avec un **infinitif complément** :
  > Ich **mag** nicht hier **bleiben**.
  > Je n'ai pas envie de rester ici.
  > Ich **möchte** lieber im Internet **surfen**.
  > Je préférerais surfer sur Internet.

Autres sens

- Simple **supposition** soulignée par l'adverbe wohl (équivalent de vielleicht, peut-être).
> Er **mag** wohl krank sein.
> Il se peut qu'il soit malade.

- **Concession** (à rapprocher de obwohl, bien que, quoique).
> Er **mag** ruhig kommen.
> Qu'il vienne ! (Il peut bien venir.)
> Du **magst** noch so stark sein, vor dir habe ich keine Angst.
> Tu as beau être très fort, tu ne me fais pas peur.

- **Invitation** (möchte).
> **Möchten** Sie nicht den Mantel **ablegen**?
> Vous ne voulez pas vous débarrasser de votre manteau ?

- **Expression de la demande** dans le discours indirect (subjonctif I et II).
> Sag ihm, er **möge/möchte** zu mir kommen. Dis-lui de venir me voir.

LE VERBE WISSEN

135 *Wissen*

Wissen signifie savoir, avoir connaissance de qqch.
On retrouve ce sens dans ses différents emplois :

– comme verbe **seul**, avec négation ou complément d'objet à l'accusatif :
> Ich habe das **nie gewusst**. Je n'ai jamais su cela.
> **Weißt** du **die Adresse**? Connais-tu l'adresse ?

– avec une **subordonnée complétive** en dass ou **interrogative** (ob, adverbe interrogatif) :
> Er **weiß**, **dass wir kommen**.
> Il sait que nous venons.
> Ich **weiß** auch nicht, **wie sie heißt**.
> Je ne sais pas non plus comment elle s'appelle.

– avec un **infinitif complément** toujours précédé de **zu**:
> Er **weiß** nicht mit dem Computer **umzugehen**.
> Il ne sait pas se servir de l'ordinateur.

Le présent du subjonctif II (ich wüsste) a le sens du conditionnel français.
> Ich **wüsste** nicht, was ich tun sollte. Je ne saurais pas quoi faire.
> Wenn ich nur **wüsste**, wo er ist! Si seulement je savais où il est !

RÉCAPITULATIF DES VERBES DE MODALITÉ

Je peux/je sais	Ich kann/ich weiss
Je pourrais, si	Ich könnte, wenn
Pourriez-vous ?	Könnten Sie?
Je (le) saurais	Ich wüsste (es)
Il se pourrait que	Es könnte (sein)
(j'exprime l'hypothèse)	

Je peux/on me permet	Ich darf
On m'interdit	Ich darf nicht
Puis-je ?	Darf ich?
Ce devrait être	Es dürfte (sein)
(je suis prudent)	

Je voudrais	Ich möchte
J'aime/j'ai envie	Ich mag (gern)
Il se peut que	Es mag (sein)
(c'est une hypothèse que je ne prends pas en compte)	
Je veux/j'ai l'intention	Ich will
Je voulais, mais	Ich wollte, aber
Il prétend que	Er will
(je lui en laisse la responsabilité)	

Je dois	Ich soll
(on me dit de faire)	
Tu devrais	Du solltest
(mais tu ne le fais pas)	
Dis-lui (de venir)	Er soll (kommen)
Il paraît qu'il est	Er soll (sein)
(on le dit)	

Je dois/il faut que	Ich muss
C'est une certitude.	Es muss sein
Il devrait être là	Er müsste da sein
(ce n'est pas encore confirmé)	
Il faudrait que nous	Wir müssten

La voix passive

Plus répandu qu'en français, le passif allemand semble aussi plus naturel, même dans la conversation courante. Toutefois, les formes composées, trop lourdes, ne s'emploient plus guère qu'à l'écrit. La langue administrative ou juridique semble affectionner particulièrement les tournures passives.

> Etw. wird empfohlen/genehmigt. *Qqch. est recommandé/autorisé.*
> Zuwiderhandeln wird bestraft. *Tout contrevenant sera puni.*

LA FORMATION DE LA VOIX PASSIVE

136 Deux auxiliaires en concurrence

▶ **Deux** auxiliaires sont en concurrence pour former le passif :
– werden + participe II = **passif-action** :
> Eine neue Siedlung **wird gebaut**.
> *On construit un nouveau lotissement* (action en cours).
> Eine neue Siedlung **ist gebaut worden**.
> *On a construit un nouveau lotissement* (action achevée).

– sein + participe II = **passif-état** :
> Die Straße **ist** heute **gesperrt**. *Aujourd'hui, la rue est barrée* (résultat).
> Die Straße **ist gesperrt gewesen**.
> *La rue a été barrée* (mais elle ne l'est plus).

▶ Pour la **conjugaison** du passif : → 5.

LE PASSIF-ACTION (AUXILIAIRE WERDEN)

Le passif-action supporte les mêmes oppositions temporelles et modales que la voix active. On évite toutefois certaines formes surcomposées telles que le futur II de l'indicatif qu'on remplace par le futur I, voire par le présent.

> Dieser Antrag **wird** sicher **abgelehnt (werden)**.
> *Cette demande sera certainement rejetée.*

Il existe des formes **personnelles** (celles dont le sujet est exprimé) et un passif **impersonnel**, limité à la 3e personne du singulier.

137 Les formes personnelles du passif-action

▶ Tout verbe ayant un **complément d'objet à l'accusatif** peut se transposer au passif. La construction passive, centrée sur l'action, est alors comparable à une structure active présentant l'ordre de base :
>   S (sujet) – V (verbe) – C (complément d'objet à l'accusatif).
>   Die Stadt **baut** ein neues Rathaus.
>   S   V   C
>   *La ville construit un nouvel hôtel de ville.*
>   Ein neues Rathaus **wird** von der Stadt **gebaut**.
>   *Un nouvel hôtel de ville est construit par la ville.*

▶ Le complément d'objet de la phrase active (ici, ein neues Rathaus) devient le sujet du verbe passif, et le **sujet** de la phrase active (die Stadt) devient le **complément d'agent** de la construction passive. Ce complément d'agent est introduit par la préposition von (*par*). Il représente en général une personne ou une institution.
>   Der Brief wird **von meinem Bruder** übersetzt.
>   *La lettre est traduite par mon frère.*
>   Der Bericht wird **von einem Übersetzungsbüro** übersetzt.
>   *Le rapport est traduit par un bureau de traduction.*

▶ La tournure passive admet aussi un **complément de cause** introduit par la préposition durch (*par*) ou de **moyen** introduit par la préposition mit (*avec*).
>   Das Hotel ist **durch einen Brand** zerstört worden.
>   *L'hôtel a été détruit par un incendie.*
>   Der Computer kann nur **mit dem Kennwort** gestartet werden.
>   *On ne peut démarrer l'ordinateur qu'avec le mot de passe.*

▶ Le passif-action est souvent associé à un **verbe de modalité**.
>   Hier **darf** kein Müll **abgeladen werden**.
>   *Interdiction de déposer ici des ordures.*

138 Le passif impersonnel

▶ Le passif **impersonnel** se caractérise par l'absence de sujet et de complément d'agent : il correspond au pronom français **on**.
>   Es **wird** am Sonntag **gespielt**. *On joue/jouera dimanche.*

Le pronom personnel es permet d'**occuper la première place** de la proposition et disparaît dès qu'un complément ou un adverbe vient se placer en tête.
>   Am Sonntag **wird** Ø **gespielt**. *Dimanche, on joue/jouera.*
>   Hier **wird** Ø nicht **geraucht**. *C'est un espace non fumeurs.*

Le pronom es peut également **annoncer le sujet**. Dans ce cas, il s'agit d'une tournure **personnelle**.

> **Es wurden** viele Bäume **abgerissen**.
> De nombreux arbres ont été arrachés.

● On peut construire un passif impersonnel :
– avec les verbes **transitifs** (suivis d'un complément d'objet à l'**accusatif**) :

> Es **wird gesungen**. On chante.

– avec les verbes suivis d'un **complément au datif**. Ce complément subsiste au passif :

> **Den Obdachlosen** muss geholfen werden.
> Il faut venir en aide aux sans-abri.

– avec certains verbes intransitifs exprimant une **activité** :

> Sonntags **wird** nicht **gearbeitet**. On ne travaille pas le dimanche.

● Le passif impersonnel représente une tournure brève, elliptique, bien adaptée à la langue orale. Il exprime :
– la **réponse** à une instruction donnée :

> Sie faxen das noch, bitte?
> Pouvez-vous encore me faxer cela, s'il vous plaît ?
> – (Es) **wird gemacht**! Ce sera fait !

– un **ordre** :

> Jetzt **wird** aber **geschlafen**! Maintenant, au lit !

– une **interdiction** :

> Hier **wird** kein Alkohol **getrunken**. Ici, on ne boit pas d'alcool.

LE PASSIF-ÉTAT (AUXILIAIRE SEIN)

139 L'expression du résultat de l'action

Le passif-état marque, comme en français, le **résultat** de l'action. Son emploi est double :
– il est l'équivalent d'une structure avec werden et représente une forme de **passif accompli**.

> Das Zimmer **war** schon **vermietet** (= **war** schon **wermietet worden**).
> La chambre était déjà louée (avait déjà été louée).
> Jetzt **ist** genug **gesprochen**, wir müssen uns entscheiden.
> À présent, on a assez parlé ; il est temps de prendre une décision.

– il est l'expression d'un phénomène **statique** et correspond alors à une structure active présentant l'ordre de base sujet – verbe – complément.

> Das Schloss **war** von einer Mauer **umgeben**.
> Le château disposait d'un mur d'enceinte.
> Équivaut à : Eine Mauer **umgab** das Schloss.

140 Passif-action ou passif-état ?

Le **passif-action** fait référence à une **action en cours**, présente, passée ou future. Le **passif-état** évoque un **bilan**, et la réalité exprimée prend dès lors une valeur générale.

PASSIF-ACTION	PASSIF-ÉTAT
Im letzten Sommer **ist** dieser Artikel sehr **gefragt worden**. L'été dernier, cet article a été très demandé.	Auch heute **ist** dieser Artikel sehr **gefragt**. Aujourd'hui encore, cet article est très demandé.
Binnen vier Stunden **wurden** die Karten **ausverkauft**. En l'espace de quatre heures, tous les billets ont été vendus.	Als ich im Stadion ankam, **waren** die Karten leider schon **ausverkauft**. Quand je suis arrivé au stade, hélas ! tous les billets étaient déjà vendus.

Les verbes à particule et à préfixe

141 Définitions

▶ Si nous considérons le verbe treten, *poser le pied*, nous voyons qu'il est formé du seul radical verbal tret- et de la terminaison en de l'infinitif : nous parlerons alors de **verbe** (ou **base verbale**) **simple**.

▶ Dans l'exemple suivant :

Er **tritt** ins Zimmer **ein**.
Il entre dans la pièce.

nous avons à faire non au seul verbe simple, mais à son **composé**, **ein**treten, constitué de la base verbale treten et de **ein**. C'est ce dernier élément qui, à lui seul, exprime l'action d'« entrer dans l'espace défini » par la pièce. Nous appelons cet élément **particule** (ou **préverbe**) **séparable**. Les particules recouvrent un ensemble très disparate, mais leur point commun est d'être toujours **accentuées** et d'occuper la **dernière place** de la phrase quand le verbe conjugué est en 1re ou 2e position (→ 153).

▶ Nous réservons le terme **préfixes** aux éléments qui, contrairement aux précédents, sont **inaccentués** et forment donc avec le verbe une unité **indissociable**. Ils ont vocation, comme les préfixes français, à former des verbes **dérivés** dont le sens est souvent très éloigné de celui du verbe simple, par exemple :

vertreten, *représenter* → Ich **vertrete** heute den Direktor.
Je représente aujourd'hui le directeur.

▶ Les particules « **mixtes** » s'apparentent tantôt aux particules séparables, tantôt aux préfixes. Selon leur appartenance à l'une ou l'autre de ces catégories, le verbe auquel elles s'associent a un **sens** et un **emploi** différents :

übertreten, séparable, *passer* ou *se convertir à*
→ Er **tritt** in die neue Partei **über**.
Il rallie le nouveau parti.

übertreten, inséparable, *transgresser*
→ Er **übertritt** das Gesetz.
Il transgresse la loi.

LES VERBES À PARTICULE SÉPARABLE

142 Productivité de la particule verbale

Les particules verbales sont des éléments très **productifs**, tant par leur diversité que par leur capacité à former une multitude de **composés verbaux et nominaux**. Ainsi, à partir d'un seul verbe très courant comme le verbe gehen, les particules permettent de générer plusieurs dizaines de nouveaux verbes.

La plupart des verbes allemands tendent à privilégier ce type d'expansion.

Les particules verbales n'ont pas d'équivalent en français, mais présentent une grande analogie avec les particules ou *phrasal verbs* de l'anglais tout en répondant aux règles allemandes d'**accentuation** et de **place dans la phrase**.

143 Accentuation et place dans la phrase

▶ La particule porte l'**accent de mot** :
'**auf**machen, ouvrir, '**zu**machen, fermer, '**an**kommen, arriver.

Quand il s'agit d'une particule double, l'accent tombe sur la **seconde** syllabe : her'ein, her'aus, her'vor.

▶ La particule **fait corps avec le verbe** quand celui-ci est en **dernière** position :
– comme **verbe conjugué** :
    Er ist müde, weil er immer früh **aufsteht**.
    Il est fatigué parce qu'il se lève toujours de bonne heure.

– comme **participe II** (passé) :
    Hast du den Koffer **zugemacht**?
    As-tu fermé la valise ?

– comme **infinitif complément**, précédé ou non de zu:
    Ich muss immer früh **aufstehen**.
    Je dois toujours me lever tôt.
    Ich bin es gewohnt, früh **aufzustehen**.
    Je suis habitué à me lever tôt.

▶ Elle conserve la **dernière** place aux temps simples et à l'impératif.
    Ich **rufe** dich morgen **an**. *Je t'appellerai demain.*
    Mach' bitte die Tür **auf**! *Tu veux bien ouvrir la porte !*

REMARQUE
À l'**infinitif** comme au **participe II**, les verbes à particule s'écrivent **en un seul mot**.

Les verbes à particule et à préfixe 142 à 145

144 Fonction syntaxique

La particule séparable remplit différentes fonctions syntaxiques. Elle peut en effet s'apparenter à :

- un **groupe prépositionnel réduit** (ellipse) :
    Er hat seinen Hut **auf**gesetzt.
    Il a mis son chapeau (auf = auf den Kopf).

- un **adjectif-adverbe** en fonction d'**attribut** :
    – attribut du **sujet** :
    Herr Wilms ist gerade **weg**. Monsieur Wilms vient juste de partir.

    – attribut de **l'objet** :
    Gib mir bitte den Schlüssel **zurück**! Rends-moi la clé, s'il te plaît !

- une **postposition** qui **impose le cas** du complément qui la précède (ici, le **datif**) :
    Sie steht **ihrer Familie** sehr **nahe**. Elle est très proche de sa famille.
    Er schaute **uns** lange **nach**. Il nous suivit longtemps des yeux.

- un **membre de phrase autonome** qui peut s'employer seul, de façon elliptique, pour exprimer un ordre (→ 105) :
    Herein! Entrez ! **Weiter!** Continuons ! **Los!** Allons-y !

145 Fonction sémantique

Les particules séparables **précisent** ou **modifient le sens** du verbe simple au point de lui imposer leur propre sens (stehen, être debout ; **auf**stehen, se lever). Selon la modification qu'elles entraînent, elles se répartissent en deux grandes catégories : les **particules de mouvement** et les **préverbes d'aspect**.

▶ **Particules de mouvement**

Elles s'inscrivent dans le prolongement du verbe de base pour préciser le **sens**, l'**orientation** du mouvement. Citons, entre autres :

- Les **particules her et hin** : her traduit un mouvement vers la personne qui parle, hin le mouvement inverse, de la personne qui parle vers un point éloigné.
    Kannst du mal **her**kommen? Tu peux venir ?
    Morgen ist ein Fußballspiel. Gehst du **hin**?
    Demain, il y a un match de foot. Tu y vas ?

REMARQUE

Hin et her s'emploient souvent sous forme de doublet : **hin** und **her** gehen, faire les cent pas ; de même hin et zurück : **hin** und **zurück** fahren, faire l'aller-retour.

- **Leurs composés** : hinauf, (he)rauf, hinunter, (he)runter (orientation verticale), hinein, (he)rein, (he)raus (entrée et sortie d'un espace clos), etc.
  Kommst du bitte kurz **herunter**?
  Peux-tu descendre un instant ? (La personne qui parle est en bas.)
  – Nein, komm du lieber **herauf**! Non, monte plutôt me rejoindre !
  (Son interlocuteur est en haut.)
  Kommen Sie doch schnell **herein**! Rentrez donc vite à l'intérieur !
  (La personne qui parle est à l'intérieur de la pièce.)
  Liebe Besucher, wir gehen jetzt in den Festsaal **hinein**!
  Chers visiteurs, nous entrons maintenant dans la salle des fêtes.
  (Le guide est encore à l'extérieur de la pièce.)

- La **particule prépositionnelle** mit, avec, associée :
  – à des verbes **intransitifs** : **mit**gehen, **mit**kommen, accompagner ;
  – ou **transitifs** : etw. **mit**bringen, apporter qqch. ; etw. **mit**erleben, partager une expérience ; jm etw. **mit**teilen, communiquer qqch. à qqn.

- Les **particules prépositionnelles** ab, an, auf, aus, ein, bei, nach, vor, zu qui, à la différence de mit, présentent plusieurs significations possibles. Les regrouper deux à deux permet de les retenir plus facilement (tableau → 219).

Préverbes d'aspect

Les oppositions d'**aspect** recouvrent en partie les oppositions spatiales.
Quand la base verbale traduit un processus inscrit dans la **durée**, le préverbe peut, soit en souligner l'**intensité** (**an**dauern, persister), soit lui conférer un sens **perfectif** en limitant l'action dans sa durée ou en isolant l'une des phases de l'action.

– Ein marque l'**entrée dans un état** ou le **début** d'un processus ; aus, la **sortie d'un état** ou la **fin** d'un processus : **ein**schlafen, s'endormir/**aus**schlafen, dormir tout son soûl ; **ein**schalten, allumer (un appareil)/**aus**schalten, éteindre ;
– an représente l'**atteinte d'une limite** (**an**kommen, arriver), le **contact** et le **début** d'un processus (**an**fangen, commencer) ; ab traduit l'**éloignement d'une limite** (**ab**fahren, partir), un **état disjoint**, détaché de son origine (etw. **ab**trennen, détacher d'un ensemble) et un **processus mené à son terme** (**ab**laufen, s'écouler).

REMARQUE

S'apparentent également à des particules séparables :
– des **adjectifs-adverbes** comme : fern (**fern**sehen, regarder la télé), fertig (**fertig** sein, avoir terminé), fest (**fest**stellen, constater), frei (**frei**halten, ne pas stationner, **frei**lassen, libérer) ;
– des **unités d'origine nominale** rattachées à des verbes : statt (**statt**finden, avoir lieu), teil (**teil**nehmen, participer à), imstande (**imstande** sein, être en mesure de), zugrunde (**zugrunde** gehen, périr, s'effondrer), zurecht (sich **zurecht**finden, se retrouver).

Les verbes à particule et à préfixe

LES VERBES À PRÉFIXE (INSÉPARABLE)

On compte 9 préfixes verbaux inséparables : be, ge, emp/ent, er, ver, zer, miss et hinter.

146 Notions de base

- Les préfixes sont **inaccentués**. L'accent porte sur le **radical verbal** :
    be'suchen, venir voir qqn ; er'fahren, apprendre (une nouvelle) ;
    ge'hören, appartenir ; ver'stehen, comprendre.

- Ils **ne se détachent jamais** du verbe, quelles que soient les modifications subies par le radical verbal.
    Verstehen Sie?
    Vous comprenez ?
    Haben Sie **verstanden**?
    Vous avez compris ?

- Ils **ne prennent pas** le préfixe ge au participe II (→ 111).
    Ich habe seinen Sieg im Radio **erfahren**.
    J'ai appris sa victoire à la radio.

- Ils sont éventuellement précédés de zu quand la construction l'exige.
    Das **zu erfahren**, hat mich sehr gefreut.
    J'ai été très heureux d'apprendre cela.

147 Rôle des préfixes verbaux

Les préfixes verbaux ont pour propriété essentielle de **former de nouveaux verbes** (verbes dérivés).

- Le plus souvent à partir de **verbes simples** :
    – gehen, aller à pied → begehen, commettre ; entgehen, échapper (à) ;
    – fahren, aller (véhicule) → erfahren, apprendre (nouvelle) ; sich verfahren, s'égarer.

- À partir de **noms** ou d'**adjectifs** :
    – das Leben, la vie → beleben, animer ; die Seuche, l'épidémie → verseuchen, contaminer ;
    – reich, riche → bereichern, enrichir ; groß, grand → vergrößern, agrandir.

- Plus rarement à partir d'une **préposition** :
    – gegen, contre → begegnen, rencontrer → entgegnen, répliquer.

148 Fonction syntaxique

Les préfixes peuvent **modifier** l'**emploi** (transitif/intransitif) et le **régime** du verbe simple.

- Le plus souvent en rendant **transitif** un verbe intransitif :
    wohnen (in + D), habiter (à) → bewohnen (+ A), habiter, occuper (tout un appartement).
- Plus rarement en rendant **intransitif** un verbe initialement transitif :
    trinken (+ A), boire → ertrinken (ist), se noyer.
- En exigeant un **complément** autre que celui admis par le verbe simple :
    sprechen (über + A), parler (de) → jm etw. versprechen, promettre qqch. à qqn.

149 Fonction sémantique

- Les préfixes **modifient le sens** du verbe simple :
    – fallen, tomber → jm gefallen, plaire à qqn ;
    – suchen, chercher → versuchen (+ inf.), essayer, tenter (de).
- Certains préfixes **modifient la manière d'envisager** l'action ou le processus (aspect) ou, en cas de formation nouvelle, confèrent cette valeur d'aspect au verbe dérivé :
    – scheinen, paraître (processus non limité) → erscheinen, apparaître (début de l'action, processus limité) ;
    – krank, malade → erkranken, tomber malade (entrée dans l'état désigné par l'adjectif).

LES VERBES À PARTICULE « MIXTE »

Selon leur sens et leur emploi, ces particules sont, soit **accentuées et séparables**, soit **inaccentuées et inséparables**.

150 Formation

La formation des verbes à particule « mixte » ressemble à celle des verbes à particules séparables, mais leur nombre est limité à six.

- Quatre de ces particules sont apparentées à des prépositions spatiales :
    – durch, par, à travers, de bout en bout (durchlaufen, parcourir) ;

- um, autour de (umschiffen, contourner en bateau) ;
- über, au-dessus de (überfliegen, survoler) ;
- unter, au-dessous de (untergehen, se coucher en parlant d'un astre).

• Les deux autres sont :
- un adjectif-adverbe : voll, plein (voll gießen, arroser complètement) ;
- une préposition : wider-, contre (widersprechen, contredire).

REMARQUE

Les particules composées hin'durch, hin'über, hin'unter, her'um, her'unter sont, elles, **toujours séparables.**

151 Fonction syntaxique

▶ Quand elles sont **séparables**, les particules « mixtes » remplissent les mêmes fonctions syntaxiques que les autres particules (→ 144) :
- comme équivalents d'un **groupe prépositionnel réduit** (ellipse).
> Die Sonne scheint **durch** (= **durch** die Wolken).
> Le soleil perce les nuages.

- comme **adjectifs-adverbes** en fonction d'attributs (sens résultatif).
> Das Fleisch ist **durch** (= **durch**gebraten).
> La viande est cuite à point.
> Er hat das Glas **voll** gefüllt. Il a rempli le verre.

- comme **postpositions** :
> Gehen Sie durch die Unterführung **durch**!
> Empruntez le passage souterrain !

- comme **adverbes** ou **membres de phrase autonomes** :
> Augen **zu** und **durch**! On ferme les yeux et on passe !

▶ Quand elles sont **inséparables**, les particules « mixtes » ont vocation à rendre le verbe **transitif**. Le **complément d'objet** à l'accusatif représente le **GPREP du verbe intransitif**.
> Wir haben die Insel **umfahren** (= wir sind **um** die Insel gefahren).
> Nous avons contourné l'île.

152 Fonction sémantique

▶ Les quatre particules apparentées à des prépositions conservent leur valeur **spatiale** primitive, mais cette dernière ne recouvre qu'une partie des emplois possibles. Au-delà de la relation spatiale, le composé présente souvent, en effet, un sens **abstrait ou imagé**.

Voll (*plein*) s'apparente par le sens à l'**adjectif-adverbe** et véhicule en outre une notion d'**accomplissement**.

Wider (*contre*) conserve dans tous les cas sa valeur d'**opposition**.

▶ Comment distinguer le composé séparable du verbe dérivé ?

L'**accentuation** est le seul trait distinctif. Mais on observe aussi que le composé **séparable** reste largement ancré dans le domaine **spatial**, tandis que le verbe dérivé tend à privilégier une valeur plus **abstraite**.

On distinguera donc :

– **über**setzen (séparable) :

Wir sind mit der Fähre **über**gesetzt.

Nous avons rejoint l'autre rive avec le bac.

– über'setzen (inséparable) :

In diesem Buch werden alle Beispiele ins Französische **übersetzt**.

Tous les exemples de ce livre sont traduits en français.

REMARQUE

Ces deux verbes figurent dans le dictionnaire sous deux entrées différentes.

La place du verbe dans la phrase

Le verbe conjugué occupe une position différente selon le type de phrase.

153 Le verbe dans la proposition autonome

▶ Le verbe conjugué occupe la **deuxième place** dans la phrase déclarative et dans la phrase interrogative partielle.

- **Phrase déclarative avec le sujet en tête.**

    Patrick **fährt** morgen nach Berlin.
    <small>verbe conjugué</small>
    Patrick part demain pour Berlin.

    Patrick **will** morgen nach Berlin **fahren**.
    <small>verbe conjugué   infinitif</small>
    Patrick veut partir demain pour Berlin.

Le verbe conjugué (en deuxième position), son complément nach Berlin et l'infinitif (en dernière position) véhiculent l'information principale. Cet ordre des mots **n'est pas modifiable**.

- **Phrase déclarative avec un complément ou un adverbe en tête.**

    Nächste Woche fährt Max auch nach Berlin.
    La semaine prochaine, Max va aussi à Berlin.

Contrairement à l'usage français, les compléments (nächste Woche) et les adverbes **ne sont pas séparés** par une virgule. Leur place n'a aucune incidence sur celle du verbe conjugué.

- **Phrase interrogative partielle.**

    Seit wann **lernst** du Deutsch? Depuis quand apprends-tu l'allemand ?

▶ Le verbe conjugué occupe la **première place** dans les types de phrases suivants :

- l'**interrogative globale** :

    Gehst du ins Internet Café? Vas-tu au cybercafé ?

- l'**exclamative** :

    Ist das aber toll! Que c'est génial !

- l'**injonctive** (impératif) :

    Sei vorsichtig! Sois prudent !

154 Le verbe dans la proposition subordonnée

▶ Le verbe conjugué occupe la **dernière place** dans la plupart des subordonnées.
- **Subordonnée conjonctive.**
    Die Schüler hoffen, **dass** sie nach Berlin fahren.
    Les élèves espèrent qu'ils iront à Berlin.

    Le **noyau informatif** de la phrase (nach Berlin fahren) se distingue des éléments déjà connus (ici, le sujet). Le verbe conjugué occupe la **dernière place** et est toujours précédé de ses compléments.

- **Subordonnée interrogative indirecte.**
    Sie fragen sich, **ob** sie auch alle nach Berlin **fahren können**.
    Ils se demandent s'ils pourront tous aller à Berlin.

- **Subordonnée relative.**
    Die Reise, **die** wir letztes Jahr **gemacht haben**, war toll.
    Le voyage que nous avons fait l'an dernier était génial.

- **Subordonnée infinitive.**
    Die Klasse freut sich, nach Berlin **fahren zu können**.
    La classe se réjouit de pouvoir aller à Berlin.

▶ Le verbe conjugué occupe la **deuxième place** dans des subordonnées dont le subordonnant est omis.
- **Subordonnée complétive sans** dass (construction directe).
    Ich habe gehört, Sie **fahren** morgen.
    J'ai entendu dire que vous partiez demain.
    Au lieu de : **dass** Sie morgen **fahren**.

- **Subordonnée de comparaison sans** ob.
    Maria sieht aus, **als wäre** sie größer **geworden**.
    Maria semble avoir grandi.
    Au lieu de : Maria sieht aus, **als ob** sie größer **geworden wäre**.

REMARQUE
Quand le « double infinitif » est à la fin de la proposition, l'auxiliaire haben **précède** ses compléments.
Er sagt, dass er nicht **hat kommen können**. Il dit qu'il n'a pas pu venir.

Dans la langue courante, il sera plus naturel de dire :
Er sagt, er **hat** (ou **hätte**) nicht **kommen können**.

Guide des verbes à particule et à préfixe

LES VERBES

Le verbe *bringen*	**155-157**	Le verbe *legen*	**173-175**
Le verbe *fahren*	**158-160**	Le verbe *liegen*	**176-178**
Le verbe *führen*	**161-163**	Le verbe *nehmen*	**179-181**
Le verbe *geben*	**164-166**	Le verbe *stehen*	**182-184**
Le verbe *gehen*	**167-169**	Le verbe *stellen*	**185-187**
Le verbe *kommen*	**170-172**	Le verbe *ziehen*	**188-190**

LES PARTICULES ET LES PRÉFIXES VERBAUX

Les particules séparables	**191-219**	Les particules « mixtes »	**228-242**
Les préfixes (inséparables)	**220-227**		

Bescherelle
ALLEMAND

Les numéros renvoient aux paragraphes.

Les verbes

LE VERBE BRINGEN

Bringen, brachte, gebracht + A, apporter.

155 Le verbe de base

Le verbe bringen est toujours suivi d'un complément d'objet à l'**accusatif**. Il admet en outre un complément au **datif** (personne) et un GPREP introduit par **zu** ou **in** directionnel. Le sujet est un **animé** (sens concret) ou un **inanimé** (sens abstrait) :
- jm (D) etw. **bringen**, apporter qqch. à qqn ;
- jn (A) **bringen** (zu) = begleiten, conduire, accompagner qqn (à).
    Er hat mich zum Bahnhof/nach Hause **gebracht**.
    Il m'a conduit(e) à la gare/ramené(e) chez moi.
- Geld, Verluste **bringen**, rapporter de l'argent, occasionner des pertes ;
- etw. mit sich **bringen**: entraîner, avoir pour conséquence.

11 locutions verbales et expressions imagées
Das bringt nichts, cela ne sert à rien. Glück bringen, porter bonheur. Hilfe bringen, porter secours. Etw. auf Trab bringen, activer qqch. Jn in Gefahr bringen, faire courir un danger à qqn. Etw. in Verbindung bringen (mit), relier qqch (à). Etw. übers Herz/über sich bringen, se résoudre à faire qqch. Jn um etw. bringen, faire perdre qqch. à qqn. Jn zum Lachen bringen, faire rire qqn. Ein Kind zur Welt bringen, mettre un enfant au monde. Es (im Leben/im Beruf) zu etw. bringen, réussir (sa vie/sa carrière professionnelle).

156 11 composés à particule

Ils exigent tous un complément d'objet à l'**accusatif**. La particule est le plus souvent l'équivalent d'un **GPREP réduit** :
- jn von etw. **ab**bringen, détourner, dissuader qqn de qqch.
    Er ist nicht davon **abzubringen**.
    Il ne veut pas en démordre.
- etw. **an**bringen, fixer un objet, insérer un objet dans un ensemble ou à un endroit convenu ; (eine Ware), réussir à vendre, à écouler (un produit) ; Klage **an**bringen, porter plainte ;

- jn **auf**bringen, mettre en colère, faire sortir de ses gonds ; jn gegen jn **auf**bringen, monter qqn contre qqn ; Geld **auf**bringen (für), réunir des fonds (pour) ; die Kraft/den Mut **auf**bringen, etw. zu tun, trouver l'énergie/le courage de faire qqch. ;
- jm etw. **bei**bringen, enseigner, inculquer qqch. à qqn ;
- **durch**bringen (jn), faire passer (qqn) (illégalement) ou sauver (malade) ; seine Familie **durch**bringen, nourrir sa famille ; sich **durch**bringen, se tirer d'affaire ;
- **ein**bringen + A, rapporter, valoir (succès/louanges) ;
- **hervor**bringen, produire ;
- jm etw. **mit**bringen, apporter qqch. à qqn, emmener ;
- jn/etw. **unter**bringen, loger qqn, caser qqch. ; (bei einer Firma), placer (en entreprise) ;
- **zurück**bringen, rapporter, ramener (à son point de départ) ;
- **zusammen**bringen, amasser, rassembler, mettre en relation, formuler.

157　4 verbes à préfixe

Les dérivés à préfixe ont tous un complément d'objet à l'**accusatif** :
- durchbringen (durchbrachte, durchbracht), passer (temps) ;
- erbringen, apporter ; einen Beweis erbringen, fournir une preuve ; eine Leistung erbringen, réaliser une performance ;
- überbringen, jm etw. überbringen, remettre qqch. à qqn ;
- verbringen (Zeit, Urlaub), passer (le temps, les vacances).

> Wir haben unseren Urlaub in Rumänien **verbracht**.
> Nous avons passé nos vacances en Roumanie.

LE VERBE FAHREN

> **Fahren**, fuhr, gefahren, er fährt (ist)/(hat), aller en véhicule, conduire.

158 Le verbe de base

Le verbe fahren peut être **intransitif ou transitif**. Dans les deux cas, le sujet est un **être animé** :

– intransitif, fahren exprime l'action de se déplacer en véhicule (*cf.* die Fahrt, le voyage) et s'oppose à gehen, aller à pied. Le parfait se forme à l'aide de l'auxiliaire sein.

    Wir **sind** mit dem Bus nach München **gefahren**. *(Dativ)*
    Nous sommes allés en bus à Munich.

– transitif, fahren exprime l'action de conduire un véhicule ou de véhiculer qqn et se conjugue avec haben.

    Er **fuhr** einen nagelneuen BMW.
    Il conduisait une BMW flambant neuve.
    Er **hat** mich rechtzeitig zum Bahnhof **gefahren**.
    Il m'a conduit à l'heure à la gare.

– en fonction du contexte, fahren peut recouvrir diverses nuances : voyager, rouler ou même rentrer dans un obstacle.

    Wir **sind** die ganze Nacht **gefahren**.
    Nous avons roulé (ou voyagé) toute la nuit.
    Er **fuhr** viel zu schnell. Er **ist** gegen einen Baum **gefahren**.
    Il roulait beaucoup trop vite. Il est rentré dans un arbre.

– sens dérivé : über etw. (A) fahren, passer la main sur qqch.

REMARQUE
Schwarz fahren, resquiller ; sicher fahren, rouler en sécurité ; umweltfreundlich fahren, rouler sans polluer ; Begleitetes Fahren (inf. substantivé), la conduite accompagnée.

159 15 composés à particule

La **particule** investit le verbe de base en lui conférant sa valeur **spatiale**. Ce trait est commun à tous les composés auxquels s'étend, par ailleurs, le double emploi intransitif et transitif de fahren. Le **sujet** est un être animé ou un véhicule mobile :

– **ab**fahren: 1. (ist **ab**gefahren) partir (die Abfahrt, le départ) ; auf + A **ab**fahren (fam.), craquer pour qqn/qqch. ; 2. +A, jn **ab**fahren, emmener qqn ; eine Strecke

abfahren, parcourir une distance ; Reifen/Ski **ab**fahren, user les pneus/skis ;
- **an**fahren: 1. (ist) démarrer (train, auto) ; 2. + A, livrer qqch. ; se diriger vers (destination) ; jn **an**fahren, renverser qqn (en voiture) ; *(fig.)* rabrouer qqn ;
- **auf**fahren (ist) (= **hinauf**), s'élever, monter ; dicht **auf**fahren, s'approcher de très près (véhicule) ; auf jn/etw. **auf**fahren, heurter par derrière ; *(fig.)* s'emporter ; sursauter ; aus dem Schlaf **auf**fahren, être réveillé en sursaut ;
- **aus**fahren: 1. (ist) sortir (en voiture) ; se promener ; 2. + A, jn **aus**fahren, promener qqn (en voiture) ; eine Ware **aus**fahren, livrer une marchandise ;
- **durch**fahren (ist), passer sans s'arrêter ; (durch etw.) traverser (ville, région) ;
- **ein**fahren (ist): 1. (Auto) entrer (auto), (Zug) entrer en gare (train) ; 2. + A, die Ernte/eine Antenne **ein**fahren, rentrer la moisson/une antenne ; enfoncer (tôle) ; rôder (véhicule) ;
- **fort**fahren: 1. (ist) partir ; (mit etw.) continuer qqch. ; 2. + A, emmener ;
- **mit**fahren (ist), faire le trajet avec qqn ;
- **über**fahren: 1. (ist) passer de l'autre côté ; 2. + A, conduire, transporter de l'autre côté ;
- **um**fahren + A (jn), renverser qqn ;
- **vor**fahren: 1. (ist) (vor + D) avancer, s'arrêter (devant) ; 2. + A, faire avancer ;
- **weg**fahren: 1. (ist) partir (en véhicule) ; 2. + A, emmener ;
- **zu**fahren (ist) (auf jn/etw.) se diriger (vers qqn/qqch.) ;
- **zurück**fahren: 1. (ist) revenir ; (vor + D) reculer ; 2. + A, ramener ;
- **zusammen**fahren (ist) (Autos, Züge), entrer en collision (autos, trains) ; (Person) sursauter (personne).

160 5 verbes à préfixe

Les verbes à préfixe (sauf verfahren) admettent un complément à **l'accusatif**.
Erfahren et verfahren présentent un sens éloigné de celui du verbe de base :
- befahren: eine Straße befahren, emprunter une route ; einen Fluss befahren, descendre une rivière ;
- erfahren: eine Nachricht, apprendre une nouvelle (à la radio ou par ouï-dire) ; etw. von jm/durch etw. erfahren, apprendre qqch. par l'entremise de qqn ou qqch. ; éprouver (die Erfahrung, l'expérience) ;
- überfahren (jn), écraser qqn ;
- umfahren + A, contourner (en voiture ou en bateau) ; entourer ;
- verfahren: 1. (ist) procéder, agir ; mit jm streng verfahren, agir sévèrement envers qqn ; 2. sich verfahren, se tromper de route.
>Die Sache ist verfahren.
>L'affaire est dans l'impasse.

LE VERBE FÜHREN

> Führen + A, mener, conduire.

161 Le verbe de base

Le verbe führen (factitif de fahren) peut s'employer absolument (sans complément d'objet) ou avec un complément d'objet à l'**accusatif**. Il exprime alors l'action de conduire qqn et, par extension, l'action de mener, diriger. Le sujet est un animé ou un inanimé :
– führen, employé absolument, signifie mener, être en tête au score.
> Unsere Mannschaft **führt** mit zwei zu Null.
> Notre équipe mène par deux buts à zéro.

+ GPREP : Diese Straße **führt** nach Rhöndorf/zum Rhein. Cette route mène à Rhöndorf/descend vers le Rhin.

– jn **führen**, guider qqn : Touristen durch die Stadt **führen**, faire visiter la ville à des touristes (der Fremdenführer, le guide) ;
– jn/etw. (A) **führen**, mener, diriger : ein Geschäft, eine Firma **führen**, diriger un commerce, une entreprise ; eine Ware **führen**, vendre un produit ;
– mit sich **führen**, avoir sur soi (argent, papiers) ; charrier (fleuve), transporter ;
– sich **führen**, se conduire (cf. sich verhalten).
> Er hat sich immer gut **geführt**. Il s'est toujours bien conduit.

10 locutions verbales et expressions imagées

Den Beweis führen, fournir la preuve. Buch führen, tenir les comptes. Ein Gespräch führen, avoir une conversation. Krieg führen, faire la guerre. Verhandlungen führen, mener des négociations. Etw. zu Ende führen, achever qqch. Jn hinters Licht führen, tromper, « rouler » qqn. Es würde zu weit führen, cela nous entraînerait trop loin. Er führt ein ruhiges Leben, il mène une vie sans histoires. Viele Wege führen nach Rom, tous les chemins mènent à Rome.

162 12 composés à particule

Ils admettent tous un complément d'objet à l'**accusatif**. La particule impose soit son sens **spatial** ou **aspectuel**, soit celui de l'**adjectif-adverbe**.

Sens spatial ou aspectuel :
– **ab**führen (jn), emmener (qqn) (un détenu), évacuer, congédier qqn ;
– **an**führen, mener, diriger ; ein Beispiel **an**führen, citer un exemple ; etw. als

Beweis **an**führen, fournir comme preuve ; *(fig.)* jn **an**führen, mener qqn en bateau, *(fam.)* rouler ;
- **auf**führen (Theaterstück), jouer (une pièce), donner une représentation ; (Bauwerk) construire, édifier (immeuble) ; *(fig.)* sich **auf**führen, se conduire (de telle ou telle manière) ;
- **aus**führen, sortir ; einen Plan **aus**führen, exécuter un plan, accomplir ; eine Skizze **aus**führen, réaliser une ébauche ; *(com.)* Waren **aus**führen, exporter ;
- **durch**führen, accomplir, mettre en œuvre.
   Wir **führen** gerade zwei große Projekte **durch**.
   Nous sommes en train de réaliser deux grands projets.
- **ein**führen *(com.)*, importer (≠ **aus**führen), introduire, instaurer ; neue Technologien **ein**führen, introduire de nouvelles technologies ; (Mode) lancer ;
- **herbei**führen, amener ; *(fig.)* provoquer, occasionner ;
- **herum**führen, emmener autour ou faire visiter ; *(fig., fam.)* jn an der Nase **herum**führen, berner qqn ;
- **vor**führen, présenter ; die neuesten Modelle **vor**führen, présenter les derniers modèles ; den Angeklagten **vor**führen, faire entrer l'accusé ; (Zeugen) citer (des témoins).

▶ **Adjectif-adverbe** :
- **fort**führen, emmener, transporter ; eine Arbeit, ein Gespräch **fort**führen, poursuivre une tâche/une conversation ; reprendre (un commerce) ;
- **heim**führen, ramener chez soi, épouser ;
- **zurück**führen, ramener ; *(fig.)* etw. auf (+ A) **zurück**führen, imputer à.

163 3 verbes à préfixe

Les dérivés à préfixe exigent tous un complément d'objet à l'**accusatif** :

- **entführen** (Person), enlever, kidnapper (une personne) ; (Flugzeug) détourner (un avion) ;
- **überführen**, transporter ; (in die Heimat), rapatrier ; *(jur.)* confondre (un suspect).
   Er wurde durch Zeugenaussagen **überführt**.
   Il a été confondu par des témoignages.
- **verführen** (jn), séduire (Die Verführung aus dem Serail, L'Enlèvement au sérail) ; jn zu etw. **verführen**, entraîner, inciter à.

LE VERBE GEBEN

Geben, gab, gegeben, er gibt + A, donner.

164 Le verbe de base

▸ Geben exprime l'action de « donner » et exige un complément d'objet à l'**accusatif**, souvent complété par un complément au **datif**. Le **sujet** est un être **animé** :
- etw. **geben**, donner (un concert, une fête, une soirée) à titre officiel.
    Die Stadt **gibt** heute Abend ein Konzert.
    La ville organise un concert ce soir.
- jm etw. **geben**, donner qqch. à qqn ; viel/wenig auf etw. (A) **geben**, accorder beaucoup/peu d'importance à qqch. ;
- **es gibt** (+ A), il y a, se dit de personnes ou de choses dont on affirme qu'elles existent.
    Es gibt immer mehr Studenten. Il y a de plus en plus d'étudiants.
- sich **geben**, se montrer (sous un certain jour).

▸ **10 locutions verbales et expressions imagées**
Was **gibt's** (Neues)? Qu'y a-t-il de nouveau ? Das **gibt es** doch nicht! *(fig., fam.)*, allons donc ! Das **gibt** doch nie etw., cela ne donnera rien. Gas geben, accélérer. Eine Antwort geben, donner une réponse. Auskunft geben, donner un renseignement. Einen Rat geben, donner un conseil. Jm Recht geben, donner raison à qqn. Unterricht geben, enseigner. Etw. **gibt** mir zu denken, qqch. me donne à réfléchir.

165 18 composés à particule

Ils sont tous suivis d'un complément d'objet à l'**accusatif** et expriment une action **volontaire** du sujet. On peut distinguer plusieurs cas.

▸ La particule impose le sens et s'apparente à un **GPREP réduit**, mais sa valeur **spatiale** est plus ou moins explicite ; il n'est pas rare que le composé prenne un sens **figuré** :
- **ab**geben, remettre un objet à son destinataire ; vendre à bas prix ; sich mit etw. **ab**geben *(fam.)*, se consacrer à qqch. ; seine Stimme **ab**geben, voter ;
- **an**geben, indiquer ; déclarer ; vi (hat), *(fam.)* frimer (der Angeber, le frimeur) ;
- **auf**geben (Post) envoyer, expédier (courrier) ; publier (annonce) ; jm etw. **auf**geben, donner un travail scolaire ;
- **bei**geben + D + A, joindre (à) ; *(fig.)* klein **bei**geben, filer doux ;

- **durch**geben (eine Nachricht), *transmettre (un message) ; faire circuler* ;
- **ein**geben, eine Medizin **ein**geben, *administrer un médicament* ; Daten **ein**geben, *entrer des données sur ordinateur* ;
- **mit**geben, *donner qqch. à emporter* ;
- **vor**geben, *prétexter*.

▶ Le **verbe de base** impose la notion de « céder » ou « abandonner » :
- **auf**geben (das Rauchen), *arrêter (de fumer)* ; eine Stelle, einen Plan, eine Hoffnung **auf**geben, *quitter un emploi, abandonner un projet, un espoir* ; (Geschäft) *fermer (commerce)* ; vi (hat), *abandonner, renoncer (à)* : **Gib**'s **auf**! *Renonce !* ;
- **aus**geben, Geld **aus**geben, *dépenser de l'argent* ; *distribuer* ; *(fig.)* jn **aus**geben (als), *faire passer qqn (pour)* ; sich **aus**geben (als), *se faire passer (pour)*.
    Er **gab** sich als Arzt **aus**. *Il se faisait passer pour médecin.*
- **heraus**geben (Geld), *rendre (la monnaie)* ; *restituer* ; (Bücher) *éditer, publier (des ouvrages)* ;
- **her**geben, *remettre, se déposséder (volontairement) de qqch.* ;
- **hin**geben, jm etw. **hin**geben, *remettre, abandonner qqch. à qqn* ; *(fig.)* sich jm/einer Sache **hin**geben, *se dévouer, se sacrifier pour qqn/pour une cause* ;
- **nach**geben + D, *céder (à qqn après lui avoir tenu tête), s'incliner.*
    Der Klügere **gibt nach**. *Le plus intelligent finit par céder.*
- **zu**geben, *concéder, admettre* : (part. II) **zu**gegeben, dass, *en admettant que.*

▶ La particule est un **adjectif-adverbe** qui conserve toujours son sens primitif :
- **frei**geben, *libérer* : einen Gefangenen **frei**geben, *relâcher un prisonnier* ;
- **weiter**geben, *transmettre, propager* : Nachrichten **weiter**geben, *diffuser des nouvelles* ; ein Virus **weiter**geben, *propager un virus* ;
- **wieder**geben, *rendre, restituer* ;
- **zufrieden** geben, sich mit etw. (D) **zufrieden** geben, *s'accommoder de qqch.* ;
- **zurück**geben, *rendre, restituer* ; *rétorquer.*

166 5 verbes à préfixe

- Sich begeben (in + A, nach), *(lit.) se rendre en un lieu déterminé* ;
- ergeben, *avoir pour résultat (das Ergebnis, le résultat)* ; *rapporter* ; sich ergeben (aus), *résulter (de)* ; sich ergeben, *se rendre (soldat)* ;
- übergeben (einen Preis), *décerner (un prix)* ; jn dem Gericht übergeben, *déférer qqn au Parquet* ; sich übergeben, *se rendre ; rendre, vomir* ;
- umgeben (mit), *entourer (de)* ; + sich, *s'entourer (de)* ;
- vergeben, *donner*, an jn etw. vergeben, *confier (une tâche, une mission) à qqn* ; jm etw. vergeben *(lit.), pardonner (une faute) à qqn.*

LE VERBE GEHEN

> **Gehen,** ging, gegangen **(ist),** aller à pied.

167 Le verbe de base

▶ Gehen exprime un **déplacement volontaire** et forme son passé avec l'auxiliaire **sein.** Le sujet est un être animé. On distingue plusieurs nuances :
– gehen: aller, marcher à une allure normale, par opposition à laufen, courir ; **durch etw. gehen,** passer par un endroit ;
– gehen: aller à pied, par opposition à fahren, aller en véhicule.
> Wie lange **geht** man bis dorthin?
> Il faut combien de temps pour aller là-bas ?
– gehen: aller quelque part ou chez qqn, fréquenter une institution : **in die Stadt/ins Kino/zum Arzt gehen,** aller en ville/au cinéma/chez le médecin ; **auf die Uni gehen,** aller à la fac ; **mit jm gehen** (fam.), sortir avec qqn.

▶ Gehen s'emploie aussi absolument au sens de :
– partir, s'en aller.
> Jetzt muss ich leider **gehen.** Je regrette de devoir partir.
– marcher (affaires), fonctionner (appareil).

▶ **8 expressions idiomatiques**
Wie **geht es** dir?/Ihnen? Wie **geht's?** Comment vas-tu ?/allez-vous ? Comment ça va ? Mir **geht es** gut/schlecht, je vais bien/mal. **Es geht,** ça peut aller. Das **geht** viel zu weit, cela va beaucoup trop loin. Er **ging** seines Weges, il a passé son chemin. Worum **geht es?** De quoi est-il question ? Darum **geht es** nicht, la question n'est pas là.

168 20 composés à particule

Tous les composés de **gehen** sont intransitifs et se conjuguent avec l'auxiliaire **sein.** La particule investit le verbe de base en conservant son sens **spatial** primitif. Le sens du composé est alors explicite. Deux cas peuvent se présenter.

▶ Le sujet est le plus souvent un **animé.** L'action est subordonnée à sa volonté :
– **ausgehen (ist ausgegangen),** sortir (pour se distraire) ; **von etw. ausgehen,** partir d'un constat, d'une hypothèse ;
– **entgegengehen, jm/etw.** (D) **entgegengehen,** aller au-devant de qqn/qqch. ;
– **fortgehen,** partir, s'en aller ;
– **hinausgehen,** sortir (la personne qui parle est à l'intérieur) ; **über etw.** (A) **hinaus**gehen, aller au-delà de qqch. ;

- **hinein**gehen, entrer ;
- **los**gehen, partir ; auf jn **los**gehen, se précipiter sur qqn ;
- **mit**gehen (mit jm), accompagner (qqn) ;
- **nach**gehen + D, jm **nach**gehen, suivre qqn ; einer Sache **nach**gehen, s'adonner (à) ;
- **über**gehen, zu etw. anderem **über**gehen, passer à autre chose ;
- **um**gehen, mit etw./jm **um**gehen können, savoir s'y prendre ;
- **voran**gehen, avancer, marcher en tête ; jm/etw. (D) **voran**gehen, précéder qqn/qqch. ;
- **vor**gehen, partir/passer devant ; gegen jn **vor**gehen, agir contre qqn ;
- **weg**gehen, partir, s'en aller ;
- **zu**gehen, auf jn/etw. (A) **zu**gehen, se diriger vers qqn/qqch. ;
- **zurück**gehen, rentrer, revenir (à pied) ; reculer ; baisser (température, statistiques) ; auf etw. (A) **zurück**gehen, être dû à qqch. (cause, origine).

▶ Le sujet est le plus souvent un **inanimé**. L'intention contenue dans le verbe de base est mise entre parenthèses et les composés sont à rapprocher de tournures passives :
- **auf**gehen, s'ouvrir (portes, fenêtres, etc.) ; se lever (astre, rideau) ;
- **aus**gehen, jm geht etw. **aus**, qqn manque de qqch. ; se terminer, avoir telle issue ;
- **über**gehen (Wasser), déborder ;
- **unter**gehen, se coucher (astre) ≠ **auf**gehen ; (fig.) sombrer, être englouti ;
- **vor**gehen (Uhr), avancer (montre, horloge), ≠ **nach**gehen, retarder ;
- **zu**gehen, se fermer (porte, fenêtre, etc.).

▶ **7 expressions idiomatiques**
Er **ging** im Zimmer **auf und ab**, il faisait les cent pas dans la pièce. Endlich **ist** ihm ein Licht **aufgegangen** (fam.), il a enfin ouvert les yeux. Ich **gehe** auf Ihren Vorschlag **ein**, j'accepte votre proposition. Er **geht** kein großes Risiko **ein**, il ne court pas un grand risque. Die Sache **ging** gut/schlecht **aus**, l'affaire s'est bien/mal terminée. Das Benzin **geht** bald **aus**, l'essence va bientôt manquer. Jetzt **geht's los**! Ça commence !

8 verbes à préfixes

- Begehen + A (hat begangen), commettre ; einen Fehler begehen, faire une faute ; einen Mord begehen, commettre un meurtre ;
- entgehen (ist) + D, échapper à qqn/qqch. ;
- ergehen (ist) + D : Wie **ist** es dir **ergangen**? Qu'es-tu devenu(e) ? ;
- hintergehen + A, tromper qqn ;

- übergehen + A, jn bei etw. (D) übergehen, oublier qqn lors d'une distinction ;
- umgehen + A, contourner, éviter ;
- vergehen (ist), passer (temps, sentiment).
    Mir **ist** die Lust **vergangen**. L'envie m'est passée.
- zergehen (ist), fondre, se dissoudre.

LE VERBE KOMMEN

Kommen, kam, gekommen (ist), venir.

170 Le verbe de base

Kommen, verbe intransitif de déplacement, désigne l'action de venir, d'arriver par opposition à gehen, aller, partir. Le sujet peut être un **animé** ou un **inanimé**.

▶ Le **sujet** est un être **animé** :
- kommen + complément **directionnel** (in/an + A, nach, zu) : entrer, venir à : in die Schule/ins Krankenhaus **kommen**, entrer à l'école/à l'hôpital ; nach Berlin **kommen**, venir à Berlin ; an etw. (A) **kommen**, accéder à ; zu etw. **kommen**, acquérir (un bien), trouver le temps de faire qqch. ;
- kommen + complément d'**origine** (aus/von): sortir, venir de : aus der Schule/dem Krankenhaus **kommen**, sortir de l'école/de l'hôpital ; aus China **kommen**, venir/être originaire de Chine ; von Wien **kommen**, venir/être en provenance de Vienne.

▶ Le **sujet** est un **inanimé**. La phrase s'apparente à une tournure **passive** :
- kommen: arriver, se produire : in den Handel **kommen**, arriver dans le commerce. Wie **ist** es dazu **gekommen**? Comment cela s'est-il produit ?

- etw. **kommt** + adjectif-adverbe *(fam.)*, survenir de manière inopinée.

▶ **6 tournures idiomatiques et expressions imagées**
Das **kommt** nicht in Frage, il n'en est pas question. Das **kommt** sehr ungelegen, cela tombe très mal. Etw. **kommt** (mir) teuer, qqch. (me) revient cher. Wie **bist** du dazu **gekommen**? Qu'est-ce qui t'a pris ? Wie **kommst** du (denn) darauf/auf diese Idee? D'où te vient (t'est venue) cette idée ? **Kommen** wir jetzt zur Sache! Venons-en maintenant au fait !

171 20 composés à particule

Les composés de kommen sont tous intransitifs et forment leur parfait avec l'auxiliaire sein. Le même verbe peut avoir un sens concret et un sens figuré ou imagé.

▶ Le **sujet** est un être **animé** :
- **ab**kommen (ist **ab**gekommen) (von), s'écarter (de), vom Weg **ab**kommen, s'écarter du chemin ; *(fig.)* vom Thema **ab**kommen, s'écarter du sujet ;
- **an**kommen (ist **an**gekommen) (an/in + D), arriver (dans un lieu) ; gegen jn (nicht) **an**kommen : (ne pas) pouvoir rivaliser avec qqn.
   Es **kommt** darauf **an** *(fig.)*, cela dépend. Es **kommt** auf etw. (A)/auf jn **an**, cela dépend de qqch./de qqn. Es **kam** nur auf ein paar Sekunden **an**. Il s'en était fallu de quelques secondes.
- **aus**kommen, se débrouiller ; mit jm gut/schlecht **aus**kommen, bien/mal s'entendre avec qqn ; mit etw. **aus**kommen, maîtriser (situation, budget).
   Er **kommt** mit seinem Geld nicht **aus**.
   Il n'arrive pas à joindre les deux bouts.
- **davon**kommen, s'en sortir ; mit dem Leben **davon**kommen, avoir la vie sauve ;
- **entgegen**kommen (jm), aller à la rencontre de qqn ; *(fig.)* js Wünschen **entgegen**kommen, répondre aux souhaits de qqn ;
- **heran**kommen, s'approcher ; an jn **heran**kommen, égaler qqn ;
- **herein**kommen (in + A), entrer (dans) ;
- **mit**kommen, accompagner qqn ; *(fig., fam.)* arriver à suivre ;
- **nach**kommen, venir après ou plus tard ; *(fig.)* + D, seinen Verpflichtungen **nach**kommen, remplir ses obligations ;
- **um**kommen (**ums** Leben kommen), périr ;
- **vorbei**kommen, an etw. (D) **vorbei**kommen, passer devant qqch. ;
- **weiter**kommen, avancer ; *(fig.)* progresser ;
- **zurecht**kommen (mit etw.), se débrouiller, maîtriser (une situation) ;
- **zurück**kommen, revenir, rentrer ; nach Hause **zurück**kommen, rentrer chez soi ; *(fig.)* auf etw. (A) **zurück**kommen, revenir sur qqch.

▶ Le **sujet** est un **animé** ou un **inanimé** :
- **auf**kommen, survenir (orage), voir le jour, s'imposer (mode) ; *(fig.)* für etw. **auf**kommen, prendre en charge, répondre de qqch. ;
- **durch**kommen, passer ; durch etw. **durch**kommen, traverser (une localité), desservir (train) ; obtenir la communication (téléphone) ; *(fig.)* se tirer d'affaire ; réussir (un examen) ;

- **heraus**kommen (aus etw.), sortir (d'un lieu) ; das **kommt** auf dasselbe **heraus**, cela revient au même ; (Bücher) paraître (livres) ; (Waren) sortir (produits) ; *(fig.)* es ist **herausgekommen**, dass..., on a appris que... ;
- **hinzu**kommen, zu jm/etw., se joindre à qqn/qqch., venir s'ajouter ;
- **voran**kommen, avancer, progresser ; *(fig.)* progresser (dans son métier) ;
- **vor**kommen, etw. **kommt** (jm) **vor**, arriver (à qqn), se produire (de façon fortuite) ; (es) kann ja mal **vorkommen**, cela peut arriver ; etw. **kommt** (mir) + adj. **vor**, qqch. me semble.

   Diese Stimme **kommt** mir bekannt **vor**.
   Cette voix ne m'est pas inconnue.

4 verbes à préfixe

▶ Bekommen:
- (hat) + A : recevoir ; (von jm) obtenir (de qqn) ; (Ware), obtenir, trouver (produit). Was **bekommen** Sie? Que désirez-vous ? Was **bekommen** Sie dafür? Je vous dois combien ? Hunger/Durst bekommen, avoir faim/soif ; Angst bekommen, prendre peur ; bekommen + participe II : etw. geschenkt bekommen, recevoir qqch. en cadeau ;
- (ist), etw. **bekommt** (mir) gut/schlecht, qqch. me réussit/passe mal.

▶ Entkommen (ist) + D, échapper à.
   Er **ist** der Polizei **entkommen**.
   Il a échappé à la police.

▶ Überkommen + A, envahir, s'emparer de (sentiment).
   Die Angst **überkam** die Passagiere.
   La peur s'est emparée des passagers.

▶ Verkommen (ist), dépérir (personne), *(fig.)* mal tourner ; se délabrer (bâtiment).

LE VERBE LEGEN

Legen + A, poser à plat.

173 Le verbe de base

Legen, factitif de liegen, exprime l'action de « mettre dans la position couchée ». Legen et ses composés désignent toujours un acte **volontaire** et ont pour sujet un **être animé** :
– le choix du verbe est lié à la représentation de l'**objet** : etw. in/auf etw. (A) **legen**, poser qqch. à plat ; ins Bett **legen**, mettre au lit, coucher (enfant) ;
– sens plus général : poser, planter : Leitungen/Gleise **legen**, poser des fils/des rails ; Kartoffeln **legen**, planter des pommes de terre ;
– sich **legen**, se mettre au lit ; *(fig.)* tomber, se calmer (colère, tempête).
   Der Wind hat sich **gelegt**. Le vent est tombé.
– sich **hinlegen**, se coucher un moment.

5 locutions verbales et expressions imagées
Seine Hände in den Schoß legen, se croiser les bras. Geld auf die hohe Kante legen, mettre de l'argent de côté. Den Grundstein legen (für), poser la première pierre. Großen Wert auf etw. (A) legen, attacher beaucoup d'importance à qqch. Hand an sich legen, attenter à ses jours.

174 14 composés à particule

Ils admettent tous un complément d'objet à l'**accusatif**. Deux cas peuvent se présenter.

La particule s'apparente à un **GPREP réduit**. La plupart des composés prennent un sens figuré :
– **ablegen** (ab = von sich), ôter, déposer (vêtement), se débarrasser (de) ; (ab = vom Hafen) lever l'ancre (bateau) ; ein Examen **ablegen**, passer un examen ; Rechenschaft **ablegen** (von), rendre compte (de) ;
– **anlegen**, mettre, appliquer ; placer contre ; accoster, jeter l'ancre ; einen Garten, einen Platz, einen Flughafen **anlegen**, aménager un jardin, une place, construire un aéroport ; Geld **anlegen**, investir ; auf + A **anlegen**, viser qqch. ; es auf etw. (A) **anlegen**, avoir qqch. en vue ;
– **auflegen**, raccrocher (téléphone) ; neu **auflegen** (Buch), réimprimer (livre) ; *(fig.)* gut/schlecht **aufgelegt** sein, être de bonne/mauvaise humeur ;
– **auslegen**, étaler, exposer ; Waren **auslegen**, mettre à l'étalage ; *(fig.)* expliquer, commenter ; etw. (A) falsch **auslegen**, mal interpréter qqch. ;

- **bei**legen + D + A, joindre à ; einen Streit **bei**legen, résoudre un conflit ;
- **ein**legen, einen Film, eine Cassette, eine CD **ein**legen, recharger un appareil, insérer une cassette, un CD ; *(techn.)* in Holz **ein**legen, incruster, marqueter ; eine Pause **ein**legen, faire une pause ;
- **(he)rein**legen, jn **(he)rein**legen, berner, *(fam.)* rouler qqn ;
- **um**legen, mettre autour du cou ou sur les épaules ; déplacer ; jn **um**legen, abattre qqn de sang-froid ;
- **vor**legen (etw.), servir (un plat) ; jm etw. **vor**legen, montrer, présenter qqch. à qqn ; soumettre (un projet) ; einen Gesetzentwurf **vor**legen, présenter un projet de loi ;
- **zu**legen, Tempo **zu**legen, augmenter sa vitesse ; mit etw. **zu**legen, couvrir avec ; (= hinzu) Geld **zu**legen, mettre de l'argent en plus ; sich etw. **zu**legen, se payer, s'offrir qqch.

▶ La particule est un **adjectif-adverbe** qui conserve son sens propre :
- **fest**legen, fixer : einen Termin **fest**legen, fixer un rendez-vous ; sich **fest**legen, se déterminer, arrêter qqch. ;
- **nahe**legen, jm etw. **nahe**legen, suggérer qqch. à qqn ;
- **zurück**legen (Strecke), couvrir, parcourir (distance) ;
- **zusammen**legen, rassembler ; plier (nappe) ; Firmen **zusammen**legen, fusionner des entreprises.

175 7 verbes à préfixe

Les dérivés à préfixe admettent tous un complément d'objet à l'**accusatif** :

- belegen (mit), mettre, étaler sur : Brot mit Käse belegen, faire un sandwich au fromage ; ein belegtes Brot, un sandwich ; etw. belegen, prouver qqch. (par des documents) ; occuper, réserver.
    > Tut mir Leid, unsere Zimmer sind alle **belegt**.
    > Désolé(e), toutes nos chambres sont occupées.
- hinterlegen, déposer, mettre en sûreté ;
- überlegen, réfléchir.
    > Ich muss es mir **überlegen**. Il faut que j'y réfléchisse.
- unterlegen (mit), munir d'un support (die Unterlage, le document) ;
- verlegen, reporter : einen Termin verlegen, reporter un rendez-vous ; (Bücher) éditer, publier (livres) ; déplacer.
    > Die Firma hat ihren Sitz **verlegt**. L'entreprise a déménagé.
- widerlegen, réfuter : eine Behauptung widerlegen, réfuter une affirmation ;
- zerlegen, démonter entièrement.

LE VERBE LIEGEN

> **Liegen**, lag, gelegen (hat)[1], être couché.

176 Le verbe de base

Liegen est un verbe de position intransitif qui signifie « être dans la position horizontale » par opposition à **stehen**, être debout, et à **sitzen**, être assis. Le sujet peut être un **animé** ou un **inanimé** :

– sens premier, concret : *être couché* (la position horizontale est rapportée au corps), im Bett **liegen**, être au lit ; in der Sonne **liegen**, s'exposer au soleil (der Liegestuhl, la chaise-longue) ;
– sens plus général : *être à l'arrêt quelque part* (la position horizontale est étendue à la représentation de l'objet).
> Der Tanker hatte in Hamburg **gelegen**.
> Le pétrolier avait mouillé à Hambourg (vor Anker liegen, mouiller dans un port).

– localisation géographique ou palmarès sportif : *être situé* (die Lage, la situation).
> Das Hotel **liegt** direkt am Meer.
> L'hôtel donne directement sur la mer ;
> an der Spitze **liegen**, être en tête.

– gut liegen (Auto), avoir une bonne tenue de route (voiture) ;
– etw. **liegt** jm (= gefallen), qqch. convient à qqn.

8 locutions verbales et expressions imagées

Liegen bleiben, rester couché ; tomber en panne (véhicule) ; rester, ne pas trouver preneur (produit) ; rester en attente (travail) ; être oublié (objet).
> Meine Tasche **ist** im Auto **liegen geblieben**.
> Mon sac est resté dans la voiture.

Es **liegt** auf der Hand, c'est limpide. Sein Name **liegt** mir auf der Zunge, j'ai son nom sur le bout de la langue. Mir **liegt** viel an etw. (D), mir **ist** an etw. (D) viel **gelegen**, qqch. me tient à cœur. Es **liegt** an dir, cela dépend de toi. Das **liegt** daran, dass..., cela tient au fait que... Etw. **liegt** in der Luft, qqch. est dans l'air. Sie **liegen** sich in den Haaren, ils se crêpent le chignon.

---

1 L'auxiliaire *sein* se rencontre en Allemagne du Sud, en Suisse et en Autriche.

177 10 composés à particule

Tous les composés sont des verbes **intransitifs d'état** (auxiliaire haben). La valeur **spatiale** de la particule reste omniprésente. Le sujet est le plus souvent un **inanimé** :
- **abliegen (von)**, être distant, à l'écart (de) ;
- **anliegen (an), eng anliegen**, être serré, moulant (vêtement) ;
- **aufliegen (auf)**, être, reposer (sur) ; reposer sur un présentoir (revues) ;
- **ausliegen**, être exposé(e) ;
- **beiliegen** + D, être joint à ; **beiliegend** (part. I), ci-joint.
    Der E-Mail **liegt** ein Attachment **bei**. Une pièce est jointe au courriel.
- **gegenüberliegen**, être situé(e) en face ;
- **herumliegen**, traîner (objets) ; **(um etw.)**, se trouver (autour de qqch.) ;
- **naheliegen**, être proche ; *(fig.)* tomber sous le sens : aus **naheliegenden Gründen**, pour des raisons évidentes ; es **liegt nahe**, dass... : tout porte à croire que... ;
- **vorliegen**, exister, être avéré (fait) ; etw. **liegt vor**, nous sommes en présence de qqch. ; jm **liegt** etw. **vor**, qqch. est entre les mains de qqn ;
- **zurückliegen**, remonter à.
    Unsere Deutschland-Reise **liegt** schon ein Jahr **zurück**.
    Notre voyage en Allemagne remonte déjà à un an.

178 2 verbes à préfixe

- Erliegen **(ist erlegen)** + D, succomber à ; *(fig.)* zum **Erliegen** kommen **(Verkehr)**, être paralysé (trafic) ;
- unterliegen: 1. **(hat unterlegen)** + D, *(fig.)* être soumis.
    Es **unterliegt** keinem Zweifel. Cela ne fait aucun doute.
    2. **(ist unterlegen)**, avoir le dessous.

LE VERBE NEHMEN

> **Nehmen**, nahm, genommen, er nimmt + A, prendre.

179 Le verbe de base

Le verbe nehmen, prendre, s'oppose à geben, donner. Le **sujet** est un **être animé**.
Nehmen et ses composés exigent un complément d'objet à l'**accusatif**.
On peut distinguer plusieurs nuances particulières :
– nehmen + A, prendre, acheter ;
– sich (D) etw./jn **nehmen**, prendre, avoir recours à qqch./qqn ;
– jm etw. **nehmen**, prendre, dérober qqch. à qqn ; (**weg**nehmen), s'emparer de : als Geisel(n) **nehmen**, prendre en otage(s) ;
– auf sich (A) **nehmen**, prendre sur soi, assumer (**über**nehmen);
– etw. zu sich **nehmen**, prendre, absorber (**ein**nehmen) : Schmerzmittel **nehmen**, prendre des calmants.

9 locutions verbales et expressions imagées

Etw. in Angriff nehmen, s'attaquer, s'atteler à (une tâche). Von jm Abschied nehmen, prendre congé de qqn. Von etw. Abstand nehmen, s'abstenir de qqch. Jn/etw. ernst ou wichtig nehmen, prendre qqn/qqch. au sérieux. Etw. zur Kenntnis nehmen, prendre connaissance de qqch. Jn/etw. ins Visier nehmen (fig., fam.), avoir qqch./qqn dans le collimateur. Auf jn/etw. (A) Rücksicht nehmen, avoir des égards pour qqn/prendre qqch. en considération. Sich in Acht nehmen, faire attention. Jn zu sich nehmen, prendre qqn en charge.

180 20 composés à particule

Ils sont suivis d'un complément d'objet à l'**accusatif** quand ils expriment une action **concrète** et **volontaire** du sujet. Employés de façon intransitive ou réfléchie, ils tendent à prendre un sens plus **abstrait**. On peut distinguer plusieurs cas.

La particule impose le sens et s'apparente à un **GPREP réduit** :
– **ab**nehmen, enlever, ôter ; (Telefon) décrocher (téléphone) ; jm etw. **ab**nehmen, retirer qqch. à qqn, (Arbeit) décharger qqn (d'une tâche) ; (Blut) prélever (sang) ;
– **an**nehmen, accepter : ein Kind **an**nehmen, adopter un enfant ; einen Vorschlag, eine Stellung **an**nehmen, accepter une proposition, un emploi ; vi (fig.) supposer ;

- **auf**nehmen, ramasser qqch. ; accueillir qqn (chez soi ou dans une institution) ; jn bei sich **auf**nehmen, héberger qqn chez soi ; (Ton) enregistrer : auf Cassette/CD **auf**nehmen, enregistrer sur cassette/CD ; (Foto) photographier ; Protokoll **auf**nehmen, dresser procès-verbal ; es mit jm/etw. **auf**nehmen, soutenir la comparaison avec qqn/qqch. ;
- **ein**nehmen, eine Medizin **ein**nehmen, prendre un médicament ; viel Platz **ein**nehmen, prendre de la place ; (mil. ou fig.), prendre, investir ; jn für sich **ein**nehmen, gagner la sympathie de qqn ;
- **heraus**nehmen (aus etw.), sortir, extraire (de qqch.) ; (fig.) sich (D) etw. **heraus**nehmen, se permettre qqch. ;
- **mit**nehmen, emmener (personne), emporter (objet), auf Reisen **mit**nehmen, emporter en voyage ; (fig.) jn sehr/stark **mit**nehmen, affecter la santé de qqn, épuiser (moralement).

▶ La particule marque une opposition ou une nuance d'**aspect**, de **quantité** ou d'**intensité** :
- augmentation/diminution :
  - **ab**nehmen, vi (fig.), maigrir, diminuer, (Interesse, Kräfte) décliner (intérêt, forces) ;
  - **zu**nehmen, grossir (personne), croître, augmenter ;
- début d'un travail ou d'une relation :
  - **auf**nehmen, eine Arbeit **auf**nehmen, entreprendre un travail ; Kontakt **auf**nehmen (mit), prendre contact (avec) ; diplomatische Beziehungen wieder **auf**nehmen, rétablir des relations diplomatiques ;
  - **vor**nehmen, entreprendre, procéder à (essai, vérification) ; sich (D) etw. **vor**nehmen, se proposer/se promettre de faire qqch. ;
- en totalité :
  - **durch**nehmen, étudier (de façon exhaustive), traiter (en classe).

▶ La particule est un **adjectif-adverbe** qui conserve toujours son sens primitif :
- **entgegen**nehmen, recevoir (une distinction) ;
- **fest**nehmen, arrêter (qqn) ;
- **hin**nehmen, accepter (sans sourciller) : einen Vorwurf **hin**nehmen, accepter un reproche ;
- **teil**nehmen, an etw. (D), participer à : an einer Reise **teil**nehmen, participer à un voyage ;
- **übel** nehmen, jm etw. **übel** nehmen, tenir rigueur à qqn de qqch.
    Sie dürfen es mir nicht **übel** nehmen. Il ne faut pas m'en vouloir.
- **wahr**nehmen, percevoir ; saisir : eine Gelegenheit **wahr**nehmen, saisir une occasion ;

Les verbes 180 à 182

- **weg**nehmen, enlever ; jm etw. **weg**nehmen, prendre qqch. à qqn ;
- **zurück**nehmen, reprendre ; retirer (une parole blessante) ;
- **zusammen**nehmen, rassembler ; seine Gedanken **zusammen**nehmen, se concentrer ; sich **zusammen**nehmen, se dominer.

181 5 verbes à préfixe

- Benehmen, sich gut/schlecht benehmen, bien/mal se comporter ;
- entnehmen + D, prendre, prélever ; tirer de ; aus etw. entnehmen, conclure de qqch. ;
- übernehmen + A, assumer ; etw. von jm übernehmen, reprendre (une charge) de qqn ; sich übernehmen, trop présumer de ses forces ;
- unternehmen + A, entreprendre : eine Reise unternehmen, entreprendre un voyage ;
- vernehmen + A, entendre ; interroger : Zeugen vernehmen *(jur.)*, entendre/ auditionner des témoins.

LE VERBE STEHEN

Stehen, stand, gestanden (hat)[1], être debout.

182 Le verbe de base

Stehen est un verbe d'état intransitif qui signifie être dans la position verticale par opposition à liegen, être couché, et à sitzen, être assis. Le sujet peut être un **animé** ou un **inanimé**.
- Sens premier, concret : être debout (la position verticale est rapportée au corps) : er **steht** aufrecht/gebückt, il se tient droit/courbé ;
- sens plus général : la position verticale est étendue à la représentation de l'objet.

    Das Essen **steht** schon auf dem Tisch. Le repas est déjà servi.
- être arrêté(e), ne pas fonctionner : der Wagen/die Uhr **steht**, la voiture/ la montre est arrêtée ;
- être (vu) d'une certaine façon, être inscrit (dans le journal) : leer **stehen**, être vide (local) ; in der Zeitung **stehen**, être dans le journal ;
- jm (gut/schlecht) **stehen**, aller (bien/mal) à qqn (vêtement) ;

1 L'auxiliaire *sein* se rencontre en Allemagne du Sud, en Suisse et en Autriche.

– zu jm **stehen**, soutenir qqn ; zu etw. **stehen**, respecter (une promesse) ; défendre (une opinion) ; wie **stehst** du dazu? qu'en penses-tu ?

10 locutions verbales et expressions imagées

Wie **steht's**? *(fam.)* Comment ça va ? Stehen bleiben (ist stehen geblieben), s'arrêter. Schlange stehen, faire la queue. Alles stehen und liegen lassen, laisser tout en plan. Etw. **steht** im Gegensatz (zu)/in Einklang (mit), qqch. est en opposition/en accord avec. Das **steht** außer Zweifel, cela est hors de doute. Das **steht** noch in den Sternen (geschrieben), ce n'est pas pour demain. Er **steht** unter Verdacht, des soupçons pèsent sur lui. Sie **steht** ihren Mann, elle est à la hauteur.

12 composés à particule

Ils sont **transitifs ou intransitifs**, mais seuls **auf**stehen et **ein**stehen se conjuguent avec l'auxiliaire sein. Selon la particule à laquelle il s'associe, le verbe de base conserve ou non son sens primitif.

▶ Le **sujet** est toujours un **être animé** :
- **an**stehen, vi, attendre, faire la queue ;
- **auf**stehen (**ist auf**gestanden), se lever ; *(fig.)* (gegen) se soulever (contre) ; der Aufstand, la révolte ;
- **bei**stehen (jm), assister qqn ;
- **durch**stehen (etw.), supporter, endurer qqch. ;
- **ein**stehen, vi (ist), répondre de qqch., (für etw.): ich **stehe** dafür **ein**, j'en réponds ;
- **frei**stehen, vi, être libre ; es **steht** jedem **frei**, etw. zu tun, chacun est libre de faire qqch. ;
- jm/etw. **gegenüber**stehen, être en face de qqn/qqch. ; être confronté à ;
- **nach**stehen (etw.) (D), être en retard sur ; jm, être inférieur(e) à qqn.

▶ Le **sujet** est un **inanimé** :
- **ab**stehen (hat/ist) (von), être distant(e)/éloigné(e) (de) ;
- **bevor**stehen, vi (hat), être imminent(e) (se dit d'un événement redouté).

▶ Le **sujet** est un **animé** ou un **inanimé** :
- **aus**stehen (jn/etw.), supporter : ich kann ihn nicht **ausstehen**, je n'arrive pas à le supporter ; etw. **steht** noch **aus**, qqch. n'arrive toujours pas.
    Die Antwort **steht** noch **aus**.
    Nous attendons toujours la réponse.
- **vor**stehen, former une avancée ; jm/etw. **vor**stehen, diriger qqn/qqch.

Expressions idiomatiques

Es **steht fest**, dass..., il est établi que... ; diese Arbeit **steht** noch **an**, ce travail reste en souffrance.

184 · 7 verbes à préfixe

- Bestehen :
    1. **etw.** (A), réussir.
    Klara hat ihr Examen **bestanden**. Claire a réussi son examen.
    2. vi (hat), exister.
    Diese Firma **besteht** seit 50 Jahren. L'entreprise existe depuis 50 ans.
    3. + GPREP : aus etw. bestehen, se composer de ; in etw. (D) bestehen, consister en ; auf seiner Meinung (D) bestehen, camper sur ses positions ;
- entstehen (ist entstanden), aus/durch etw. entstehen, résulter de qqch. ;
- gestehen, vi (hat), avouer ; **eingestehen** + A (Schuld), avouer (une faute) ; jm etw. **zugestehen**, concéder qqch. à qqn ;
- überstehen, etw. (A), vaincre, surmonter ;
- unterstehen (jm), être subordonné à, relever de la compétence de qqn ;
- verstehen + A, comprendre ; von etw. nichts verstehen, ne rien comprendre à ; sich auf etw. (A) verstehen, s'y connaître ; sich mit jm gut verstehen, bien s'entendre avec qqn ;
- jm/einer Sache (D) widerstehen, résister à qqn/qqch.

LE VERBE STELLEN

> **Stellen** + A, mettre debout.

185 · Le verbe de base

▸ Stellen, factitif de stehen, exprime l'action de « mettre en position verticale ». Stellen et ses composés ont généralement pour sujet un **animé** et pour complément d'objet obligatoire un **inanimé** :
- le choix du verbe est lié à la représentation de l'**objet**.
    Wir fahren gleich. **Stell'** deinen Koffer in den Kofferraum!
    Nous partons. Mets ta valise dans le coffre !
- sens plus général : mettre, placer : etw. warm/kalt **stellen**, mettre qqch. au chaud/au frais ; jn vor etw. (A) **stellen**, confronter qqn à qqch. ; jn **stellen**, arrêter (suspect) ;

- régler : den Wecker auf 6 Uhr **stellen**, mettre le réveil à 6 heures ;
- sich **stellen**, se placer : Er hat sich vor die Tür **gestellt**, il s'est posté devant la porte ; se livrer (à la police) ; *(fig.)* sich jm/einer Sache **stellen**, affronter qqn/qqch. ; sich gegen jn/etw. **stellen**, s'opposer à qqn/qqch ; sich krank/dumm/taub **stellen**, faire le malade/l'idiot/faire la sourde oreille.

8 locutions verbales et expressions imagées

Einen Antrag (auf+A) stellen, *faire une demande*. Eine Aufgabe stellen, *donner un devoir à faire*. Jm eine Frage stellen, *poser une question à qqn*. Etw. in Frage stellen, *contester qqch*. Eine Forderung stellen, *faire entendre une revendication*. Jm eine Falle stellen, *tendre un piège à qqn*. Jm ein Bein stellen, *faire un croche-pied à qqn*. Das ganze Haus auf den Kopf stellen, *mettre toute la maison sens dessus dessous*.

20 composés à particule

Selon la nature de l'objet, la particule peut soit remplacer un **GPREP** et conserver sa valeur **spatiale**, soit entrer dans le jeu des oppositions **aspectuelles** (→ 145) :

- **ab**stellen (einen Koffer), déposer (une valise) ; (einen Wagen), garer (une voiture) ; (Strom), couper (le courant) ; (den Motor/das Radio), couper (le moteur), éteindre (la radio) ;
- **an**stellen, etw. **an**stellen, allumer (un appareil) ; ein Fest **an**stellen, organiser une fête ; jn **an**stellen, embaucher, engager qqn.
  Er ist bei der Post **an**gestellt. Il est employé à la poste.
  Sich **an**stellen, faire la queue, se comporter d'une certaine manière ;
- **auf**stellen, placer, ranger, former : eine Mannschaft **auf**stellen, constituer/sélectionner une équipe ; einen Plan/eine Liste **auf**stellen, établir un plan/une liste ;
- **aus**stellen, exposer ; (einen Scheck), émettre (un chèque) ; (Pass/Ausweis), délivrer (passeport/carte d'identité) ;
- **dar**stellen, représenter (tableau) ; interpréter un rôle (acteur) ;
- **ein**stellen, jn **ein**stellen, embaucher, recruter (plus ponctuel que **an**stellen) ; die Arbeit **ein**stellen, cesser le travail ; interrompre (processus) ;
- **fertig**stellen, achever ;
- **heraus**stellen (etw.), sortir (qqch.) ; *(fig.)* mettre en évidence : Es hat sich **heraus**gestellt, dass..., il est apparu que... ; sich als richtig/falsch **heraus**stellen, se révéler juste/faux ;
- **hin**stellen (etw.), poser qqch. ; jn/etw. **hin**stellen (als), présenter qqn/qqch. comme ;

- **um**stellen (etw.), modifier ; recycler (entreprise) ; sich **um**stellen, se reconvertir ;
- **unter**stellen (etw.), mettre qqch. dessous/à l'abri ; sich **unter**stellen, se mettre à l'abri ;
- **vor**stellen, présenter ; jm jn **vor**stellen, présenter qqn à qqn ; sich (A) jm **vor**stellen, se présenter à qqn ; sich (D) etw. **vor**stellen, se représenter, imaginer qqch. ;
- **zu**stellen, jm etw. **zu**stellen, remettre, délivrer qqch. à qqn.

▶ Le composé explicite la notion de **mise au point** en parallèle avec des notions plus abstraites :
- **ein**stellen, régler, ajuster ; sich auf jn/etw. **ein**stellen, se régler sur qqn/qqch. ; *(fig.)* être axé sur qqch. ;
- **nach**stellen (Uhr), retarder (montre) ; *(fig.)* jm **nach**stellen, tendre un piège à qqn ;
- **vor**stellen (Uhr), avancer (montre) ;
- **fest**stellen, etw. **fest**stellen, établir, constater qqch. ;
- **her**stellen, instaurer : eine Verbindung **her**stellen, établir une liaison ; fabriquer.
    Diese Firma **stellt** ICEs **her**. Cette société fabrique des TGV.
- **wiederher**stellen, rétablir (liaison) ; restaurer (tableau) ; **wiederher**gestellt sein, être rétabli(e) (personne) ;
- **zurück**stellen, reculer ; différer (projet) ; *(mil.)* accorder un sursis ;
- **zusammen**stellen, grouper ; établir une liste ; die Speisekarte **zusammen**stellen, composer le menu.

187 5 verbes à préfixe

Ils sont tous **transitifs** (complément d'objet à l'**accusatif**) :
- bestellen : 1. + A, commander (die Bestellung : la commande) ; jm Grüße bestellen, transmettre ses salutations à qqn ; jn zu sich bestellen, convoquer qqn ; 2. vi, passer commande.
    Haben Sie schon **bestellt**? Avez-vous déjà commandé ?
- entstellen, déformer ;
- umstellen, encercler ;
- unterstellen, jn jm/etw. (D) unterstellen, placer qqn sous le contrôle de qqn/qqch. ; jm etw. unterstellen, imputer qqch. à tort à qqn ;
- verstellen, dérégler (appareil) ; jm den Weg verstellen, barrer le passage à qqn ; seine Stimme verstellen, déguiser sa voix ; sich verstellen, se dérégler (appareil) ; feindre, dissimuler.

LE VERBE ZIEHEN

> **Ziehen,** zog, 1. hat gezogen + A, tirer, extraire ; 2. ist gezogen, déménager, migrer vers.

188 Le verbe de base

Le verbe ziehen désigne dans chacun de ses emplois (transitif, intransitif et réfléchi) un **déplacement linéaire**. Le sujet est un **animé** ou, plus rarement, un **inanimé** :

– + A, tirer : jn an den Haaren **ziehen**, tirer les cheveux de qqn ; etw. an sich (A) **ziehen**, tirer qqch. à soi ; etw. auf sich (A) **ziehen**, attirer qqch. ;

– etw. von etw. **ziehen**, retirer qqch. de qqch. ; jn/etw. aus etw. **ziehen**, extraire qqn/qqch. de qqch. ; jm einen Zahn **ziehen**, arracher une dent à qqn ; etw. nach sich **ziehen**, entraîner qqch. ;

– vi (hat) : Es **zieht**, il y a des courants d'air ; **ziehen** lassen (Tee), laisser infuser (thé) ;

– (ist) (= **um**ziehen), déménager ; aufs Land **ziehen**, s'installer à la campagne ; (nach) migrer (der Zugvogel, l'oiseau migrateur) ; durch etw. **ziehen**, passer à travers qqch. ;

– sich **ziehen** (verbe réfléchi), s'étendre ; *(fig.)* sich in die Länge **ziehen**, traîner en longueur.

9 locutions verbales et expressions imagées

Einen Vergleich (mit etw.) ziehen, faire une comparaison (avec). Die Aufmerksamkeit/das Interesse auf sich (A) ziehen, focaliser l'attention/l'intérêt. Bilanz ziehen, faire le bilan. Die Folgerungen aus etw. ziehen, tirer les conséquences de qqch. Den Schluss ziehen, tirer la conclusion. Aus etw. Nutzen/Vorteil ziehen, tirer profit/avantage de qqch. Immer den kürzeren ziehen, être toujours le dindon de la farce. Den Kopf aus der Schlinge ziehen *(fam.)*, se tirer d'affaire. Das **zieht** bei mir nicht, cela ne prend pas avec moi.

189 18 composés à particule

La particule s'apparente le plus souvent à un **GPREP** réduit ou à un adverbe (emplois transitifs et intransitifs). Elle conserve alors sa valeur **spatiale** concrète :

– **ab**ziehen : 1. + A, retirer, déduire (somme) ; (Bilder) tirer (des photos) ; 2. (ist) *(fam.)* décamper : mit leeren Händen **ab**ziehen, repartir bredouille ;

– **an**ziehen + A, mettre (vêtement) ; attirer ; (eine Schraube/die Handbremse) serrer (une vis/le frein à main) ; sich **an**ziehen, s'habiller ;

Les verbes

- **auf**ziehen : 1. + A, lever (rideau) ; remonter (montre) ; (Kind) élever (un enfant) ; ouvrir (verrou) ; *(fam.)* taquiner, monter un bateau ; 2. (ist) (Wolken/Gewitter), approcher (nuages/orage) ;
- **aus**ziehen : 1. + A, ôter (vêtement) ; déshabiller ; (Tisch) mettre une rallonge (table) ; sortir, extraire ; (Zahn) arracher (dent) ; 2. (ist) déménager ; 3. sich **aus**ziehen, se déshabiller ;
- **durch**ziehen : 1. + A, etw. durch etw. **durch**ziehen, glisser qqch. à travers qqch. ; 2. (ist) durch ein Land/eine Gegend **durch**ziehen, traverser un pays/une région ;
- **ein**ziehen : 1. + A, rentrer, den Kopf/die Schultern **ein**ziehen, rentrer la tête/les épaules ; introduire ; (zum Militär) enrôler (un soldat) ; (Luft) aspirer (air) ; (Wasser) absorber (eau) ; 2. (ist) in etw. (A) **ein**ziehen, emménager, pénétrer dans ;
- **groß**ziehen + A, élever (enfant) ;
- **heran**ziehen : 1. + A, approcher qqch. (en tirant) ; jn **heran**ziehen (= zu Rate ziehen), consulter qqn ; 2. (ist) s'approcher ;
- **hinaus**ziehen + A, faire traîner qqch. en longueur ;
- **hin**ziehen + A (zu), attirer (vers), sich **hin**gezogen fühlen, se sentir attiré(e), prolonger ; sich **hin**ziehen, s'étendre, se prolonger ;
- **hinzu**ziehen + A, consulter, demander conseil à qqn ;
- **über**ziehen + A, mettre (manteau) ; jm eins **über**ziehen, frapper qqn ;
- **um**ziehen : 1. + A, changer qqn ; 2. (ist) (nach), déménager (à) ; sich **um**ziehen, se changer ;
- **vor**ziehen + D + A, préférer ; (etw.) tirer (qqch.) (devant ou vers l'avant) ;
- **weg**ziehen : 1. + A, enlever ; 2. (ist) (aus etw.), quitter (qqch.) ;
- **zurück**ziehen : 1. + A, (einen Antrag, sein Versprechen) retirer (une demande), reprendre (sa promesse) ; 2. (ist) retourner ; sich **zurück**ziehen (von, aus), se replier *(mil.)*, se retirer de ;
- **zusammen**ziehen + A, resserrer, concentrer ; (Augenbrauen) froncer (sourcils) ; sich **zusammen**ziehen, se contracter ;
- **zu**ziehen : 1. + A, fermer (en tirant) ; (jn) faire appel (à qqn) ; sich (D) etw. **zu**ziehen, s'attirer (des reproches, des ennuis), attraper (une maladie) ; 2. (ist) venir s'installer.

9 verbes à préfixe

Transitifs ou réfléchis, les verbes à préfixe présentent une valeur centrale concrète et des nuances plus abstraites. Seul verziehen conserve un emploi **intransitif** (aux. sein) :

- beziehen, etw. mit etw. beziehen, couvrir qqch. de qqch. ; (Bett) changer (le lit) ; (Gehalt) toucher (salaire) ; (Ware/Zeitschrift) recevoir régulièrement (un produit/une revue) ; sich auf jn/etw. beziehen, concerner qqn/qqch. ; sich auf etw. (A) beziehen, faire référence à ;
- durchziehen (Land/Gegend), parcourir (pays/région) ; sillonner ;
- entziehen, jm etw. entziehen, retirer qqch. à qqn ; jm den Führerschein entziehen, retirer à qqn son permis de conduire ; sich entziehen (+ D), se soustraire (à) ;
- erziehen (jn), élever, éduquer (qqn) ;
- hinterziehen, soustraire à un contrôle ; Steuern hinterziehen, frauder le fisc ;
- überziehen, etw. mit etw. überziehen, (re)couvrir, revêtir qqch. de qqch. ; (Konto) mettre (son compte) à découvert ; (Ansprüche) pousser trop loin (ses exigences) ; dépasser l'horaire ;
- unterziehen + D + A, soumettre à ; sich einer Kontrolle/einer Prüfung (D) unterziehen, se soumettre à un contrôle, subir un examen ;
- verziehen : 1. + A (das Gesicht, den Mund), faire la grimace ; 2. (ist) (nach) déménager ; 3. sich verziehen, se crisper ; (Wolken) se dissiper (nuages) ; (fig.) s'éloigner, s'éclipser ;
- vollziehen, accomplir ; (Vertrag) ratifier (traité) ; sich vollziehen, s'accomplir.

Les particules
et les préfixes verbaux

LES PARTICULES SÉPARABLES

La particule *ab-*

191 Principaux sens

Valeur spatiale centrale :
– partir, s'éloigner d'une limite ;
– descendre, s'éloigner d'une limite supérieure (her-/hinab-).

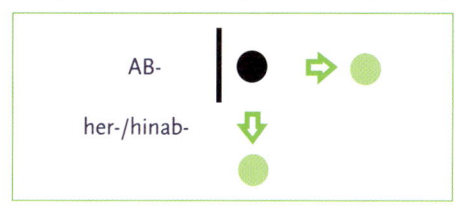

192 Principaux emplois

Ab- entretient une relation privilégiée avec les **verbes de déplacement** intransitifs (aux. sein) ou transitifs (+ A). Plusieurs cas peuvent se présenter.

▶ Le verbe de base désigne un **déplacement** non orienté, mais **volontaire** de la part du sujet (gehen, aller à pied ; fahren, se déplacer en véhicule), où la notion de départ est implicite. On peut faire alors l'économie de la particule.
   Mein Zug **fährt** gleich Ø. *Mon train va bientôt partir.*

▶ Le verbe de base désigne un déplacement qui s'inscrit dans la **durée** et n'exprime en lui-même aucune notion de départ (reisen, *voyager* ; wandern, *cheminer*) : la notion de départ est rendue par la seule particule, qui devient complément **obligatoire**.
   Immer mehr Betriebe **wandern** ins Ausland **ab**.
   De plus en plus d'entreprises s'installent à l'étranger.

▶ **Ab-** est associé à un verbe intransitif pour exprimer un mouvement vers le bas, qui peut être soit volontaire (**ab**springen, *sauter* ; **ab**steigen, *descendre de cheval, dans un hôtel*), soit involontaire (**ab**fallen, *tomber* ; **ab**gleiten, **ab**rutschen, *glisser* ; **ab**stürzen, *s'écraser*) :

> Die Maschine **ist** in der Karibik **abgestürzt**.
> *L'appareil s'est écrasé dans la mer des Caraïbes.*

▶ **Ab-** est associé à un verbe transitif (+ A) pour exprimer :
– l'idée d'éloigner qqn (sans ménagement).

> Die Gefangenen wurden **abgeführt**. *On emmena les prisonniers.*

– l'idée d'évacuer ou de supprimer qqch.

> 1981 hat man in Frankreich die Todesstrafe **abgeschafft**.
> *En 1981, on a aboli la peine de mort en France.*

▶ **Ab-** peut également être associé à des verbes intransitifs ou transitifs pour suggérer un écart par rapport à la direction initiale :

> **ab**biegen +A, *plier (objet)* ; *(fig.) détourner (danger)* ; vi (ist) *tourner dans une rue* ;
> jemandes Aufmerksamkeit **ab**lenken, *détourner l'attention de qqn* ;
> etw. **ab**wenden, *détourner qqch.* ; sich **ab**wenden (von), *se détourner (de).*

193 Autres emplois

▶ Sens **terminatif** (fin d'un processus). Ce sens recouvre parfois la notion de **rupture**, de **séparation** :
– **ab**brechen, *interrompre (travail, discours)* ;
– sich von etw. **ab**lösen, *se détacher de qqch.* ;
– sich **ab**kapseln (von), *s'isoler, se replier sur soi, rompre tout contact social* ;
– **ab**schließen, *fermer à clé (pour exclure tout accès)* ; (mit) *conclure (travaux, discours)* ;
– **ab**schneiden, *couper, isoler* ;
– **ab**sperren (Wasser/Strom), *couper (l'eau/l'électricité)* ; (eine Straße) *barrer (une rue)* ;
– **ab**trennen, *séparer d'un tout.*

▶ Le **refus** s'exprime par :

> jn/etw. (A) **ab**lehnen, *refuser qqn/qqch., décliner une proposition* ;
> **ab**schieben, *refouler* ; jm etw. **ab**sprechen, *dénier, ne pas reconnaître qqch. à qqn (droit, qualité)* ; **ab**stoßen, *inspirer de la répulsion* ;
> **ab**treiben, *expulser, avorter* ; **ab**weisen, *renvoyer qqn (avec nuance de rejet).*

Les particules et les préfixes verbaux 192 à 195

▸ On rencontre toutefois des composés n'exprimant ni rejet ni aversion tels que :
abholen, *aller chercher* ; **ab**schicken, *envoyer* ; **ab**senden, *expédier (courrier)* ; **ab**setzen, *écouler (marchandises)* ; **ab**stellen, *déposer (véhicule), arrêter (appareil)*.

▸ Avec les verbes transitifs exprimant l'idée d'acquérir, d'exiger ou de marchander, le complément d'objet à l'accusatif est complété par un complément de personne au **datif** :
jm etw. **ab**gewinnen, *(finir par) obtenir qqch. de qqn* ; jm etw. **ab**fordern, *exiger qqch. de qqn* ; jm etw. **ab**handeln, *obtenir qqch. de qqn en marchandant*.
Ich habe ihm 10% **abgehandelt**. *Il m'a accordé un rabais de 10 %.*

> **REMARQUE**
>
> La productivité des composés en **ab-** se manifeste par des expressions familières et imagées très fréquentes telles que : **ab**hauen, *(fam.)*, **ab**blitzen, *filer, décamper* ; ou encore **ab**rausen, **ab**brummen, **ab**dampfen, **ab**donnern, **ab**rauschen, **ab**sausen, *filer, partir en trombe*. Les verbes de base évoquent un bruit comparable à celui d'un moteur ou au bruissement du vent (onomatopées).

La particule *an-*

194 Principaux sens

Valeur spatiale centrale : *approche, atteinte d'une limite*.
Valeurs dérivées :
– contact physique avec l'objet ;
– contact immédiat avec autrui (extension du sens précédent).

```
AN-    ●    ⇨ ●|   heran-
```

195 Principaux emplois

▸ **Approche, atteinte d'une limite**
Le **sujet** est une personne ou un être animé. La base verbale est un verbe intransitif exprimant un **déplacement** non orienté, toujours **volontaire** :
– le composé est **intransitif** (aux. **sein**) et le lieu de destination peut être précisé par un GPREP.
Zum Kongress **sind** viele Menschen nach Berlin **angereist**.
De nombreuses personnes se sont rendues à Berlin pour le congrès.

– le composé est **transitif** et le complément d'objet désigne la destination atteinte.

> Die Lufthansa **fliegt** den Moskauer Flughafen **an**.
> La Lufthansa dessert l'aéroport de Moscou.

Contact physique avec l'objet

Le sujet est une personne ou un être animé. Le contact établi est toujours **intentionnel** :

– la base verbale est un verbe **transitif** dans lequel l'action d'attacher ou de relier est explicite (binden, attacher ; hängen, suspendre, etc.). La particule remplace le **GPREP** (ellipse) ou coexiste avec lui.

> Sie haben eine Fahne (ans Fenster) **angehängt**.
> Ils ont suspendu un drapeau (à la fenêtre).

– parallèlement, l'emploi transitif peut se doubler d'un emploi **réfléchi**.

> Ich **ziehe** meine Kleider **an**, je mets mes vêtements.
> Ich **ziehe** mich **an**, je m'habille.

Contact immédiat avec autrui

- Le contact peut être :
  – **visuel** : jn/etw. (A) **an**sehen, regarder qqn/qqch. ;
  – **auditif** : **an**hören, écouter ;
  – ou **tactile** : **an**fassen, saisir ; **an**fühlen, toucher.

- Il peut s'exprimer :
  – par la **parole** : **an**reden, **an**sprechen, adresser la parole à qqn ;
  – prendre un tour **agressif** ou **violent** : jn **an**brüllen, **an**schreien, insulter qqn ; jn **an**fahren, heurter en véhicule, agresser ; jn **an**greifen, attaquer qqn.

- Il correspond toujours à un acte **volontaire** : jn **an**treffen, rencontrer avec certitude.

- Que le verbe de base soit transitif ou intransitif, le composé, lui, est **toujours transitif** et le complément à l'accusatif désigne le **destinataire** de l'action :

> sprechen, parler → jn **an**sprechen, adresser la parole à qqn ; rufen, appeler → jn **an**rufen, appeler qqn au téléphone ; lächeln, sourire → jn **an**lächeln, sourire à qqn ; lügen, mentir → jn **an**lügen, mentir à qqn.

196 Autres emplois

▶ An- s'associe au participe II (passé) d'un verbe intransitif de mouvement + **kommen** pour exprimer le rapprochement (→ 112).

▶ An- marque le **début** d'une action ou d'un processus :
– avec les verbes **intransitifs** (**déplacement** ou **processus physique**).
> Mein Wagen **fährt** nicht **an**. Ma voiture ne démarre pas.
> Der Tag **bricht an**. Le jour se lève.

De même : **an**faulen, se gâter (fruit) ; **an**laufen, se mettre en route (moteur), être à l'affiche (film) ; **an**treten, commencer (eine Reise **an**treten, entreprendre un voyage) ;
– avec le verbe **an**fangen, commencer. Le début du contact est assimilé au commencement d'un processus. Le sujet peut être indifféremment animé ou inanimé.
> Ich habe mit dem Joga **angefangen**. J'ai commencé à faire du yoga.
> Die Schule **fängt** morgen wieder **an**. L'école reprend demain.

▶ An- inscrit le processus dans la **durée**.
– La base verbale exprime la durée. Le composé marque un **renforcement** : **an**dauern, durer/persister ; **an**halten, s'arrêter/durer ;
– les verbes **an**hören, **an**schauen, **an**sehen, regarder, présentent un aspect **duratif** par rapport aux verbes simples correspondants.
> Die Wärme **hält** immer noch **an**. La chaleur persiste.
> Er **sah** mich fragend **an**. Il me regarda d'un air interrogateur.

197 Productivité de la particule *an-*

An- forme des dérivés à partir d'un nom ou d'un adjectif :
– das Steuer, la barre, le gouvernail → eine Insel, einen Flugplatz **an**steuern, mettre le cap sur une île, sur un aéroport ;
– der Himmel, le ciel → jn **an**himmeln, encenser, porter aux nues ;
– feucht, humide → etw. (A) **an**feuchten, humecter ;
– schwarz, noir → jn **an**schwärzen *(fam.)*, débiner (noircir la réputation).

REMARQUE

An- permet de compléter le complément d'objet à l'accusatif par un complément au **datif** désignant la **personne destinataire**. Cette extension s'accompagne souvent d'un emploi **imagé**.

> Er wollte mir seine alte Kiste **andrehen** *(fam.)*. Il voulait me « refourguer » sa vieille « caisse ».
> Dieses Verhalten wurde ihm lange **angekreidet**. Cette attitude lui a été longtemps reprochée (die Kreide, la craie, allusion aux dettes de repas inscrites à la charge du client).

La particule *auf-*

198 Principaux sens

- Valeur spatiale centrale :
  – mouvement de bas en haut sans référence à une limite (hinauf-);
  – mouvement de haut en bas avec contact (auf, sur).
- Mouvement de bas en haut : **auf-** s'oppose à **ab-** (hinab-) et à **unter-** (hinunter-).

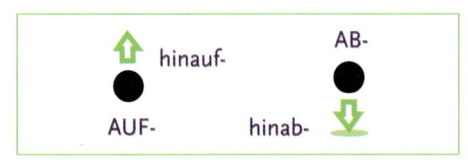

- Mouvement de haut en bas : **auf-** (contact supérieur) s'oppose à **an-** (contact latéral).

- Valeur dérivée : ouverture : **auf-** s'oppose à **zu-** (fermeture).

199 Principaux emplois

- Le mouvement ascendant est celui du **sujet**, animé ou inanimé. La base verbale est :
  – un verbe **intransitif d'état** :
    stehen, *être debout* → **auf**stehen, *se lever* ;
    wachen, *veiller* → **auf**wachen, *se réveiller* ;
  – un verbe intransitif de **déplacement** :
    gehen, *aller* → **auf**gehen, *se lever (astres) ; lever (grain) ; éclore* ;
    springen, *sauter* → **auf**springen, *se lever d'un bond* ;
    steigen, *monter* → **auf**steigen, *monter, s'élever dans l'air (astres, fumée, brume)* ;
  – un verbe de **regard**, intransitif ou transitif : **auf**schauen, **auf**sehen, *lever les yeux* ;

Les particules et les préfixes verbaux

– un verbe exprimant un processus **physique** : **auf**quellen, *gonfler* ; **auf**schwellen, *enfler*.

REMARQUE

Parmi les **emplois figurés** ou imagés, on relèvera : **auf**fahren, **auf**springen, *sursauter* ; **auf**steigen, *s'élever dans la hiérarchie sociale*, et l'expression : Mir **ist** ein Licht **auf**gegangen. *J'ai commencé à comprendre.*

▸ Le mouvement ascendant affecte l'**objet**. Le composé exprime :
– l'action de **soulever**, d'**éliminer** qqch. d'une surface (von unten **herauf**) :
> **auf**heben, *ramasser, (sou)lever* ; **auf**nehmen, *recueillir (prendre l'objet à terre pour le porter à sa hauteur)* ; **auf**räumen, *ranger* ; **auf**wischen, *effacer, nettoyer* ;

– l'action de **réveiller** quelqu'un, de provoquer un mouvement de **colère** ou de **peur** :
> **auf**bringen, *mettre en colère*, **auf**hetzen (gegen), *exciter (contre)* ; **auf**regen, *énerver* ; **auf**schrecken, *effrayer* ; **auf**wecken, *réveiller* ;

– un processus de **montage**, de **construction** :
> **auf**bauen, *construire* (der Wiederaufbau, *la reconstruction*) ; **auf**rüsten, *(se) réarmer* ; **auf**bereiten, *traiter (matériaux)*, **wieder auf**bereiten, *recycler*.

▸ Le mouvement ascendant renvoie au **sujet** lui-même (emploi réfléchi) :
> sich **auf**richten, *se dresser* ; sich **auf**schwingen, *prendre son essor* ; sich **auf**lehnen (gegen), *se révolter (contre)*.

▸ L'**objet** est en **contact avec une surface** plane. La particule est l'équivalent d'un **GPREP réduit**. Le composé est toujours transitif (complément à l'**accusatif**). Il exprime :
– l'action de **poser** ou de **fixer** un objet **sur** quelque chose, le mode d'action étant représenté par la base verbale. Tous ces composés ont leur correspondant en an- :
> **auf**bauen (auf), *se fonder sur* ; **auf**hängen (Lampe/Bild), *suspendre (lampe/tableau)* ; **auf**kleben (Briefmarke), *coller (timbre)* ; **auf**legen (Platte/CD), *mettre (disque/CD)* ; **auf**setzen (Hut/Mütze), *mettre (chapeau/casquette)* ;

– une notion d'**accumulation** :
> **auf**häufen, *entasser* ; **auf**schichten, *empiler* ; **auf**stauen, *accumuler*.

REMARQUE

Parmi les **emplois figurés** ou imagés, on relèvera les composés exprimant une **contrainte**, une **tâche imposée** (complément de personne au datif) : jm etw. **auf**drängen, **auf**zwingen, *imposer une tâche à qqn* ; **auf**geben, *donner un devoir* ; (Rätsel), *poser (une énigme)*.

▶ Notion d'**ouverture**

Cet emploi de auf- concerne des verbes **intransitifs** et des verbes **transitifs** de mouvement. La particule s'apparente à un adjectif-adverbe en fonction d'**attribut**. La **base verbale** désigne toujours le **mode d'action** :
– verbes **intransitifs** (aux. sein). Le sujet est un **inanimé** (sens passif) :
  aufgehen, *s'ouvrir* ; **auf**platzen, *éclater, exploser* ; **auf**springen, *sauter (serrure)* ; sich **auf**tun, *s'ouvrir* ;
– verbes **transitifs**. Le mouvement d'ouverture affecte toujours l'objet :
  aufmachen ≠ **zu**machen, *ouvrir ≠ fermer (sens neutre)* ; **auf**schlagen ≠ **zu**schlagen, *ouvrir brutalement ou en cassant ≠ fermer brutalement* ; **auf**schließen ≠ **zu**schließen, *ouvrir ≠ fermer à clé* ; **auf**reißen, *ouvrir violemment ou en déchirant (emballage)* ; **auf**schneiden, *ouvrir en coupant* ;
– cet emploi est parfois associé à la notion d'**effraction** ou de **scission** :
  aufbrechen, **auf**knacken, *forcer, fracturer* ; **auf**teilen, *diviser, partager*.

200 Autres emplois

– Notion de **direction** :
  Er ist dicht **auf**gefahren. *Il s'est approché de très près.*
  Er ist gegen einen Lastwagen **auf**gefahren.
  Il a heurté un camion par derrière.
– Notion de **départ** :
  aufbrechen (ist), *partir dans un but précis* ; sich **auf**machen
  (= sich auf den Weg machen), *se mettre en route* ; **auf** geht's in den Urlaub! *Partons en vacances !*
– Notions d'**achèvement** ou de **totalité** :
  aufhören, *cesser de* ; etw. **auf**geben, *renoncer à* ; **auf**essen, *manger entièrement ou finir de manger* ; **auf**brauchen (Vorrat/Kräfte), *consommer entièrement, épuiser (provisions/forces)*.

REMARQUE

Auf- permet de former de nombreux dérivés :
– soit à partir de **substantifs** : die Liste, *la liste* → **auf**listen, *répertorier* ; die Bürde, *le fardeau* → jm etw. **auf**bürden, *imposer une tâche à qqn* ;
– soit à partir d'**adjectifs** : hell, clair → (sich) **auf**hellen, (s')éclaircir ; klar, limpide → **auf**klären, élucider, éclairer ; die **Auf**klärung, le siècle des Lumières ; locker, libre, détendu → den Unterricht **auf**lockern, animer/détendre le cours.

La particule *aus-*

201 Principaux sens

Valeur spatiale centrale : *sortir d'un lieu (repère), franchir une limite extérieure.*
Valeur aspectuelle : *sortir d'un état, achever une action.*
Dans les deux cas, aus- s'oppose à ein-.

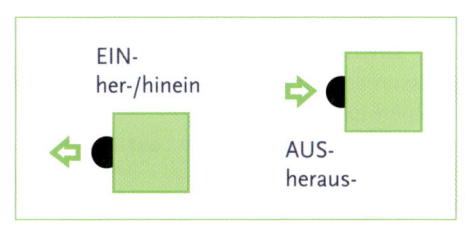

```
EIN-
her-/hinein

AUS-
heraus-
```

202 Principaux emplois

Sens spatial : sortir, quitter.
- La base verbale est un verbe **intransitif** qui marque un **déplacement** non orienté, mais volontaire du sujet (aux. sein). Le composé exprime :
  - la **sortie** du repère, en concurrence avec heraus-. Le GPREP peut être **explicité** :

    Er **ist** vor vier Jahren aus Polen **ausgereist**.
    Il a quitté la Pologne il y a quatre ans.

  - ou rester **implicite**. La particule s'apparente alors à un **GPREP réduit**.

    Bitte **aussteigen**!
    Descendez, s'il vous plaît !

- La base verbale précise le **mode d'action** :
  - **aus**fahren (ist), sortir (véhicule) ; + A, sortir, emmener qqn (en véhicule) ; **aus**gehen, sortir (pour se distraire) ; **aus**treten, quitter (association), démissionner (≠ **ein**treten) ; **aus**wandern, émigrer (≠ **ein**wandern).

- **Fuir, s'évader**
  - La base verbale exprime soit une notion de **fuite**, soit une **rupture** :
    ausbrechen (aus), s'évader (d'une prison) ; **aus**fliehen, **aus**flüchten, prendre la fuite ; **aus**reißen (ist **aus**gerissen), s'échapper, faire une fugue.

▶ Faire sortir, extraire
La base verbale est un verbe **transitif** de mouvement. Le composé reste **transitif** et exprime :
– l'action d'**extraire un objet** d'un ensemble :
> **aus**führen (≠ **ein**führen), exporter ; **aus**graben, déterrer ; **aus**laden, décharger ; **aus**packen, déballer ; **aus**räumen, débarrasser, évacuer ; **aus**reißen, **aus**schlagen, arracher ; **aus**schütten, verser, vider (un récipient) ; **aus**stellen, exposer ;

– d'où la notion de **tri** ou de **sélection** :
> **aus**lesen, sélectionner (die Auslese, la sélection) ; **aus**losen, tirer au sort ; **aus**sortieren, trier ; **aus**suchen, **aus**wählen, choisir ;

– l'**exclusion** (repère explicite ou non) :
> **aus**schließen, **aus**stoßen, exclure ; **aus**treiben, chasser ; **aus**weisen, expulser ;

– l'**émission** d'une substance qui renvoie au sujet (= aus sich **heraus**) :
> **aus**atmen, expirer ; **aus**drücken, exprimer ; **aus**senden, émettre ;

– l'action de **remettre** quelque chose à quelqu'un (complément de personne) :
> jm etw. **aus**händigen, remettre en mains propres ; jm etw. **aus**leihen, prêter qqch. à qqn ; etw./jn **aus**liefern, abandonner qqch., livrer qqn ; **aus**stellen (Zeugnis), délivrer (certificat).

▶ **Achèvement de l'action**
La base verbale exprime toujours une action non limitée dans la durée. Elle peut être :
– un verbe **intransitif** d'état ou de déplacement :
> schlafen, dormir → **aus**schlafen, dormir tout son soûl ;
> gehen, aller → (gut/schlecht) **aus**gehen, se terminer (bien/mal) ; (Licht), s'éteindre (lumière) ;

– un verbe **transitif** désignant une activité humaine :
> lernen, apprendre → **aus**lernen, finir d'apprendre ;
> trinken, boire → **aus**trinken (Glas), vider (un verre) ;

▶ **Notion d'extinction** (sens propre et figuré) ou de **destruction** : **aus**machen, éteindre ; **aus**rotten, exterminer ; **aus**schalten, éteindre, éliminer (adversaire) ; **aus**sterben, disparaître (race, espèce) ; **aus**brennen, brûler entièrement.

REMARQUE
Ausmachen (Licht) s'oppose à **an**machen, **aus**schalten à **ein**schalten.

203 Autres emplois

– Absence de résultat. Verbe simple et composé sont des verbes intransitifs d'état : **aus**bleiben, **aus**stehen, *ne pas se produire*.

> Der Erfolg **bleibt** noch **aus**. *Le succès se fait toujours attendre.*

– Extension (qui se détache d'une limite) par opposition à ein-, circonscrit à l'intérieur d'une limite. Cet emploi concerne des verbes transitifs ou réfléchis : **aus**bauen, *développer*.

> Die öffentlichen Verkehrsmittel müssen **ausgebaut** werden.
> *Il faut développer les transports en commun.*

De même (sich) **aus**breiten, *(s')étendre* ; (sich) **aus**dehnen, *(se) dilater*.

REMARQUE

La particule aus- est surtout productive dans le sens général d'*éliminer de* : aus etw. **heraus**. La base nominale désigne :

– soit l'instrument de l'action :

> etw. **aus**bürsten (die Bürste), *brosser* ; **aus**kämmen (der Kamm), *passer au peigne fin* ; **aus**pressen (die Presse), *presser* ;

– soit l'objet éliminé :

> **aus**stauben (der Staub), *dépoussiérer*, **aus**kernen (der Kern), *dénoyauter* ; **aus**powern (die Power), néologisme anglo-saxon, *vider de sa substance, épuiser* ;

– soit tout à la fois l'objet éliminé et le repère :

> den Müll/den Boden **aus**kehren, *balayer les ordures/le sol.*

La particule *bei-*

204 Principaux sens

Valeur spatiale centrale : *présence à* ou *auprès de*.
Sens dérivés : *apport, contribution, assistance*.
Les composés en bei- exigent un complément au **datif**.

205 Principaux emplois

La particule bei- peut s'associer à des verbes **intransitifs** d'**état** ou de **déplacement** et à des verbes **transitifs**.

Quand la base verbale est un verbe intransitif d'**état**, le composé indique la **présence** ou la **participation**. La particule est l'équivalent d'un **GPREP réduit** ou de **dabei** :

> **bei**liegen, *être joint (à un envoi)* ; beiliegend (part. I), *ci-joint* ;
> **bei**sitzen, *faire partie (d'un jury, d'une commission)* ; jm **bei**stehen, *assister qqn* ; **bei**wohnen, *assister à* ou *cohabiter avec*.

▸ Quand la base verbale est un verbe intransitif de **déplacement**, le composé peut exprimer :
- l'idée de **venir à bout** de quelque chose : Schwierigkeiten **bei**kommen, venir à bout de difficultés ;
- l'action de **secourir** quelqu'un : jm **bei**springen, porter secours à qqn ;
- l'**adhésion** intellectuelle ou politique : einem Verein/einer Partei **bei**treten, adhérer à une association/à un parti.

▸ Quand la base verbale est un verbe **transitif** de **mouvement**, le composé admet, outre le complément d'objet à l'**accusatif**, un complément au **datif** :
jm etw. **bei**bringen, enseigner qqch. à qqn ; einem Brief etw. **bei**fügen, **bei**legen, joindre qqch. à une lettre ; *(fig.)* einen Streit **bei**legen, régler un conflit ; **bei**setzen, adjoindre ; *(lit.)* inhumer ; zu etw. **bei**tragen, contribuer à ; dem Mehl Milch **bei**mengen/**bei**mischen, mélanger du lait à la farine.

REMARQUE

Ces deux derniers verbes représentent le seul modèle vraiment productif à partir de la particule **bei** : à côté de **bei**mengen et **bei**mischen, on note en effet les composés **bei**gießen, *ajouter en versant*, **bei**panschen, *panacher*, **bei**rühren, *mélanger en remuant*.

206 Autre emploi

Approbation :
jm/einer Sache **bei**pflichten, se ranger à l'avis de qqn, adhérer à ;
jm/einer Meinung **bei**stimmen, approuver qqn/une opinion (marque une adhésion plus complète que **zu**stimmen).

REMARQUE

Ces deux derniers verbes sont dérivés d'une base nominale (die Pflicht, *le devoir* ; die Stimme, *la voix*). Dans les deux cas, le verbe simple n'existe pas.

La particule *ein-*

207 Principaux sens

Valeur spatiale centrale : *entrer dans un lieu, franchir une limite intérieure*.
Valeur aspectuelle : *entrer dans un état, commencer une action*.
Dans les deux cas, ein- s'oppose à aus- (→ 201).

208 Principaux emplois

Sens spatial : entrer, pénétrer.
– La base verbale est un verbe **intransitif** qui exprime un **déplacement** non orienté, mais volontaire. Elle forme son parfait avec l'auxiliaire sein. Le sujet est un être animé ou inanimé (véhicule, élément naturel). La particule s'apparente à un **GPREP** réduit.

> Der Zug fährt **ein** (in den Bahnhof). Le train entre (en gare).
> steigen, monter → **ein**steigen, monter (en voiture), aborder (métier) ;
> treten, poser le pied → **ein**treten, entrer (dans une pièce/un parti/une association).

– entrer en groupe, au terme d'un voyage ou d'une migration :
> **ein**reisen, entrer ; **ein**wandern (in +A), immigrer ; **ein**siedeln, s'installer (sur un territoire), fonder une colonie ;

– entrer de force ou par effraction, envahir un pays :
> **ein**brechen (in +A), entrer par effraction, cambrioler qqn ; **ein**dringen (in +A), pénétrer (dans) ; **ein**fallen, **ein**marschieren, **ein**rücken (in +A), attaquer, envahir (un pays).

Sens figurés
– intervenir :
> **ein**greifen, intervenir sur le cours d'un événement ; **ein**schreiten (gegen), intervenir (pour empêcher qqch.) ; sich **ein**mischen (in +A), se mêler d'une affaire ; **ein**springen (für), intervenir (à la place de qqn) ; **ein**treten (für), intervenir (en faveur de qqn) ; sich **ein**setzen (für), s'engager (pour une cause) ;

– venir à l'esprit.
> Es **fällt** mir gerade **ein**, dass.
> Il me vient tout juste à l'idée que.

Faire entrer, introduire
La base verbale est un verbe **transitif** de mouvement (factitif). Le composé en ein- exprime :

– l'**intégration de l'objet**, souvent liée à une opération manuelle ou technique :
> **ein**bauen, intégrer (dans un ensemble) ; **ein**bringen (Geld), rapporter (de l'argent), (fig.) (Erfolg/Lob **ein**bringen), valoir (du succès/des éloges) ; **ein**führen (Mode, Ware), lancer (une mode), importer (un produit) ; **ein**geben/**ein**tippen (Daten/Geheimnummer), entrer (des données/un code) sur ordinateur ; **ein**packen, emballer (un produit) ; **ein**tragen (Informationen), noter (des renseignements) ; (sich) **ein**gliedern, (s')intégrer (à un milieu, une communauté) ;

– l'**assimilation** d'une substance ou d'un apprentissage :
> **ein**atmen (Luft), inhaler (air) ; **ein**nehmen, absorber (un aliment, un médicament) ; **ein**üben, apprendre, s'entraîner à faire ; jm etw. **ein**lernen, inculquer qqch. à qqn ;

REMARQUE

On relèvera dans le sens d'inculquer, faire du bourrage de crâne, les composés imagés : jm etw. **ein**hämmern (der Hammer, le marteau), **ein**trichtern (der Trichter, l'entonnoir) ;

– une **effraction** ou une **destruction** :
> **ein**drücken, enfoncer, écraser sous le poids ; **ein**reißen (Wand), démolir (mur) ; **ein**rennen/**ein**schlagen (Tür), défoncer (porte) ; **ein**stürzen (ist), s'effondrer (bâtiment) ; **ein**schlagen, vi (hat), exploser, tomber (foudre).

▶ Entrer dans un état, entreprendre une action

La base verbale peut être :

– un verbe intransitif d'**état** ou **duratif**. Le composé reste intransitif :
> schlafen, dormir → **ein**schlafen, s'endormir ; frieren, geler → **ein**frieren, (se) congeler ;

– un verbe **intransitif** ou **transitif** désignant une activité humaine. Le composé peut être transitif, intransitif ou pronominal :
> jn **ein**arbeiten, initier qqn à un travail ; **ein**schalten, allumer (appareil) (≠ **aus**schalten) ; **ein**setzen, vi (hat), commencer à un instant précis ; sich **ein**stellen, commencer, se manifester.

209 Autres emplois

– Ici et maintenant :
> **ein**treffen (ist), arriver en un lieu convenu ; sich **ein**finden, se trouver à un endroit ; sich **ein**quartieren, se loger ;

– en totalité (= in sich **hinein**) :
> (sich) **ein**decken, faire le plein de provisions ; **ein**hüllen, envelopper ; **ein**sammeln (Geld), collecter (de l'argent).

REMARQUE

La particule ein- permet de créer des verbes à partir de noms ou, plus rarement, à partir d'adjectifs : der Damm, la digue → **ein**dämmen, endiguer ; der Rahmen, le cadre → **ein**rahmen, encadrer ; die Schranke, la barrière → **ein**schränken, limiter ; eng, étroit → **ein**engen, réduire. Ces verbes dérivés peuvent s'interpréter dans le sens de retenir dans les limites dessinées par la base (fr. en, endiguer, enclore). Le verbe simple n'existe pas.

LES PARTICULES NACH- ET VOR-

Nach-

210 Principaux sens

Valeur spatiale centrale : *derrière* (avec déplacement).
Valeur temporelle : *après*.
Emplois dérivés : *vérifier, imiter, répéter*.
Pour l'ensemble de leurs emplois, nach- et son contraire vor- sont des **postpositions**.

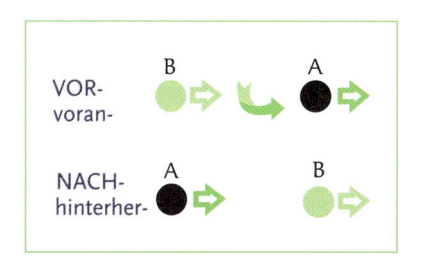

211 Principaux emplois

▶ **Sens spatial**

- **Nach- = hinterher-** (derrière, à la suite)
- La base verbale est un verbe **intransitif de déplacement**. Le composé exprime un mouvement à l'arrière ou à la suite d'une personne ou d'un objet **qui se déplace**. Le **complément** est au **datif** (cas prépositionnel) :

    jm **nach**gehen, suivre qqn ; *(fig.)* einem Beruf, Aktivitäten **nach**gehen, exercer un métier, s'adonner à des activités.

De même, **nach**laufen, courir après qqn ; jm **nach**blicken, **nach**schauen, **nach**sehen, suivre des yeux (une personne qui s'en va).

> **REMARQUE**
> Avec certains verbes de perception visuelle (sehen, schauen), de demande (fragen) ou avec les verbes schlagen, suchen, forschen, la particule nach- est associée à l'idée de recherche : **nach**schauen, vérifier ; in einem Wörterbuch **nach**schlagen, **nach**sehen, vérifier dans un dictionnaire ; **nach**fragen, se renseigner, einer Sache **nach**forschen, faire des recherches sur.

- La base verbale est **transitive**. Le composé admet un complément d'objet à l'**accusatif** et un complément de personne au **datif** :

    jm etw. **nach**schicken, **nach**senden, faire suivre (un courrier) à qqn ; jm etw. **nach**plappern *(fam.)*, répéter comme un perroquet ; jm Übles **nach**reden, dire du mal de qqn ; jm etw. **nach**sagen, redire ce qu'on a entendu, *(fig.)* colporter des ragots sur qqn.

Sens temporel
La particule nach- marque soit la **postériorité**, soit la **répétition**.

- **Postériorité**
  - Verbes **intransitifs** :
    > jm **nach**folgen *(lit.)*, succéder à ; **nach**kommen, venir après, suivre (rythme) ; *(fig.)* einem Wunsch **nach**kommen, répondre au souhait de qqn ; jm **nach**stehen, être inférieur à qqn ;
  - verbes **transitifs** :
    > etw. **nach**(be)zahlen, payer ultérieurement ou en plus ; **nach**behandeln, traiter après coup ; **nach**holen, rattraper (un retard) ; **nach**tragen, ajouter, *(fig.)* jm etw. **nach**tragen, en vouloir à qqn pour qqch. ; jm **nach**trauern, regretter qqn, faire son deuil.

- Avec notion de **contrôle** (fr. re-)
  Le verbe simple exprime soit une activité technique ou intellectuelle, soit une action plus générale :
    > etw. **nach**lesen, relire ; **nach**messen, vérifier les mesures ; **nach**prüfen, contrôler ; **nach**rechnen, recalculer ; **nach**sehen, **nach**schauen, vérifier.
    > Etw. stimmt nicht. Warte, ich schaue mal **nach**.
    > Il y a qqch. qui ne colle pas. Attends ! Je vais aller voir.

- **Répétition**
  - Le composé peut être **intransitif** ou **transitif** :
    > **nach**wachsen (ist), repousser (herbe, cheveux) ; etw. **nach**bestellen, commander en supplément ; **nach**fordern, demander en plus ;
  - avec une nuance d'**intensité** ou de **durée** (prolongement de l'action du verbe simple) :
    > über etw. (A) **nach**denken, réfléchir à qqch. ; jm bei etw. **nach**helfen, aider activement qqn ; **nach**suchen, vi (hat), rechercher, um etw. **nach**suchen, solliciter qqch.

REMARQUE
Plusieurs composés exprimant une perception auditive ou visuelle sont intransitifs :
> **nach**hallen, résonner ; **nach**klingen, retentir ; **nach**leuchten, continuer à éclairer ; **nach**tönen, continuer à se faire entendre.

Les particules et les préfixes verbaux

212 Autres emplois

▶ Imiter

Le composé admet un complément à l'**accusatif**, plus rarement au **datif** :
jn **nach**ahmen, imiter ; **nach**äffen, singer ; etw. **nach**bilden, reproduire qqch. ; etw. **nach**fühlen, éprouver ce que ressent qqn ; jm **nach**eifern, se faire l'émule de qqn ; etw. **nach**erzählen, raconter ce qu'on a lu ou entendu (die Nacherzählung, le récit imitatif) ; **nach**machen, contrefaire.

▶ Reculer

nachlassen, vi (hat), diminuer ; jm **nach**geben, céder à qqn ; jm einen Fehler **nach**sehen, passer une faute à qqn (die Nachsicht, l'indulgence).

Vor-

213 Principaux sens

Valeur spatiale centrale : devant (≠ hinterher-).
Emplois dérivés : devant qqn, (dé)montrer, présenter, exposer en public.
Sens temporel : avant (≠ nach).

214 Principaux emplois

▶ **Sens spatial**

• **Vor- = davor-** (devant) ou **GPREP réduit**.
La base verbale peut être **intransitive** ou **transitive**. Le sujet est un **animé** ou un **inanimé**.
– Verbes **intransitifs** : arriver, se produire :
vorgehen (ist), se produire (événement inattendu qu'on découvre).
Was **geht** hier **vor**? Que se passe-t-il ?
vorkommen (ist), exister à titre épisodique, dans un lieu ou un temps déterminé.
So etwas **war** mir noch nie **vorgekommen**.
Cela ne m'était encore jamais arrivé.
vorfallen (ist), arriver subitement (der Vorfall, l'incident) ;

REMARQUE

On notera également : bei jm **vor**sprechen (hat), venir voir qqn (en vue d'une demande) ;

- verbes **transitifs de mouvement** : le sujet est toujours un **être animé**. La base verbale exprime une activité en relation avec une personne ou un public. Le composé admet un complément d'objet à l'**accusatif** et un complément de personne au **datif** :
- (dé)montrer. L'accent porte sur l'**objet** : **vor**bringen (Wunsch, Argument), exprimer (un souhait), exposer (un argument) ; jn/sich **vor**stellen, présenter qqn/se présenter ; jm etw. **vor**zeigen, présenter (à un contrôle) ;
- montrer en public. L'accent est mis sur le **destinataire** : jm etw. **vor**führen, présenter (dans un but commercial) ; **vor**lesen, lire (devant un public) ; jm etw. **vor**machen, montrer, *(fig.)* en remontrer à qqn ; **vor**spielen, jouer, faire écouter (à qqn) ; etw. **vor**tragen, dire en public (der Vortrag, l'exposé) ; jm etw. **vor**werfen, *(fig.)* reprocher qqch. à qqn ;
- imaginer : sich (D) etw. **vor**stellen, imaginer, se représenter qqch. à l'avance.

● *Vor- = nach vorn*

Vor- a le sens d'un **adverbe directionnel** et peut s'associer à des verbes **intransitifs** ou **transitifs** de mouvement et à des verbes **réfléchis** :
- verbes **intransitifs** (aux. sein) : le sens général est celui d'avancer, de progresser : **vor**gehen, aller ou passer devant, avancer.

    Gehen Sie **vor**! Ich **komme nach**. Passez devant ! Je vous suis ;
    progresser de façon prudente ; (gegen) prendre des mesures (contre).

De même : **vor**dringen, **vor**rücken, pénétrer, avancer (troupes) ; **vor**springen, bondir (d'un endroit), former une avancée ; **vor**stoßen, faire une percée ; **vor**treten, avancer, faire saillie ;

- verbes **transitifs** : le sens général est celui de mettre en avant (sens propre ou figuré) :

    jm etw. **vor**legen, présenter qqch. à qqn ; einen Gesetzentwurf **vor**legen, soumettre un projet de loi ; **vor**schieben (etw.), pousser en avant ; (jn) se retrancher derrière, *(fig.)* prétexter ; jm Geld **vor**strecken, avancer de l'argent à qqn ; jn **vor**lassen, laisser passer ;

- verbes **réfléchis** :

    sich **vor**beugen, se pencher en avant ; sich **vor**drängen, se frayer un passage.

Les particules et les préfixes verbaux

Sens temporel

La particule vor- exprime soit l'**antériorité** (vorher), soit l'**anticipation** ([im] voraus).

– **Vor- (vorher-)**: action préventive ou préparation :

vorbauen, vi (hat) (+ D), *se prémunir contre (un danger)* ;

vorbereiten, *préparer*, sich (auf + A) **vor**bereiten, *se préparer à (un examen)* ;

vorbestellen, *commander ou réserver à l'avance* ;

vorbeugen + D, einer Gefahr **vor**beugen, *prévenir un danger* ;

– **Vor- ([im] voraus-)**: projet, anticipation d'un événement :

vorgreifen + D, *anticiper (sur)*.

De même : etw. (A) **vor**haben, sich (D) etw. **vor**nehmen, *former le projet de* ; etw. **vor**merken, *noter qqch. (en vue d'un emploi ultérieur)* ; jm etw. **vor**schreiben, *prescrire qqch. à qqn* ; **vor**sehen, *prévoir* ; **vor**sorgen, vi (hat), *prendre ses précautions (pour l'avenir)*.

215 Autres emplois

Prééminence ou préférence

vorherrschen, vi (hat), *dominer* ; **vor**sitzen + D, *présider à* ;

vorstehen + D, *diriger, être à la tête de* (der Vorstand, *le comité directeur*).

Sie steht einer Partei/einem Verein vor.

Elle dirige un parti/une association.

vorwiegen, *prévaloir*, **vor**wiegend (part. 1), *principal/principalement* ;

vorziehen (+ D) + A, *préférer qqn ou qqch./à qqn ou qqch.*

Ici et maintenant

etw. **vor**finden, *trouver dans une situation donnée et en un lieu donné* ; **vor**liegen, vi (hat), *constituer un fait, une réalité objective*.

Ein Mord liegt vor. *On est en présence d'un meurtre.*

REMARQUE

On note des créations calquées(sur etw. **vor**geben, **vor**schützen, *prétexter*. Ainsi, jm etw. **vor**machen, **vor**lügen, *prétendre faussement* ; jm etw. **vor**spiegeln, *faire croire, donner l'illusion à qqn* ; **vor**gaukeln, *faire miroiter qqch. à qqn* (der Gaukler, *le jongleur, le charlatan*).

LA PARTICULE ZU-

216 Principaux sens

Valeur spatiale centrale : *en direction de* (angl. *to*).
Valeur dérivée : *en faveur de*, acte intentionnel centré sur qqn ou qqch.
Autres sens : *ajout* (hinzu-), *augmentation* (zu- ≠ ab-), *fermeture* (zu- ≠ auf-).

217 Principaux emplois

La particule zu- peut s'associer à des verbes **intransitifs** de **déplacement** et à des verbes **transitifs**.

▶ En direction de
La base verbale est **intransitive** et exprime un **déplacement** non orienté. Le composé est **intransitif** et exprime un déplacement **orienté vers** quelqu'un ou quelque chose. La particule (ou postposition) correspond à un **GPREP** introduit par zu: auf jn zugehen = zu jm gehen:

> jm **zu**fallen *(fig.)*, échoir à qqn, arriver de façon opportune et inattendue ; auf jn/etw. **zu**gehen, se diriger vers qqn/qqch. ;
> auf jn **zu**kommen, venir vers qqn ; jm etw. **zu**kommen lassen, faire parvenir qqch. à qqn ; auf jn/etw. (A) **zu**laufen, se précipiter vers.
> Er **lief auf** den Ausgang **zu**. Il se précipita vers la sortie.

▶ En faveur de
● La base verbale est **intransitive** ou **transitive** et désigne un **acte de communication**. Le composé traduit un acte **intentionnel**, en général positif ou bienveillant, centré sur une personne ou un objet. Il peut exprimer, entre autres, selon le sens de la base :
– l'inclination : jm/einer Sache **zu**neigen, pencher pour qqn/vers qqch. ;
– l'approbation : jm etw. **zu**billigen, accorder qqch. à qqn (droit, circonstances atténuantes) ; jm **zu**jubeln, accueillir avec allégresse ; jm **zu**nicken, dire oui de la tête ; jm **zu**sagen, convenir à qqn ; jm **zu**stimmen, approuver ;
– l'encouragement : jm **zu**reden, exhorter qqn à faire qqch. ;
– l'attention visuelle : jm/einer Sache **zu**gucken, **zu**schauen, **zu**sehen, regarder (der Zuschauer, le spectateur) ;
– l'écoute attentive : jm **zu**hören, écouter (der Zuhörer, l'auditeur) ;
– le sourire : jm **zu**lächeln, sourire à qqn.

REMARQUES

1. En concurrence avec certains composés en an- (**an**schauen, **an**hören), les composés en zu- soulignent, au-delà de l'attention du sujet, le caractère dynamique de l'objet.

Les particules et les préfixes verbaux 216 à 218

2. À une base verbale réfléchie correspond un composé également réfléchi : sich jm/einer Sache **zu**wenden, s'adresser à qqn/se tourner vers qqch.

- La base verbale est **transitive** et véhicule différentes notions impliquant la **participation** d'un tiers. Les composés de ce type sont les plus nombreux. Ils désignent, outre l'objet lui-même, le **destinataire** de l'objet (GN au D ou GPREP) :

   jm etw. **zu**erkennen, reconnaître à qqn le droit d'obtenir qqch. ; jm einen Schaden **zu**fügen, causer un dommage à qqn ; einer Sache (D)/auf etw. (A) **zu**führen, **zu**leiten, acheminer vers, déboucher sur ; jm etw. **zu**rufen, crier qqch. à l'adresse de qqn ; jm etw. **zu**trauen, croire qqn capable, créditer qqn de qqch.

   Beiden Parteien werden um die 30 Prozent der Stimmen **zugetraut**. *Les deux partis sont crédités chacun d'environ 30 % des suffrages.*

REMARQUE

L'objet visé peut être introduit par auf (+ A) : auf etw. **zu**greifen, se saisir, s'emparer de (auf Datenbanken zugreifen, récupérer des banques de données), ou par für: für jn/etw. **zu**treffen, convenir, s'appliquer à.

218 Autres emplois

▶ **Adjonction** (hinzu-), **augmentation** (en volume, en nombre, en intensité) :

   zulegen, ajouter ; Geld **zu**legen, apporter de l'argent frais ; sich (D) etw. **zu**legen, s'offrir qqch. (l'acquisition est présentée comme un plus) ;

   zugeben, ajouter, *(fig.)* concéder, admettre qqch. (après résistance) ;

   zunehmen, vi (hat), augmenter (prix), s'allonger (jours) ; an Gewicht **zu**nehmen, prendre du poids ≠ **ab**nehmen.

▶ **Fermeture** (≠ auf-)

Cet emploi concerne des verbes **intransitifs** et **transitifs** de mouvement :

- **verbes intransitifs** :
  – **zu**gehen (ist), fermer : Die Tür/das Fenster **geht** nicht **zu**, la porte/la fenêtre ne ferme pas ;
  – **zu**klappen (ist), se refermer brutalement, se rabattre (couvercle) ;
  – **zu**schlagen (ist), se rabattre, claquer (porte) ;

- **verbes transitifs** :
  – **zu**machen, fermer (sens neutre) ; **zu**schlagen (Tür/Kiste), fermer brutalement (porte), clouer (caisse) ; vi (hat) frapper, sévir ; **zu**schließen, verrouiller ; **zu**stoßen, fermer en poussant.

▶ **Préparation** (zu- = zurecht-, de manière appropriée)
L'action est **finalisée**, exécutée dans un but précis. Les composés sont tous **transitifs** :
    zubereiten (Speise/Essen), préparer (un mets/un repas) ;
    zurichten, apprêter (en vue de qqch.) ; übel **zu**richten, abîmer ;
    zuschneiden (Stoff), tailler (étoffe, pour confectionner un habit) ;
    (fig.) auf etw. (A) **zu**geschnitten sein, être spécialement conçu(e) pour qqch.

REMARQUE

La plupart des créations sont issues d'adjectifs ou de noms et traduisent l'idée d'une transformation ou d'une fermeture au moyen de la base :
    spitz, pointu, aigu → sich **zu**spitzen, s'aggraver.
    Die Lage hat sich zugespitzt.
    La situation s'est aggravée.
    Die Mauer, le mur → **zumauern**, murer ; **der Schutt**, les décombres → **zuschütten**, combler, remblayer.

219 Récapitulatif des oppositions spatiales

EN RÉFÉRENCE AUX AXES

AXE VERTICAL, ESPACE NON LIMITÉ

Montée	auf-	Er **ist** schnell **aufgestiegen**.
	(hinauf-)	Il a vite gravi les échelons.
Descente	ab-	Der Mann **ist** vom Dach **abgestürzt**.
	(hinab-)	L'homme est tombé du toit.

AXE HORIZONTAL, ESPACE CLOS

Entrée	ein-	Diese Artikel werden aus China **eingeführt**.
	(herein-)	Ces articles sont importés de Chine.
Sortie	aus-	Wir **steigen** in „Bahnhof Zoo" **aus**.
	(heraus-)	Nous descendons à « Bahnhof Zoo ».

SANS RÉFÉRENCE AUX AXES

Séjour	bei-	Ich konnte der Sitzung nicht **beiwohnen**.
		Je n'ai pas pu assister à la réunion.
Direction	zu-	Er **wandte** sich mir **zu** und fragte…
		Il se tourna vers moi et demanda…

SELON UN REPÈRE FIXE

Éloignement	ab-	Die Maschine **ist** von Berlin-Tegel **abgeflogen**.
		L'appareil a décollé de Berlin-Tegel.
Rapprochement	an-	Unser Gast **ist** gestern **angekommen**.
		Notre hôte est arrivé hier.

SELON UN REPÈRE FIXE OU MOBILE (ESPACE + TEMPS)

Antériorité	vor-	Ich hatte das nicht **vorgesehen**.
		Je n'avais pas prévu cela.
Postériorité	nach-	Er **schaute** uns lange **nach**.
		Il nous suivit longtemps des yeux.

LES PRÉFIXES (INSÉPARABLES)

Le préfixe *be-*

220 Sens et emplois

Le préfixe **be-** contribue à former environ un quart des verbes à préfixes. Il a surtout une fonction syntaxique : il permet soit de **former des verbes transitifs**, soit de **rendre transitifs** des verbes à l'origine intransitifs. Plusieurs cas peuvent se présenter.

▸ Le verbe simple n'existe pas. Le sens du verbe à préfixe est à rapprocher de celui du **nom** ou de l'**adjectif** dont il est dérivé :
>   der Fleck, la tache → **beflecken**, tacher ; frei, libre → **befreien**, libérer.

▸ Le verbe simple et le verbe à préfixe existent :
– be- ajoute au verbe simple **transitif** une nuance d'**intensité** :
>   zahlen (+ A), payer → **bezahlen** (+ A), payer son dû, s'acquitter par obligation.
>   Und für die Miete habe ich noch über 500 Euro **bezahlen** müssen.
>   Et, pour la location, j'ai dû en outre débourser plus de 500 euros.

– be- modifie l'**emploi** du verbe simple sans en modifier le sens :
>   antworten (auf + A) → **beantworten** (Frage/Brief), répondre à (une question/une lettre) ;
>   treten (in + A) → **betreten** (Haus/Zimmer), entrer dans (une maison/une pièce).
>   Den Rasen nicht **betreten**! Interdiction de marcher sur les pelouses !
>   drohen (+ D), menacer → **bedrohen** (+ A), menacer qqn.

– be- modifie le **sens** du verbe simple, mais pas son régime :
>   suchen (+ A), chercher → **besuchen** (+ A), venir voir qqn (der Besuch, la visite).

– sens et **emploi** sont radicalement **différents** :
>   stehen, vi (hat), être debout → **bestehen** + A, réussir (un examen) ;
>   kommen (ist), venir → **bekommen** + A, recevoir.

Le préfixe *ge-*

221 Sens et emplois

Le préfixe ge- contribue à former moins de 10 verbes. Il marque à l'origine une action **achevée** (sens perfectif), d'où son emploi dans la formation du **participe II**. Deux cas peuvent se présenter.

- Le verbe simple n'existe pas. Le sens du verbe à préfixe est à rapprocher de celui d'un **nom** ou d'un **adjectif-adverbe** de la même famille :
    geschehen (ist), *arriver, se passer* → die Geschichte, *l'histoire* ;
    sich gewöhnen (an +A), *s'habituer à* → die Gewohnheit, *l'habitude* ;
    gewöhnlich, *habituel*.

- Le verbe simple et le verbe à préfixe existent :
  – ils sont l'un et l'autre **transitifs** : ge- modifie le **sens** du verbe simple en ajoutant une nuance d'**accompli** :
    brauchen +A, *avoir besoin de* → gebrauchen +A, *utiliser* (s'emploie à propos d'objets qui ont déjà servi) → der Gebrauchtwagen, *la voiture d'occasion* ;
  – leur **sens** est nettement **différent**, et le lien qui a pu exister entre eux n'est plus du tout manifeste :
    fallen (ist), *tomber* → gefallen +D, *plaire à* ;
    hören +A, *entendre*, hören (auf), *écouter, obéir* → gehören +D, *appartenir à*.

Les préfixes *emp-/ent-*

222 Sens et emplois

Il n'existe que 3 verbes formés à l'aide du préfixe emp- (variante de ent-). Tous les trois admettent un complément d'objet à l'**accusatif** :
    empfangen (dérivé de fangen), *accueillir* → der Empfang, *l'accueil, la réception* ;
    empfehlen +D +A, *recommander qqch. à qqn* → die Empfehlung, *la recommandation* ;
    empfinden (dérivé de finden), *ressentir, éprouver* → die Empfindung, *la sensation*.

Le préfixe ent- est peu productif. Certains des verbes dérivés en ent- appartiennent à un style poétique ou administratif, et leur emploi tend à se restreindre. Trois cas peuvent se présenter.

▶ Le verbe simple n'existe pas. Le verbe à préfixe peut être rapproché de l'**adjectif** ou du **nom** dont il est dérivé :

> fern, lointain → sich entfernen, s'éloigner ;
> mutig, courageux → entmutigen, décourager (≠ ermutigen).

▶ Le verbe simple existe. Verbe simple et verbe dérivé ont un **sens voisin**, mais s'emploient dans des **contextes différents** :

> fliehen (ist), fuir → entfliehen (aus) *(lit.)*, s'enfuir, s'échapper (d'une prison) ;
> senden + A, envoyer → entsenden + A *(adm.)*, envoyer un émissaire (pour une mission officielle).

▶ Leur **sens** est **différent** : le verbe à préfixe peut être **intransitif** ou **transitif** selon que le verbe simple est lui-même intransitif ou transitif. Le préfixe marque :

- l'**éloignement** ou l'action d'**échapper à** (complément au D) :
  – avec des verbes **intransitifs** exprimant un **changement de lieu** (aux. sein) : gehen, aller à pied → entgehen + D, échapper à, passer inaperçu. De même : entkommen + D, entlaufen + D, échapper à ;
  – avec des verbes **transitifs** ou **réfléchis** :
  führen + A, conduire → entführen + A, enlever (une personne), détourner (un avion) ; ziehen + A, tirer → (sich) entziehen + D, (se) soustraire à ;

- l'**opposition** (le contraire de la base verbale) :
  – laden + A, charger → entladen + A, décharger ;

- l'**intégration** au sujet (= in sich) :
  – halten + A, tenir → enthalten + A, contenir → der Inhalt, le contenu ;

- l'**entrée dans un état** ou le début soudain d'un processus :
  – decken + A, couvrir → entdecken + A, découvrir ;
  – scheiden, séparer → entscheiden, décider, trancher (entre plusieurs possibilités), sich entscheiden (für), se décider → die Entscheidung, la décision.

> Ich kann mich im Augenblick noch nicht **entscheiden**.
> Je ne peux pas encore prendre de décision pour l'instant.

REMARQUE

Le début soudain d'un processus est exprimé par des verbes d'un emploi rare et métaphorique : **entbrennen**, *s'enflammer (sens propre et figuré)* ; **entfachen**, *allumer le feu* ; **entflammen (zu)**, *soulever une ferveur passionnée (pour)*.

Le préfixe *er-*

223 Sens et emplois

Le préfixe er- contribue à former un petit nombre de verbes. Il exprime le **résultat** d'une action ou d'un processus et entre parfois en concurrence avec la particule séparable auf-. Trois cas peuvent se présenter.

▶ Le verbe simple n'existe pas. Er- permet de former des verbes dérivés à partir d'un adjectif. Le verbe à préfixe signifie :
– **acquérir la qualité** exprimée par la base :
   blaß, pâle → erblaßen, pâlir ;
   warm, chaud → (sich) erwärmen, (se) réchauffer.
   Das Erdklima **erwärmt sich**. *Le climat de la planète se réchauffe.*

– **conférer la qualité** exprimée par la base, s'il est transitif :
   ganz, tout entier → ergänzen, compléter ;
   möglich, possible → ermöglichen, permettre.

REMARQUE
Quelques rares verbes en **er-** ont une base nominale. Ils expriment alors une action dont l'objet (ou l'instrument) est cette base même.
   Das Ereignis, *l'événement* → sich ereignen, *se produire.*
   Auf der Autobahn hat **sich** gestern ein schwerer Unfall **ereignet**.
   Un accident grave s'est produit hier sur l'autoroute.

▶ Le verbe simple et le verbe à préfixe existent. Leur **sens** est **voisin**, mais leur **emploi diffère**. Le verbe à préfixe exprime :
• le **résultat** de l'action ou du processus :
finden, trouver ; erfinden, inventer ; die Erfindung, l'invention.
De même : etw. (A) erkämpfen, obtenir qqch. en luttant ; erwerben, acquérir ; erzielen, obtenir ce qu'on avait en vue ;

• l'**entrée dans un état** ou le début soudain d'un processus (→ ent- 222) :
   – la base verbale est un verbe **intransitif d'état** (aux. haben). Le verbe à préfixe est un verbe **intransitif** de **changement d'état** (aux. sein) : blühen, fleurir ; erblühen, éclore (moins concret que aufblühen) ; wachen, veiller ; erwachen, s'éveiller (moins concret que aufwachen) ;
   – la base verbale est un verbe **transitif** : le verbe à préfixe est lui aussi **transitif** : füllen, remplir (sens concret) ; erfüllen, remplir (engagement).

▶ Le verbe simple et le verbe à préfixe existent, mais leur **sens** est **différent** et le lien qui a pu exister entre eux n'est plus du tout manifeste :
fahren (ist), aller en véhicule → erfahren +A, apprendre (une nouvelle ou par expérience).

Le préfixe *ver-*

Sens et emplois

Le préfixe ver- est très **productif** et forme à lui seul près de la moitié des verbes à préfixe. Il exprime une double notion d'**éloignement** et de **transformation** par rapport à un état initial. Trois possibilités peuvent se présenter.

▶ Le verbe simple n'existe pas. Ver- permet de former des verbes dérivés à partir d'**adjectifs** ou de **noms** :
- quand la base est un **adjectif**, le verbe à préfixe signifie :
  – **acquérir la qualité** exprimée par la base (verbes intransitifs) :
    alt, *vieux* → veralten (ist), *vieillir* ;
  – **conférer la qualité** exprimée par la base (verbes transitifs) :
    schön, *beau* → verschönern, *embellir* ;
    groß, *grand* → vergrößern, *grandir* ;

- quand la base est un **nom**, le verbe à préfixe exprime une **transformation** dont le résultat est représenté par cette même base (verbes intransitifs et transitifs) :
  – der Rost, *la rouille* → verrosten (ist), *rouiller* ;
  – die Wunde, *la blessure* → verwunden + A, *blesser*.

▶ Le verbe simple et le verbe à préfixe existent. Leur **sens** est **voisin**, mais ils s'emploient dans des **contextes différents** :
  ändern + A, *changer* → verändern + A, *modifier l'apparence extérieure* → die Veränderung, *la transformation* ;
  lassen + A, *laisser* → verlassen + A, *quitter*.

▶ Le verbe simple et le verbe à préfixe existent, mais leur **sens** est **différent**. Le verbe à préfixe peut être transitif, intransitif ou réfléchi. Il exprime :
– une notion d'**erreur**, d'**égarement** :
  führen + A, *conduire* → verführen + A, *séduire, zu etw. verführen, susciter un attrait pour.*
  Die Werbung **verführt** viele Internauten zu E-Käufen.
  La publicité incite beaucoup d'internautes à faire des achats en ligne.
  laufen (ist), *courir* → sich verlaufen, *s'égarer* ;

– le **terme d'une action** ou d'un processus pouvant entraîner la **destruction** de l'objet :
  blühen, vi (hat), *fleurir* → verblühen (ist), *se faner* ;
  brennen + A, *brûler* → verbrennen + A, *détruire par le feu*, (ist) *se consumer* ;

– le **contraire** du verbe simple :
> lernen, *apprendre* → verlernen, *oublier par manque de pratique* ;
> rufen, *crier* → verrufen, *participe II : décrié.*

Le préfixe *zer-*

225 Sens et emplois

Le préfixe zer- est peu productif. Il modifie le sens du verbe simple en marquant le terme d'un processus de **division**, de **réduction en morceaux** ou de **destruction**.
Il existe deux possibilités.

▸ Le verbe simple n'existe pas. Zer- permet de former des verbes dérivés à partir d'**adjectifs** ou de **noms**. Dans les deux cas, le sens du verbe à préfixe est « réduire à l'état de la base » :
> klein, *petit* → zerkleinern, *couper, casser (bois)* ;
> der Fetzen, *le lambeau* → zerfetzen, *déchirer, mettre en lambeaux.*

▸ Le verbe simple existe. Verbe simple et verbe à préfixe **diffèrent** par leur **sens** et leur **emploi**. Le préfixe exprime :
– la **réduction en morceaux** (extension du sens du verbe simple) :
> schneiden, *couper* → zerschneiden, *couper en mille morceaux* ;
> teilen, *diviser* → zerteilen, *fractionner en plus petites parties.*

De même : zerbrechen, zerschlagen, *mettre en pièces* ; zerreißen, *déchirer* ;

– la **destruction** (le verbe à préfixe présente souvent un écart important avec la base verbale) :
> gehen, *aller* → zergehen (Tablette), *fondre (comprimé)* ;
> stören, *déranger* → zerstören, *détruire.*

Le préfixe *miss-*

226 Sens et emplois

Le préfixe miss- forme un petit nombre de verbes.
Son sens est toujours **négatif** (fr. dé-, mé- ou mal-). Miss- prend toujours appui sur un verbe simple :
– billigen +A, *approuver* → missbilligen +A, *désapprouver* ;
– brauchen +A, *avoir besoin de* → missbrauchen +A, *abuser de* ;

– gelingen (ist) + D, réussir → misslingen (ist) + D, échouer ;
– trauen + D, faire confiance → misstrauen + D, se méfier de.

REMARQUE

Contrairement au préfixe verbal, le préfixe nominal miss- est, lui, accentué : der 'Missbrauch, l'abus ; das 'Misstrauen, la méfiance ; das 'Missverständnis, le malentendu.

Le préfixe *hinter-*

227 Sens et emplois

Le préfixe hinter- forme moins de 10 verbes. Il est à rapprocher de la préposition hinter (*derrière*). Les verbes ainsi formés prennent parfois le sens d'*agir secrètement* ou *sournoisement* :

jn hintergehen (hat hintergangen), tromper, abuser qqn ;
hinterlassen + A, laisser, (eine Nachricht), laisser (message) ;
hinterlegen + A, mettre en lieu sûr ;
hintertreiben + A, dénigrer un projet.

LES PARTICULES « MIXTES »

La particule *durch-*

228 Sens et emplois

Valeur spatiale centrale : *espace parcouru entre deux limites* (*cf.* prép. durch-). Sens dérivé : *action menée de bout en bout*.

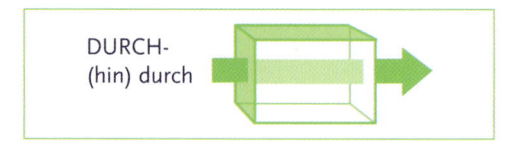

DURCH-
(hin) durch

229 Principaux emplois

Durch- s'associe à des verbes intransitifs, transitifs et réfléchis. Le sujet est un **animé** ou un véhicule **mobile**. La notion dominante de **passage à travers** débouche sur de nombreux emplois figurés. Les composés **séparables** sont plus nombreux que les composés inséparables.

Les particules et les préfixes verbaux

▶ **Durch- séparable** : processus limité.
- Verbes **intransitifs** (aux. sein) : passer, traverser :
  - **durch**fahren (ist **durch**gefahren).
    Dieser Zug **fährt** bis Köln **durch**. Ce train est direct jusqu'à Cologne.

  De même :
  - **durch**fallen, ist **durch**gefallen, *(fig.)* bei einem Examen **durch**fallen, échouer à un examen ;
  - durch etw. **durch**gehen, passer par ; s'emballer (cheval) ; **durch**gehend (part. I) : direct (train) ; **durch**kommen, se frayer un passage, *(fig.)* réussir (examen), *(fam.)* s'en sortir, surmonter (maladie) ; **durch**reisen, traverser (un pays, une région) ;

- verbes **transitifs** : d'un bout à l'autre (sens propre et figuré) :
  - **durch**blättern, feuilleter (un journal) ; **durch**brechen, percer (une cloison) ; **durch**führen, réaliser, einen Plan **durch**führen, réaliser un projet ; eine Nachricht **durch**geben, diffuser un message (radio, haut-parleur) ; ein Buch **durch**lesen, lire jusqu'au bout ; ein Thema **durch**nehmen, traiter un sujet ; seine Meinung **durch**setzen, imposer son point de vue ;

- verbes **réfléchis** : franchir les obstacles (sens propre et figuré) :
  - durch- marque le résultat de l'action exprimée par la base verbale ;
  - sich **durch**arbeiten, réussir par son travail ; sich **durch**helfen, s'en sortir par ses propres moyens ; sich **durch**setzen, s'imposer.

▶ **Durch- inséparable** : processus non limité.
La valeur **spatiale** concrète s'exprime avec les verbes intransitifs de déplacement et les verbes transitifs exprimant l'action de briser (un obstacle) ou de percer. Durch- est l'équivalent d'un **GPREP**. Les composés sont tous **transitifs**.

- Parcourir : durchfahren, durchwandern, durchqueren *(lit.)*.
    Wir haben die ganze Gegend **durchwandert**.
    Nous avons traversé à pied toute la région.

- (Trans)percer, *(fig.)* inspecter à fond :
    durchblicken, regarder à travers, *(fig.)* nichts durchblicken lassen, ne rien laisser entrevoir ; etw. durchbohren, percer de part en part ; durchbrechen, durchstoßen, enfoncer (obstacle) ; durchnässen (de nass), tremper jusqu'aux os ; jn durchschauen *(fig.)*, percer les intentions de qqn ; ein Haus durchsuchen, perquisitionner.

REMARQUE

Certains composés s'emploient indifféremment comme séparables et inséparables tout en gardant le même sens : par exemple, durchwühlen, fouiller, tourner et retourner.
Sie haben die Wohnung **durchwühlt** (ou **durchgewühlt**). Ils ont retourné l'appartement.

230 Autres emplois

Aspect **intensif** (durchaus, entièrement) : etw. durchdenken, *examiner à fond, mûrir (une décision)* ; jn durchhauen, durchprügeln, *rouer de coups*.

La particule *über-*

231 Principaux sens

Valeur spatiale centrale : *passer par-dessus ou au-dessus (sans contact)* (*cf.* prép. über) ;
Sens dérivés : *supériorité, dépassement d'une limite, transmission*.

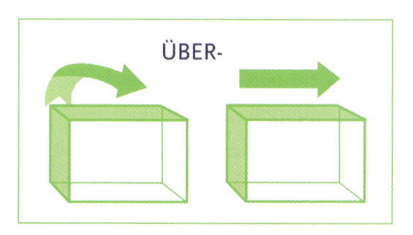

232 Principaux emplois

La particule über- est associée à des verbes intransitifs, transitifs et réfléchis. Le sujet est un **animé**, un engin **volant** ou un **élément naturel**. La notion dominante de « **passage par-dessus** » débouche sur de nombreux emplois figurés. Les composés **inséparables** sont plus nombreux que les séparables.

▶ **Über- séparable**. Le composé suit le même régime (transitif/intransitif) que la base verbale :
- sens spatial : *passer par-dessus* ou *transférer*. La particule est l'équivalent d'un **GPREP réduit** :
  – verbes **transitifs** :
    übersetzen (über den Fluss setzen), *faire passer sur l'autre rive* ;
    überziehen (über die Schultern ziehen), *mettre sur soi*.
    Er **zog** den Mantel **über** und ging. *Il mit son manteau et sortit.*

  – verbes **intransitifs** (aux. sein) :
    übergehen (zu), *passer à* : zu einem anderen Thema **über**gehen, *passer à un autre sujet* ;
    überlaufen, *passer par-dessus, déborder (liquide)* ; zum Feind **über**laufen, *passer à l'ennemi*.

  De même : **über**siedeln (ist), nach, *aller s'installer à* ; **über**treten (ist **über**getreten), *dépasser (ligne)* ; (zu), *se convertir (à), rallier (un parti)*.

▶ **Über- inséparable**.
Les composés inséparables exigent tous un complément à l'accusatif.

- Présence ou passage au-dessus (fr. sur). La particule est l'équivalent d'un **GPREP réduit** (sens propre) :
    überblicken, übersehen, überschauen, embrasser du regard (die Übersicht, la vue d'ensemble, le panorama) ; überfliegen, survoler ; überfluten, überschwemmen, inonder, submerger ; überwachen, surveiller ;

- d'où assumer, surmonter (sens figuré). La particule marque le **résultat** de l'action :
    überleben, vi (hat)/+ A, survivre ; sich (D) etw. überlegen, réfléchir (en vue d'une décision) ; übernehmen (Aufgabe), assumer (tâche) ; jn überreden, persuader qqn de faire ce qu'il n'était pas disposé à faire ; überstehen, überwinden, vaincre, surmonter ;

- prendre le dessus, l'emporter :
    – par l'attaque soudaine : überfallen, atteindre, frapper (peur, mal physique), attaquer par surprise : eine Bank überfallen, braquer une banque ;
    – par la ruse : überlisten, tromper, abuser (die List, la ruse) ;
    – par la rapidité : überraschen, surprendre (rasch, rapide) ;
    – par la force : überwältigen, venir à bout de, terrasser (un adversaire ; die Gewalt, la force) ;
    – par des témoins ou des preuves : (sich) überzeugen (von), (se) convaincre (de qqch. ; der Zeuge, le témoin) ; jn überführen.
    Er wurde des Mordes **überführt**. Il a été convaincu de meurtre.

- au-delà de (sens propre et figuré), d'où dépassement d'une limite, excès :
    überholen, dépasser (en capacité), doubler (voiture), sich überarbeiten, sich überanstrengen, se surmener, travailler au-delà de ses forces ; jn überfordern, surmener qqn, exiger plus qu'il ne peut fournir ; (sich) überschätzen, (se) surestimer ; übertreffen, surpasser ; übertreiben, exagérer.
    Jetzt **übertreiben** Sie aber! Pour le coup, vous exagérez !

- transgresser :
    überschreiten (Schwelle/Grenze), dépasser (seuil/limite), (die Überschreitung, l'exaction) ; übertreten (Gesetz), transgresser (loi).

- transmettre :
    – le complément d'objet à l'**accusatif** est complété par un complément de personne au **datif** :
    jm etw. überbringen, remettre qqch. à qqn (avec changement de lieu), transmettre (nouvelle, vœux) ; übergeben, remettre (avec changement de possesseur).

Hast du dem Direktor den Brief **übergeben**?
As-tu remis la lettre au directeur ?
jm. etw. überlassen, abandonner un bien à qqn ; überliefern, transmettre (usages, traditions) ; jm etw. übermitteln, transmettre (message, salutations) ; überreichen, transmettre (de manière solennelle) ;

– le complément d'objet à l'**accusatif** est complété par un **GPREP** :
übersetzen (in + A), traduire, ins Deutsche, ins Französische übersetzen, traduire en allemand, en français (die Übersetzung, la traduction) ; überspielen (auf + A), copier (CD, vidéo) ; übertragen (auf + A), copier, transférer, confier (travail, charge) à qqn d'autre ; überweisen (Geld), auf + A, virer (de l'argent) sur un compte.

233 Autres emplois

▸ Notion de **révision** (über = wieder, de nouveau) : überarbeiten, revoir (ouvrage, édition) ; überholen, réviser (appareil, voiture).

▸ Notion d'**omission** : übergehen, oublier, ne pas prendre en compte ; übersehen, ne pas voir (volontairement ou par distraction) ; einen Fehler übersehen, laisser passer une faute.

La particule *um-*

234 Principaux sens

Valeur spatiale centrale : contourner (*cf.* prép. um, autour de) ;
Autres sens : renverser, changer brutalement.

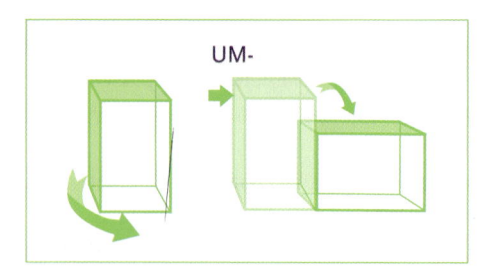

235 Principaux emplois

La particule **um-** s'associe à des verbes intransitifs, transitifs et réfléchis pour exprimer les notions de *contourner, retourner*. Le sujet est un **animé** ou un **mobile**. Le même composé peut être transitif et intransitif :

> **um**schlagen + A, *tourner, abattre* ; **um**schlagen (ist), *changer brutalement, se retourner (embarcation)*.

▶ **Um- séparable** (forme la très grande majorité des composés).
- Verbes **transitifs** et **réfléchis** :
  – autour. La particule est l'équivalent d'un **GPREP réduit**.
  > Er **bindet** sich einen Schal **um** (um den Hals).
  > *Il se noue un foulard (autour du cou).*

  De même : **um**hängen (um die Schultern), *mettre (sur les épaules)* ;
  – autour de soi (= um sich) :
  > **um**fragen, *faire un sondage d'opinion* (die Umfrage) ; mit etw./jm **um**gehen können (fig.), *savoir s'y prendre* ; mit einem Gedanken **um**gehen, *avoir une idée en tête* ; sich **um**schauen, **um**sehen (nach), *regarder derrière (ou autour de) soi, rechercher* ;

  – renverser (sens propre et figuré). La base verbale exprime l'action de frapper ou de renverser. La particule marque le **résultat** de l'action et s'apparente à un adjectif-adverbe **attribut de l'objet** :
  > **um**fahren, *renverser (avec son véhicule)* ; **um**schlagen, *abattre* ; **um**kippen, *faire culbuter* ; **um**reißen, **um**stoßen, **um**stürzen, *renverser* ; (fig.) Pläne **um**stoßen, *bouleverser des projets* ; **um**werfen, *renverser*.
  > Bei seinem Sturz hat er eine Vase **um**geworfen.
  > *Dans sa chute, il a renversé un vase.*

  – transformer, (é)changer : la particule a le même statut que précédemment :
  > **um**ändern, *transformer* ; **um**bilden, *changer (la composition)* ; **um**arbeiten, **um**gestalten, *refaire entièrement, refondre* ; **um**rechnen, *convertir (mesure, monnaie)* ; **um**tauschen (Geld, Ware), *échanger (argent, produit)* ; sich **um**ziehen, *se changer* ;

- verbes **intransitifs** et **réfléchis** :
  – tomber en arrière : **um**fallen, **um**stürzen (ist) (Wagen), *tomber, se renverser (voiture)* ;
  – changer (de direction, de train, de logement, d'activité) :
  > **um**kehren (ist), *faire demi-tour*, **um**gekehrt (part. II), *inversement* ; **um**satteln (fam.), sich **um**stellen, *changer de métier, se recycler* ;

umsteigen (ist), *changer de train, de bus, (fig.) auf etw. (A)* **um**steigen, *changer (pour)* ; **um**ziehen (ist), *déménager (der Umzug, le déménagement).*
Wir **sind** letzten Monat **umgezogen**.
Nous avons déménagé le mois dernier.

REMARQUE
Avec les verbes **um**kommen (ist), *périr*, et **um**bringen (+ A), *tuer*, um- correspond à ums Leben (GPREP réduit).

▸ **Um- inséparable** : le composé est toujours **transitif**.
– Contourner (une île, un obstacle, une agglomération), sens spatial : umfahren, umschiffen, umsegeln.
 Seit den Unruhen **umfahren** die Busse die Siedlung.
 Depuis les émeutes, les bus contournent la cité.

– entourer, cerner :
 jn umarmen, *enlacer qqn* ; umgeben (mit), *entourer (de)* ; jn umringen, *entourer qqn* ; umzäunen, *clôturer* ; umzingeln, *cerner de toutes parts* ; umstellen (Haus), *cerner (une maison).*
 Die Polizei hat das Haus **umstellt**. *La police a cerné la maison.*

La particule *unter-*

236 Principaux sens

Valeur spatiale centrale : mouvement vers le bas (hinunter); *au-dessous* ou *parmi* (prép. unter).
Sens dérivés : *sous*, *entre-*, *inter-*.

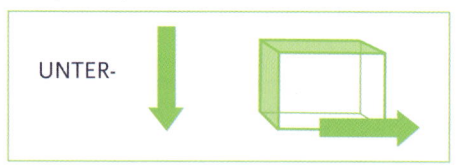

UNTER-

237 Principaux emplois

La particule unter- est associée à des verbes transitifs, intransitifs et réfléchis. Le sujet est un **animé** ou un **élément naturel**. Le **sens spatial** concret de la particule débouche sur de nombreux emplois **figurés**. Comme pour über-, les composés **inséparables** sont plus nombreux que les composés séparables.

▌ **Unter- séparable**. Le composé suit le même régime que la base verbale.
Sens spatial : *vers le bas, au-dessous*. La particule a le sens de l'adverbe directionnel hinunter ou remplace un **GPREP** :
– verbes **intransitifs** (aux. sein) : unter = hinunter:
> **unter**gehen (ist **unter**gegangen), *se coucher (astre), couler, sombrer* ; **unter**tauchen (unters Wasser tauchen), *plonger (sous l'eau), (fig.) passer dans la clandestinité* ;

– verbes **transitifs** : unter = darunter:
> **unter**bringen, *loger, héberger (qqn)* ; **unter**legen + D + A, *mettre (sous), (fig.)* Worten einen Sinn **unter**legen, *donner un sens à des paroles* ; **unter**ordnen + D + A, *subordonner qqch. à qqch.*

▌ **Unter- inséparable**. Les composés inséparables exigent tous un complément à l'accusatif.

• **Unter-** = *sous-, mettre ou apposer dessous* :
– unterbreiten, *soumettre (à l'approbation, à la signature)*.
> Das Gesetz wurde dem Parlament **unterbreitet**.
> *La loi a été soumise au Parlement.*

De même : jn/etw. unterschätzen, *sous-estimer qqn/qqch.* (≠ überschätzen, *surestimer*) ; unterstreichen, *souligner* ; jn unterstützen, *soutenir qqn* ; (einen Brief, einen Vertrag) unterschreiben/unterzeichnen, *signer (une lettre/un contrat)*.

REMARQUE
Noter les participes II : **unter**belichtet, *sous-exposé (photo)* ; **unter**ernährt, *sous-alimenté*.

• **Unter-** = *inter-, entre-* :
> unterbrechen (Verkehr, Rede), *interrompre (trafic, discours)* ; unterhalten, *entretenir (qqn ou qqch.), distraire*, sich unterhalten (über + A), *s'entretenir (sur)* ; untersagen, *interdire (par le règlement)* ; unterscheiden, *distinguer, séparer entre* ; der Unterschied, *la différence* ; untersuchen, *examiner en détail* ; die Untersuchung, *l'examen, l'instruction (jur.)* ; unternehmen, *entreprendre*.
> Die Klasse hat eine Reise nach Berlin **unternommen**.
> *La classe a entrepris un voyage à Berlin.*

238 Autres emplois

▌ Enseigner :
> jn in etw. (D) unterrichten, *enseigner qqch. à qqn*, Unterricht geben/erteilen, *faire cours* ; jn in etw. (D) unterweisen *(lit.)*, *initier, former qqn à (un art, une technique)*.

▸ Soumettre :
>   unterdrücken, réprimer (sens propre et figuré), opprimer ;
>   unterliegen, avoir le dessous ; unterlegen (part. II), inférieur ;
>   (sich) unterwerfen + D, (se) soumettre.

La particule *voll-*

239 Principaux sens

Sens propre : *remplir* (adjectif-adverbe voll, *plein*).
Sens figuré : *action menée jusqu'au bout.*

240 Principaux emplois

▸ **Voll- séparable**, sens concret : *plein*.
La particule est un adjectif-adverbe en fonction d'**attribut de l'objet**. La plupart des composés sont **transitifs** comme le verbe simple :
>   **voll** gießen, **voll** schenken, **voll** schütten, *remplir à ras bord (un verre, un récipient)* ; **voll** machen, *remplir, compléter* ; **voll** packen, *bourrer* ; **voll** tanken, *faire le plein d'essence.*

> **REMARQUE**
> Voll- séparable peut donner lieu à des créations inattendues. Ainsi, le verbe **voll** quarken, né de **der** Quark, *le fromage blanc*, *(fig., fam.) sottises, niaiseries*.
>   **Quark** mir nicht die Ohren **voll**! *Cesse de me rebattre les oreilles avec tes sottises !*

▸ **Voll- inséparable** est limité à 5 verbes dont le sens général est *achever, accomplir*. La particule marque le **résultat** de l'action exprimée par la base verbale. Les composés sont tous transitifs :
>   vollbringen, vollführen, *accomplir, réaliser qqch. de singulier* ;
>   vollenden (Arbeit), *achever, mener à son terme (travail)* ;
>   vollziehen, *accomplir (jugement, cérémonie officielle).*
>   Etw. **vollzieht sich**. *Qqch. est en train de s'accomplir.*
>   vollstrecken (Urteil), *exécuter (jugement ; se dit uniquement d'une sentence administrative).*

La particule *wider-*

241 Principaux sens

S'opposer (*cf.* prép. wider, contre) ; renvoyer (son, image).

242 Principaux emplois

▸ **Wider- inséparable :** s'opposer, résister.

– Le complément au **datif** est obligatoire avec les quatre composés suivants :
  widerfahren (ist) + D, *(lit.)* arriver à qqn (événement hostile) ;
  sich widersetzen, s'opposer ;
  widerstehen (hat), résister ; der Widerstand, la résistance ;
  jm widersprechen, contredire qqn ;

– le complément d'objet (parole ou discours) est à l'**accusatif** avec :
  widerlegen, réfuter (argument), contredire (parole) ;
  widerrufen, nier (aveu), se rétracter.

▸ **Wider- séparable** se rencontre dans les composés **wider**hallen, résonner, et **wider**spiegeln + A/sich, (se) refléter (sens propre et figuré).

Dictionnaire des verbes

COMMENT UTILISER CE DICTIONNAIRE

7 200 VERBES USUELS DE A À Z

Bescherelle
ALLEMAND

Les numéros renvoient aux paragraphes.

COMMENT UTILISER CE DICTIONNAIRE

Ce dictionnaire rassemble un grand nombre de verbes allemands (simples, composés ou dérivés) de la langue courante, orale ou écrite.

À chaque verbe est associé, de manière systématique, un ensemble d'informations concernant son utilisation.

Toutes les informations utiles

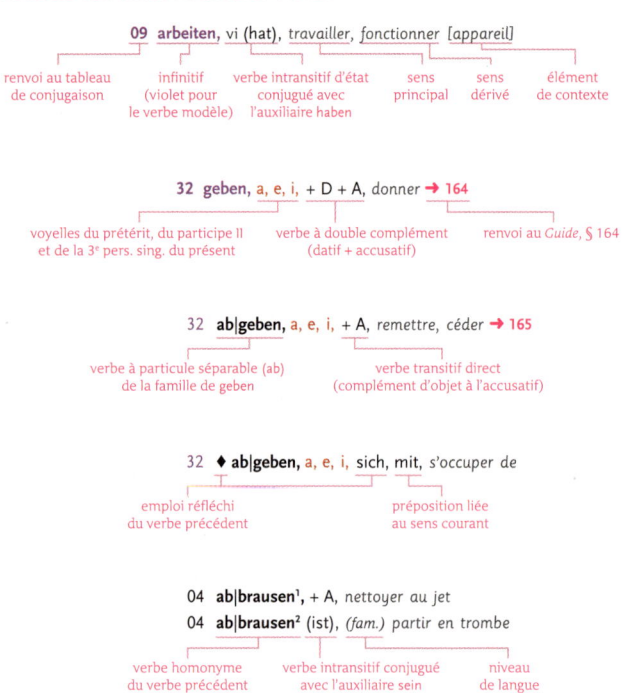

09 arbeiten, vi (hat), *travailler, fonctionner [appareil]*

- renvoi au tableau de conjugaison
- infinitif (violet pour le verbe modèle)
- verbe intransitif d'état conjugué avec l'auxiliaire haben
- sens principal
- sens dérivé
- élément de contexte

32 geben, a, e, i, + D + A, *donner* ➜ 164

- voyelles du prétérit, du participe II et de la 3ᵉ pers. sing. du présent
- verbe à double complément (datif + accusatif)
- renvoi au Guide, § 164

32 ab|geben, a, e, i, + A, *remettre, céder* ➜ 165

- verbe à particule séparable (ab) de la famille de geben
- verbe transitif direct (complément d'objet à l'accusatif)

32 ♦ ab|geben, a, e, i, sich, mit, *s'occuper de*

- emploi réfléchi du verbe précédent
- préposition liée au sens courant

04 ab|brausen¹, + A, *nettoyer au jet*
04 ab|brausen² (ist), *(fam.) partir en trombe*

- verbe homonyme du verbe précédent
- verbe intransitif conjugué avec l'auxiliaire sein
- niveau de langue

Sigles et abréviations utilisés

Voir la liste en début d'ouvrage.

A

- 06 **aalen,** sich, se prélasser
- 04 **aasen,** vi (hat), mit, gaspiller
- 08 **ab|ändern,** + A, modifier
- 09 **ab|arbeiten,** + A, payer par son travail
- 09 ♦ **ab|arbeiten,** sich, se tuer au travail
- 04 **ab|bauen¹,** + A, démonter, réduire [personnel]
- 04 **ab|bauen²,** vi (hat), baisser
- 42 **ab|behalten,** ie, a, ä, + A, garder à la main
- 22 **ab|beißen,** i, i, + A, arracher avec les dents
- 04 **ab|beizen,** + A, décaper
- 34 **ab|bekommen,** a, o, + A, recevoir, (fam.) écoper
- 41 **ab|berufen,** ie, u, + A, révoquer
- 04 **ab|bestellen,** + A, annuler, résilier
- 04 **ab|bezahlen,** + A, rembourser [dettes]
- 24 **ab|biegen¹,** o, o, + A, éluder
- 24 **ab|biegen²,** o, o, (ist), tourner → 192
- 09 **ab|bilden,** + A, représenter
- 52 **ab|binden,** a, u, + A, détacher, mettre un garrot
- 37 **ab|blasen,** ie, a, ä, + A, (fig., fam.) annuler
- 08 **ab|blättern** (ist), s'écailler
- 09 **ab|blenden¹,** + A, tamiser [lumière]
- 09 **ab|blenden²,** vi (hat), mettre en code [auto]
- 04 **ab|blitzen** (ist), (fam.) filer ; **ab|blitzen lassen,** rembarrer qqn
- 04 **ab|blocken,** + A, parer [coup], neutraliser qqn
- 04 **ab|blühen** (ist), se faner
- 04 **ab|brauchen,** + A, user
- 04 **ab|brausen¹,** + A, nettoyer au jet
- 04 **ab|brausen²** (ist), (fam.) partir en trombe
- 49 **ab|brechen¹,** a, o, i, + A, démolir, (inter)rompre
- 49 **ab|brechen²,** a, o, i, (ist), se briser, s'arrêter net
- 04 **ab|bremsen,** + A, freiner ; vi (hat), stopper
- 11 **ab|brennen¹,** + A, incendier
- 11 **ab|brennen²** (ist), être réduit(e) en cendres
- 13 **ab|bringen,** + A, détourner, dissuader → 156
- 07 **ab|bröckeln** (ist), s'effriter
- 04 **ab|brummen,** + A, (fam.) purger [une peine]
- 04 **ab|buchen,** + A, von, prélever sur
- 09 **ab|bürsten,** + A, brosser
- 04 **ab|büßen,** + A, purger [une peine]
- 04 **ab|checken,** + A, vérifier
- 04 **ab|dampfen** (ist), (fam.) décamper
- 04 **ab|dämpfen,** + A, amortir [bruit]
- 04 **ab|danken,** vi (hat), abdiquer
- 04 **ab|decken,** + A, couvrir [risque], compenser
- 09 **ab|dichten,** + A, calfeutrer
- 08 **ab|donnern** (ist), (fam.) partir en trombe
- 04 **ab|drängen,** + A, repousser
- 04 **ab|drehen¹,** + A, couper [eau, gaz]
- 04 **ab|drehen²** (ist), changer de cap
- 09 **ab|driften** (ist), dériver
- 07 **ab|drosseln,** + A, étrangler
- 04 **ab|drucken,** + A, imprimer
- 04 **ab|drücken,** + A, couvrir de baisers ; (fam.) écraser
- 06 ♦ **ab|drücken,** sich, laisser une empreinte
- 07 **ab|dunkeln,** + A, obscurcir
- 04 **ab|ebben** (ist), refluer ; (fig.) diminuer
- 11 **ab|erkennen,** jm etw., dénier qqch. à qqn
- 09 **ab|ernten,** + A, moissonner
- 33 **ab|essen,** a, e, i, + A, manger entièrement
- 35 **ab|fahren¹,** u, a, ä, + A, transporter, user [pneus] → 159
- 35 **ab|fahren²,** u, a, ä, (ist), partir → 159
- 42 **ab|fallen,** ie, a, ä, (ist), von, tomber de ; an + A, échoir à
- 43 **ab|fangen,** i, a, ä, + A, attraper, intercepter
- 04 **ab|färben,** vi (hat), auf, déteindre sur
- 04 **ab|fassen,** + A, rédiger
- 08 **ab|federn,** + A, amortir [choc], équiper d'amortisseurs
- 04 **ab|fegen,** + A, balayer
- 08 **abfeiern,** + A, récupérer [heures]
- 04 **ab|feilen,** + A, limer
- 04 **ab|feilschen,** + A, obtenir après marchandage
- 04 **ab|fertigen,** + A, enregistrer, contrôler
- 08 **ab|feuern,** + A, tirer, lancer [fusée]
- 52 **ab|finden,** a, u, + A, mit, indemniser
- 52 ♦ **ab|finden,** a, u, sich, mit, s'accommoder de
- 04 **ab|flachen¹,** + A, niveler
- 04 **ab|flachen²** (ist), se ralentir [conjoncture]
- 04 **ab|flauen** (ist), faiblir
- 24 **ab|fliegen,** o, o, (ist), décoller, s'envoler
- 28 **ab|fließen,** o, o, (ist), s'écouler
- 08 **ab|fordern,** + D + A, réclamer qqch. à qqn → 193
- 04 **ab|formen,** + A, mouler
- 04 **ab|fragen,** + A, interroger, contrôler

ab|frieren à ab|leisten

- 24 ab|frieren, o, o, (ist), geler
- 10 ab|frottieren, + A, frictionner
- 04 ab|fühlen, + A, tâter ; (inform.) explorer
- 04 ab|führen, + A, emmener, évacuer ➜ 162
- 04 ab|füllen, + A, remplir [bouteilles]
- 08 ab|füttern, + A, nourrir, doubler [vêtement]
- 32 ab|geben, a, e, i, + A, remettre, céder ➜ 165
- 32 ♦ ab|geben, sich, mit, s'occuper de
- 53 ab|gehen¹, i, a, (ist), + A, inspecter
- 53 ab|gehen², i, a, (ist), s'en aller ; + D, faire défaut à
- 50 ab|gelten, a, o, i, + A, acquitter
- 51 ab|gewinnen, a, o, + D + A, gagner sur ➜ 193
- 04 ab|gewöhnen, + D + A, faire passer l'habitude
- 04 ♦ ab|gewöhnen, sich etw., se déshabituer de
- 28 ab|gießen, o, o, + A, verser [d'un récipient]
- 22 ab|gleichen, i, i, + D + A, aligner sur
- 22 ab|gleiten, i, i, (ist), glisser ; (fig.) déchoir
- 35 ab|graben, u, a, ä, + A, détourner
- 04 ab|grasen, + A, (fig.) ratisser [terrain]
- 22 ab|greifen, i, i, + A, user
- 04 ab|grenzen, + A, délimiter
- 06 ♦ ab|grenzen, sich, von, se démarquer de
- 04 ab|gucken, + A, von/bei, copier sur
- 01 ab|haben, etw. + A, (fam.) avoir sa part
- 04 ab|hacken, + A, trancher
- 04 ab|haken, + A, cocher [noms]
- 42 ab|halten, ie, a, ä, + A, tenir ; von, empêcher [de faire]
- 07 ab|handeln, + D + A, obtenir en marchandant, traiter [sujet] ➜ 193
- 05 ab|hängen¹, + A, décrocher
- 43 ab|hängen², i, a, vi (hat), von, dépendre de
- 09 ab|härten, + A, endurcir
- 09 ♦ ab|härten, sich, s'aguerrir
- 54 ab|hauen (ist), (fam.) filer, se tailler
- 23 ab|heben¹, o, o, + A, décrocher, retirer [argent]
- 23 ab|heben², o, o, (ist), décoller
- 23 ♦ ab|heben, sich, von, se détacher
- 09 ab|heften, + A, ranger dans un classeur
- 04 ab|heilen (ist), guérir
- 50 ab|helfen, a, o, i, + D, remédier à
- 04 ab|hetzen, + A, forcer [gibier]
- 04 ♦ ab|hetzen, sich, s'éreinter

- 04 ab|holen, + A, aller chercher ➜ 193
- 04 ab|holzen, + A, déboiser
- 04 ab|horchen, + A, écouter, ausculter
- 04 ab|hören, + A, écouter, mettre sur écoute
- 04 ab|irren (ist), s'égarer
- 04 ab|jagen, + D + A, arracher qqch. à qqn
- 04 ab|kämmen, + A, passer au peigne fin
- 04 ab|kämpfen, + A, arracher par la lutte
- 06 ♦ ab|kämpfen, sich, s'exténuer au combat
- 07 ab|kanzeln, + A, sermonner
- 07 ab|kapseln, sich, s'isoler, se replier sur soi ➜ 193
- 10 ab|kassieren, + A, encaisser
- 04 ab|kaufen, + D + A, acheter qqch. à qqn
- 04 ab|kehren, + A, balayer, détourner
- 06 ♦ ab|kehren, sich, von, se détourner de
- 08 ab|klappern, + A, faire le tour [des magasins]
- 04 ab|klären, + A, clarifier
- 04 abklemmen, + A, (techn.) déconnecter
- 52 ab|klingen, a, u, (ist), diminuer son
- 04 ab|klopfen, + A, épousseter
- 08 ab|knabbern, + A, grignoter
- 04 ab|knallen, + A, (fam.) abattre qqn
- 04 ab|knicken, + A, casser, détacher
- 04 ab|knöpfen, + A, soutirer qqch. à qqn
- 04 ab|kochen, + A, (faire) bouillir
- 10 ab|kommandieren, + A, zu, (mil.) détacher à
- 34 ab|kommen, a, o, (ist), von, dévier, s'écarter de ➜ 171
- 04 ab|kratzen¹, + A, gratter
- 04 ab|kratzen² (ist), (vulg.) claquer
- 04 ab|kriegen, + A, recevoir, encaisser
- 04 ab|kühlen, + A, refroidir
- 06 ♦ ab|kühlen, sich, se rafraîchir
- 04 ab|kürzen, + A, raccourcir, abréger
- 35 ab|laden, u, a, ä, + A, décharger
- 08 ab|lagern, sich, se déposer
- 42 ab|lassen, ie, a, ä, + A, laisser échapper
- 42 ab|lassen, vi (hat), von, renoncer à qqch.
- 38 ab|laufen, ie, au, äu, (ist), s'écouler
- 04 ab|lauschen, + D + A, surprendre qqch. chez qqn
- 04 ab|legen, + A, déposer, ôter, passer [examen] ➜ 174
- 04 ab|lehnen, + A, refuser ➜ 193
- 09 ab|leisten, + A, effectuer

ab|leiten à ab|schmecken

09 **ab|leiten**, + A, aus, *dériver de*
04 **ab|lenken**, + A, von, *détourner de, distraire* → 192
32 **ab|lesen**, a, e, ie, + A, *lire, relever*
09 **ab|leuchten**, + A, *contrôler à la lumière*
09 **ab|leugnen**, + A, *désavouer, renier*
08 **ab|liefern**, + D + A, *livrer, remettre*
44 **ab|liegen**, a, e, vi (hat), *être éloigné* → 177
09 **ab|listen**, + D + A, *obtenir par la ruse*
04 **ab|locken**, + D + A, *soustraire qqch. à qqn*
04 **ablöschen**, + A, *éteindre*
04 **ab|lösen**, + A, von, *détacher de, relayer*
06 ♦ **ab|lösen**, sich, von, *se détacher de, se relayer* → 193
04 **ab|machen**, + A, *détacher, convenir de*
08 **ab|magern** (ist), *maigrir*
04 **ab|mähen**, + A, *couper*
04 **ab|malen**, + A, *peindre*
10 **ab|marschieren** (ist), *(mil.) partir*
09 **ab|melden**, + A, *faire rayer [des listes]*
09 ♦ **ab|melden**, sich, von, *déclarer son départ de*
33 **ab|messen**, a, e, i, + A, *mesurer*
10 **ab|montieren**, + A, *démonter*
06 **ab|mühen**, sich, mit, *se donner du mal pour*
04 **ab|murksen**, + A, *(fam.) zigouiller*
04 **ab|nagen**, + A, *ronger*
48 **ab|nehmen**, a, o, i, (+ D) + A, *retirer à* ; vi (hat), *diminuer* → 180
04 **ab|nötigen**, + D + A, *extorquer qqch. à qqn*
04 **ab|nutzen/abnützen**, + A, *user*
06 ♦ **ab|nutzen/abnützen**, sich, *s'user*
10 **abonnieren**, + A, *s'abonner à*
09 **ab|ordnen**, + A, *déléguer*
04 **ab|packen**, + A, *emballer*
04 **ab|passen**, + A, *guetter [occasion]*
22 **ab|pfeifen**, i, i, + A, *siffler [fin, départ]*
04 **ab|pflücken**, + A, *cueillir*
06 **ab|plagen**, sich, mit, *s'éreinter*
04 **ab|prallen** (ist), *rebondir, ricocher*
04 **ab|putzen**, + A, *nettoyer*
06 **ab|quälen**, sich, *se donner du mal*
08 **ab|rackern**, sich, mit, *(fam.) se crever*
04 **ab|rahmen**, + A, *écrémer*
37 **ab|raten**, ie, a, ä, + D, von, *déconseiller*
04 **ab|räumen**, + A, *débarrasser, déblayer*

04 **ab|rauschen** (ist), *prendre ses cliques et ses claques* → 193
10 **ab|reagieren**, sich, an + D, *se défouler sur*
09 **ab|rechnen**, + A, *faire les comptes, déduire*
21 **ab|reiben**, ie, ie, + A, *frotter*
04 **ab|reisen**, nach, *partir pour*
22 **ab|reißen**[1], i, i, + A, *arracher, démolir*
22 **ab|reißen**[2], i, i, (ist), *casser, cesser*
09 **ab|richten**, + A, *dresser [animal]*
07 **ab|riegeln**, + A, *verrouiller*
52 **ab|ringen**, a, u, + D + A, *arracher qqch. à qqn*
04 **ab|rollen**[1], + A, *dérouler*
04 **ab|rollen**[2] (ist), *se dérouler*
04 **ab|rücken** (ist), von, *s'éloigner de, (mil.) partir*
41 **ab|rufen**, ie, u, + A, *faire livrer* ; *(inform.) visualiser [données]*
09 **ab|runden**, + A, *arrondir*
09 **ab|rüsten** + A, (hat), *désarmer*
04 **ab|rutschen** (ist), *glisser*
04 **ab|sacken** (ist), *s'affaisser, chuter*
04 **ab|sagen** + A, (hat), *annuler*
04 **ab|sägen**, + A, *scier* ; *(fig., fam.) saquer*
04 **ab|sahnen**, + A, (hat), *(fam.) rafler, faire son beurre*
04 **ab|sausen** (ist), *partir en trombe* → 193
04 **ab|schaffen**, + A, *supprimer, abolir* → 192
09 **ab|schalten**, + A, *couper [courant]* ; *(fam.) se déconnecter*
04 **ab|schätzen**, + A, *estimer, évaluer*
21 **ab|scheiden**[1], ie, ie, + A, *séparer*
21 **ab|scheiden**[2], ie, ie, (ist), *décéder*
04 **ab|schicken**, + A, *envoyer, expédier* → 193
24 **ab|schieben**, o, o, + A, *expulser*
28 **ab|schießen**, o, o, + A, *abattre, lancer [fusée]*
04 **ab|schirmen**, + A, gegen, *protéger contre*
09 **ab|schlachten**, + A, *(vulg.) massacrer*
35 **ab|schlagen**, u, a, ä, + A, *couper* ; + D + A, *refuser qqch. à qqn*
22 **ab|schleifen**, i, i, + A, *polir* ; *(fig.) dégrossir*
04 **ab|schleppen**, + A, *remorquer, mettre en fourrière*
28 **ab|schließen**, o, o, + A, *fermer à clé, conclure*
04 **ab|schmecken**, + A, *(cuisine) vérifier l'assaisonnement*

DICTIONNAIRE DES VERBES

ab|schmieren à ab|töten

04 **ab|schmieren**, + A, *(techn.)* graisser ; *(fam.)* copier
04 **ab|schminken**, + A, démaquiller
06 ♦ **ab|schminken**, sich, se démaquiller
04 **ab|schnallen**, + A, détacher [ceinture]
06 ♦ **ab|schnallen**, sich, détacher sa ceinture
22 **ab|schneiden**[1], i, i, + D + A, couper → 193
22 **ab|schneiden**[2], i, i, vi (hat), s'en sortir
04 **ab|schnüren**, + A, ligaturer
04 **ab|schrauben**, + A, dévisser
04 **ab|schrecken**, + A, dissuader ; *(cuisine)* passer à l'eau froide
21 **ab|schreiben**, ie, ie, + A, von, copier sur
22 **ab|schreiten**, i, i, + A, arpenter ; *(mil.)* passer en revue
09 **ab|schuften**, sich, s'éreinter
04 **ab|schürfen**, + A, érafler
07 **ab|schütteln**, + A, secouer ; *(fam.)* semer [un poursuivant]
04 **ab|schwächen**, + A, atténuer, affaiblir
04 **ab|schweifen** (ist), s'égarer, s'écarter
29 **ab|schwellen**, o, o, i, (ist), désenfler
04 **ab|schwemmen**, + A, rincer
04 **ab|schwenken** (ist), dévier, changer de direction
25 **ab|schwören**, o, o, + D, adjurer
32 **ab|sehen**, a, e, ie, + A, prévoir ; von, renoncer à
04 **ab|seifen**, + A, savonner
04 **ab|seilen**, + A, descendre par une corde
01 **ab|sein** (ist), être détaché(e)
12/09 **ab|senden**, + A, expédier → 193
04 **ab|setzen**, + A, déposer ; von, déduire de
06 ♦ **ab|setzen**, sich, se déposer
08 **ab|sichern**, + A/sich, (se) protéger contre
52 **ab|sinken**, a, u, (ist), baisser
46 **ab|sitzen**[1], + A, purger [une peine]
46 **ab|sitzen**[2] (ist), von, descendre [de cheval]
10 **absolvieren**, + A, effectuer
08 **ab|sondern**, + A, isoler, sécréter
54 **ab|spalten**, + A, séparer
54 ♦ **ab|spalten**, sich, von, se détacher de
04 **ab|spannen**, + A, dételer
04 **ab|sparen**, sich + D + A, économiser
04 **ab|speisen**, + A, mit, *(fig.)* abreuver de
04 **ab|sperren**, + A, fermer, barrer → 193

07 **ab|spiegeln**, + A/sich, (se) refléter
04 **ab|spielen**, + A, jouer
04 ♦ **ab|spielen**, sich, se dérouler
49 **ab|sprechen**, a, o, i, + A, convenir de ; + D + A, dénier qqch. à qqn
49 ♦ **ab|sprechen**, a, o, i, sich, se mettre d'accord
04 **ab|sprengen**, + A, faire sauter
52 **ab|springen**, a, u, (ist), sauter
04 **ab|spulen**, + A, débobiner
04 **ab|spülen**, + A, rincer
04 **ab|stammen** (ist), von, descendre de
09 **ab|statten**, + A, rendre [visite]
04 **ab|stauben**, + A, épousseter
49 **ab|stechen**, a, o, i, vi (hat), contraster
04 **ab|stecken**, + A, jalonner, tracer
31 **ab|stehen**, a, a, vi (hat), von, être distant de → 183
21 **ab|steigen**, ie, ie, (ist), descendre [à l'hôtel]
04 **ab|stellen**, + A, déposer, couper [gaz, eau]
07 **ab|stempeln**, + A, oblitérer, coller une étiquette
50 **ab|sterben**, a, o, i, (ist), dépérir
04 **ab|stimmen**, vi (hat), voter ; auf + A, harmoniser avec
40 **ab|stoßen**, ie, o, ö, + A, repousser, dégoûter → 193
10 **abstrahieren**, + A, abstraire
22 **ab|streichen**, i, i, + A, ôter en raclant, déduire
04 **ab|streifen**, + A, enlever, se débarrasser de
22 **ab|streiten**, i, i, + D + A, contester
04 **ab|stufen**, + A, graduer, nuancer
04 **ab|stumpfen**[1], + A, abrutir
04 **ab|stumpfen**[2] (ist), gegen, devenir insensible à
04 **ab|stürzen** (ist), faire une chute, [avion] s'écraser → 192
04 **ab|stützen**, + A, étayer
04 **ab|suchen**, + A, nach, fouiller
07 **ab|takeln**, + A, *(mar.)* désarmer
09 **ab|tasten**, + A, palper
04 **ab|tauen**, + A/ist, décongeler/(se) dégeler
04 **ab|teilen**, + A, séparer
04 **ab|tippen**, + A, taper [sur clavier]
04 **ab|tönen**, + A, nuancer [couleurs]
09 **ab|töten**, + A, tuer [microbes]

ab|tragen à an|bellen

35 **ab|tragen,** u, a, ä, + A, déblayer, user [habits]
21 **ab|treiben,** ie, ie, + A, se faire avorter
04 **ab|trennen,** + A, von, détacher de ➜ 193
32 **ab|treten**[1]**,** a, e, i, + D + A, céder qqch. à qqn
32 **ab|treten**[2]**,** a, e, i, (ist), von, se retirer de
09 **ab|trocknen,** + A, essuyer
07 **ab|trudeln** (ist), descendre en vrille [avion]
30 **ab|tun,** a, a, + A, se défaire de
04 **ab|tupfen,** + A, éponger
04 **ab|urteilen,** + A, condamner
04 **ab|verlangen,** + D + A, exiger qqch. de qqn
23 **ab|wägen,** o, o, + A, peser, considérer
04 **ab|wählen,** + A, ne pas rééllire
04 **ab|wälzen,** + A, auf, rejeter la faute sur qqn
07 **ab|wandeln,** + A, modifier
08 **ab|wandern** (ist), émigrer ➜ 192
09 **ab|warten,** + A, attendre
53 **abwärts gehen,** i, a, (ist), descendre, décliner
36 **ab|waschen,** u, a, ä, + A, nettoyer, faire la vaisselle
07 **ab|wechseln,** vi (hat), mit, alterner avec
04 **ab|wehren,** + A, repousser, écarter
22 **ab|weichen,** i, i, (ist), von, s'écarter, différer de
21 **ab|weisen,** ie, ie, + A, repousser ➜ 193
12/9 **ab|wenden,** + A, détourner ➜ 192
12/9 ♦ **ab|wenden,** sich, von, se détourner de
50 **ab|werfen,** a, o, i, + A, lancer
09 **ab|werten,** + A, dévaluer
07 **ab|wickeln,** + A, dérouler, traiter, liquider [une affaire]
24 **ab|wiegen,** o, o, + A, peser
07 **ab|wimmeln,** + A, (fam.) se débarrasser de
04 **ab|winken,** vi (hat), faire signe que non
09 **ab|wirtschaften,** + A, couler [une entreprise]
04 **ab|wischen,** + A, essuyer
04 **ab|wracken,** + A, démonter, désarmer
04 **ab|würgen,** + A, caler [moteur]
04 **ab|zahlen,** + A, payer à tempérament
04 **ab|zählen,** + A, compter
04 **ab|zapfen,** + D + A, soutirer
09 **ab|zeichnen,** + A, dessiner
09 ♦ **ab|zeichnen,** sich, se profiler
24 **ab|ziehen**[1]**,** o, o, + A, retirer, soustraire

24 **ab|ziehen**[2]**,** o, o, (ist), s'éloigner, (fam.) décamper ➜ 189
04 **ab|zielen,** vi (hat), auf + A, viser à
04 **abzwacken,** + D + A, extorquer qqch. à qqn
04 **ab|zweigen**[1]**,** + A, von, prélever sur
04 **ab|zweigen**[2] (ist), bifurquer
04 **ab|zwicken,** + A, couper à la pince
52 **ab|zwingen,** a, u, + D + A, extorquer
09 **achten,** + A, respecter ; auf + A, faire attention à
09 **ächten,** + A, proscrire
32 **Acht geben,** a, e, i, auf + A, faire attention à
01 **Acht haben,** vor + D, se garder de qqn
04 **ächzen,** vi (hat), gémir
10 **addieren,** + A, additionner
10 ♦ **addieren,** sich, auf + A, s'élever à
07 **adeln,** + A, anoblir
10 **adoptieren,** + A, adopter
10 **adressieren,** + A, an + A, adresser à
04 **äffen,** + A, singer
09 **ahnden,** + A, punir
07 **ähneln,** + D, ressembler à
04 **ahnen,** + A, se douter de, pressentir
10 **akklimatisieren,** sich, s'acclimater
10 **aktivieren,** + A, activer
10 **akzentuieren,** + A, accentuer
10 **akzeptieren,** + A, accepter
10 **alarmieren,** + A, alerter
08 **altern** (ist), vieillir
10 **amerikanisieren,** + A, américaniser
10 **amnestieren,** + A, amnistier
10 **amputieren,** + D + A, amputer qqn de
10 **amtieren,** vi (hat), être en fonction
10 **amüsieren,** + A, amuser
10 ♦ **amüsieren,** sich, se moquer
10 **analysieren,** + A, analyser
04 **an|bahnen,** + A, ouvrir la voie à
04 ♦ **an|bahnen,** sich, s'annoncer
07 **an|bändeln,** vi (hat), mit jm, entamer une liaison avec qqn
04 **an|bauen,** + A, cultiver
42 **an|behalten,** ie, a, ä, + A, garder
22 **an|beißen,** i, i, + A/vi (hat), mordre
04 **an|belangen,** + A, concerner
04 **an|bellen,** + A, aboyer après

an|beraumen à an|gucken

04	**an|beraumen,** + A, *fixer* [date]	24	**an|erbieten,** o, o, + A, *offrir*
09	**an|beten,** + A, *adorer*	11	**an|erkennen,** + A, als, *reconnaître comme*
49	**an|betreffen,** a, o, i, + A, *concerner*	24	**an|erziehen,** o, o, + D + A, *inculquer*
07	**an|betteln,** jn um etw., *mendier qqch. auprès de qqn*	04	**an|fachen,** + A, *attiser*
08	**an|biedern,** sich, *vouloir se faire bien voir*	35	**an|fahren¹,** u, a, ä, + A, *accrocher* [en voiture] ; *(fig.) rabrouer* ➜ 159
24	**an|bieten,** o, o, + D + A, *offrir*	35	**an|fahren²,** u, a, ä, (ist), *démarrer* ➜ 159
24	♦ **an|bieten,** o, o, sich, *se proposer*	42	**an|fallen¹,** ie, a, ä, + A, *attaquer*
52	**an|binden,** a, u, + A, *attacher*	42	**an|fallen²,** ie, a, ä, *résulter* [dépenses]
37	**an|blasen,** ie, a, ä, + A, *souffler, attiser* [feu]	43	**an|fangen,** i, a, ä, + A, mit, *commencer* ➜ 196
04	**an|blicken,** + A, *regarder*	04	**an|fassen,** + A, *toucher* ; mit, *donner un coup de main*
07	**an|blinzeln,** + A, *regarder du coin de l'œil*	04	**an|faulen** (ist), *se gâter* ➜ 196
04	**an|bohren,** + A, *percer*	29	**an|fechten,** o, o, i, + A, *contester*
37	**an|braten,** ie, a, ä, + A, *saisir* [viande]	04	**an|fertigen,** + A, *fabriquer*
04	**an|bräunen,** + A, *(cuisine) faire dorer*	09	**an|feuchten,** + A, *humecter* ➜ 197
04	**an|brausen** (ist), *arriver en trombe*	08	**an|feuern,** + A, *allumer* ; *(fig.) exhorter*
49	**an|brechen¹,** a, o, i, + A, *entamer*	04	**an|flehen,** + A, *implorer*
49	**an|brechen²,** a, o, i, (ist), *se lever* [jour] ➜ 196	24	**an|fliegen,** o, o, + A, *desservir* [aéroport]
11	**an|brennen¹,** + A, *allumer*	08	**an|fordern,** + A, *exiger*
11	**an|brennen²,** (ist), *(cuisine) brûler, attacher*	04	**an|fragen,** vi (hat), bei, *demander à*
13	**an|bringen,** + A, *poser, fixer* ➜ 156	33	**an|fressen,** a, e, i, + A, *entamer, ronger*
04	**an|brüllen,** + A, *(vulg.) engueuler*	09	**an|freunden,** sich, mit, *se lier d'amitié avec*
08	**an|dauern,** vi (hat), *persister* ➜ 196	04	**an|fügen,** + D + A, *joindre à*
08	**ändern,** + A, *changer qqn/qqch.*	04	**an|fühlen,** + A, *toucher*
08	♦ **ändern,** sich, *changer*	04	**an|führen,** + A, *mener, citer, tromper* ➜ 162
09	**an|deuten,** + A, *indiquer, laisser entendre*	04	**an|füllen,** + A, mit, *remplir de*
09	**an|dichten,** + D + A, *prêter des paroles à*	04	**an|gaffen,** + A, *dévisager*
04	**an|drehen,** + A, *allumer* [radio] ; *(fam.)* + D + A, *fourguer* ➜ 197	32	**an|geben,** a, e, i, + A, *indiquer* ; vi (hat), *(fam.) frimer* ➜ 165
52	**an|dringen,** a, u, (ist), *affluer*	53	**an|gehen¹,** i, a, + A, *regarder, concerner*
04	**an|drohen,** jm etw., *menacer qqn de qqch.*	53	**an|gehen²,** i, a, (ist), *s'allumer*
04	**an|ecken,** vi (hat), *heurter, (fig.) scandaliser*	04	**an|gehören,** + D, *faire partie de*
09	**an|eignen,** sich (D) + A, *s'approprier qqch.*	07	**angeln,** + A, *pêcher à la ligne*
04	**aneinander fügen,** + A, *assembler*	04	**an|gewöhnen,** + D + A, *habituer qqn à qqch.*
06	♦ **aneinander fügen,** sich, *s'assembler*	04	♦ **an|gewöhnen,** sich (D) + A, *prendre l'habitude de faire qqch.*
37	**aneinander geraten,** ie, a, ä, (ist), *se disputer*	22	**an|gleichen,** i, i, + D + A, *assimiler à*
04	**aneinander grenzen,** vi (hat), *être voisins*	08	**an|gliedern,** + D + A, *rattacher à*
04	**aneinander reihen,** + A, *enfiler*	04	**an|glotzen,** + A, *regarder bouche bée*
06	♦ **aneinander reihen,** sich, *se succéder*	22	**an|greifen,** i, i, + A, *attaquer* ➜ 195
04	**aneinander legen,** + A, *assembler*	04	**an|grenzen,** vi (hat), *être limitrophe de*
40	**aneinander stoßen,** ie, o, ö, + A, *entrechoquer*	04	**an|grinsen,** + A, *regarder en ricanant*
40	**aneinander stoßen,** ie, o, ö, (ist), *se heurter*	06	**ängstigen,** sich, *s'inquiéter*
07	**an|ekeln,** + A, *dégoûter*	04	**an|gucken,** sich (D) + A, *regarder*
47	**an|empfehlen,** a, o, ie, + A, *recommander*		
04	**an|erben,** + A, *hériter*		

09	**an|gürten**, + A, *ceindre*	07	**an|kurbeln**, + A, *tourner la manivelle ;* (*fig.*) *stimuler*
01	**an|haben**, + A, *porter [vêtements]*		
09	**an|haften**, + A, *coller à*	07	**an|lächeln**, + A, *sourire à qqn* → 195
04	**an|haken**, + A, *accrocher, cocher*	04	**an|lachen**, + A, *regarder qqn en riant*
42	**an|halten**[1], ie, a, ä, + A, *arrêter qqn*	04	**an|langen** (ist), *parvenir*
42	**an|halten**[2], ie, a, ä, vi (hat), *s'arrêter, durer* → 196	42	**an|lassen**, ie, a, ä, + A, *mettre le contact*
		09	**an|lasten**, + D + A, *imputer qqch. à qqn*
04	**an|hängen**, + A, *accrocher, ajouter*	38	**an|laufen**[1], ie, au, äu, + A, (*mar.*) *faire escale à*
04	**an|hauchen**, + A, *souffler sur*		
04	**an|häufen**, + A, *accumuler, entasser*	38	**an|laufen**[2], ie, au, äu, (ist), *débuter, démarrer, sortir [film]* → 196
06	♦ **an|häufen**, sich, *s'accumuler, s'entasser*		
23	**an|heben**, o, o, + A, *soulever, relever [prix]*	09	**an|lauten**, vi (hat), mit, (*phonétique*) *commencer par*
09	**an|heften**, + A, an, *fixer à*		
42	**anheim fallen**, ie, a, ä, (ist), + D, *échoir à qqn*	04	**an|legen**, + A, an, *poser, placer [argent] ;* (*mar.*) *accoster* → 174
32	**anheim geben**, a, e, i, + D + A, *s'en remettre à qqn de qqch.*	04	**an|lehnen**, + A, *laisser entrouvert(e) [porte], appuyer contre*
04	**an|heizen**, + A, *chauffer ;* (*fig.*) *mettre de l'ambiance*	06	♦ **an|lehnen**, sich, an + A, *s'appuyer contre ;* (*fig.*) *s'inspirer de*
08	**an|heuern**, + A, *engager qqn*	04	**an|leimen**, + A, *coller ;* (*fam.*) *rouler qqn*
07	**an|himmeln**, + A, *porter aux nues* → 197	09	**an|leiten**, + A, zu, *conduire, amener à*
04	**an|hören**, sich (D) + A, *écouter* → 195	04	**an|lernen**, + A, *former*
04	**an|kämpfen**, vi (hat), gegen, *lutter contre*	08	**an|liefern**, + A, *livrer à domicile*
04	**an|kaufen**, + A, *acheter*	44	**an|liegen**, a, e, vi (hat), eng, *[vêtement] être moulant* → 177
08	**ankern**, vi (hat), *mouiller [bateau]*		
09	**an|ketten**, + A, *enchaîner*	04	**an|locken**, + A, *attirer*
04	**an|klagen**, + A, *accuser*	26	**an|lügen**, o, o, + A, *mentir à* → 195
08	**an|klammern**, sich, *s'agripper à*	04	**an|machen**, + A, *attacher, allumer ;* (*fam.*) *draguer*
04	**an|kleben**, + A, *coller*		
09	**an|kleiden**, + A, *habiller*	04	**an|mahnen**, + A, *exhorter à*
09	♦ **an|kleiden**, sich, *s'habiller*	04	**an|malen**, + A, *peindre*
52	**an|klingen**, a, u, vi (hat), *retentir*	04	**an|maßen**, sich (D) + A, *se permettre qqch*
04	**an|klopfen**, vi (hat), *frapper [chez qqn]*	09	**an|melden**, + A, *annoncer qqn*
04	**an|knipsen**, + A, *presser [le bouton]*	09	♦ **an|melden**, sich, *s'inscrire, déclarer son arrivée*
04	**an|knüpfen**, + A, *attacher,* (*fig.*) *nouer [relations]*		
		04	**an|merken**, + D + A, *remarquer (à propos de qqn)*
08	**an|ködern**, + A, *allécher*		
34	**an|kommen**, a, o, (ist), *arriver* → 171	09	**an|muten**, + A, *donner l'impression de*
07	**an|koppeln**, + A, an, *atteler, amarrer à*	04	**an|nähen**, + A, an, *(re)coudre*
04	**an|kratzen**, + A, *érafler*	08	**an|nähern**, + D, *rapprocher de*
09	**an|kreiden**, + D + A, (*fig.*) *faire payer qqch. à qqn*	08	♦ **an|nähern**, sich, *se rapprocher*
		48	**an|nehmen**, a, o, i, + A, *accepter, supposer* → 180
04	**an|kreuzen**, + A, *cocher*		
04	**an|kündigen**, + A, *annoncer*	10	**annektieren**, + A, *annexer*
06	♦ **an|kündigen**, sich, *s'annoncer*	10	**annoncieren**, + A, *passer une annonce*
07	**an|kuppeln**, + A, an + A, *accrocher [wagons]*	10	**annullieren**, + A, *annuler*
		09	**an|öden**, + A, *barber qqn*

an|ordnen à an|spritzen

09	**an|ordnen**, + A, *arranger, ordonner*	24	**an|schieben**, o, o, + A, *pousser*
04	**an|packen**, + A, *(fam.) s'attaquer à ; mit, mettre la main à la pâte*	28	**an|schießen**[1], o, o, + A, *blesser [par balle]*
04	**an|passen**, + D + A, *adapter à*	28	**an|schießen**[2], o, o, (ist), *surgir brusquement*
04	♦ **an|passen**, sich, + D, *s'adapter à*	35	**an|schlagen**[1], u, a, ä, + A, *afficher, ébrécher*
04	**an|peilen**, + A, *(mar.) mettre le cap sur*	35	**an|schlagen**[2], u, a, ä, vi (hat/ist), *déferler [vagues] ; aboyer*
22	**an|pfeifen**, i, i, + A, *siffler, donner le coup d'envoi*	22	**an|schleichen**, i, i, (ist), *approcher à pas de loup*
04	**an|pflanzen**, + A, *planter*	04	**an|schleppen**, + A, *traîner*
07	**an|pöbeln**, + A, *prendre qqn à partie*	28	**an|schließen**, o, o, + A, *brancher, raccorder*
04	**an|prallen** (ist), *heurter*	28	♦ **an|schließen**, o, o, sich, + D, *se joindre à*
08	**an|prangern**, + A, *clouer au pilori*	06	**an|schmiegen**, sich, an + A, *se blottir contre*
21	**an|preisen**, ie, ie, + A, *vanter*	04	**an|schmieren**, + A, *barbouiller ; (fig., fam.) rouler, berner*
10	**an|probieren**, + A, *essayer [vêtement]*	04	**an|schnallen**, + A, *attacher*
04	**an|pumpen**, + A, um, *(fam.) taper qqn [argent]*	06	♦ **an|schnallen**, sich, *mettre sa ceinture [de sécurité]*
07	**an|radeln** (ist), *arriver à vélo*	04	**an|schnauzen**, + A, *(vulg.) engueuler*
37	**an|raten**, ie, a, ä, + D + A, *conseiller*	22	**an|schneiden**, i, i, + A, *entamer ; (fig.) aborder [question]*
09	**an|rechnen**, + D + A, *prendre en compte*	04	**an|schrauben**, + A, *visser*
09	**an|reden**, + A, *aborder qqn* → 195	21	**an|schreiben**, ie, ie, + A, *écrire à qqn*
04	**an|regen**, + A, *stimuler, zu, inciter à*	21	**an|schreien**, ie, ie, + A, *agresser verbalement*
21	**an|reiben**, ie, ie, + A, *frotter*	04	**an|schuldigen**, + A, wegen, *accuser qqn de*
08	**an|reichern**, + A, mit, *enrichir*	04	**an|schwärzen**, + A, *noircir ; (fig.) dénigrer*
04	**an|reihen**, + A, *ranger à la suite, enfiler*	29	**an|schwellen**, o, o, i, (ist), *enfler, grossir*
04	**an|reisen** (ist), *arriver à destination* → 195	04	**an|schwemmen**, + A, *charrier*
22	**an|reißen**, i, i, + A, *entamer ; (techn.) tracer*	07	**an|segeln**[1], + A, *aborder*
04	**an|reizen**, + A, zu, *stimuler, encourager à*	07	**an|segeln**[2] (ist), *approcher [voilier]*
07	**an|rempeln**, + A, *bousculer*	32	**an|sehen**, sich (D) + A, *regarder* → 195
11	**an|rennen** (ist), *accourir*	06	**an|seilen**, sich, *s'encorder*
09	**an|richten**, + A, *préparer [plats], causer [dommages]*	02	**an sein** (ist), *être allumé(e)*
04	**an|rollen** (ist), *[commencer à] rouler, arriver*	04	**an|setzen**, + A, *fixer ; vi (hat), commencer, s'apprêter à*
04	**an|rücken**[1], + A, *approcher qqch.*	07	**an|siedeln**, + A, *établir, implanter*
04	**an|rücken**[2] (ist), *s'approcher*	07	♦ **an|siedeln**, sich, *s'établir, s'implanter à*
41	**an|rufen**, ie, u, + A, *appeler au téléphone*	4	**an|spannen**, + A, *tendre, atteler [cheval]*
04	**an|rühren**, + A, *toucher, délayer*	04	**an|sparen**, + A, *économiser*
04	**an|sagen**, + A, *annoncer*	04	**an|spielen**, + A, *passer le ballon ; vi (hat), faire allusion à*
07	**an|sammeln**, + A, *accumuler, rassembler*	51	**an|spinnen**, a, o, + A, *tramer, nouer*
07	♦ **an|sammeln**, sich, *s'accumuler, se rassembler*	04	**an|spornen**, + A, zu, *stimuler, aiguillonner*
27	**an|saugen**, o, o, + A, *aspirer*	49	**an|sprechen**, + A, *aborder qqn, plaire* → 195
04	**an|sausen** (ist), *arriver en trombe*	52	**an|springen**[1], a, u, + A, *sauter sur*
04	**an|schaffen**, sich (D) + A, *acquérir*	52	**an|springen**[2], a, u, (ist), *démarrer [moteur]*
09	**an|schalten**, + A, *allumer [appareil]*	04	**an|spritzen**, + A, *asperger*
04	**an|schauen**, sich (D) + A, *regarder*		
06	**an|schicken**, sich, zu + inf., *s'apprêter à*		

an|stacheln à auf|arbeiten

07 **an|stacheln**, + A, zu, inciter à
04 **an|starren**, + A, fixer du regard
49 **an|stechen**, a, o, i, + A, piquer, mettre en perce [tonneau]
04 **an|stecken**, + A, allumer, contaminer
04 ♦ **an|stecken**, sich (bei), attraper qqch. (au contact de qqn)
31 **an|stehen**, a, a, vi (hat), faire la queue, être en attente ➔ 183
21 **an|steigen**, ie, ie, (ist), monter
04 **an|stellen**, + A, embaucher qqn, allumer [appareil] ➔ 186
06 ♦ **an|stellen**, sich, faire la queue, faire des manières
04 **an|stemmen**, + A, appuyer sur
06 ♦ **an|stemmen**, sich, s'appuyer sur
09 **an|stiften**, + A, zu, inciter à
04 **an|stimmen**, + A, entonner
40 **an|stoßen**[1], ie, o, ö, + A, pousser ; vi (hat), trinquer
40 **an|stoßen**[2], ie, o, ö, (ist), heurter
04 **an|strahlen**, + A, illuminer
04 **an|streben**, + A, aspirer à
22 **an|streichen**, i, i, + A, peindre, souligner
04 **an|strengen**, + A, fatiguer, demander des efforts
06 ♦ **an|strengen**, sich, zu, s'efforcer de
04 **an|stürmen** (ist), gegen, se ruer sur, assaillir
04 **an|suchen**, vi (hat), um etw., solliciter qqch.
09 **an|tasten**, + A, toucher ; (fig.) porter atteinte à
04 **an|tippen**, + A, effleurer
35 **an|tragen**, u, a, ä, + D + A, apporter, offrir
49 **an|treffen**, a, o, i, + A, rencontrer ➔ 195
21 **an|treiben**, ie, ie, + A, zu, pousser à ; (techn.) actionner
32 **an|treten**[1], a, e, i, + A, entreprendre [voyage]
32 **an|treten**[2], a, e, i, (ist), se mettre en piste ➔ 196
52 **an|trinken**, a, u, + A, entamer [bouteille] ; angetrunken, éméché
30 **an|tun**, a, a, + D + A, faire du mal à qqn
04 **an|turnen**, + A, exalter, mettre en transes
09 **antworten**, + D/auf, répondre à qqn/à qqch.
04 **an|vertrauen**, + D + A, confier qqch. à qqn
06 ♦ **an|vertrauen**, sich, + D, se confier à qqn
10 **an|visieren**, + A, viser

36 **an|wachsen**, u, a, ä, (ist), prendre racine, augmenter
04 **an|wählen**, + A, appeler [au téléphone]
04 **an|wärmen**, + A, réchauffer légèrement
21 **an|weisen**, ie, ie, + A, donner instruction de ; virer [argent]
12/9 **an|wenden**, + A, auf + A, employer, appliquer à
50 **an|werben**, a, o, i, + A, recruter
50 **an|werfen**, a, o, i, + A, mettre en marche [moteur]
08 **an|widern**, + A, dégoûter
04 **an|zahlen**, + A, verser un acompte
04 **an|zapfen**, + A, mettre en perce, mettre sur écoute
09 **an|zeichnen**, + A, annoter
04 **an|zeigen**, + A, indiquer, dénoncer
07 **an|zetteln**, + A, provoquer
24 **an|ziehen**, o, o, + A, mettre [vêtement], attirer qqn ➔ 189
24 ♦ **an|ziehen**, o, o, sich, s'habiller ➔ 189
09 **an|zünden**, + A, allumer
07 **an|zweifeln**, + A, mettre qqch. en doute
10 **appellieren**, vi (hat), an + A, faire appel à, exhorter
10 **applaudieren**, vi (hat), + D, applaudir qqn
09 **arbeiten**, vi (hat), travailler, fonctionner [appareil]
08 **ärgern**, + A, énerver
08 ♦ **ärgern**, sich, s'énerver, se fâcher
10 **argumentieren**, vi (hat), argumenter
04 **argwöhnen**, + A, soupçonner
10 **arrangieren**, + A, mettre sur pied, organiser
10 ♦ **arrangieren**, sich, mit, (s')arranger avec
09 **arten** (ist), nach, tenir de
10 **artikulieren**, vi (hat), articuler, exprimer
10 **asphaltieren**, + A, goudronner
10 **assimilieren**, + A, assimiler
10 **assistieren**, + D, assister qqn
10 **assoziieren**, + A, mit, associer à
09 **atmen**, + A, respirer
10 **attackieren**, + A, attaquer
10 **attestieren**, + D + A, certifier
04 **ätzen**, + A, attaquer, corroder
09 **auf|arbeiten**, + A, rattraper [retard]

auf|atmen à auf|haben

09 **auf|atmen**, vi (hat), pousser un soupir de soulagement
04 **auf|bauen**, + A, construire ; auf + D, se fonder sur → 199
06 **auf|bäumen**, sich, gegen, se cabrer
04 **auf|bauschen**, + A, (fam.) monter qqch. en épingle
04 **auf|begehren**, vi (hat), s'élever contre
42 **auf|behalten**, ie, a, ä, + A, garder sur soi
34 **auf|bekommen**, a, o, + A, réussir à ouvrir, avoir un devoir [scolaire]
09 **auf|bereiten**, + A, préparer, traiter → 199
08 **auf|bessern**, + A, améliorer
04 **auf|bewahren**, + A, conserver
24 **auf|bieten**, o, o, + A, déployer, mettre en œuvre
52 **auf|binden**, a, u, + A, délier, détacher
04 **auf|blähen**, + A, gonfler, ballonner
06 ♦ **auf|blähen**, sich, se gonfler
37 **auf|blasen**, ie, a, ä, + A, gonfler
08 **auf|blättern**, + A, feuilleter
21 ♦ **auf|bleiben** ie, ie, (ist), rester debout/ouvert(e)
09 **auf|blenden**, + A, mettre en phares
04 **auf|blicken**, vi (hat), lever les yeux
04 **auf|blitzen**, (ist), jaillir
04 **auf|blühen**, (ist), s'épanouir
04 **auf|brauchen**, + A, épuiser [stock] → 200
04 **auf|brausen**, (ist), éclater, s'emporter
49 **auf|brechen¹**, a, o, i, + A, fracturer → 199
49 **auf|brechen²**, a, o, i, (ist), se mettre en route → 200
13 **auf|bringen**, + A, lancer [mode], mettre en colère → 156
04 **auf|brummen**, + D + A, coller [une punition]
07 **auf|bügeln**, + A, repasser
09 **auf|bürden**, + D + A, charger de → 200 remarque
09 **auf|bürsten**, + A, brosser
04 **auf|decken**, + A, découvrir ; vi (hat), mettre la table
06 ♦ **auf|decken**, sich, se découvrir
08 **auf|donnern**, sich, se pomponner
04 **auf|drängen**, + D + A, imposer → 199 remarque
06 ♦ **auf|drängen**, sich, + D, s'imposer à qqn
04 **auf|drehen**, + A, ouvrir [robinet]
07 **auf|dröseln**, + A, démêler
04 **auf|drucken**, + A, imprimer sur

04 **auf|drücken**, + A, pousser, apposer sur
04 **aufeinander drücken**, + A, presser l'un(e) contre l'autre
04 **aufeinander folgen** (ist), se succéder
04 **aufeinander legen**, + A, superposer
44 **aufeinander liegen**, a, e, vi (hat), se superposer
04 **aufeinander passen**, + A, ajuster ; vi (hat), s'accorder
04 **aufeinander prallen**, (ist), entrer en collision
07 **aufeinander stapeln**, + A, empiler
40 **aufeinander stoßen**, ie, o, ö, (ist), se heurter, s'entrechoquer
49 **aufeinander treffen**, a, o, i, (ist), se rencontrer
04 **auf|erlegen**, + D + A, imposer qqch. à qqn
31 **auf|erstehen**, a, a, (ist), ressusciter
04 **auf|erwecken**, + A, ressusciter qqn
33 **auf|essen**, a, e, i, + A, finir de manger → 200
07 **auf|fädeln**, + A, enfiler
35 **auf|fahren**, u, a, ä, (ist), sursauter ; auf + A, heurter par derrière → 159
42 **auf|fallen** (ist), + D, frapper, sauter aux yeux
43 **auf|fangen**, i, a, ä, + A, attraper
04 **auf|fassen**, + A, comprendre, saisir
52 **auf|finden**, a, u, + A, (re)trouver
04 **auf|fischen**, + A, pêcher ; (fam.) dégoter
08 **auf|flackern** (ist), jeter une lueur vacillante
24 **auf|fliegen**, o, o, (ist), s'envoler, s'ouvrir brusquement
04 **auf|fordern**, + A, zu, inviter à, sommer de
09 **auf|forsten**, + A, reboiser
33 **auf|fressen**, a, e, i, + A, dévorer
04 **auf|frischen**, + A, rafraîchir
04 **auf|führen**, + A, représenter, énumérer → 162
06 ♦ **auf|führen**, sich, se conduire → 162
04 **auf|füllen**, + A, remplir, reconstituer [stock]
07 **auf|gabeln**, + A, piquer ; (fam.) dénicher
32 **auf|geben**, a, e, i, + A, abandonner → 165
53 **auf|gehen**, i, a, (ist), se lever [astre], s'ouvrir → 168
28 **auf|gießen**, o, o, + A, faire infuser [thé]
08 **auf|gliedern**, + A, in + A, diviser en
35 **auf|graben**, u, a, ä, + A, creuser
22 **auf|greifen**, i, i, + A, ramasser, reprendre
01 **auf|haben¹**, + A, avoir à faire ; garder [sur la tête]

auf|haben à auf|raffen

01 **auf|haben²**, vi (hat), être ouvert [commerce]
42 **auf|halten**, ie, a, ä, + A, retenir, arrêter
42 ♦ **auf|halten**, ie, a, ä, sich, séjourner
04 **auf|hängen**, + A, (sus)pendre ;
   vi (hat), raccrocher [téléphone] ➜ 199
04 **auf|häufen**, + A, entasser ➜ 199
06 ♦ **auf|häufen**, sich, s'entasser
23 **auf|heben**, o, o, + A, ramasser, lever ➜ 199
08 **auf|heitern**, + A, égayer
08 ♦ **auf|heitern**, sich, s'éclaircir [ciel]
50 **auf|helfen**, + D, aider qqn à se relever
04 **auf|hellen**, + A, éclaircir ➜ 200 remarque
06 ♦ **auf|hellen**, sich, s'éclaircir ➜ 200 remarque
04 **auf|hetzen**, + A, provoquer ; gegen, soulever contre ➜ 199
04 **auf|heulen**, vi (hat), hurler
04 **auf|holen**, + A, rattraper, combler [retard]
04 **auf|horchen**, vi (hat), tendre l'oreille
04 **auf|hören**, vi (hat), cesser, s'arrêter de ➜ 200
04 **auf|kaufen**, + A, acheter en bloc
04 **auf|keimen**, (ist), germer
04 **auf|klaffen**, vi (hat), être béant(e)
04 **auf|klappen**, + A, ouvrir
04 **auf|klaren**, vi (hat), s'éclaircir
04 **auf|klären**, + A, élucider ➜ 200 remarque
06 ♦ **auf|klären**, sich, s'expliquer
04 **auf|kleben**, + A, coller ➜ 199
04 **auf|knacken**, + A, casser, forcer ➜ 199
04 **auf|knöpfen**, + A, déboutonner
04 **auf|knüpfen**, + A, défaire
04 **auf|kochen**, (ist), bouillir
34 **auf|kommen**, a, o, (ist), survenir ;
   für etw., subvenir à ➜ 171
04 **auf|kratzen**, + A, gratter
07 **auf|krempeln**, sich (D) + A, retrousser
04 **auf|kreuzen**, (ist), débarquer
04 **auf|kriegen**, + A, réussir à ouvrir
04 **auf|kündigen**, + D + A, donner congé, rompre
04 **auf|lachen**, vi (hat), éclater de rire
35 **auf|laden**, u, a, ä, + A, (re)charger
42 **auf|lassen**, ie, a, ä, + A, laisser ouvert(e) ;
   garder [sur la tête]
08 **auf|lauern**, + D, guetter qqn
38 **auf|laufen**, ie, au, äu, (ist), auf + A, s'échouer sur qqch.

04 **auf|leben** (ist), renaître, s'animer
04 **auf|legen**, + A, poser, raccrocher [téléphone], éditer ➜ 174
06 **auf|lehnen**, sich, se révolter ➜ 199
32 **auf|lesen**, a, e, ie, + A, ramasser
09 **auf|leuchten** (ist), s'allumer
44 **auf|liegen**, a, e, vi (hat), reposer sur ;
   + D, incomber à ➜ 177
09 **auf|listen**, + A, faire la liste de ➜ 200
08 **auf|lockern**, + A, ameublir [sol] ;
   (fig.) détendre ➜ 200 remarque
08 ♦ **auf|lockern**, sich, se détendre
08 **auf|lodern** (ist), s'embraser
04 **auf|lösen**, + A, dissoudre
06 ♦ **auf|lösen**, sich, se dissoudre, se dissiper
04 **auf|machen**, + A, ouvrir ➜ 199
06 ♦ **auf|machen**, sich, partir, se mettre en route
04 **auf|malen**, + A, peindre
10 **auf|marschieren** (ist), (mil.) défiler
04 **auf|merken**, vi (hat), dresser l'oreille
07 **auf|möbeln**, + A, (fam.) requinquer, revigorer
04 **auf|mucken**, vi (hat), se rebiffer
08 **auf|muntern**, + A, encourager
48 **auf|nehmen**, a, o, i, + A, recueillir, prendre [photo] ➜ 180
04 **auf|nötigen**, + D + A, imposer qqch. à qqn
10 **auf|oktroyieren**, + D + A, imposer
08 **auf|opfern** (sich), für, se sacrifier pour
04 **auf|packen**, + A, charger
07 **auf|päppeln**, + A, (fam.) requinquer
04 **auf|passen**, vi (hat), auf + A, faire attention à
04 **auf|peitschen**, + A, donner un coup de fouet ;
   (fig.) soulever
04 **auf|pflanzen**, + A, planter
06 ♦ **auf|pflanzen**, sich, se camper
04 **auf|pfropfen**, + A, greffer
04 **auf|platzen** (ist), éclater ➜ 199
10 **auf|polieren**, + A, (re)polir
04 **auf|prägen**, + D + A, mettre son empreinte
04 **auf|prallen** (ist), auf, entrer en collision
04 **auf|pumpen**, + A, gonfler
04 **auf|putschen**, + A, exciter, doper
06 **auf|putzen**, sich, s'endimancher
29 **auf|quellen**, o, o, i, (ist), gonfler ➜ 199
06 **auf|raffen**, sich, zu, se décider [à faire]

DICTIONNAIRE DES VERBES

auf|ragen à auf|tauen

- 04 **auf|ragen**, vi (hat), se dresser
- 07 **auf|rappeln**, sich, *(fam.)* se retaper
- 04 **auf|räumen**, + A, ranger → 199
- 09 **auf|rechnen**, + A, gegen, compenser par
- 42 **aufrecht|erhalten**, ie, a, ä, + A, maintenir
- 42 **aufrecht halten**, ie, a, ä, + A, tenir droit(e)
- 46 **aufrecht sitzen**, a, e, vi (hat), se tenir droit [sur sa chaise]
- 04 **auf|regen**, + A, énerver → 199
- 06 ♦ **auf|regen**, sich, über, s'irriter [à propos de]
- 21 **auf|reiben**, ie, ie, + A, écorcher, user
- 06 **auf|reihen**, + A, aligner
- 22 **auf|reißen**, i, i, + A, ouvrir violemment → 199
- 04 **auf|reizen**, + A, exciter, provoquer
- 09 **auf|richten**, + A, (re)dresser
- 09 ♦ **auf|richten**, sich, se dresser ; *(fig.)* reprendre courage → 199
- 04 **auf|rollen**, + A, enrouler, dérouler
- 04 **auf|rücken** (ist), avancer
- 41 **auf|rufen**, ie, u, + A, zu, appeler (à)
- 04 **auf|rühren**, + A, remuer, *(fig.)* agiter
- 09 **auf|runden**, + A, arrondir
- 09 **auf|rüsten**, + A, réarmer → 199
- 07 **auf|rütteln**, + A, secouer, réveiller
- 04 **auf|sagen**, + A, réciter
- 07 **auf|sammeln**, + A, ramasser
- 27 **auf|saugen**, o, o, + A, absorber
- 04 **auf|schauen**, vi (hat), lever les yeux → 199
- 04 **auf|scheuchen**, + A, effrayer, débusquer
- 09 **auf|schichten**, + A, empiler → 199
- 24 **auf|schieben**, o, o, + A, repousser, différer
- 28 **auf|schießen**, o, o, (ist), pousser comme un champignon
- 35 **auf|schlagen**[1], u, a, ä, + A, ouvrir, monter [tente] → 199
- 35 **auf|schlagen**[2], u, a, ä, (ist), auf, rebondir sur
- 28 **auf|schließen**, o, o, + A, ouvrir → 199
- 04 **auf|schlitzen**, + A, fendre, éventrer
- 07 **auf|schlüsseln**, + A, répartir, ventiler
- 04 **auf|schnappen**[1], + A, happer, saisir au vol
- 04 **auf|schnappen**[2] (ist), s'ouvrir de soi-même
- 22 **auf|schneiden**, i, i, + A, découper ; *(fig.)* fanfaronner
- 04 **auf|schnüren**, + A, défaire [nœud, lacet]
- 04 **auf|schrauben**, + A, dévisser
- 04 **auf|schrecken**[1], + A, effrayer → 199
- 49 **auf|schrecken**[2], a, o, i, (ist), sursauter
- 21 **auf|schreiben**, ie, ie, + A, noter
- 21 **auf|schreien**, ie, ie, vi (hat), pousser un cri
- 09 **auf|schütten**, + A, remblayer
- 04 **auf|schwatzen**, + D + A, *(fam.)* fourguer
- 29 **auf|schwellen**, o, o, i, (ist), enfler → 199
- 52 **auf|schwingen**, a, u, sich, prendre son essor → 199
- 32 **auf|sehen**, a, e, ie, vi (hat), lever les yeux → 199
- 02 **auf sein** (ist), être ouvert(e), être debout
- 04 **auf|setzen**[1], + A, mettre, arborer → 199
- 04 **auf|setzen**[2], vi (hat), se poser [avion]
- 04 **auf|seufzen**, vi (hat), soupirer
- 46 **auf|sitzen**, a, e, vi (ist/hat), se mettre en selle
- 04 **auf|spannen**, + A, ouvrir, déployer
- 04 **auf|sparen**, + A, mettre de côté
- 04 **auf|sperren**, + A, ouvrir en grand
- 06 **auf|spielen**, sich, faire l'important
- 04 **auf|spießen**, + A, embrocher
- 52 **auf|springen**, a, u, (ist), sursauter, s'ouvrir
- 04 **auf|spritzen** (ist), gicler
- 04 **auf|spüren**, + A, flairer, détecter
- 07 **auf|stacheln**, + A, zu, pousser à
- 04 **auf|stampfen**, vi (hat/ist), frapper du pied
- 07 **auf|stapeln**, + A, empiler
- 04 **auf|stauen**, + A, retenir → 199
- 06 ♦ **auf|stauen**, sich, s'accumuler
- 06 **auf|stecken**, + A, relever, laisser tomber
- 31 **auf|stehen**, a, a, (ist), se lever → 183
- 21 **auf|steigen**, ie, ie, (ist), s'élever → 199
- 04 **auf|stellen**, + A, placer, établir [record] → 186
- 06 ♦ **auf|stellen**, sich, se poster
- 04 **auf|stemmen**, sich, auf, s'appuyer sur
- 08 **auf|stöbern**, + A, débusquer, dénicher
- 04 **auf|stocken**, + A, surélever, augmenter
- 40 **auf|stoßen**, ie, o, ö, + A, ouvrir [en poussant]
- 22 **auf|streichen**, i, i, + A, auf + A, étaler sur
- 04 **auf|stülpen**, + A, enfoncer [sur la tête]
- 04 **auf|stützen**, + A, appuyer
- 06 ♦ **auf|stützen**, sich, auf, s'appuyer sur
- 04 **auf|suchen**, + A, consulter qqn
- 04 **auf|tanken**, + A, faire le plein
- 04 **auf|tauchen** (ist), émerger, *(fig.)* surgir
- 04 **auf|tauen**[1], + A, décongeler
- 04 **auf|tauen**[2] (ist), se dégeler

auf|teilen à auseinander fallen

04 **auf|teilen**, + A, partager, répartir ➜ 199
04 **auf|tischen**, + A, servir
35 **auf|tragen**, u, a, ä, + A, servir, appliquer sur
21 **auf|treiben**, ie, ie, + A, dénicher
04 **auf|trennen**, + A, défaire
32 **auf|treten**, a, e, i, (ist), monter [sur scène], apparaître
04 **auf|trumpfen**, vi (hat), dire son fait à qqn
30 **auf|tun**, a, a, sich, s'ouvrir ➜ 199
04 **auf|türmen**, + A, accumuler
06 ♦ **auf|türmen**, sich, s'amonceler
04 **auf|wachen** (ist), se réveiller
36 **auf|wachsen**, u, a, ä, (ist), grandir
04 **auf|wärmen**, + A, réchauffer
06 ♦ **auf|wärmen**, sich, se réchauffer
09 **auf|warten**, + D, servir
53 **aufwärts gehen**, i, a, (ist), remonter la pente
36 **auf|waschen**, u, a, ä, + A, laver la vaisselle
04 **auf|wecken**, + A, réveiller ➜ 199
04 **auf|weichen**, + A, ramollir, détremper
21 **auf|weisen**, ie, ie, + A, montrer, présenter
9/12 **auf|wenden**, + A, mettre en œuvre, dépenser
50 **auf|werfen**, a, o, i, + A, soulever [problème]
09 **auf|werten**, + A, valoriser, réévaluer
07 **auf|wickeln**, + A, enrouler
07 **auf|wiegeln**, + A, inciter à la révolte
24 **auf|wiegen**, o, o, + A, compenser
07 **auf|wirbeln**, + A, soulever des tourbillons
04 **auf|wischen**, + A, essuyer ➜ 199
04 **auf|wühlen**, + A, retourner, (fig.) remuer
04 **auf|zählen**, + A, énumérer
04 **auf|zehren**, + A, épuiser
09 **auf|zeichnen**, + A, tracer, enregistrer
04 **auf|zeigen**, + A, mettre en évidence
24 **auf|ziehen¹**, o, o, + A, remonter, élever
24 **auf|ziehen²**, o, o, (ist), approcher [orage]
52 **auf|zwingen**, a, u, + D + A, imposer qqch. à qqn
07 **äugeln**, vi (hat), lancer des œillades
09 **aus|arbeiten**, + A, élaborer
09 **aus|arten** (ist), in + A, dégénérer en
09 **aus|atmen**, + A, expirer ➜ 202
04 **aus|bauen**, + A, agrandir, démonter [moteur] ➜ 203
22 **aus|beißen**, i, i, sich (D) + A, se casser [une dent]

08 **aus|bessern**, + A, raccommoder, réparer
04 **aus|beulen**, + A, débosseler, déformer
06 ♦ **aus|beulen**, sich, se déformer
09 **aus|beuten**, + A, exploiter
04 **aus|bezahlen**, + A, finir de payer
24 **aus|bieten**, o, o, + A, offrir, mettre en vente
09 **aus|bilden**, + A, former, instruire
45 **aus|bitten**, a, e, sich (D) + A, demander
37 **aus|blasen**, ie, a, ä, + A, éteindre en soufflant
21 **aus|bleiben**, ie, ie, (ist), ne pas arriver ➜ 203
09 **aus|blenden**, + A, faire disparaître de l'écran
09 **aus|bluten** (ist), se vider de son sang
09 **aus|booten**, + A, (fam.) évincer, virer
04 **aus|borgen**, sich (D) + A, emprunter
49 **aus|brechen¹**, a, o, i, + A, arracher
49 **aus|brechen²**, a, o, i, (ist), éclater ➜ 202
09 **aus|breiten**, + A, étendre
09 ♦ **aus|breiten**, sich, se répandre ➜ 203
11 **aus|brennen** (ist), s'éteindre, être détruit(e) par le feu
13 **aus|bringen**, (Trinkspruch) porter (un toast)
07 **aus|buddeln**, + A, (fam.) déterrer
07 **aus|bügeln**, + A, repasser ; (fig.) arranger
08 **aus|bürgern**, + A, déclarer déchu de sa nationalité
09 **aus|bürsten**, + A, brosser ➜ 203
04 **aus|büxen** (ist), (fam.) se barrer
04 **aus|dehnen**, + A, étendre, prolonger
06 ♦ **aus|dehnen**, sich, s'étendre, ➜ 203
13 **aus|denken**, sich (D) + A, imaginer qqch.
09 **aus|deuten**, + A, interpréter
04 **aus|dienen**, vi (hat), ausgedient haben, avoir fait son temps
10 **aus|diskutieren**, + A, discuter en long et en large
04 **aus|drehen**, + A, fermer, éteindre
04 **aus|drucken**, + A, imprimer
04 **aus|drücken**, + A, exprimer, presser ➜ 202
06 ♦ **aus|drücken**, sich, s'exprimer
09 **aus|dünsten**, + A, exhaler
49 **auseinander brechen¹**, a, o, i, + A, rompre
49 **auseinander brechen²**, a, o, i, (ist), se briser, se disloquer
13 **auseinander bringen**, + A, séparer
42 **auseinander fallen**, ie, a, ä, (ist), tomber en ruines

DICTIONNAIRE DES VERBES

auseinander fliegen à aus|kneifen

24 **auseinander fliegen,** o, o, (ist), se disperser
53 **auseinander gehen,** i, a, (ist), se séparer, (fig.) diverger
37 **auseinander geraten,** ie, a, ä, (ist), se perdre de vue
42 **auseinander halten,** ie, a, ä, + A, distinguer
38 **auseinander laufen,** ie, au, äu, (ist), se disperser
06 **auseinander leben,** sich, ne plus avoir de vie commune
48 **auseinander nehmen,** a, o, i, + A, démonter
22 **auseinander reißen,** i, i, + A, déchirer
04 **auseinander rücken¹,** + A, écarter
04 **auseinander rücken²** (ist), s'écarter
04 **auseinander setzen,** + A, expliquer
06 ♦ **auseinander setzen,** sich, mit, étudier, s'expliquer avec qqn
04 **auseinander sprengen,** + A, (mil.) disperser
04 **auseinander streben** (ist), diverger
21 **auseinander treiben,** ie, ie, + A, disperser
32 **aus|ersehen,** a, e, ie, + A, pressentir pour
04 **aus|erwählen,** + A, choisir
35 **aus|fahren¹,** u, a, ä, + A, promener en voiture, sortir → 159
35 **aus|fahren²,** u, a, ä, (ist), sortir [en voiture]
42 **aus|fallen,** ie, a, ä, (ist), tomber [cheveux], être annulé(e)
04 **ausfällen,** + A, (chimie) précipiter
29 **aus|fechten,** o, o, i, + A, (Streit) vider (une querelle)
04 **aus|fegen,** + A, balayer
04 **aus|feilen,** + A, limer, fignoler
04 **aus|fertigen,** + A, établir
24 **aus|fliegen¹,** o, o, + A, évacuer [par avion]
24 **aus|fliegen²,** o, o, (ist), s'envoler ; (fam.) décamper
28 **aus|fließen,** o, o, (ist), s'écouler
04 **aus|flippen** (ist), (fig., fam.) se marginaliser
04 **aus|formen,** + A, façonner, élaborer
04 **aus|forschen,** + A, explorer
04 **aus|fragen,** + A, über + A, questionner sur
04 **aus|fransen** (ist), s'effilocher
33 **aus|fressen,** a, e, i, + A, (fam.) faire une bêtise
04 **aus|führen,** + A, exporter, réaliser → 162
04 **aus|füllen,** + A, remplir
32 **aus|geben¹,** a, e, i, + A, distribuer, dépenser → 165

32 ♦ **aus|geben²,** a, e, i, sich, se faire passer → 165
53 **aus|gehen,** i, a, (ist), sortir, s'éteindre → 168
09 **aus|gestalten,** + A, façonner, développer
28 **aus|gießen,** o, o, + A, vider
22 **aus|gleichen,** i, i, + A, compenser ; vi (hat), égaliser
22 ♦ **aus|gleichen,** i, i, sich, s'équilibrer
22 **aus|gleiten,** i, i, (ist), glisser
08 **aus|gliedern,** + A, isoler
35 **aus|graben,** u, a, ä, + A, déterrer → 202
04 **aus|grenzen,** + A, exclure
04 **aus|gucken,** vi (hat), nach, attendre qqn
04 **aus|haken,** + A, décrocher
42 **aus|halten,** ie, a, ä, + A, supporter
07 **aus|handeln,** + A, négocier
04 **aus|händigen,** + D + A, remettre qqch. à qqn
04 **aus|hängen¹,** + A, afficher [annonce], décrocher
43 **aus|hängen²,** i, a, vi (hat), être affiché(e)
04 **aus|harren,** vi (hat), persévérer
23 **aus|heben,** o, o, + A, creuser, démanteler [réseau]
04 **aus|hecken,** + A, manigancer
04 **aus|heilen** (ist), guérir
50 **aus|helfen,** a, o, i, + D, aider
04 **aus|höhlen,** + A, creuser
04 **aus|holen,** vi (hat), lever le bras ; (fig.) weit, remonter aux sources
04 **aus|horchen,** + A, sonder
08 **aus|hungern,** + A, affamer
10 **aus|kalkulieren,** + A, calculer
04 **aus|kämmen,** + A, peigner → 203
04 **aus|kämpfen,** + A, acquérir de haute lutte
04 **aus|kehren,** + A, balayer → 203 remarque
11 **aus|kennen,** sich, s'y connaître
04 **aus|kernen,** + A, dénoyauter → 203
04 **aus|kippen,** + A, vider
08 **aus|klammern,** + A, exclure
04 **aus|klappen,** + A, déplier
09 **aus|kleiden,** + A, (mit), revêtir de
09 ♦ **aus|kleiden,** sich, se déshabiller
52 **aus|klingen,** a, u, (ist), (Musik) s'achever
04 **aus|klinken,** + A, larguer
04 **aus|klopfen,** + A, battre [tapis], secouer
07 **aus|klügeln,** + A, imaginer, concocter
22 **aus|kneifen,** i, i, (ist), (fam.) se tailler

aus|knipsen à aus|rüsten

04 **aus|knipsen**, + A, éteindre
07 **aus|knobeln**, + A, tirer au sort, combiner
04 **aus|kochen**, + A, faire bien cuire, stériliser
34 **aus|kommen**, a, o, (ist), se débrouiller, s'entendre avec → 171
09 **aus|kosten**, + A, savourer
04 **aus|kramen**, + A, vider
04 **aus|kratzen**, + A, gratter
07 **aus|kugeln**, sich den Arm, se démettre le bras
04 **aus|kühlen**[1], + A, refroidir
04 **aus|kühlen**[2] (ist), se refroidir
10 **auskultieren**, + A, ausculter
09 **aus|kundschaften**, + A, explorer
07 **aus|kuppeln**, vi (hat), débrayer
04 **aus|lachen**, + A, se moquer de
35 **aus|laden**, u, a, ä, + A, décharger, décommander
08 **aus|lagern**, + A, transporter en lieu sûr
42 **aus|lassen**, ie, a, ä, + A, omettre, laisser passer
42 ♦ **aus|lassen**, ie, a, ä, sich, s'expliquer
09 **aus|lasten**, + A, employer [au maximum]
38 **aus|laufen** (ist), ie, au, äu, couler, prendre la mer
04 **aus|laugen**, + A, lessiver
06 **aus|leben**, sich, vivre à fond
04 **aus|lecken**, + A, lécher
04 **aus|leeren**, + A, vider
04 **aus|legen**, + A, (ex)poser ; interpréter → 174
08 **aus|leiern**[1], + A, déformer
08 **aus|leiern**[2] (ist), se détendre
21 **aus|leihen**, ie, ie, + D/sich + A, prêter, emprunter → 202
04 **aus|lernen**, vi (hat), finir d'apprendre → 202
32 **aus|lesen**, a, e, ie, + A, sélectionner, lire entièrement → 202
08 **aus|liefern**, + D + A, livrer, extrader → 202
44 **aus|liegen**, a, e, vi (hat), être exposé(e) → 177
04 **aus|löschen**, + A, éteindre, effacer
04 **aus|losen**, + A, tirer au sort → 202
04 **aus|lösen**, + A, déclencher
09 **aus|loten**, + A, sonder
09 **aus|lüften**, + A, aérer
04 **aus|machen**, + A, éteindre, convenir de → 202
04 **aus|malen**, + A, colorier, dépeindre
04 **aus|merzen**, + A, supprimer, éliminer
33 **aus|messen**, a, e, i, + A, mesurer

09 **aus|misten**, + A, nettoyer
08 **aus|mustern**, + A, (mil.) réformer ; (fam.) mettre au rancart
48 **aus|nehmen**, a, o, i, + A, vider, exclure
04 **aus|nutzen/aus|nützen**, + A, utiliser, exploiter
04 **aus|packen**, + A, déballer ; vi (hat), (fam.) vider son sac
22 **aus|pfeifen**, i, i, + A, siffler, huer
08 **aus|plaudern**, + A, divulguer
08 **aus|plündern**, + A, dévaliser
08 **aus|polstern**, + A, capitonner
04 **aus|posaunen**, + A, (fig., fam.) claironner
08 **aus|powern**, + A, dépouiller, plumer
06 **aus|prägen**, sich, être marqué(e)
04 **aus|pressen**, + A, presser, harceler
10 **aus|probieren**, + A, essayer
04 **aus|pumpen**, + A, pomper
10 **aus|quartieren**, + A, déloger
04 **aus|quetschen**, + A, presser ; (fam.) cuisiner
10 **aus|radieren**, + A, gommer, effacer
10 **aus|rangieren**, + A, (fam.) mettre au rancart
09 **aus|rasten** (ist), aus, se déboîter ; (fam.) sortir de ses gonds
04 **aus|rauben**, + A, dévaliser
08 **aus|räuchern**, + A, enfumer
04 **aus|räumen**, + A, débarrasser → 202
09 **aus|rechnen**, + A, calculer
09 **aus|reden**[1], + D + A, dissuader
09 **aus|reden**[2], vi (hat), finir [de parler]
04 **aus|reichen**, vi (hat), suffire
04 **aus|reifen** (ist), mûrir
04 **aus|reisen** (ist), aus, quitter [territoire] → 202
22 **aus|reißen**[1], i, i, arracher → 202
22 **aus|reißen**[2], i, i, (ist), fuguer → 202
22 **aus|reiten**, i, i, (ist), sortir à cheval
04 **aus|renken**, sich (D) + A, se démettre [une articulation]
09 **aus|richten**, + D + A, transmettre
04 **aus|rollen**, + A, étaler, dérouler
09 **aus|rotten**, + A, exterminer → 202
04 **aus|rücken** (ist), (mil.) se mettre en marche
41 **aus|rufen**, ie, u, + A, s'exclamer, proclamer
06 **aus|ruhen**, sich, se reposer
09 **aus|rüsten**, + A, équiper
09 ♦ **aus|rüsten**, sich, s'équiper

aus|rutschen à aus|tricksen

04 **aus|rutschen** (ist), glisser, déraper
04 **aus|sagen**, + A, déclarer, faire une déposition
27 **aus|saugen**, o, o, + A, sucer ; *(fig.)* exploiter
09 **aus|schachten**, + A, creuser
09 **aus|schalten**, + A, éteindre, éliminer ➜ 202
04 **aus|schauen**, nach, chercher qqn des yeux
21 **aus|scheiden**[1], ie, ie, + A, éliminer
21 **aus|scheiden**[2], ie, ie, (ist), quitter, être éliminé(e)
04 **aus|schenken**, + A, débiter [boissons]
04 **aus|scheren** (ist), déboîter [voiture]
04 **aus|schicken**, + A, envoyer
04 **aus|schiffen**, + A, débarquer [passagers]
08 **aus|schildern**, + A, baliser
04 **aus|schimpfen**, + A, passer un savon
09 **aus|schlachten**, + A, désosser ; *(fig.)* exploiter
37 **aus|schlafen**, ie, a, ä, vi (hat), dormir tout son soûl ➜ 202
35 **aus|schlagen**[1], u, a, ä, + A, casser, refuser
35 **aus|schlagen**[2], u, a, ä, (ist), dévier, ruer [animal]
28 **aus|schließen**, o, o, + A, exclure
04 **aus|schmücken**, + A, décorer ; *(fig.)* enjoliver
22 **aus|schneiden**, i, i, + A, découper
04 **aus|schöpfen**, + A, vider, épuiser
04 **aus|schrauben**, + A, dévisser
21 **aus|schreiben**, ie, ie, + A, écrire en toutes lettres, établir
22 **aus|schreiten**, i, i, (ist), marcher à grands pas
07 **aus|schütteln**, + A, secouer
09 **aus|schütten**, + A, verser, vider ➜ 202
21 **aus|schweigen**, ie, ie, sich, garder le silence
04 **aus|schwenken**, + A, *(techn.)* pivoter
32 **aus|sehen**, a, e, ie, vi (hat), avoir l'air
02 **aus sein**, (ist), être fini(e), être éteint(e)
9/12 **aus|senden**, + A, émettre, envoyer
08 **äußern**, + A, exprimer
08 ♦ **äußern**, sich, über, + A, donner son avis sur
04 **aus|setzen**[1], + A, abandonner, offrir
04 **aus|setzen**[2], vi (hat), s'arrêter brusquement
06 ♦ **aus|setzen**, sich, + D, s'exposer à
04 **aus|sieben**, + A, passer au crible
07 **aus|siedeln**, + A, déplacer [populations]
04 **aus|söhnen**, + A, mit, réconcilier avec
06 ♦ **aus|söhnen**, sich, se réconcilier
08 **aus|sondern**, + A, trier

10 **aus|sortieren**, + A, trier ➜ 202
04 **aus|spannen**, + A, étendre, déployer
06 ♦ **aus|spannen**, sich, se détendre
04 **aus|sparen**, + A, laisser en blanc
04 **aus|sperren**, + A, faire un lock-out
04 **aus|spielen**, + A, faire jouer ; + gegen, monter contre
10 **aus|spionieren**, + A, espionner
49 **aus|sprechen**, a, o, i, + A, prononcer
49 ♦ **aus|sprechen**, a, o, i, sich, se prononcer
04 **aus|spucken**, + A, cracher
04 **aus|spülen**, + A, rincer
10 **aus|staffieren**, + A, équiper, affubler
04 **aus|stanzen**, + A, poinçonner
09 **aus|statten**, + A, mit, équiper, doter de
31 **aus|stehen**[1], a, a, + A, supporter ➜ 183
31 **aus|stehen**[2], a, a, vi (hat), être en suspens ➜ 183
21 **aus|steigen**, ie, ie, (ist), descendre [de véhicule] ➜ 202
04 **aus|stellen**, + A, exposer, établir ➜ 186
50 **aus|sterben**, a, o, i, (ist), disparaître ➜ 202
08 **aus|steuern**, + A, régler, moduler [son]
04 **aus|stopfen**, + A, rembourrer, empailler
40 **aus|stoßen**, ie, o, ö, + A, expulser, pousser [cri] ➜ 202
04 **aus|strahlen**, + A, diffuser
04 **aus|strecken**, + A, étendre
06 ♦ **aus|strecken**, sich, s'étendre
22 **aus|streichen**, i, i, + A, rayer, barrer
04 **aus|streuen**, + A, répandre, disséminer
04 **aus|strömen** (ist), s'écouler, s'échapper
04 **aus|suchen**, + A, choisir ➜ 202
04 **aus|tauschen**, + A, échanger
04 **aus|teilen**, + A, distribuer
04 **aus|tilgen**, + A, exterminer
04 **aus|toben**, + A, donner libre cours à
06 ♦ **aus|toben**, sich, se défouler
35 **aus|tragen**, u, a, ä, + A, distribuer, régler [conflit]
21 **aus|treiben**, ie, ie, + A, chasser ; + D + A, faire passer ➜ 202
32 **aus|treten**[1], a, e, i, + A, éteindre avec le pied, user
32 **aus|treten**[2], a, e, i, (ist), quitter ➜ 202
04 **aus|tricksen**, + A, feinter, flouer

aus|trinken à beeinträchtigen

52 **aus|trinken**[1], a, u, + A, vider → 202
52 **aus|trinken**[2], a, u, vi (hat), finir de boire
09 **aus|trocknen**[1], + A, dessécher, assécher
09 **aus|trocknen**[2] (ist), se dessécher, s'assécher
07 **aus|tüfteln**, + A, concocter
04 **aus|üben**, + A, exercer
04 **aus|verkaufen**, + A, solder
36 **aus|wachsen**, u, a, ä, sich, se transformer
04 **aus|wählen**, + A, choisir
04 **aus|walzen**, + A, laminer
08 **aus|wandern** (ist), émigrer → 202
36 **aus|waschen**, u, a, ä, + A, laver
07 **aus|wechseln**, + A, gegen, remplacer par
22 **aus|weichen**, i, i, (ist), + D, éviter
06 **aus|weinen**, sich, pleurer à chaudes larmes
21 **aus|weisen**, ie, ie, + A, expulser → 202
21 ♦ **aus|weisen**, ie, ie, sich, montrer ses papiers
09 **aus|weiten**, + A, élargir, étendre
09 ♦ **aus|weiten**, sich, s'étendre
50 **aus|werfen**, a, o, i, + A, jeter
09 **aus|werten**, + A, exploiter
24 **aus|wiegen**, o, o, + A, peser
06 **aus|wirken**, sich, auf + D, se répercuter sur
04 **aus|wischen**, + A, essuyer
52 **aus|wringen**, a, u, + A, essorer [à la main]
09 **aus|wuchten**, + A, (techn.) équilibrer
04 **aus|zahlen**, + A, payer
06 ♦ **aus|zahlen**, sich, être payant
04 **aus|zählen**, + A, compter, dépouiller [bulletins]
09 **aus|zeichnen**, + A, remettre une distinction
09 ♦ **aus|zeichnen**, sich, se distinguer
24 **aus|ziehen**[1], o, o, + A, ôter [vêtements] → 189
24 **aus|ziehen**[2], o, o, (ist), déménager → 189
24 ♦ **aus|ziehen**, sich, se déshabiller → 189
04 **aus|zoomen**, + A, réduire [l'image]
10 **automatisieren**, + A, automatiser

B

36/54 **backen**, a/u, a, + A, cuire [au four]
09 **baden**, + A, baigner, vi (hat), se baigner
09 ♦ **baden**, sich, se baigner
10 **bagatellisieren**, + A, minimiser
08 **baggern**, + A, (techn.) creuser
04 **bahnen**, + D + A, frayer un passage à qqn

06 **balgen**, sich, se bagarrer
04 **ballen**, + A, fermer [le poing]
06 ♦ **ballen**, sich, s'accumuler
04 **bändigen**, + A, dompter, maîtriser
04 **bangen**, vi (hat), um, trembler pour
04 **bannen**, + A, subjuguer, conjurer
10 **basieren**, auf + D, reposer sur
07 **basteln**, + A/vi (hat), bricoler
04 **bauen**, + A, construire ; (techn.) fabriquer
07 **baumeln**, vi (hat), pendiller
04 **bauschen**, + A, gonfler
06 ♦ **bauschen**, sich, gonfler, être bouffant
04 **beabsichtigen**, + A, envisager (de faire qqch.)
09 **beachten**, + A, observer, prendre en compte
04 **beängstigen**, + A, inquiéter, alarmer
04 **beanspruchen**, + A, exiger, revendiquer
09 **beanstanden**, + A, contester, trouver à redire à
04 **beantragen**, + A, demander [officiellement]
09 **beantworten**, + A, répondre à → 220
09 **bearbeiten**, + A, travailler, remanier [texte]
04 **beargwöhnen**, + A, soupçonner
04 **beaufsichtigen**, + A, surveiller
04 **beauftragen**, + A, mit, charger de
04 **bebauen**, + A, cultiver, construire sur qqch.
04 **beben**, vi (hat), trembler
08 **bechern**, vi (hat), (fam.) picoler
06 **bedanken**, sich, für, remercier pour
08 **bedauern**, + A, plaindre qqn, regretter qqch.
04 **bedecken**, + A, mit, (re)couvrir (de)
13 **bedenken**, + A, considérer, penser à
09 **bedeuten**, + A, signifier
04 **bedienen**, + A, servir
06 ♦ **bedienen**, sich, se servir
04 **bedingen**, + A, impliquer, nécessiter
04 **bedrängen**, + A, presser, harceler
04 **bedrohen**, + A, mit, menacer de → 220
04 **bedrucken**, + A, imprimer
04 **bedrücken**, + A, déprimer
15 **bedürfen**, vi (hat), + G, avoir besoin de
04 **beehren**, + A, honorer
09 **beeiden**, + A, affirmer sous serment
06 **beeilen**, sich, se dépêcher
04 **beeindrucken**, + A, impressionner
04 **beeinflussen**, + A, influencer
04 **beeinträchtigen**, + A, porter préjudice à

DICTIONNAIRE DES VERBES

beenden à bei|liegen

09 **beenden**, + A, terminer
04 **beendigen**, + A, terminer
04 **beengen**, + A, (res)serrer ; (fig.) oppresser
04 **beerben**, + A, hériter
04 **beerdigen**, + A, enterrer
04 **befähigen**, + A, zu, rendre capable de
35 **befahren**, u, a, ä, + A, emprunter [itinéraire] → 160
42 **befallen**, ie, a, ä, + A, atteindre, frapper
04 **befassen**, + A, mit, charger qqn de
06 ♦ **befassen**, sich, étudier, s'occuper de
47 **befehlen**, a, o, ie, + D + A, ordonner
04 **befestigen**, + A, attacher, consolider
09 **befeuchten**, + A, humecter
52 **befinden**, a, u, sich, se trouver
04 **beflaggen**, + A, pavoiser
04 **beflecken**, + A, tacher → 220
06 **befleißigen**, sich, + G, s'appliquer à qqch.
24 **befliegen**, o, o, + A, desservir [avion]
04 **befolgen**, + A, suivre, obéir à
08 **befördern**, + A, transporter, promouvoir
09 **befrachten**, + A, charger, affréter
04 **befragen**, + A, interroger
04 **befreien**, + A, libérer → 220
06 **befreien**, sich, von, se libérer de
09 **befremden**, + A, déconcerter
09 **befreunden**, sich, mit, se lier d'amitié avec
09 **befrieden**, + A, pacifier
04 **befriedigen**, + A, satisfaire
09 **befristen**, + A, auf, limiter [dans le temps]
09 **befruchten**, + A, féconder
04 **befühlen**, + A, tâter
07 **befummeln**, + A, (fam.) tripoter, bidouiller
09 **befürchten**, + A, craindre, redouter
09 **befürworten**, + A, préconiser, appuyer
04 **begaffen**, + A, regarder bouche bée
32 **begeben**, a, e, i, sich, se rendre [quelque part] → 166
09 **begegnen** (ist), + D, rencontrer
53 **begehen**, i, a, + A, commettre, célébrer → 169
04 **begehren**, + A, désirer, convoiter
08 **begeistern**, + A, enthousiasmer
08 ♦ **begeistern**, sich, für, se passionner pour
28 **begießen**, o, o, + A, arroser
51 **beginnen**, a, o, + A, commencer

04 **beglaubigen**, + A, certifier, authentifier
22 **begleichen**, i, i, + A, régler [addition]
09 **begleiten**, + A, accompagner
04 **beglücken**, + A, combler, ravir
04 **beglückwünschen**, + A, zu, féliciter pour
04 **begnadigen**, + A, gracier
06 **begnügen**, sich, mit, se contenter de
35 **begraben**, u, a, ä, + A, enterrer
22 **begreifen**, i, i, + A, comprendre
04 **begrenzen**, + A, (dé)limiter
09 **begründen**, + A, fonder sur, motiver
04 **begrüßen**, + A, saluer, accueillir
04 **begucken**, + A, (fam.) regarder
04 **begünstigen**, + A, favoriser
09 **begutachten**, + A, expertiser, donner son avis
04 **behagen**, + D, plaire à
42 **behalten**, ie, a, ä, + A, garder
07 **behandeln**, + A, traiter
04 **behängen**, + A, mit, tapisser, garnir de
04 ♦ **behängen**, sich, (fam.), se parer de
04 **beharren**, vi (hat), ne pas démordre de
09 **behaupten**, + A, affirmer, prétendre
09 ♦ **behaupten**, sich, se maintenir
23 **beheben**, o, o, + A, réparer [défaut]
04 **beheizen**, + A, chauffer
50 **behelfen**, a, o, i, sich, mit, se débrouiller avec
04 **behelligen**, + A, importuner
04 **beherbergen**, + A, héberger
04 **beherrschen**, + A, dominer
06 ♦ **beherrschen**, sich, se dominer
04 **beherzigen**, + A, prendre à cœur
08 **behindern**, + A, gêner, entraver
09 **behüten**, + A, vor + D, préserver qqn de qqch.
42 **bei|behalten**, ie, a, ä, + A, conserver
13 **bei|bringen**, + D + A, enseigner qqch. à qqn
09 **beichten**, + A, (se) confesser
01 **beieinander haben**, + A, avoir réuni
02 **beieinander sein**, (ist), être en forme
46 **beieinander sitzen**, a, e, vi (hat), être réuni(e)s
04 **bei|fügen**, + D + A, joindre à → 205
32 **bei|geben**, a, e, i, + D + A, ajouter
34 **bei|kommen**, a, o, (ist), + D, venir à bout de
04 **bei|legen**, + D + A, joindre à, régler → 174
44 **bei|liegen**, a, e, vi (hat), + D, être joint(e) à → 177

bei|mengen à benachteiligen

04 **bei|mengen**, + D + A, *mélanger à* → 205
33 **bei|messen**, a, e, i, + D + A, *accorder, attacher [de l'importance] à*
04 **bei|mischen**, + D + A, *mélanger à* → 205
09 **beinhalten**, + A, *contenir*
09 **bei|ordnen**, + D + A, *adjoindre*
09 **bei|pflichten**, + D, *approuver* → 206
04 **beirren**, + A, *déconcerter*
02 **beisammen sein** (ist), *être réuni(e)s*
42 **beiseite lassen**, ie, a, ä, + A, *laisser de côté*
04 **beiseite legen**, + A, *mettre de côté*
04 **bei|setzen**, + A, *adjoindre, enterrer* → 205
46 **bei|sitzen**, a, e, vi (hat), *siéger [dans un jury]* → 205
52 **bei|springen**, a, u, (ist), + D, *secourir* → 205
22 **beißen**, i, i, + A, *mordre*
22 ♦ **beißen**, i, i, sich, *se mordre ; jurer [couleurs]*
31 **bei|stehen**, a, a, vi (hat), + D, *assister qqn* → 183
08 **bei|steuern**, + A, *contribuer à*
04 **bei|stimmen**, + D, *approuver* → 206
35 **bei|tragen**, u, a, ä, zu, *contribuer à* → 205
32 **bei|treten**, a, e, i, (ist), + D, *adhérer à* → 205
04 **bei|wohnen**, + D, *assister à* → 205
04 **beizen**, + A, *(techn.) corroder, teindre*
04 **bejahen**, + A, *approuver*
08 **bejammern**, + A, *se lamenter sur*
07 **bejubeln**, + A, *acclamer*
04 **bekämpfen**, + A, *combattre, lutter contre*
32 **bekannt geben**, a, e, i, + A, *annoncer*
04 **bekannt machen**, + A, *publier, divulguer*
06 ♦ **bekannt machen**, sich, mit, *se familiariser*
03 **bekannt werden**, (ist), *se faire connaître*
04 **bekehren**, + A, *convertir*
06 ♦ **bekehren**, sich, zu, *se convertir à*
11 **bekennen**, + A, *avouer*
11 ♦ **bekennen**, sich, zu, *se réclamer de*
04 **beklagen**, + A, *déplorer*
06 ♦ **beklagen**, sich, über + A, *se plaindre de*
04 **bekleben**, + A, mit, *coller*
08 **bekleckern**, + A, *barbouiller*
04 **beklecksen**, + A, *tacher*
09 **bekleiden**, + A, *(re)vêtir, exercer [fonction]*
04 **beklemmen**, + A, *oppresser, angoisser*
34 **bekommen¹**, a, o, + A, *recevoir, obtenir* → 172

34 **bekommen²**, a, o, (ist), + D, *convenir, être bien toléré* → 172
04 **bekräftigen**, + A, *conforter, renforcer*
06 **bekreuzigen**, sich, *se signer*
04 **bekriegen**, + A, *faire la guerre à*
07 **bekritzeln**, + A, *griffonner sur*
08 **bekümmern**, + A, *attrister, donner du souci*
09 **bekunden**, + A, *manifester*
07 **belächeln**, + A, *sourire de*
04 **belachen**, + A, *rire de*
35 **beladen**, u, a, ä, + A, mit, *charger de*
08 **belagern**, + A, *assiéger*
42 **belassen**, ie, a, ä, + A, *laisser*
09 **belasten**, + A, mit, *charger de, accabler*
04 **belästigen**, + A, *importuner, harceler*
08 **belauern**, + A, *épier, guetter*
38 **belaufen**, ie, au, äu, sich, auf + A, *se chiffrer à*
04 **belauschen**, + A, *épier [paroles]*
04 **beleben**, + A, *(r)animer, stimuler*
06 ♦ **beleben**, sich, *s'animer*
04 **belegen**, + A, mit, *revêtir de, prouver* → 175
04 **belehren**, + A, *instruire*
04 **beleidigen**, + A, *offenser*
21 **beleihen**, ie, ie, + A, *prêter, gager*
09 **beleuchten**, + A, *éclairer*
09 **belichten**, + A, *exposer [pellicule]*
08 **beliefern**, + A, mit, *fournir, approvisionner en*
04 **bellen**, vi (hat), *aboyer*
04 **belobigen**, + A, *faire l'éloge de*
04 **belohnen**, + A, *récompenser*
09 **belüften**, + A, *aérer*
26 **belügen**, o, o, + A, *mentir à*
26 ♦ **belügen**, o, o, sich, *se leurrer*
04 **belustigen**, + A, *amuser, divertir*
06 **bemächtigen**, sich, + G, *s'emparer de*
04 **bemalen**, + A, *peindre*
07 **bemängeln**, + A, *critiquer*
04 **bemannen**, + A, *(mar.) équiper*
04 **bemerken**, + A, *remarquer*
33 **bemessen**, a, e, i, + A, *mesurer, calculer*
09 **bemitleiden**, + A, *avoir pitié de*
06 **bemühen**, sich, zu + inf., *s'efforcer de*
08 **bemuttern**, + A, *materner*
04 **benachrichtigen**, + A, von, *avertir qqn [de]*
04 **benachteiligen**, + A, *désavantager*

48	**benehmen,** a, o, i, sich, se comporter → 181	04	**berühren,** + A, toucher
09	**beneiden,** + A, um, envier	04	**besagen,** + A, vouloir dire
11	**benennen,** + A, donner un nom à	04	**besänftigen,** + A, apaiser, calmer
09	**benoten,** + A, noter, évaluer	27	**besaufen,** o, o, äu, sich, (vulg.) se soûler
04	**benötigen,** + A, avoir besoin de	04	**beschädigen,** + A, endommager
04	**benutzen/benützen,** + A, utiliser	04	**beschaffen,** + D (sich) + A, procurer
09	**beobachten,** + A, observer	04	**beschäftigen,** + A, occuper, employer
04	**bepflanzen,** + A, mit, planter de	06	♦ **beschäftigen,** sich, mit, s'occuper de
37	**beraten,** ie, a, ä, + A, conseiller	04	**beschämen,** + A, humilier
37	♦ **beraten,** ie, a, ä, sich, über, délibérer sur	09	**beschatten,** + A, surveiller, (fam.) filer
04	**beratschlagen,** über + A, tenir conseil	04	**beschauen,** + A, contempler
04	**berauben,** + A + G, dérober qqch. à qqn	21	**bescheiden,** ie, ie, sich, mit, se contenter de
04	**berauschen,** + A (fig.) griser, enivrer	04	**bescheinigen,** + A, attester
06	♦ **berauschen,** sich, (fig.) se griser, s'enivrer	22	**bescheißen,** i, i, + A, (vulg.) rouler, entuber
09	**berechnen,** + A, calculer	04	**beschenken,** + A, faire un cadeau à qqn
04	**berechtigen,** + A, zu + inf., donner le droit [de faire]	04	**bescheren,** + D + A, offrir [pour Noël]
09	**bereden,** + A, discuter de	28	**beschießen,** o, o, + A, tirer sur
08	**bereichern,** + A, enrichir	08	**beschildern,** + A, signaliser
08	♦ **bereichern,** sich, s'enrichir	04	**beschimpfen,** + A, insulter
04	**bereinigen,** + A, régler	35	**beschlagen,** u, a, ä, + A, ferrer [cheval]
04	**bereisen,** + A, parcourir [pays]	35	♦ **beschlagen,** u, a, ä, sich, se couvrir de buée
09	**bereiten,** + D + A, préparer, occasionner	04	**beschlagnahmen,** + A, saisir, confisquer
42	**bereit|halten,** ie, a, ä, + A, tenir prêt ou à la disposition de	04	**beschleunigen,** + A, accélérer
04	**bereit|legen,** + A, mettre en place	06	♦ **beschleunigen,** sich, s'accélérer
44	**bereit|liegen,** a, e, vi (hat), être prêt ou à portée de main	28	**beschließen,** o, o, + A, décider
04	**bereit|machen,** + A, préparer	04	**beschmieren,** + A, mit, barbouiller, enduire de
06	♦ **bereit|machen,** sich, se préparer	04	**beschmutzen,** + A, salir, souiller
31	**bereit|stehen,** a, a, vi (hat), être prêt	06	♦ **beschmutzen,** sich, se salir
04	**bereit|stellen,** + A, mettre à la disposition de	22	**beschneiden,** i, i, + A, rogner, tailler
04	**bereuen,** + A, regretter	08	**beschnuppern,** + A, flairer
50	**bergen,** a, o, i, + A, porter secours à, évacuer	04	**beschönigen,** + A, embellir, enjoliver
09	**berichten,** + D, relater, rendre compte de	04	**beschränken,** + A, limiter
04	**berichtigen,** + A, corriger	06	♦ **beschränken,** sich, auf, se limiter à
07	**berieseln,** + A, mit, arroser ; (fig.) inonder de	21	**beschreiben,** ie, ie, + A, décrire
50	**bersten,** a, o, i, (ist), se fendre, éclater	22	**beschreiten,** i, i, + A, emprunter [chemin]
04	**berücken,** + A, fasciner	09	**beschriften,** + A, inscrire sur
04	**berücksichtigen,** + A, tenir compte de	04	**beschuldigen,** + A + G, accuser qqn de qqch.
41	**berufen,** ie, u, + A, zu, nommer à [un poste]	07	**beschummeln,** + A, (fam.) rouler, tromper
41	♦ **berufen,** ie, u, sich, auf + A, se réclamer de	04	**beschützen,** + A, protéger
04	**beruhen,** vi (hat), auf + D, reposer sur	04	**beschweren,** + A, charger, peser sur
04	**beruhigen,** + A, calmer	06	♦ **beschweren,** sich, über + A, se plaindre de
06	♦ **beruhigen,** sich, se calmer	04	**beschwichtigen,** + A, apaiser, calmer
		07	**beschwindeln,** + A, mener en bateau
		25	**beschwören,** o, o, + A, adjurer [de faire], conjurer

beseelen à bewaffnen

04 **beseelen,** + A, *animer, inspirer*
32 **besehen,** a, e, ie, + A, *examiner*
04 **beseitigen,** + A, *supprimer, éliminer*
04 **besetzen,** + A, *occuper*
04 **besichtigen,** + A, *visiter*
07 **besiedeln,** + A, *peupler, coloniser*
07 **besiegeln,** + A, *sceller*
04 **besiegen,** + A, *vaincre*
51 **besinnen,** a, o, sich, *réfléchir*
46 **besitzen,** a, e, + A, *posséder*
09 **besolden,** + A, *rémunérer*
04 **besorgen,** + D, + A, *procurer*
04 **bespannen,** + A, mit, *atteler, revêtir de*
04 **bespielen,** + A, *enregistrer*
07 **bespitzeln,** + A, *espionner*
49 **besprechen,** a, o, i, + A, *discuter de*
49 ♦ **besprechen,** a, o, i, sich, *se concerter avec*
04 **bespritzen,** + A, *éclabousser, pulvériser*
08 **bessern,** + A, *améliorer*
08 ♦ **bessern,** sich, *s'améliorer*
04 **bestärken,** + A, *renforcer*
04 **bestätigen,** + A, *confirmer*
06 ♦ **bestätigen,** sich, *se confirmer*
09 **bestatten,** + A, *inhumer*
04 **bestäuben,** + A, *saupoudrer*
49 **bestechen,** a, o, i, + A, *corrompre*
31 **bestehen¹,** a, a, + A, *réussir* [examen] ➜ 184
31 **bestehen²,** a, a, vi (hat), *exister* ;
auf, *insister sur* ➜ 184
21 **bestehen bleiben,** ie, ie, (ist), *rester, subsister*
47 **bestehlen,** a, o, ie, + A, *voler, dérober*
21 **besteigen,** ie, ie, + A, *monter sur, escalader*
04 **bestellen,** + A, *commander, réserver* ➜ 187
08 **besteuern,** + A, *imposer, taxer*
04 **bestimmen,** + A, *déterminer, fixer*
04 **bestrafen,** + A, *punir*
04 **bestrahlen,** + A, *(médical) traiter aux rayons, éclairer*
06 **bestreben,** sich, *s'efforcer de*
22 **bestreichen,** i, i, + A, mit, *enduire, tartiner*
04 **bestreiken,** + A, *immobiliser par la grève*
22 **bestreiten,** i, i, + A, *contester*
04 **bestreuen,** + A, mit, *répandre, saupoudrer de*
04 **bestürmen,** + A, *prendre d'assaut, (fig.) assaillir*
04 **besuchen,** + A, *aller/venir voir* ➜ 220

07 **besudeln,** + A, *souiller*
09 **betasten,** + A, *tâter, palper*
04 **betätigen,** + A, *actionner*
06 ♦ **betätigen,** sich, *s'occuper, s'engager*
04 **betäuben,** + A, *étourdir ; (médical) anesthésier*
04 **beteiligen,** + A, *faire participer*
06 ♦ **beteiligen,** sich, an + D, *participer à*
09 **beten,** vi (hat), zu, *prier*
08 **beteuern,** + A, *protester de*
07 **betiteln,** + A, *intituler*
04 **betonen,** + A, *accentuer, souligner*
10 **betonieren,** + A, *bétonner*
04 **betören,** + A, *séduire, fasciner*
09 **betrachten,** + A, *contempler*
35 **betragen,** u, a, ä, + A, *s'élever à* [montant]
35 ♦ **betragen,** u, a, ä, sich, *se comporter*
04 **betrauen,** + A, mit, *confier qqch. à qqn*
08 **betrauern,** + A, *porter le deuil de, déplorer*
49 **betreffen,** a, o, i, + A, *concerner*
21 **betreiben,** ie, ie, + A, *mener, exercer* [activité]
32 **betreten,** a, e, i, + A, *entrer, marcher* ➜ 220
04 **betreuen,** + A, *s'occuper de, conduire* [groupe]
52 **betrinken,** a, u, sich, *s'enivrer*
04 **betrüben,** + A, *attrister*
26 **betrügen,** o, o, + A, *tromper*
07 **betteln,** vi (hat), um, *mendier*
04 **betupfen,** + A, *tamponner*
04 **beugen,** + A, *plier, faire fléchir*
06 ♦ **beugen,** sich, *se pencher ;* + D, *se plier à*
04 **beunruhigen,** + A, *inquiéter*
06 ♦ **beunruhigen,** sich, *s'inquiéter*
09 **beurkunden,** + A, *certifier, attester*
04 **beurlauben,** + A, *donner congé à*
04 **beurteilen,** + A, *juger*
08 **bevölkern,** + A, *peupler*
08 ♦ **bevölkern,** sich, mit, *se peupler de*
04 **bevollmächtigen,** + A, zu, *mandater, donner procuration pour*
09 **bevormunden,** + A, *tenir en tutelle*
31 **bevor|stehen,** a, a, vi (hat), *être imminent(e)* ➜ 183
04 **bevorzugen,** + A, *préférer, favoriser*
04 **bewachen,** + A, *garder, surveiller*
36 **bewachsen,** u, a, ä, + A, *recouvrir* [de plantes]
09 **bewaffnen,** + A, *armer*

DICTIONNAIRE DES VERBES

bewaffnen à brauen

09 ♦ **bewaffnen**, sich, mit, *s'armer de*
04 **bewahren**, + A, vor + D, *garder, préserver de*
04 **bewähren**, sich, *faire ses preuves*
09 **bewahrheiten**, sich, *s'avérer juste*
04 **bewältigen**, + A, *venir à bout de, assumer*
08 **bewässern**, + A, *irriguer*
04 **bewegen**[1], + A, *bouger, émouvoir*
23 **bewegen**[2], o, o, + A, zu, *inciter à*
06 ♦ **bewegen**, sich, *bouger, se mouvoir*
04 **beweinen**, + A, *pleurer*
21 **beweisen**, ie, ie, + A, *prouver, démontrer*
50 **bewerben**, a, o, i, sich, um, *postuler, poser sa candidature à*
50 **bewerfen**, a, o, i, + A, mit, *(fig.) bombarder de*
04 **bewerkstelligen**, + A, *accomplir, venir à bout de*
09 **bewerten**, + A, *évaluer*
04 **bewilligen**, + D + A, *accorder*
04 **bewirken**, + A, *provoquer, avoir pour effet*
09 **bewirten**, + A, *servir [en hôte]*
09 **bewirtschaften**, + A, *exploiter*
04 **bewohnen**, + A, *habiter, occuper [logement]*
06 **bewölken**, sich, *se couvrir*
08 **bewundern**, + A, *admirer*
04 **bewusst machen**, + A, *faire prendre conscience de*
04 **bezahlen**, + A, *payer, s'acquitter de* → 220
04 **bezähmen**, + A, *dompter, maîtriser*
08 **bezaubern**, + A, *enchanter*
09 **bezeichnen**, + A, als, *désigner, qualifier de*
04 **bezeugen**, + A, *témoigner de*
04 **bezichtigen**, + A + G, *accuser de*
24 **beziehen**, o, o, + A, *(re)couvrir de, recevoir régulièrement* → 190
24 ♦ **beziehen**, o, o, sich, auf + A, *concerner, faire référence à* → 190
04 **bezwecken**, + A, *viser*
07 **bezweifeln**, + A, *douter de*
52 **bezwingen**, a, u, + A, *vaincre, dominer*
24 **biegen**[1], o, o, + A, *plier, courber*
24 **biegen**[2], o, o, (ist), *tourner*
24 ♦ **biegen**, o, o, sich, *plier*
24 **bieten**, o, o, + D + A, *offrir*
24 ♦ **bieten**, o, o, sich, *se présenter*
09 **bilden**, + A, *former, instruire*

09 ♦ **bilden**, sich, *se former*
04 **billigen**, + A, *approuver*
07 **bimmeln**, vi (hat), *sonner*
52 **binden**, a, u, + A, an, *attacher, lier à*
45 **bitten**, a, e, + A, um, *demander qqch. à qqn*
04 **blähen**, + A, *gonfler*
06 ♦ **blähen**, sich, *se gonfler*
10 **blamieren**, + A, *ridiculiser*
10 ♦ **blamieren**, sich, *se ridiculiser*
37 **blasen**, ie, a, ä, + A, *souffler, jouer [musique]*
08 **blättern**, vi (hat), *feuilleter*
04 **blau|machen**, vi (hat), *chômer [le lundi]*
04 **blechen**, vi (hat), *(fam.) casquer*
21 **bleiben**, ie, ie, (ist), *rester*
42 **bleiben lassen**, ie, a, ä, + A, *ne pas faire*
04 **bleichen**, + A, *blanchir, décolorer*
22 **bleichen**, i, i, (ist), *blanchir, se décolorer*
09 **blenden**, + A, *éblouir, (fig.) aveugler*
04 **blicken**, vi (hat), *regarder*
04 **blinken**, vi (hat), *scintiller, clignoter*
07 **blinzeln**, vi (hat), *cligner des yeux*
04 **blitzen**, vi (hat), *prendre au flash ;* vimp (es) *faire des éclairs*
10 **blockieren**, + A, *bloquer*
07 **blödeln**, vi (hat), *dire des sottises*
04 **blöken**, vi (hat), *bêler*
04 **bloß|legen**, + A, *dégager ; (fig.) dévoiler*
04 **bloß|stellen**, + A, *compromettre*
04 **bluffen**, vi (hat), *bluffer*
04 **blühen**, vi (hat), *fleurir ; (fig.) prospérer*
09 **bluten**, vi (hat), *saigner*
04 **bocken**, vi (hat), *se cabrer ; (fig.) être rétif*
08 **bohnern**, + A, *cirer*
04 **bohren**, + A/vi (hat), *percer, (techn.) forer*
10 **bombardieren**, + A, *bombarder*
04 **borgen**, + D + A, *prêter à ; bei/von jm, emprunter à qqn*
04 **boxen** + A, *boxer*
10 **boykottieren**, + A, *boycotter*
44 **brach|liegen**, a, e, vi (hat), *être en friche*
09 **branden** (ist), *(mar.) déferler, se briser contre*
04 **brandmarken**, + A, *stigmatiser*
37 **braten**, ie, a, ä, + A/vi (hat), *(faire) rôtir*
04 **brauchen**, + A, *avoir besoin de*
04 **brauen**, + A, *brasser*

bräunen à daneben|liegen

04 **bräunen,** + A/vi (hat), *faire roussir, bronzer ; (cuisine) rissoler*
06 ♦ **bräunen,** sich, *bronzer*
04 **brausen,** vi (hat) *mugir* ; (ist) *foncer*
49 **brechen**[1], a, o, i, + A, *rompre, briser*
49 **brechen**[2], a, o, i, vi (hat/ist), *se casser*
49 ♦ **brechen,** a, o, i, sich, *se briser, se réfracter*
09 **breiten,** + A, *étendre*
06 **breit machen,** sich, *(fig., fam.) prendre ses aises*
35 **breit|schlagen,** u, a, ä, + A, *persuader ; (fam.) embobiner*
32 **breit|treten,** a, e, i, + A, *(fam.) rabâcher, seriner*
04 **bremsen,** + A, *freiner*
11 **brennen,** vi (hat), *brûler*
13 **bringen,** + D + A, *apporter, amener* ➜ 155
07 **bröckeln**[1], + A, *émietter*
07 **bröckeln**[2], vi (hat/ist), *s'émietter, s'effriter*
07 **brodeln,** vi (hat), *bouillonner*
04 **brüllen,** vi (hat), *rugir, hurler*
04 **brummen,** vi (hat), *grogner, ronfler [moteur]*
10 **brüskieren,** + A, *brusquer*
09 **brüsten,** sich, *se rengorger*
09 **brüten,** vi (hat), *couver*
04 **buchen,** + A, *comptabiliser, réserver*
10 **buchstabieren,** + A, *épeler*
06 **bücken,** sich, *se baisser, se courber*
07 **buddeln,** + A, *creuser*
07 **büffeln,** + A, *potasser, bosser*
07 **bügeln,** + A, *repasser*
04 **buhen,** vi (hat), *huer*
07 **bummeln** (ist), *flâner,* vi (hat), *traîner*
07 **bündeln,** + A, *faire un paquet de*
04 **bürgen,** vi (hat), *für, se porter garant pour*
09 **bürsten,** + A, *brosser*
04 **büßen,** + A, *expier*

C

04 **campen,** vi (hat), *camper*
07 **canceln,** + A, *annuler*
09 **catchen,** vi (hat), *faire du catch*
10 **charakterisieren,** + A, *caractériser*
08 **chartern,** + A, *affréter*
09 **chatten,** vi (hat), *chatter*
04 **checken,** + A, *vérifier, comparer*
10 **chiffrieren,** + A, *coder, crypter*
10 **codieren,** + A, *coder*
08 **computern,** vi (hat), *travailler sur ordinateur*
08 **covern,** + A, *copier [musique]*
09 **cutten,** + A, *monter [film, son]*

D

42 **da|behalten,** ie, a, ä, + A, *garder*
21 **dabei|bleiben,** ie, ie, (ist), *rester présent(e)*
01 **dabei|haben,** + A, *avoir sur soi*
02 **dabei sein,** (ist), *être là ou présent(e)*
31 **dabei|stehen,** a, a, vi (hat), *être présent(e)/témoin*
21 **da|bleiben,** ie, ie, (ist), *rester*
42 **dafür|halten,** ie, a, ä, vi (hat), *être d'avis*
14 **dafür|können,** + A, *y pouvoir quelque chose*
42 **dagegen|halten,** ie, a, ä, + A, *rétorquer*
04 **dagegen|setzen,** + A, *opposer à*
06 **dagegen|stellen,** sich, *s'opposer à*
24 **dahin|fliegen,** o, o, (ist), *s'envoler/passer rapidement [temps]*
53 **dahin|gehen,** i, a, (ist), *passer*
04 **dahin|leben,** + A, *se laisser vivre*
04 **dahin|raffen,** + A, *emporter, faucher*
52 **dahin|schwinden,** a, u, (ist), *partir en fumée*
04 **dahin|stellen,** + A, *dahingestellt sein lassen, laisser en suspens*
31 **dahin|stehen,** a, a, vi (hat), *rester incertain*
34 **dahinter|kommen,** a, o, (ist), *(fam.) découvrir le pot-aux-roses*
04 **dahinter|stecken,** vi (hat), *etw. steckt dahinter, il y a anguille sous roche*
31 **dahinter|stehen,** vi (hat), *faire bloc, être à la base de*
42 **da|lassen,** ie, a, ä, + A, *laisser là*
44 **da|liegen,** a, e, vi (hat), *reposer là*
04 **dämmen,** + A, *endiguer*
08 **dämmern,** vi (hat), vimp (es), *poindre [jour]/ tomber [nuit]*
04 **dampfen,** vi (hat), *dégager de la vapeur*
04 **dämpfen,** + A, *atténuer, cuire à l'étuvée*
53 **daneben|gehen,** i, a, (ist), *(fam.) passer à côté, manquer*
22 **daneben|greifen,** i, i, vi (hat), *manquer, rater*
54 **daneben|hauen** (hat), *(fam.) se gourer, se planter*
44 **daneben|liegen** (hat), *être à côté de la plaque*

daneben|schießen à deuteln

28 **daneben|schießen,** o, o, vi (hat), rater [cible]
44 **danieder|liegen,** être alité
04 **danken,** + D, für, remercier
53 **d(a)ran|gehen,** i, a, (ist), commencer
06 **d(a)ran|machen,** sich, se mettre à
04 **d(a)ran|setzen,** + A, mettre en œuvre
04 **darben,** vi (hat), être dans le besoin
24 **dar|bieten,** o, o, + A, offrir, présenter
24 ♦ **dar|bieten,** o, o, sich, s'offrir, se présenter
52 **darein|finden,** a, u, sich, s'y résigner
06 **darein|mischen,** sich, se mêler, s'immiscer
09 **darein|reden,** vi (hat), se mêler à la conversation
04 **dar|legen,** + A, exposer
04 **dar|reichen,** + D + A, offrir, administrer
04 **dar|stellen,** + A, représenter, interpréter [théâtre] ➔ 186
31 **darüber stehen,** a, a, vi (hat), être au-dessus
34 **darum|kommen,** a, o, (ist), manquer
04 **darum|legen,** + A, mettre autour
42 **darunter fallen,** ie, a, ä, (ist), être parmi
21 **darunter schreiben,** ie, ie, + A, signer
04 **darunter setzen,** + A, apposer dessous
02 **da|sein** (ist), être là ou présent(e)
46 **da|sitzen,** a, e, vi (hat), être assis(e) là
31 **da|stehen,** a, a, vi (hat), se trouver là
10 **datieren,** + A, dater
08 **dauern,** vi (hat), durer
21 **davon|bleiben,** ie, ie, (ist), ne pas y toucher
53 **davon|gehen,** i, a, (ist), s'en aller
34 **davon|kommen,** a, o, (ist), s'en sortir ➔ 171
38 **davon|laufen,** ie, au, äu, (ist), + D, se sauver
06 **davon|machen,** sich, (fam.) se débiner
35 **davon|tragen,** u, a, ä, + A, emporter, remporter
44 **davor liegen,** a, e, vi (hat), reposer devant
31 **davor stehen,** a, a, vi (hat), être planté(e) devant
32 **dazu|geben,** a, e, i, + D + A, ajouter
04 **dazu|gehören,** vi (hat), en faire partie, aller avec
34 **dazu|kommen,** a, o, (ist), survenir, s'ajouter à
09 **dazu|rechnen,** + A, ajouter [à la note]
04 **dazu|setzen,** + A, ajouter
30 **dazu|tun,** a, a, + A, ajouter
04 **dazu|zahlen,** + A, payer en plus

04 **dazu|zählen,** + A, compter en plus
35 **dazwischen|fahren,** u, a, ä, (ist), s'interposer
34 **dazwischen|kommen,** a, o, (ist), survenir [de façon imprévue]
09 **dazwischen|reden,** vi (hat), couper la parole
41 **dazwischen|rufen,** ie, u, vi (hat), interrompre [à voix haute]
32 **dazwischen|treten,** a, e, i, (ist), s'interposer
04 **dealen,** vi (hat), dealer
10 **debattieren,** + A/vi (hat), débattre de
10 **dechiffrieren,** + A, déchiffrer, décoder
04 **decken,** + A, (re)couvrir
06 ♦ **decken,** sich, coïncider
10 **definieren,** + A, définir
10 **deformieren,** + A, déformer
10 **degenerieren** (ist), dégénérer
10 **degradieren,** + A, dégrader, humilier
04 **dehnen,** + A, étendre
06 ♦ **dehnen,** sich, s'étendre, se dilater
07 **deichseln,** + A, (fam.) arranger, bricoler
10 **deinstallieren,** + A, désinstaller
10 **deklamieren,** + A, déclamer
10 **deklarieren,** + A, déclarer
10 **deklinieren,** + A, décliner
10 **dekodieren,** + A, décoder
10 **dekorieren,** + A, mit, décorer
10 **delegieren,** + A, déléguer
10 **demaskieren,** + A, démasquer
10 **dementieren,** + A, démentir
10 **demokratisieren,** + A, démocratiser
10 **demolieren,** + A, démolir
10 **demonstrieren,** + A/vi (hat), démontrer, manifester
10 **demontieren,** + A, démonter
04 **demütigen,** + A, humilier
13 **denken,** vi (hat), an + A, penser à
10 **denunzieren,** + A, dénoncer
10 **deponieren,** + A, déposer
10 **deportieren,** + A, déporter
10 **deprimieren,** + A, déprimer
10 **desertieren,** vi (hat/ist), déserter
10 **desinfizieren,** + A, désinfecter
10 **destillieren,** + A, distiller
10 **detaillieren,** + A, détailler
07 **deuteln,** + A, an + D, finasser, ergoter

deuten à durch|blicken

09 **deuten,** + A, auf + A, *interpréter, indiquer*
10 **dezentralisieren,** + A, *décentraliser*
10 **dezimieren,** + A, *décimer*
10 **diagnostizieren,** + A, *diagnostiquer*
09 **dichten¹,** + A, *rendre étanche*
09 **dichten²,** + A/vi (hat), *composer, faire des vers*
42 **dicht|halten,** ie, a, ä, vi (hat), *(fam.) tenir sa langue*
04 **dicht|machen,** + A, *fermer*
30 **dick(e)|tun,** a, a, sich, *(fam.) se vanter*
10 **didaktisieren,** + A, *exploiter [pour la classe]*
04 **dienen,** + D, zu, *servir à*
10 **diffamieren,** + A, *diffamer*
10 **differenzieren,** + A/vi (hat), *différencier*
10 **differieren,** vi (hat), *être différent*
10 **diktieren,** + D + A, *dicter*
10 **dirigieren,** + A, *diriger un orchestre*
10 **diskreditieren,** + A, *discréditer*
10 **diskriminieren,** + A, *discriminer*
10 **diskutieren,** + A/vi (hat), *discuter de*
10 **dispensieren,** + A, von, *dispenser de*
10 **disponieren,** + A/vi (hat), *disposer de*
10 **disqualifizieren,** + A, *disqualifier*
10 **distanzieren,** sich, von, *prendre ses distances*
10 **dividieren,** + A, *diviser*
10 **dokumentieren,** + A, *attester*
09 **dolmetschen,** + A, *servir d'interprète*
10 **dominieren,** + A, *(pré)dominer*
08 **donnern,** vi (hat), *tonner, gronder*
04 **dopen,** + A, *doper*
06 ♦ **dopen,** sich, *se doper*
04 **dörren,** + A, *(des)sécher*
04 **dösen,** vi (hat), *somnoler*
10 **dosieren,** + A, *doser*
10 **dotieren,** + A, mit, *doter de*
09 **downloaden,** + A, *télécharger*
10 **dozieren,** vi (hat), *enseigner [à l'université]*
10 **dramatisieren,** + A, *adapter à la scène*
32 **dran|geben,** a, e, i, + A, *sacrifier*
07 **drängeln,** + A/vi (hat), *pousser, jouer des coudes*
07 ♦ **drängeln,** sich, *se frayer un chemin*
04 **drängen,** + A/vi (hat), *presser, pousser*
06 ♦ **drängen,** sich, *se presser, se bousculer*
10 **drangsalieren,** + A, *tourmenter, harceler*

42 **dran|halten,** ie, a, ä, sich, *se grouiller*
34 **dran|kommen,** a, o, (ist), *passer [à son tour]*
10 **drapieren,** + A, *draper*
32 **drauf|geben,** a, e, i, + A, *donner un acompte*
53 **drauf|gehen,** i, a, (ist), *disparaître, (fam.) y passer*
04 **drauf|legen,** + A, *payer en plus*
53 **drauflos|gehen,** i, a, (ist), *foncer*
09 **drauflos|reden,** vi (hat), *parler à tort et à travers*
28 **drauflos|schießen,** vi (hat), *tirer dans le tas*
04 **drauf|zahlen,** + A, *payer en plus*, vi (hat) *y être de sa poche*
07 **drechseln,** + A, *tourner*
04 **drehen,** + A, *tourner [un film]*
06 ♦ **drehen,** sich, *tourner*
29 **dreschen,** o, o, i, + A, *battre le blé, (fam.) flanquer une raclée*
10 **dressieren,** + A, *dresser*
07 **dribbeln** (ist), *dribbler*
09 **driften** (ist), nach, *dériver*
04 **drillen,** + A, *(mil.) entraîner, (fig.) dresser*
52 **dringen,** a, u, (ist), *pénétrer, traverser*
04 **drohen,** + D, *menacer*
04 **dröhnen,** vi (hat), *retentir, vrombir [moteur]*
07 **drosseln,** + A, *freiner, limiter*
04 **drucken,** + A, *imprimer*
04 **drücken,** + A, *presser,* auf + A, *appuyer sur*
06 ♦ **drücken,** sich, *(fam.) tirer au flanc, se défiler*
06 **ducken,** sich, *baisser la tête*
09 **duften,** vi (hat), *sentir bon*
09 **dulden,** + A, *tolérer*
04 **düngen,** + A, *fumer [un champ]*
06 **dünn(e) machen,** sich, *filer à l'anglaise*
09 **dünsten,** + A, *cuire à l'étuvée*
09 **durch|arbeiten,** + A, *étudier à fond, travailler sans interruption*
09 ♦ **durch|arbeiten,** sich, *se frayer un passage, s'en sortir* → 229
09 **durch|atmen,** vi (hat), *respirer à fond*
36/54 **durch|backen,** a/u, a, + A, *faire bien cuire*
22 **durch|beißen,** i, i, + A, *couper avec les dents*
22 ♦ **durch|beißen,** i, i, sich, *(fig.) se tirer d'affaire*
08 **durch|blättern,** + A, *feuilleter* → 229
04 **durch|blicken,** vi (hat), *regarder à travers ;* etw. ~ lassen, *laisser entendre* → 229

DICTIONNAIRE DES VERBES

durchbohren à durchqueren

04 **durchbohren,** + A, *transpercer* → 229
04 **durch|bohren,** + A, *percer*
04 **durch|boxen,** + A, *imposer*
06 ♦ **durch|boxen,** sich, *s'imposer*
37 **durch|braten,** ie, a, ä, + A, *faire bien rôtir*
49 **durchbrechen,** + A, *enfoncer [obstacle]* → 229
49 **durch|brechen[1],** + A, *percer [cloison]* → 229
49 **durch|brechen[2]** (ist), *se casser en deux*
11 **durch|brennen** (ist), *sauter [fusible]* ; *(fam.) fuguer*
13 **durch|bringen,** + A, *faire passer, sauver [malade], dilapider [argent]* → 156
13 ♦ **durch|bringen,** sich, *se tirer d'affaire* → 156
04 **durch|checken,** + A, *contrôler à fond, réviser*
13 **durchdenken,** + A, *examiner à fond* → 230
13 **durch|denken,** + A, *réfléchir à*
06 **durch|drängen,** sich, *se frayer un passage*
04 **durch|drehen[1],** + A, *passer à la moulinette [viande]*
04 **durch|drehen[2]** (ist), *(fam.) péter les plombs*
52 **durchdringen,** a, u, + A, *(trans)percer, imprégner*
52 **durch|dringen,** a, u, (ist), *pénétrer ; (fig.) faire prévaloir*
04 **durch|drücken,** + A, *arriver à imposer*
13 **durcheinander bringen,** + A, *mettre en désordre, désorienter*
38 **durcheinander laufen,** ie, au, äu, (ist), *aller dans tous les sens*
09 **durcheinander reden,** vi (hat), *parler tous ensemble*
21 **durcheinander schreien,** ie, ie, vi (hat), *crier dans tous les sens*
02 **durcheinander sein** (ist), *être déconcerté*
50 **durcheinander werfen,** a, o, i, + A, *brouiller les cartes*
35 **durchfahren,** u, a, ä, + A, *passer, traverser [en véhicule]* → 229
35 **durch|fahren,** u, a, ä, (ist), *rouler, passer sans s'arrêter* → 159
42 **durch|fallen,** ie, a, ä, (ist), bei, *échouer [à un examen]* → 229
52 **durch|finden,** a, u, sich, *retrouver son chemin*
28 **durchfließen,** o, o, + A, *traverser, arroser*
28 **durch|fließen,** o, o, (ist), durch, *couler à travers*
04 **durch|forschen,** + A, *étudier à fond, explorer*

09 **durchforsten,** + A, *éclaircir [forêt]*
04 **durch|fragen,** sich, *demander son chemin*
24 **durch|frieren,** o, o, (ist), *geler complètement*
04 **durch|führen,** + A, *réaliser* → 162
32 **durch|geben,** a, e, i, + A, *diffuser* → 165
53 **durch|gehen,** i, a, + A, *(fig.) examiner ; (ist) passer par*
22 **durch|greifen,** i, i, vi (hat), *intervenir*
42 **durch|halten,** ie, a, ä, vi (hat), *tenir bon*
38/54 **durch|hauen,** ie, au, + A, *fendre, trancher ; (fam.) rouer de coups* → 230
38/54 ♦ **durch|hauen,** ie, au, sich, *se frayer [chemin]*
50 **durch|helfen,** a, o, i, + D, *aider qqn à s'en sortir*
50 ♦ **durch|helfen,** a, o, i, sich, *s'en sortir* → 229
04 **durch|kämmen,** + A, *peigner ; (fig.) passer au peigne fin*
04 **durch|kämpfen,** + A, *faire aboutir par la force*
06 ♦ **durch|kämpfen,** sich, zu, *se hisser à [un poste, un grade]*
34 **durch|kommen,** a, o, (ist), *passer à travers, (fig.) se tirer d'affaire* → 171
04 **durchkreuzen,** + A, *contrecarrer [projet]*
04 **durch|kreuzen,** + A, *barrer d'une croix*
42 **durch|lassen,** ie, a, ä, + A, *laisser passer*
38 **durch|laufen[1],** ie, au, äu, + A, *parcourir, user [semelles]*
38 **durch|laufen[2],** ie, au, äu, (ist), durch, *passer/couler à travers*
04 **durchleben,** + A, *vivre*
32 **durch|lesen,** a, e, ie, + A, *lire à fond jusqu'au bout* → 229
09 **durchleuchten,** + A, *radiographier*
09 **durch|leuchten,** vi (hat), *luire à travers*
08 **durchlöchern,** + A, *perforer, trouer*
09 **durch|lüften,** + A, *aérer à fond*
04 **durch|machen,** + A, *traverser [épreuves]*
33 **durchmessen,** a, e, i, + A, *parcourir*
33 **durch|messen,** a, e, i, + A, *mesurer [en entier]*
08 **durch|mustern,** + A, *examiner*
04 **durchnässen,** + A, *tremper* → 229
48 **durch|nehmen,** a, o, i, + A, *étudier* → 180
10 **durch|nummerieren,** + A, *numéroter*
07 **durchprügeln,** + A, *rouer de coups* → 230
04 **durchqueren,** + A, *traverser* → 229

durch|rasen à ein|arbeiten

04 **durch|rasen** (ist), durch, traverser en trombe
09 **durch|rechnen,** + A, calculer
09 **durch|regnen,** vimp (es), pleuvoir à travers
04 **durchreisen,** + A, parcourir, traverser
04 **durch|reisen** (ist), traverser ➜ 229
22 **durch|reißen[1],** i, i, + A, déchirer de part en part
22 **durch|reißen[2],** i, i, (ist), se déchirer
07 **durch|rieseln** (ist), ruisseler à travers
52 **durch|ringen,** a, u, sich, zu, se résoudre à
09 **durch|rosten** (ist), rouiller [complètement]
04 **durch|sagen,** + A, annoncer, faire passer [message]
04 **durch|sägen,** + A, scier
09 **durch|schalten,** + A, mettre sous tension
04 **durchschauen,** + A, pénétrer [les intentions]
04 **durch|schauen,** vi (hat), regarder à travers
21 **durch|scheinen,** ie, ie, vi (hat), pénétrer [lumière]
08 **durch|schimmern,** vi (hat), filtrer à travers
37 **durchschlafen,** + A, passer à dormir
37 **durch|schlafen,** ie, a, ä, vi (hat), dormir sans interruption
35 **durchschlagen,** u, a, ä, + A, casser en deux
35 **durch|schlagen,** u, a, ä, (ist), traverser
35 ♦ **durch|schlagen,** u, a, ä, sich, se débrouiller
07 **durch|schlängeln,** sich, se faufiler, (fig.) contourner [obstacles]
22 **durch|schleichen,** i, i, (ist), se glisser à travers
04 **durch|schleusen,** + A, faire passer l'écluse à
04 **durch|schlüpfen** (ist), se glisser à travers
22 **durch|schneiden,** i, i, + A, couper, trancher
07 **durch|schütteln,** + A, secouer
30 **durch|sehen[1],** a, e, ie, + A, parcourir, examiner
30 **durch|sehen[2],** a, e, ie, vi (hat), regarder à travers
02 **durch sein** (ist), être passé(e)
04 **durch|setzen,** + A, imposer ➜ 229
06 ♦ **durch|setzen,** sich, s'imposer ➜ 229
08 **durch|sickern** (ist), suinter, s'infiltrer ; (fig.) transpirer
04 **durch|sieben,** + A, tamiser
04 **durch|spielen,** + A, jouer d'un bout à l'autre
49 **durch|sprechen,** a, o, i, + A, discuter en détail de
31 **durch|stehen,** a, a, + A, supporter, endurer
08 **durchstöbern,** + A, examiner en détail, fouiller

40 **durchstoßen,** ie, o, ö, + A, enfoncer ➜ 229
40 **durch|stoßen,** ie, o, ö, (ist), (mil.) avancer, pénétrer
22 **durch|streichen,** i, i, + A, barrer, rayer
04 **durchstreifen,** + A, parcourir
10 **durch|studieren,** + A, étudier à fond
04 **durchsuchen,** + A, perquisitionner ➜ 229
04 **durchtränken,** + A, mit, imprégner, imbiber de
04 **durchtrennen,** + A, couper, sectionner
36 **durch|wachsen,** u, a, ä, (ist), pousser à travers
04 **durch|wählen,** vi (hat), appeler sur ligne directe
08 **durchwandern,** + A, parcourir ➜ 229
04 **durchwärmen,** + A, réchauffer
04 **durch|wärmen,** + A, réchauffer
52 **durch|winden,** a, u, sich, se faufiler
04 **durchwühlen,** + A, fouiller
04 **durch|wühlen,** + A, fouiller
04 **durchzählen,** + A, compter un à un
24 **durchziehen,** + A/sich, parcourir d'un bout à l'autre ➜ 190
24 **durch|ziehen[1],** o, o, + A, faire passer à travers
24 **durch|ziehen[2],** o, o, (ist), durch, passer ➜ 189
04 **durchzucken,** + A, (fig.) faire tressaillir
15 **dürfen,** vmod (hat), + inf., pouvoir, avoir le droit de
09 **dürsten,** vi (hat), avoir soif de
04 **duschen,** + A/vi (hat), doucher
06 ♦ **duschen,** sich, se doucher
04 **düsen** (ist), (fam.) se propulser
07 **duseln,** vi (hat), somnoler
04 **duzen,** + A, tutoyer

E

09 **ebnen,** + A, aplanir
04 **echoen,** vi (hat), faire écho
10 **egalisieren,** + A, égaliser
04 **ehren,** + A, honorer, respecter
04 **eichen,** + A, jauger, étalonner
08 **eifern,** vi (hat), montrer du zèle, (fam.) s'emballer
09 **eignen,** sich, convenir
04 **eilen** (ist), se dépêcher, être urgent
06 ♦ **eilen,** sich, se dépêcher
09 **ein|arbeiten,** + A, initier [travail] ➜ 208
09 ♦ **ein|arbeiten,** sich, se familiariser avec

ein|äschern à einhämmern

- 08 **ein|äschern**, + A, *incinérer*
- 09 **ein|atmen**, + A, *inhaler* ; vi (hat) *inspirer*
- 04 **ein|bauen**, + A, in + A, *installer, incorporer*
- 42 **ein|behalten**, ie, a, ä, + A, *retenir [sur le salaire]*
- 41 **ein|berufen**, ie, u, + A, *convoquer, (mil.) appeler sous les drapeaux*
- 09 **ein|betten**, + A, *envelopper*
- 24 **ein|beziehen**, o, o, + A, in + A, *inclure*
- 24 **ein|biegen[1]**, o, o, + A, *plier en dedans*
- 24 **ein|biegen[2]**, o, o, (ist), in + A, *s'engager [dans une rue]*
- 09 **ein|bilden**, sich (D), *s'imaginer*
- 52 **ein|binden**, a, u, + A, *relier [livre]*
- 04 **ein|bläuen**, + D + A, *inculquer qqch. à qqn*
- 09 **ein|blenden**, + A, in + A, *insérer [Radio, TV]*
- 09 ♦ **ein|blenden**, sich, *prendre l'antenne*
- 49 **ein|brechen**, a, o, i, (ist), *cambrioler* → 208
- 11 **ein|brennen**, + A, *marquer au fer rouge*
- 13 **ein|bringen**, + A, *rentrer [récolte], rapporter*
- 04 **ein|brocken**, + D + A, *(s')attirer des ennuis*
- 07 **ein|buddeln**, sich, *(fam.) se terrer*
- 08 **ein|bürgern**, + A, *naturaliser*
- 08 ♦ **ein|bürgern**, sich, *(fig.) s'établir, passer dans les mœurs*
- 04 **ein|büßen**, + A, *perdre*
- 04 **ein|checken**, + A/vi (hat), *faire enregistrer*
- 04 **ein|cremen**, + A, *enduire de crème*
- 04 **ein|dämmen**, + A, *endiguer* → 209 remarque
- 04 **ein|decken**, + A, *couvrir*
- 06 ♦ **ein|decken**, sich, mit, *s'approvisionner en* → 209
- 04 **ein|deutschen**, + A, *germaniser*
- 04 **ein|dicken**, + A, *épaissir*
- 06 **ein|drängen**, sich, *s'introduire de force*
- 04 **ein|drehen**, + A, *visser*
- 04 **ein|drillen**, + A, *(techn.) forer* ; *(fig., fam.) entraîner*
- 52 **ein|dringen**, a, u, (ist), in + A, *pénétrer, (mil.) envahir* → 208
- 04 **ein|drücken**, + A, *imprimer, enfoncer* → 208
- 09 **ein|ebnen**, + A, *aplanir*
- 04 **ein|engen**, + A, *réduire, resserrer* → 209
- 07 **ein|fädeln**, + A, *enfiler* ; *(fam.) manigancer*
- 35 **ein|fahren**, u, a, ä, + A, *rentrer* ; *rôder* → 159
- 35 **ein|fahren**, u, a, ä, (ist), *entrer [en gare]* → 159
- 42 **ein|fallen**, ie, a, ä, (ist), + D, *venir à l'esprit* ; in + A, *(mil.) envahir* → 208
- 43 **ein|fangen**, i, a, ä, + A, *saisir, capter*
- 04 **ein|fassen**, + A, mit, *sertir, border de*
- 09 **ein|fetten**, + A, *graisser, lubrifier*
- 52 **ein|finden**, a, u, sich, *se présenter* → 209
- 29 **ein|flechten**, o, o, i, + A, *entremêler de*
- 24 **ein|fliegen**, o, o, (ist), *entrer en volant*
- 28 **ein|fließen**, o, o, (ist), in + A, *couler dans*
- 04 **ein|flößen**, + D + A, *inspirer [peur]*
- 08 **ein|flüstern**, + D + A, *souffler à l'oreille*
- 24 **ein|frieren[1]**, o, o, + A, *congeler [aliments]*
- 24 **ein|frieren[2]**, o, o, (ist), *geler, être pris dans les glaces*
- 04 **ein|fügen**, + A, in + A, *insérer dans*
- 06 ♦ **ein|fügen**, sich, in + A, *s'intégrer dans*
- 06 **ein|fühlen**, sich, *se mettre au diapason ou dans la peau de qqn*
- 04 **ein|führen**, + A, in + A, *introduire, importer* → 162
- 06 ♦ **ein|führen**, sich, *se présenter*
- 04 **ein|füllen**, + A, *remplir*
- 32 **ein|geben**, a, e, i, + A, *administrer [médicament], saisir [données]* → 165
- 53 **ein|gehen**, i, a, + A, *conclure, contracter [engagement]*
- 53 **ein|gehen**, i, a, (ist), *arriver [courrier]* ; *crever [animal]*
- 09 **ein|gemeinden**, + A, *rattacher*
- 31 **ein|gestehen**, a, a, + D + A, *reconnaître, admettre*
- 06 **ein|gewöhnen**, sich, *s'acclimater*
- 28 **ein|gießen**, o, o, + A, *verser*
- 08 **eingliedern**, + A, *intégrer, incorporer* → 208
- 08 ♦ **ein|gliedern**, sich, *s'intégrer* → 208
- 35 **ein|graben**, u, a, ä, + A, in + A, *enterrer, graver*
- 35 ♦ **ein|graben**, u, a, ä, sich, *se terrer, se graver*
- 22 **ein|greifen**, i, i, vi (hat), *intervenir*
- 04 **ein|grenzen**, + A, *enclore*
- 04 **ein|haken**, + A, *accrocher*
- 06 ♦ **ein|haken**, sich, *prendre le bras de qqn*
- 42 **ein|halten**, ie, a, ä, + A, *respecter* ; vi, mit, *s'interrompre*
- 08 **einhämmern**, + D + A, *inculquer, bourrer le crâne de qqn* → 208 remarque

ein|hängen à ein|richten

04 **ein|hängen**, + A, suspendre, raccrocher [téléphone]
09 **ein|heften**, + A, mettre dans un classeur
04 **ein|heimsen**, + A, engranger, *(fig.)* encaisser
09 **ein|heiraten**, in + A, entrer par mariage [dans une famille]
04 **ein|heizen**, + A, chauffer
04 **ein|holen**, + A, rattraper
04 **ein|hüllen**, + A, in + A, envelopper dans → 209
06 ♦ **ein|hüllen**, sich, s'envelopper
04 **einigen**, + A, unifier
06 ♦ **einigen**, sich, tomber d'accord
04 **ein|impfen**, + D + A, inoculer ; *(fig.)* inculquer
04 **ein|jagen**, + D + A, inspirer [peur]
10 **ein|kalkulieren**, + A, inclure dans ses calculs
07 **ein|kapseln**, sich, s'isoler
10 **ein|kassieren**, + A, encaisser
04 **ein|kaufen**, + A, acheter ; vi (hat) faire ses achats
04 **ein|kehren** (ist), s'arrêter [dans un hôtel]
08 **ein|kellern**, + A, mettre en cave
07 **ein|kesseln**, + A, encercler
08 **ein|klammern**, + A, mettre entre parenthèses
04 **ein|kleben**, + A, coller
09 **ein|kleiden**, + A, habiller
09 ♦ **ein|kleiden**, sich, s'habiller
04 **ein|klemmen**, + A, coincer
04 **ein|knicken**[1], + A, plier, corner
04 **ein|knicken**[2] (ist), se plier
04 **ein|kochen**, + A, mettre en conserve
04 **ein|kreisen**, + A, entourer, cerner
35 **ein|laden**, u, a, ä, + A, in + A, charger dans
35 **ein|laden**, u, a, ä, + A, zu, inviter à
08 **ein|lagern**, + A, entreposer, stocker
42 **ein|lassen**, ie, a, ä, + A, laisser entrer, emboîter
42 ♦ **ein|lassen**, ie, a, ä, sich, se laisser entraîner, *(fam.)* s'embarquer dans qqch.
38 **ein|laufen**, ie, au, äu, (ist), arriver, entrer [en gare, au port]
06 **ein|leben**, sich, s'acclimater
04 **ein|legen**, + A, insérer, incruster → 174
09 **ein|leiten**, + A, introduire, entamer
04 **ein|lenken**, vi (hat), *(fig.)* se raviser
09 **ein|leuchten**, + D, sauter aux yeux
08 **ein|liefern**, + A, conduire, transporter qqn
04 **ein|lösen**, + A, encaisser [chèque], payer
04 **ein|machen**, + A, mettre en conserve
10 **ein|marschieren** (ist), *(mil.)* envahir → 208
06 **ein|mischen**, sich, in, se mêler de à → 208
09 **ein|motten**, + A, ranger au placard
04 **ein|mummen**, + A, emmitoufler
06 ♦ **ein|mummen**, sich, s'emmitoufler
09 **ein|münden**, vi (hat/ist), déboucher sur
04 **ein|nähen**, + A, coudre, rétrécir
48 **ein|nehmen**, a, o, i, + A, prendre [médicament], occuper → 180
04 **ein|nicken** (ist), s'assoupir
09 **ein|nisten**, sich, se nicher ; *(fig., fam.)* s'incruster
04 **ein|ölen**, + A, huiler, lubrifier
09 **ein|ordnen**, + A, ranger, classer
09 ♦ **ein|ordnen**, sich, se ranger, prendre une file [voiture]
04 **ein|packen**, + A, in + A, emballer dans
04 **ein|parken**, + A, garer ; vi (hat), se garer
04 **ein|passen**, + A, ajuster
07 **ein|pendeln**, sich, se stabiliser
04 **ein|pferchen**, + A, parquer, *(fam.)* entasser
04 **ein|pflanzen**, + A, planter, implanter dans
04 **ein|planen**, + A, prévoir
04 **ein|prägen**, + D (sich) + A, graver, se graver en mémoire
10 **ein|quartieren**, + A, loger, *(mil.)* cantonner
10 ♦ **ein|quartieren**, sich, se loger → 209
04 **ein|rahmen**, + A, encadrer → 209 remarque
04 **ein|räumen**, + A, ranger ; concéder
09 **ein|rechnen**, + A, inclure
09 **ein|reden**, vi (hat), auf, chercher à persuader
21 **ein|reiben**, ie, ie, + A, frotter, frictionner
21 ♦ **ein|reiben**, ie, ie, sich, se frictionner
04 **ein|reichen**, + A, déposer, remettre
04 **ein|reihen**, + A, in + A, ranger, insérer
06 ♦ **ein|reihen**, sich, se ranger [dans une file]
04 **ein|reisen** (ist), in + A, entrer → 208
22 **ein|reißen**[1], i, i, + A, démolir, déchirer
22 **ein|reißen**[2], i, i, (ist), se déchirer
04 **ein|renken**, + A, remettre en place, *(fig.)* arranger
11 **ein|rennen**, + A, enfoncer
09 **ein|richten**, + A, aménager

DICTIONNAIRE DES VERBES

ein|richten à ein|tauchen

- 09 ♦ **ein|richten,** sich, s'installer, auf + A, se préparer à
- 04 **ein|rollen,** + A, enrouler
- 09 **ein|rosten** (ist), rouiller ; (fig.) s'encroûter
- 04 **ein|rücken**[1], + A, insérer, enclencher
- 04 **ein|rücken**[2] (ist), entrer → 208
- 04 **ein|sacken,** + A, mettre en sac, (fam.) empocher
- 07 **ein|sammeln,** + A, ramasser → 209
- 27 **ein|saugen,** o, o, + A, aspirer, inhaler
- 04 **ein|scannen,** + A, scanner
- 09 **ein|schalten,** + A, allumer, mettre en route [appareil] → 208
- 09 ♦ **ein|schalten,** sich, se mettre en marche, intervenir
- 04 **ein|schärfen,** + D + A, inculquer qqch. à qqn
- 04 **ein|schätzen,** + A, évaluer, estimer
- 04 **ein|schenken,** + D + A, verser [à boire]
- 04 **ein|schicken,** + D + A, envoyer
- 24 **ein|schieben,** o, o, + A, insérer, intercaler
- 28 **ein|schießen,** o, o, + A, démolir, battre en brèche
- 28 ♦ **ein|schießen,** o, o, sich, régler son tir
- 04 **ein|schiffen,** + A, embarquer
- 06 ♦ **ein|schiffen,** sich, nach, s'embarquer pour
- 37 **ein|schlafen,** ie, ie, ä, (ist), s'endormir → 208
- 08 **ein|schläfern,** + A, endormir, piquer [animal]
- 35 **ein|schlagen**[1], u, a, ä, + A, enfoncer, casser ; (fig.) prendre [direction]
- 35 **ein|schlagen**[2], u, a, ä, vi (hat), tomber [foudre], éclater
- 22 **ein|schleichen,** i, i, sich, se glisser
- 04 **ein|schleppen,** + A, introduire [maladie]
- 04 **ein|schleusen,** + A, faire entrer clandestinement
- 28 **ein|schließen,** o, o, + A, enfermer, cerner, (fig.) inclure
- 08 **ein|schlummern** (ist), s'assoupir
- 07 **ein|schmeicheln,** sich, bei, se concilier les bonnes grâces de qqn
- 04 **ein|schmieren,** + A, mit, enduire de, (techn.) lubrifier
- 07 **ein|schmuggeln,** + A, introduire en fraude
- 07 ♦ **ein|schmuggeln,** sich, s'introduire furtivement
- 04 **ein|schnappen** (ist), (techn.) se fermer ; (fig.) prendre un air pincé
- 22 **ein|schneiden,** i, i, + A, entailler ; vi (hat) couper
- 04 **ein|schnitzen,** + A, graver
- 04 **ein|schränken,** + A, limiter, réduire
- 06 ♦ **ein|schränken,** sich, se restreindre
- 04 **ein|schrauben,** + A, visser
- 21 **ein|schreiben,** ie, ie, + A, inscrire
- 21 ♦ **ein|schreiben,** ie, ie, sich, s'inscrire
- 22 **ein|schreiten,** i, i, (ist), intervenir → 208
- 04 **ein|schrumpfen** (ist), (se) rétrécir
- 08 **ein|schüchtern,** + A, intimider
- 04 **ein|schulen,** + A, scolariser
- 32 **ein|sehen,** a, e, ie, + A, reconnaître, examiner
- 04 **ein|seifen,** + A, savonner
- 12/9 **ein|senden,** + A, envoyer
- 04 **ein|setzen,** + A, mettre en œuvre ; vi (hat), commencer → 208
- 06 ♦ **ein|setzen,** sich, für, s'engager pour → 208
- 08 **ein|sickern** (ist), s'infiltrer
- 52 **ein|sinken,** a, u, (ist), in + D, s'enfoncer, s'effondrer
- 04 **ein|spannen,** + A, atteler ; (fig.) mettre à contribution
- 04 **ein|sparen,** + A, économiser
- 04 **ein|sperren,** + A, in, enfermer, emprisonner
- 04 **ein|spielen,** + A, exercer, entraîner, rapporter
- 06 ♦ **ein|spielen,** sich, s'entraîner
- 52 **ein|springen,** a, u, (ist), für, remplacer
- 04 **ein|spritzen,** + A, injecter
- 04 **ein|stecken,** + A, empocher, (fig.) encaisser
- 31 **ein|stehen,** a, a, vi (hat), für, répondre de → 183
- 21 **ein|steigen,** ie, ie, (ist), in + A, monter [en voiture] → 208
- 04 **ein|stellen,** + A, embaucher, régler ; cesser [travail] → 186
- 06 ♦ **ein|stellen,** sich, apparaître ; auf + A, se préparer à → 186
- 04 **ein|stimmen,** + A, joindre sa voix à
- 40 **ein|stoßen,** ie, o, ö, + A, enfoncer
- 22 **ein|streichen,** i, i, + A, empocher
- 04 **ein|strömen** (ist), affluer
- 10 **ein|studieren,** + A, apprendre [un rôle]
- 04 **ein|stufen,** + A, classer
- 04 **ein|stürmen** (ist), auf + A, fondre sur qqn
- 04 **ein|stürzen** (ist), s'écrouler [bâtiment]
- 04 **ein|tauchen**[1], + A, tremper
- 04 **ein|tauchen**[2] (ist), in + A, plonger

ein|tauschen à entgegen|sehen

04 **ein|tauschen**, + A, gegen, *échanger contre*
04 **ein|teilen**, + A, in + A, *diviser, répartir*
04 **ein|tippen**, + A, *entrer [données]* ➜ 208
35 **ein|tragen**, u, a, ä, + A, *inscrire, rapporter*
35 ♦ **ein|tragen**, u, a, ä, sich, *s'inscrire [liste]*
49 **ein|treffen**, a, o, i, (ist), *arriver* ➜ 209
21 **ein|treiben**, + A, *faire rentrer, recouvrer*
32 **ein|treten**[1], a, e, i, + A, *enfoncer [porte]*
32 **ein|treten**[2], a, e, i, (ist), *entrer, survenir* ➜ 208
08 **ein|trichtern**, + D + A, *inculquer* ➜ 208
09 **ein|trocknen** (ist), *sécher*
04 **ein|üben**, + A, *étudier* ➜ 208
04 **ein|verleiben**, + D + A, *incorporer*
08 **ein|wandern** (ist), *immigrer* ➜ 208
07 **ein|wechseln**, + A, *changer [argent]*
04 **ein|weichen**, + A, *(faire) tremper*
04 **ein|weihen**, + A, *inaugurer*
21 **ein|weisen**, ie, ie, + A, *initier, faire admettre*
12/9 **ein|wenden**, + A, *objecter*
50 **ein|werfen**, a, o, i, + A, *poster [lettre] ; casser [fenêtre]*
07 **ein|wickeln**, + A, *envelopper ; (fig., fam.) embobiner*
04 **ein|willigen**, vi (hat), in + A, *acquiescer à*
04 **ein|wirken**, vi (hat), auf + A, *agir, influer sur*
04 **ein|zahlen**, + A, *verser, payer*
04 **ein|zäunen**, + A, *entourer d'une clôture*
09 **ein|zeichnen**, + A, in + A, *dessiner sur*
24 **ein|ziehen**[1], o, o, + A, *rentrer, introduire* ➜ 189
24 **ein|ziehen**[2], o, o, (ist) in + A, *emménager, faire son entrée* ➜ 189
04 **einzoomen**, + A, *agrandir [une image]*
38 **Eis laufen**, ie, au, äu, (ist), *patiner*
08 **eitern**, vi (hat), *suppurer*
07 **ekeln**, vimp (es), + A/D, vor, *dégoûter*
07 ♦ **ekeln**, sich, *être dégoûté(e)*
10 **elektrifizieren**, + A, *électrifier*
10 **elektrisieren**, + A, *électriser*
10 ♦ **elektrisieren**, sich, *recevoir une décharge électrique*
10 **emanzipieren**, sich, *s'émanciper*
10 **emigrieren** (ist), *émigrer*
43 **empfangen**, i, a, ä, + A, *recevoir* ➜ 222
47 **empfehlen**, a, o, ie, + D + A, *recommander* ➜ 222

52 **empfinden**, a, u, + A, *ressentir* ➜ 222
49 **empor|arbeiten**, sich, *se hisser*
04 **empören**, + A, *révolter*
06 ♦ **empören**, sich, über + A, *s'indigner de*
34 **empor|kommen**, a, o, (ist), *s'élever, (fig.) faire carrière*
04 **empor|ragen**, vi (hat), *s'élever, se dresser*
09 **enden**, vi (hat), *finir, cesser*
09 **entarten** (ist), *dégénérer*
04 **entbehren**, + A, *se passer de*
52 **entbinden**, a, u, + A, von, *dégager de, accoucher*
04 **entblößen**, + A, *mettre à nu*
06 ♦ **entblößen**, sich, *se mettre à nu*
04 **entdecken**, + A, *découvrir* ➜ 222
04 **entehren**, + A, *déshonorer*
09 **enteignen**, + A, *exproprier*
04 **enterben**, + A, *déshériter*
04 **entfachen**, + A, *allumer, (fig.) attiser* ➜ 222
35 **entfahren**, u, a, ä, (ist), + D, *échapper à qqn*
42 **entfallen**, ie, a, ä, (ist), + D, *échapper*
09 **entfalten**, + A, *déplier, développer*
09 ♦ **entfalten**, sich, *s'épanouir*
04 **entfärben**, + A, *décolorer*
06 ♦ **entfärben**, sich, *se décolorer*
04 **entfernen**, + A, *enlever, supprimer*
06 ♦ **entfernen**, sich, von, *s'éloigner de* ➜ 222
07 **entfesseln**, + A, *déchaîner ; (fig.) déclencher*
24 **entfliehen**, o, o, (ist), *s'enfuir* ➜ 222
09 **entfremden**, + A, *rendre étranger, aliéner*
09 ♦ **entfremden**, sich, *se détacher de*
04 **entführen**, + A, *enlever, détourner* ➜ 163
13 **entgegen|bringen**, + D + A, *témoigner qqch. à qqn*
53 **entgegen|gehen**, i, a, (ist), + D, *aller au-devant de* ➜ 168
42 **entgegen|halten**, ie, a, ä, + D + A, *tendre, objecter*
34 **entgegen|kommen**, a, o, (ist), + D, *aller à la rencontre de* ➜ 171
48 **entgegen|nehmen**, a, o, i, + A, *recevoir, accepter* ➜ 180
32 **entgegen|sehen**, a, e, ie, + D, *envisager, attendre qqch.*

entgegen|setzen à entspringen

- 04 **entgegen|setzen**, + D + A, opposer
- 31 **entgegen|stehen**, a, a, vi (hat), + D, s'opposer, aller à l'encontre de
- 04 **entgegen|stellen**, + D + A, opposer
- 06 ♦ **entgegen|stellen**, sich, s'opposer, résister
- 32 **entgegen|treten**, a, e, i, (ist), + D, affronter
- 04 **entgegen|wirken**, vi (hat), + A, contrecarrer
- 09 **entgegnen**, + D, répliquer
- 53 **entgehen**, i, a, (ist), + D, échapper à ➜ 169
- 50 **entgelten**, a, o, i, + D + A, récompenser ; entgelten lassen, faire payer
- 09 **entgiften**, + A, désintoxiquer
- 04 **entgleisen** (ist), dérailler
- 22 **entgleiten**, i, i, (ist), + D, échapper
- 04 **enthaaren**, + A, épiler
- 42 **enthalten**, ie, a, ä, + A, contenir ➜ 222
- 42 ♦ **enthalten**, ie, a, ä, sich, + G, s'abstenir de
- 09 **enthärten**, + A, adoucir [eau]
- 09 **enthaupten**, + A, décapiter
- 23 **entheben**, o, o, + A + G, décharger de
- 04 **enthüllen**, + A, dévoiler
- 09 **entkleiden**, + A, déshabiller
- 09 ♦ **entkleiden**, sich, se déshabiller
- 34 **entkommen**, a, o, (ist), + D, échapper à
- 09 **entkräften**, + A, affaiblir
- 35 **entladen**, u, a, ä, + A, décharger ➜ 222
- 35 ♦ **entladen**, u, a, ä, sich, se décharger, éclater
- 35 **entlang|fahren**, u, a, ä, (ist), longer [en véhicule]
- 53 **entlang|gehen**, i, a, (ist), longer [à pied]
- 38 **entlang|laufen**, ie, au, äu, (ist), longer [en courant]
- 04 **entlarven**, + A, démasquer
- 42 **entlassen**, ie, a, ä, + A, renvoyer, licencier
- 09 **entlasten**, + A, décharger, décongestionner
- 38 **entlaufen**, ie, au, äu, (ist), + D, échapper à, s'échapper ➜ 222
- 06 **entledigen**, sich, + G, se défaire de, s'acquitter de
- 04 **entleeren**, + A, vider
- 06 ♦ **entleeren**, sich, se vider
- 04 **entlehnen**, + A, aus, emprunter à
- 21 **entleihen**, ie, ie, + D + A, emprunter à
- 04 **entlocken**, + D + A, arracher [secret]
- 04 **entlohnen**, + A, payer
- 09 **entlüften**, + A, aérer
- 09 **entmachten**, + A, priver de son pouvoir, destituer
- 10 **entmilitarisieren**, + A, démilitariser
- 04 **entminen**, + A, déminer
- 04 **entmündigen**, + A, mettre sous tutelle
- 04 **entmutigen**, + A, décourager ➜ 222
- 48 **entnehmen**, a, o, i, + A, prélever ➜ 181
- 06 **entpuppen**, sich, se révéler
- 07 **enträtseln**, + A, déchiffrer
- 09 **entrechten**, + A, priver de ses droits
- 22 **entreißen**, i, i, + D + A, arracher
- 09 **entrichten**, + A, payer, acquitter
- 51 **entrinnen**, a, o, (ist), + D, échapper à
- 04 **entrollen**, + A, dérouler
- 07 **entrümpeln**, + A, débarrasser, vider [grenier]
- 09 **entrüsten**, + A, indigner
- 09 ♦ **entrüsten**, sich, über + A, s'indigner de
- 04 **entsagen**, vi (hat), + D, renoncer à
- 04 **entschädigen**, + A, für, dédommager de, indemniser
- 04 **entschärfen**, + A, désamorcer ; (fig.) calmer
- 21 **entscheiden**, ie, ie, über + A, trancher, décider de ➜ 222
- 21 ♦ **entscheiden**, ie, ie, sich, für, opter, se décider pour ➜ 222
- 28 **entschließen**, o, o, sich, zu, se décider à
- 04 **entschlüpfen** (ist), échapper
- 07 **entschlüsseln**, + A, déchiffrer
- 09 **entschulden**, + A, désendetter
- 04 **entschuldigen**, + A, excuser
- 06 ♦ **entschuldigen**, sich, s'excuser
- 52 **entschwinden**, a, u, (ist), disparaître
- 12/9 **entsenden**, + A, envoyer ➜ 222
- 04 **entsetzen**, + A, (fig.) effrayer
- 06 ♦ **entsetzen**, sich, s'effrayer
- 04 **entseuchen**, + A, décontaminer
- 08 **entsichern**, + A, enlever le cran de sûreté
- 51 **entsinnen**, sich, + G/an + A, se souvenir de
- 04 **entsorgen**, + A, éliminer [déchets]
- 04 **entspannen**, + A, détendre
- 06 ♦ **entspannen**, sich, se détendre
- 49 **entsprechen**, a, o, i, vi (hat), + D, correspondre à
- 52 **entspringen**, a, u, (ist), + D, prendre sa source

entstammen à erhängen

04	**entstammen** (ist), + D, *être issu(e) de*	09	**erblinden** (ist), *perdre la vue*
31	**entstehen**, a, a, (ist), *naître, résulter de* → 184	04	**erblühen** (ist), *éclore* → 223
04	**entstellen**, + A, *défigurer, déformer* → 187	49	**erbrechen**, a, o, i, + A, *fracturer ; vomir*
04	**entstören**, + A, *(techn.) dépanner, déparasiter*	49	**erbrechen**, a, o, i, sich, *vomir*
04	**enttäuschen**, + A, *décevoir*	13	**erbringen**, + A, *apporter, produire* → 157
36	**entwachsen**, u, a, ä, (ist), + D, *être sorti(e) ou libéré(e) de*	09	**erden**, + A, *mettre à la terre*
09	**entwaffnen**, + A, *désarmer*	13	**erdenken**, + A, *concevoir, imaginer*
09	**entwalden**, + A, *déboiser*	09	**erdreisten**, sich, zu + inf., *avoir l'audace de*
08	**entwässern**, + A, *drainer, assécher*	07	**erdrosseln**, + A, *étrangler*
22	**entweichen**, i, i, (ist), aus, *s'échapper*	04	**erdrücken**, + A, *écraser*
09	**entwenden**, + D + A, *dérober*	09	**erdulden**, + A, *endurer*
50	**entwerfen**, a, o, i, + A, *ébaucher, (fig.) concevoir*	08	**ereifern**, sich, *s'échauffer*
09	**entwerten**, + A, *dévaluer ; composter [billet]*	09	**ereignen**, sich, *se produire* → 223
07	**entwickeln**, + A, *développer*	04	**ereilen**, + A, *(fig.) atteindre par surprise*
07	♦ **entwickeln**, sich, *se développer, évoluer*	35	**erfahren**, u, a, ä, + A, *apprendre* → 160
04	**entwirren**, + A, *démêler*	04	**erfassen**, + A, *saisir*
04	**entwischen** (ist), *(fam.) s'échapper*	52	**erfinden**, a, u, + A, *inventer* → 223
04	**entwöhnen**, + A, *sevrer, désintoxiquer*	04	**erfolgen** (ist), *s'effectuer, avoir lieu*
06	♦ **entwöhnen**, sich, + G, *se désaccoutumer de*	08	**erfordern**, + A, *exiger*
04	**entwürdigen**, + A, *dégrader*	04	**erforschen**, + A, *explorer, étudier*
07	**entwurzeln**, + A, *déraciner*	04	**erfragen**, + A, *demander*
24	**entziehen**, o, o, + D + A, *soustraire* → 190	04	**erfreuen**, + A, *faire plaisir à*
24	♦ **entziehen**, o, o, sich, *se soustraire à* → 190	06	♦ **erfreuen**, sich, an + D, *se réjouir de*
08	**entziffern**, + A, *déchiffrer*	24	**erfrieren**, o, o, (ist), *mourir de froid, geler*
04	**entzücken**, + A, *enchanter*	04	**erfrischen**, + A, *rafraîchir*
09	**entzünden**, + A, *allumer*	06	♦ **erfrischen**, sich, *se rafraîchir*
09	♦ **entzünden**, sich, *s'enflammer*	04	**erfüllen**, + A, *remplir, accomplir* → 223
49	**entzwei|brechen**, a, o, i, (ist), *se briser*	06	♦ **erfüllen**, sich, *s'accomplir*
04	**entzweien**, + A, *brouiller, désunir*	04	**ergänzen**, + A, *compléter, ajouter* → 223
06	♦ **entzweien**, sich, *se brouiller*	06	**ergänzen**, sich, *se compléter*
53	**entzwei|gehen**, i, a, (ist), *se casser*	08	**ergattern**, + A, *(fam.) dégotter*
09	**erachten**, + A, *juger, considérer comme*	32	**ergeben**, a, e, i, + A, *donner, rapporter* → 166
09	**erarbeiten**, sich (D) + A, *acquérir [par le travail], élaborer*	32	♦ **ergeben**, a, e, i, sich, *(mil.) se rendre ; aus, résulter de* → 166
06	**erbarmen**, sich, + G, *avoir pitié de*	53	**ergehen**, i, a, (ist), *paraître, arriver* → 169
04	**erbauen**, + A, *édifier*	53	♦ **ergehen**, i, a, sich, in + D, *se répandre, se perdre en*
04	**erbeben** (ist), *trembler, frissonner*	28	**ergießen**, o, o, sich, *se jeter, se déverser*
04	**erben**, + A, von, *hériter de*	22	**ergreifen**, i, i, + A, *saisir, arrêter ; (fig.) émouvoir*
09	**erbeuten**, + A, *prendre à l'ennemi*	09	**ergründen**, + A, *sonder, approfondir*
45	**erbitten**, a, e, + A, von, *solliciter, obtenir*	42	**erhalten**, ie, a, ä, + A, *recevoir, conserver*
04	**erblassen** (ist), *pâlir* → 223	42	♦ **erhalten**, ie, a, ä, sich, *se maintenir*
4	**erbleichen** (ist), *pâlir, blêmir*	04	**erhängen**, + A, *pendre*
04	**erblicken**, + A, *apercevoir*	06	♦ **erhängen**, sich, *se pendre*

DICTIONNAIRE DES VERBES

erhärten à erschwindeln

09 **erhärten,** + A, durcir ; (fig.) confirmer
09 ♦ **erhärten,** sich, se confirmer
23 **erheben,** o, o, + A, lever, prélever
23 ♦ **erheben,** sich, se lever ; (fig.) se soulever
08 **erheitern,** + A, divertir
08 ♦ **erheitern,** sich, s'égayer, se divertir
04 **erhellen,** + A, éclaircir
06 ♦ **erhellen,** sich, s'éclaircir
04 **erhitzen,** + A, chauffer
06 ♦ **erhitzen,** sich, s'échauffer
04 **erhoffen,** + A, escompter
04 **erhöhen,** + A, augmenter [prix]
06 ♦ **erhöhen,** sich, augmenter
06 **erholen,** sich, von, se remettre de, se reposer
08 **erinnern,** + A, an + A, rappeler qqch. à qqn
08 ♦ **erinnern,** sich, an + A, se souvenir de qqch.
09 **erkälten,** sich, prendre froid
04 **erkämpfen,** + A, remporter ➜ 223
11 **erkennen,** + A, reconnaître
04 **erklären,** + D + A, expliquer, déclarer
06 ♦ **erklären,** sich, s'expliquer, se déclarer
08 **erklettern,** + A, gravir, escalader
52 **erklingen,** a, u, (ist), retentir
04 **erkranken** (ist), an, tomber malade
09 **erkunden,** + A, explorer
06 **erkundigen,** sich, nach, se renseigner sur
04 **erlahmen** (ist), être paralysé(e) ; (fig.) s'affaiblir
04 **erlangen,** + A, obtenir
42 **erlassen,** ie, a, ä, + A, publier, promulguer
04 **erlauben,** + D + A, permettre
08 **erläutern,** + D + A, expliquer
04 **erleben,** + A, vivre [événement]
04 **erledigen,** + A, exécuter [tâche], expédier
08 **erleichtern,** + A, faciliter, soulager
22 **erleiden,** i, i, + A, subir
04 **erlernen,** + A, apprendre
09 **erleuchten,** + A, éclairer
44 **erliegen,** a, e, (ist), + D, succomber à ➜ 178
29 **erlöschen,** o, o, i, (ist), s'éteindre, (jur.) expirer
04 **erlösen,** + A, délivrer
04 **ermächtigen,** + A, zu, habiliter à
04 **ermahnen,** + A, zu, exhorter à
04 **ermäßigen,** + A, réduire
09 **ermatten** (ist), s'épuiser
33 **ermessen,** a, e, i, + A, mesurer

07 **ermitteln,** + A, retrouver [coupable], établir
04 **ermöglichen,** + A, permettre ➜ 223
09 **ermorden,** + A, assassiner
09 **ermüden**[1], + A, fatiguer
09 **ermüden**[2] (ist), se fatiguer
08 **ermuntern,** + A, zu, encourager
04 **ermutigen,** + A, zu, encourager
04 **ernähren,** + A, nourrir
06 ♦ **ernähren,** sich, von, se nourrir de
11 **ernennen,** + A, nommer [à un poste]
08 **erneuern,** + A, renouveler, rénover
08 ♦ **erneuern,** sich, se renouveler
04 **erniedrigen,** + A, rabaisser, humilier
06 ♦ **erniedrigen,** sich, s'abaisser
09 **ernten,** + A, récolter
08 **ernüchtern,** + A, dégriser
08 **erobern,** + A, conquérir
09 **eröffnen,** + A, ouvrir, inaugurer
08 **erörtern,** + A, discuter
04 **erpressen,** + A, faire chanter
04 **erproben,** + A, mettre à l'épreuve, tester
04 **erquicken,** + A, rafraîchir, (fig.) réconforter
37 **erraten,** ie, a, ä, + A, deviner
09 **errechnen,** + A, calculer
04 **erregen,** + A, énerver, exciter
04 **erreichen,** + A, atteindre
09 **errichten,** + A, ériger, (fig.) fonder
52 **erringen,** a, u, + A, remporter, gagner
09 **erröten** (ist), rougir
36 **erschaffen,** u, a, + A, créer
29/4 **erschallen,** o, o, (ist), résonner
21 **erscheinen,** ie, ie, (ist), apparaître
28 **erschießen,** o, o, + A, abattre, fusiller
04 **erschlaffen** (ist), se relâcher, s'affaiblir
35 **erschlagen,** u, a, A, assommer
28 **erschließen,** o, o, + A, ouvrir à l'exploitation
28 ♦ **erschließen,** o, o, sich, s'ouvrir
04 **erschöpfen,** + A, épuiser
06 ♦ **erschöpfen,** sich, s'épuiser
04 **erschrecken**[1], + A, effrayer
49 **erschrecken**[2], a, o, i, (ist), s'effrayer
08 **erschüttern,** + A, ébranler, bouleverser
04 **erschweren,** + A, rendre plus difficile
07 **erschwindeln,** sich (D) + A, acquérir frauduleusement

32 **ersehen**, + A, aus, voir, reconnaître [par là]
04 **ersetzen**, + A, remplacer
51 **ersinnen**, a, o, + A, imaginer
04 **erspähen**, + A, repérer
04 **ersparen**, + A, économiser
04 **erstarren** (ist), se raidir, se figer
09 **erstatten**, + D + A, rembourser, restituer
04 **erstaunen**[1], + A, étonner
04 **erstaunen**[2] (ist), über + A, s'étonner de
49 **erstechen**, a, o, i, + A, poignarder
31 **erstehen**[1], a, a, + A, acquérir
31 **erstehen**[2], a, a, (ist), naître, ressusciter
21 **ersteigen**, ie, ie, + A, escalader
04 **erstellen**, + A, construire, établir
04 **ersticken**, + A/vi (hat), étouffer
04 **erstreben**, + A, aspirer à
06 **erstrecken**, sich, auf + A, s'étendre à
04 **erstürmen**, + A, prendre d'assaut
04 **ersuchen**, + A, um, solliciter qqch. [auprès]
04 **ertappen**, + A, prendre sur le fait
04 **erteilen**, + D + A, donner
04 **ertönen** (ist), retentir
35 **ertragen**, u, a, ä, + A, supporter
04 **ertränken**, + A, noyer
06 ♦ **ertränken**, sich, se noyer [par suicide]
04 **erträumen**, sich (D) + A, imaginer en rêve
52 **ertrinken**, a, u, (ist), se noyer [par accident]
04 **erübrigen**, + A, trouver, avoir de reste
06 ♦ **erübrigen**, sich, être superflu(e)
04 **erwachen** (ist), s'éveiller → 223
36 **erwachsen**, u, a, ä, (ist), aus, résulter de
23 **erwägen**, o, o, + A, peser, considérer
04 **erwählen**, + A, *(lit.)* choisir
04 **erwähnen**, + A, mentionner
04 **erwärmen**, + A, réchauffer → 223
06 ♦ **erwärmen**, sich, für, se réchauffer, *(fig.)* s'enthousiasmer pour → 223
09 **erwarten**, + A, attendre, s'attendre à
04 **erwecken**, + A, éveiller, susciter
06 **erwehren**, sich, + G, se défendre de
04 **erweichen**, + A, attendrir
21 **erweisen**, ie, ie, + A, prouver, témoigner
21 ♦ **erweisen**, ie, ie, sich, se révéler être
08 **erweitern**, + A, élargir
08 ♦ **erweitern**, sich, s'élargir

50 **erwerben**, a, o, i, + A, acquérir → 223
08 **erwidern** + A, répliquer, répondre
04 **erwirken**, + A, obtenir
04 **erwischen**, + A, *(fam.)* attraper, pincer
04 **erwürgen**, + A, étrangler
04 **erzählen**, + D + A, raconter
04 **erzeugen**, + A, produire, engendrer
24 **erziehen**, o, o, + A, élever, éduquer → 190
04 **erzielen**, + A, atteindre, obtenir → 223
04 **erzürnen**, + A, fâcher, irriter
06 ♦ **erzürnen**, sich, se fâcher
52 **erzwingen**, a, u, + A, obtenir de force
33 **essen**, a, e, i, + A, manger
10 **etablieren**, + A, établir
10 ♦ **etablieren**, sich, s'établir, s'installer
10 **evakuieren**, + A, évacuer
10 **exerzieren**, vi (hat), *(mil.)* faire l'exercice
10 **existieren**, vi (hat), exister
10 **exmatrikulieren**, + A, radier [étudiant]
10 **experimentieren**, vi (hat), faire des expériences sur
10 **explodieren** (ist), exploser, éclater
10 **exportieren**, + A/vi (hat), exporter

F

10 **fabrizieren**, + A, fabriquer
10 **fabulieren**, vi (hat), raconter des histoires
07 **fachsimpeln**, vi (hat), parler boutique
07 **fackeln**, vi (hat), *(fam.)* lanterner
07 **fädeln**, + A, enfiler
09 **fahnden**, vi (hat), nach, rechercher qqn
35 **fahren**, u, a, ä, + A, conduire, véhiculer qqn → 158
35 **fahren**, u, a, ä, (ist), aller en véhicule → 158
42 **fallen**, ie, a, ä, (ist), tomber
42 **fallen lassen**, ie, a, ä, + A, laisser tomber/ échapper
04 **fällen**, + A, abattre ; prononcer [jugement]
04 **fälschen**, + A, fausser, falsifier
09 **falten**, + A, plier, joindre
43 **fangen**, i, a, ä, + A, attraper, prendre
43 ♦ **fangen**, i, a, ä, sich, se faire prendre
04 **färben**, + A, teindre
06 ♦ **färben**, sich, se colorer
07 **faseln**, vi (hat), radoter, parler à tort et à travers

fasern à fliehen

08 **fasern**, vi (hat), *s'effilocher*
04 **fassen**, + A, *saisir, attraper*
06 ♦ **fassen**, sich, *se ressaisir*
09 **fasten**, vi (hat), *jeûner*
10 **faszinieren**, + A, *fasciner*
04 **fauchen**, vi (hat), *feuler* ; *(fig., fam.) rouspéter*
04 **faulen** (ist), *pourrir*
04 **faulenzen**, vi (hat), *paresser*
04 **faxen**, + A, *faxer*
29 **fechten**, o, o, i, vi (hat), *faire de l'escrime*
08 **federn**, vi (hat), *faire ressort*
04 **fegen**, + A, *balayer*
04 **fehlen**, vi (hat), + D, *manquer, faire défaut*
53 **fehl|gehen**, i, a, (ist), *faire fausse route*
35 **fehl|schlagen**, u, a, ä, (ist), *échouer*
08 **feiern**, + A, *fêter*, vi (hat), *faire la fête*
24 **feil|bieten**, o, o, + A, *mettre en vente*
04 **feilen**, + A, *limer*
04 **feilschen**, vi (hat), *marchander*
04 **feixen**, vi (hat), *(fam.) ricaner*
21 **fern|bleiben**, ie, ie, (ist), + D, *ne pas participer à*
42 **fern|halten**, ie, a, ä, + A, von, *tenir à l'écart de*
42 ♦ **fern|halten**, ie, a, ä, sich, *se tenir à l'écart, éviter*
04 **fern|lenken**, + A, *téléguider*
44 **fern liegen**, a, e, vi (hat), + D, *être loin de*
32 **fern|sehen**, a, e, ie, vi (hat), *regarder la télé*
31 **fern stehen**, a, a, vi (hat), + D, *être étranger à*
08 **fern|steuern**, + A, *télécommander*
13 **fertig bringen**, + A, *réussir à faire*
04 **fertigen**, + A, *fabriquer*
04 **fertig|machen**, + A, *achever, préparer*
06 ♦ **fertig|machen**, sich, *se préparer*
04 **fertig stellen**, + A, *achever*
07 **fesseln**, + A, *ligoter*
22 **fest|beißen**, i, i, sich, *ne pas démordre*
52 **fest|binden**, a, u, + A, *attacher*
35 **fest|fahren**, u, a, ä, sich, *s'enliser*
42 **fest|halten**[1], ie, a, ä, + A, *retenir, fixer*
42 **fest|halten**[2], ie, a, ä, vi (hat), an, *tenir ferme*
42 **fest halten**, ie, a, ä, sich, *se cramponner à*
04 **festigen**, + A, *affermir, consolider*
06 ♦ **festigen**, sich, *se consolider*
04 **fest|legen**, + A, *fixer* ➜ 174

06 ♦ **fest|legen**, sich, *s'engager à qqch*. ➜ 174
44 **fest|liegen**, a, e, vi (hat), *être immobilisé(e)*
04 **fest|machen**, + A, *fixer, attacher*
07 **fest|nageln**, + A, *clouer*
48 **fest|nehmen**, a, o, i, + A, *arrêter qqn* ➜ 180
06 **fest|schnallen**, sich, *boucler sa ceinture*
04 **fest|schrauben**, + A, *visser*
04 **fest|setzen**, + A, *fixer, arrêter*
06 ♦ **fest|setzen**, sich, *se déposer, se fixer*
46 **fest|sitzen**, a, e, vi (hat), *être immobilisé(e)*
31 **fest|stehen**, a, a, vi (hat), *être établi(e)* ➜ 183
04 **fest|stellen**, + A, *constater, établir* ➜ 186
09 **fetten**, + A/vi (hat), *graisser*
08 **feuern**, + A, *(fam.) virer* ; vi (hat), *tirer sur*
08 **fiebern**, vi (hat), *avoir de la fièvre*
09 **fighten**, vi (hat), *batailler dur*
04 **filmen**, + A, *filmer*
08 **filtern**, + A, *filtrer*
10 **filtrieren**, + A, *filtrer*
04 **filzen**, + A, *fouiller*
10 **finanzieren**, + A, *financer*
52 **finden**, a, u, + A, *trouver*
52 ♦ **finden**, a, u, sich, *se rencontrer*
08 **fingern**, vi (hat), an, *tripoter*
10 **fingieren**, + A, *feindre, simuler*
04 **fischen**, + A, *pêcher*
04 **fixen**, vi (hat), *se piquer, (vulg.) se shooter*
10 **fixieren**, + A, *fixer*
42 **flach|fallen**, ie, a, ä, (ist), *tomber à terre*
04 **flachsen**, vi (hat), *(fam.) se moquer*
08 **flackern**, vi (hat), *vaciller*
04 **flaggen**, vi (hat), *pavoiser*
10 **flambieren**, + A, *flamber*
10 **flanieren**, vi (hat/ist), *flâner*
08 **flattern** (ist), *voleter* ; vi (hat), *flotter [au vent]*
29 **flechten**, o, o, i, + A, *tresser*
04 **flehen**, vi (hat), *implorer*
04 **flennen**, vi (hat), *pleurnicher*
04 **fletschen**, + A, *montrer les dents*
04 **flicken**, + A, *raccommoder, réparer*
24 **fliegen**[1], o, o, + A, *transporter [en avion], piloter*
24 **fliegen**[2], o, o, (ist), nach, *voler*
24 **fliehen**[1], o, o, + A, *éviter*
24 **fliehen**[2], o, o, (ist), vor + D, *s'enfuir*

fliesen à fruchten

04 **fliesen**, + A, *carreler*
28 **fließen**, o, o, (ist), *couler*
08 **flimmern**, vi (hat), *scintiller*
08 **flippern**, vi (hat), *jouer au flipper*
09 **flirten**, vi (hat), *flirter*
04 **flitzen** (ist), *filer comme une flèche*
10 **florieren**, vi (hat), *prospérer*
09 **flöten**, vi (hat), *jouer de la flûte*
53 **flöten gehen**, i, a, (ist), *(fam.) se perdre, échouer*
04 **flottmachen**, + A, *remettre en état, renflouer*
04 **fluchen**, vi (hat), *jurer*
09 **flüchten** (ist), *s'enfuir*
09 ♦ **flüchten**, sich, zu, *se réfugier chez*
08 **flunkern**, vi (hat), *(fam.) faire de l'esbroufe*
08 **flüstern**, + A, *murmurer* ; vi (hat), *chuchoter*
09 **fluten** (ist), *couler à flots, inonder*
04 **folgen** (ist), + D, *suivre* ; aus, *résulter de*
08 **folgern**, + A, aus, *déduire de*
08 **foltern**, + A, *torturer*
04 **foppen**, + A, *berner*
10 **forcieren**, + A, *forcer*
08 **fordern**, + A, *exiger*
08 **fördern**, + A, *encourager* ; *extraire [minerais]*
10 **formatieren**, + A, *(inform.) formater*
04 **formen**, + A, *former, mouler*
06 ♦ **formen**, sich, *se former*
10 **formulieren**, + A, *formuler*
04 **forschen**, vi (hat), *faire de la recherche*
31 **fort|bestehen**, a, a, vi (hat), *continuer d'exister*
06 **fort|bewegen**, sich, *se déplacer*
09 **fort|bilden**, sich, *suivre une formation continue*
08 **fort|dauern**, vi (hat), *persister*
35 **fort|fahren**[1], u, a, ä, + A, *emmener* ➔ 159
35 **fort|fahren**[2], u, a, ä, (ist), *partir, continuer* ➔ 159
42 **fort|fallen**, ie, a, ä, (ist), *être supprimé(e)*
04 **fort|führen**, + A, *emmener, continuer* ➔ 162
53 **fort|gehen**, i, a, (ist), *partir, continuer* ➔ 168
34 **fort|kommen**, a, o, (ist), *s'en aller*
38 **fort|laufen**, ie, au, äu, (ist), *se sauver*
04 **fort|leben**, vi (hat), *continuer à vivre*
06 **fort|pflanzen**, sich, *se reproduire, se propager*
04 **fort|schaffen**, + A, *enlever*

04 **fort|schicken**, + A, *expédier, renvoyer (qqn)*
22 **fort|schreiten**, i, i, (ist), *avancer, progresser*
04 **fort|setzen**, + A, *continuer, poursuivre*
35 **fort|tragen**, u, a, ä, + A, *enlever*
21 **fort|treiben**, ie, ie, + A, aus, *emporter, expulser*
50 **fort|werfen**, a, o, i, + A, *jeter*
24 **fort|ziehen**[1], o, o, + A, *tirer, entraîner*
24 **fort|ziehen**[2], o, o, (ist), *déménager*
10 **fotografieren**, + A, *photographier*
10 **fotokopieren**, + A, *photocopier*
04 **foulen**[1], + A, *faire une faute [de jeu] sur*
04 **foulen**[2], vi (hat), *commettre une faute*
04 **fragen**, + A, nach, *interroger*
06 ♦ **fragen**, sich, *se demander*
10 **frankieren**, + A, *affranchir*
04 **fräsen**, + A, *fraiser*
32 **frei|geben**, a, e, i, + A, *relâcher, ouvrir à la circulation*
42 **frei|halten**, ie, a, ä, + A, *dégager [entrée]*
42 **frei|lassen**, ie, a, ä, + A, *libérer, relâcher*
04 **frei|legen**, + A, *dégager*
04 **frei|machen**, + A, *affranchir*
06 ♦ **frei|machen**, sich, *se libérer, s'affranchir*
04 **frei|setzen**, + A, *libérer*
49 **frei|sprechen**, a, o, i, von + A, *(jur.) acquitter*
31 **frei|stehen**, a, a, vi (hat), + D, *être libre de faire* ➔ 183
04 **frei|stellen**, + A, *laisser libre de* ; + von, *dispenser de*
53 **fremd|gehen**, i, a, (ist), *être infidèle*
33 **fressen**, a, e, i, + A, *manger [animaux], (vulg.) bouffer*
04 **freuen**, + A, *réjouir*
06 ♦ **freuen**, sich, über/auf + A, *se réjouir de*
24 **frieren**, o, o, vi (hat), *avoir froid, geler*
10 **frisieren**, + A, *coiffer* ; *(fig.) trafiquer [moteur]*
10 ♦ **frisieren**, sich, *se coiffer*
09 **fristen**, + A, *sein Leben ~, vivoter*
04 **frohlocken**, vi (hat), *exulter*
04 **frönen**, vi (hat), + D, *s'abandonner à*
07 **frösteln**, vi (hat), *frissonner*
10 **frottieren**, + A, *frictionner*
10 ♦ **frottieren**, sich, *se frictionner*
07 **frotzeln**, + A, *taquiner*
09 **fruchten**, + A, vi (hat), *(fam.) porter ses fruits*

frühstücken à geleiten

04 **frühstücken**, vi (hat), *prendre le petit déjeuner*
10 **frustrieren**, + A, *frustrer*
07 **fuchteln**, vi (hat), *gesticuler*
04 **fügen**, + A, *joindre, assembler*
06 ♦ **fügen**, sich, + D, *(techn.) s'emboîter ; (fig.) se conformer à*
04 **fühlen**, + A, *ressentir*
06 ♦ **fühlen**, sich, *se sentir*
04 **führen**, + A, *conduire, mener* → 161
06 ♦ **führen**, sich, *se conduire* → 161
04 **füllen**, + A, mit, *remplir de*
07 **fummeln**, vi (hat), *tripoter*
10 **fungieren**, vi (hat), als, *faire fonction de*
07 **funkeln**, vi (hat), *étinceler*
04 **funken**, + A, *transmettre par radio*
10 **funktionieren**, vi (hat), *fonctionner*
09 **fürchten**, + A, *craindre, redouter*
09 ♦ **fürchten**, sich, vor + D, *avoir peur de*
10 **fusionieren**, + A, *fusionner*
04 **fußen**, vi (hat), auf + D, *être fondé sur*
08 **futtern**, + A, *(vulg.) s'empiffrer de*
08 **füttern**, + A, *donner à manger à, doubler [vêtement]*

G

07 **gabeln**, sich, *bifurquer*
04 **gaffen**, vi (hat), *regarder bouche bée*
04 **gähnen**, vi (hat), *bâiller*
10 **galoppieren**, vi (hat/ist), *aller au galop*
10 **galvanisieren**, + A, *galvaniser*
07 **gammeln**, vi (hat), *(fam.) traînasser*
07 **gängeln**, + A, *avoir au doigt et à l'œil*
10 **garantieren**, + A, *garantir*
4/23 **gären**, o, o, (ist), *fermenter*
10 **garnieren**, + A, mit, *garnir de*
08 **gärtnern**, vi (hat), *jardiner*
10 **gastieren**, vi (hat), *être en tournée*
07 **gaukeln**, vi (hat/ist), *voltiger ; (fig.) faire des tours de passe-passe*
09 **gebärden**, sich, *se comporter*
47 **gebären**, a, o, + A, *donner naissance à*
32 **geben**, a, e, i, + D + A, *donner* → 164
32 ♦ **geben**, a, e, i, sich, *se montrer* → 164
24 **gebieten**, o, o, + D/über + A, *ordonner, commander*

04 **gebrauchen**, + A, *utiliser* → 221
04 **gebühren**, + D, *être dû à*
06 ♦ **gebühren**, vimp, sich, *convenir*
21 **gedeihen**, ie, ie, (ist), *prospérer, se développer*
13 **gedenken**, + G, *commémorer* ; zu + inf., *se proposer de*
09 **gedulden**, sich, *s'armer de patience*
09 **gefährden**, + A, *mettre en danger*
42 **gefallen**, ie, a, ä, + D, *plaire à* → 221
42 **gefangen halten**, ie, a, ä, + A, *retenir prisonnier*
48 **gefangen nehmen**, a, o, i, + A, *faire prisonnier*
24 **gefrieren**, o, o, (ist), *(con)geler*
42 **gegeneinander halten**, ie, a, ä, + A, *comparer*
04 **gegeneinander prallen** (ist), *se heurter*
31 **gegeneinander stehen**, a, a, (hat), *être confrontés l'un à l'autre*
04 **gegeneinander stellen**, + A, *confronter*
40 **gegeneinander stoßen**, ie, o, ö, (ist), *s'entrechoquer*
44 **gegenüber|liegen**, a, e, vi (hat), *être situé(e) en face* → 177
44 ♦ **gegenüber|liegen**, a, e, sich, *se faire face*
46 **gegenüber|sitzen**, a, e, (hat), + D, *être assis(e) en face de*
46 ♦ **gegenüber|sitzen**, a, e, sich, *être assis face à face*
31 **gegenüber|stehen**, a, a, (hat), + D, *être confronté à* → 183
04 **gegenüber|stellen**, + D + A, *opposer, (jur.) confronter*
32 **gegenüber|treten**, a, e, i, (ist), + D, *faire face à*
09 **gegen|zeichnen**, + A, *contresigner*
42 **geheim halten**, ie, a, ä, + A, *garder secret*
53 **gehen**, i, a, (ist), *aller* → 167
42 **gehen lassen**, ie, a, ä, sich, *se laisser aller*
04 **gehorchen**, + D, *obéir*
04 **gehören**, + D, *appartenir à* ; zu, *compter parmi* → 221
06 ♦ **gehören**, sich, vimp (es), *être convenable*
08 **geifern**, vi (hat), *baver*
04 **geigen**, + A/vi (hat), *jouer du violon*
07 **geißeln**, + A, *flageller, fustiger*
04 **geizen**, vi (hat), mit, *être avare de*
04 **gelangen** (ist), zu, *parvenir à, atteindre*
09 **geleiten**, + A, *accompagner*

gelingen à grenzen

52 **gelingen,** a, u, (ist), vimp (es), + D, *réussir*
04 **gellen,** vi (hat), *retentir*
50 **gelten,** a, o, i, vi (hat), *être valable* ; *für/als, être considéré comme*
04 **genehmigen,** + A, *autoriser, agréer*
10 **generalisieren,** + A, *généraliser*
32 **genesen,** a, e, ie, (ist), von, *guérir de*
10 **genieren,** + A, *gêner qqn*
10 ♦ **genieren,** sich, *se sentir gêné*
28 **genießen,** o, o, + A, *savourer, profiter de*
04 **genügen,** vi (hat), + D, *suffire*
24 **gerade biegen,** o, o, + A, *redresser*
42 **gerade halten,** ie, a, ä, + A, *tenir droit(e)*
42 ♦ **gerade halten,** ie, a, ä, sich, *se tenir droit(e)*
31 **gerade stehen,** a, a, vi (hat), *se tenir droit(e)*
31 **gerade|stehen,** a, a, vi (hat), für, *répondre de*
04 **gerade stellen,** + A, *dresser*
37 **geraten,** ie, a, ä, (ist), in + A, *se mettre ou tomber dans*
04 **gerben,** + A, *tanner*
09 **gering achten,** + A, *faire peu de cas de*
04 **gering schätzen,** + A, *estimer peu, dédaigner*
51 **gerinnen,** a, o, (ist), *cailler, se coaguler*
32 **geschehen,** a, e, ie, (ist), *arriver* ➔ 221
06 **gesellen,** sich, zu, *se joindre, s'associer à*
09 **gestalten,** + A, *former, façonner*
09 ♦ **gestalten,** sich, *prendre corps*
09 **gestatten,** + D + A, *permettre*
31 **gestehen,** a, a, + D + A, *avouer*
10 **gestikulieren,** vi (hat), *gesticuler*
06 ♦ **gesund|machen,** sich, *(fam. ; com.) se remettre à flot*
04 **gesund|schrumpfen,** + A, *(com.) assainir, rentabiliser*
06 ♦ **gesund|schrumpfen,** sich, *se redresser*
06 **getrauen,** sich, *oser*
04 **gewähren,** + D + A, *accorder*
42 **gewähren lassen,** + A, *laisser faire*
09 **gewähr|leisten,** + A, *garantir*
51 **gewinnen,** a, o, + A, *gagner*
04 **gewöhnen,** + A, an + A, *habituer à*
06 ♦ **gewöhnen,** sich, an + A, *s'habituer à* ➔ 221
28 **gießen,** o, o, + A, *arroser, verser, fondre*
07 **gipfeln,** vi (hat), *parvenir à son apogée*

04 **glänzen,** vi (hat), *briller*
10 **glasieren,** + A, *vernisser, glacer*
09 **glätten,** + A, *lisser, polir*
09 ♦ **glätten,** sich, *se dérider*
53 **glatt|gehen,** i, a, (ist), *aller comme sur des roulettes*
07 **glatt hobeln,** + A, *(techn.) blanchir*
04 **glatt|stellen,** + A, *(com.) équilibrer*
04 **glauben,** + D/an + A, *croire*
21 **gleich|bleiben,** ie, ie, (ist), *ne pas changer*
22 **gleichen,** i, i, + D, *ressembler à*
34 **gleich|kommen,** a, o, (ist), + D, *égaler*
04 **gleich|machen,** + D + A, *rendre égal ou pareil à*
09 **gleich|schalten,** + A, *mettre au pas, synchroniser*
04 **gleich|setzen,** + D + A, *mettre au même niveau, égaler*
04 **gleich|stellen,** + D + A, *assimiler à*
30 **gleich|tun,** a, a, + D, *suivre la même voie*
22 **gleiten,** i, i, (ist), *glisser*
08 **gliedern,** + A, *diviser, structurer*
08 ♦ **gliedern,** sich, in + A, *se diviser en*
4/29 **glimmen,** o, o, vi (hat), *rougeoyer, couver* [feu]
08 **glitzern,** vi (hat), *scintiller*
04 **glotzen,** vi (hat), *écarquiller les yeux*
04 **glücken,** (ist), + D, *réussir*
04 **glucksen,** vi (hat), *glousser*
04 **glühen,** vi (hat), *rougeoyer, (fig.) brûler*
04 **gönnen,** + D + A, *accorder*
35 **graben,** u, a, ä, + A, *creuser*
35 ♦ **graben,** sich, in + A, *s'enterrer*
10 **gradieren,** + A, *graduer*
06 **grämen,** sich, um, *se morfondre*
04 **grasen,** + A, *brouter l'herbe*
10 **grassieren,** vi (hat), *sévir [maladie]*
04 **grätschen**[1], + A, *écarter [les jambes]*
04 **grätschen**[2] (ist), *sauter jambes écartées*
10 **gratulieren,** + D, zu, *féliciter qqn de*
04 **grauen**[1], vi (hat), *commencer à poindre*
04 **grauen**[2], vimp (es), + D, *frémir d'horreur*
04 **grausen,** vimp (es), + D/A, *frémir d'horreur*
10 **gravieren,** + A, *graver*
22 **greifen,** i, i, + A, nach, *saisir*
04 **grenzen,** vi (hat), an + A, *toucher, confiner à*

grillen à heiligen

- 04 **grillen,** + A, faire griller
- 04 **grinsen,** vi (hat), ricaner
- 04 **grölen,** + A/vi (hat), brailler
- 04 **grollen,** vi (hat), gronder
- 21 **groß schreiben, ie, ie,** + A, écrire en majuscules
- 30 **groß|tun, a, a,** vi (hat), mit, se vanter de
- 30 ♦ **groß|tun, a, a,** sich, se donner de grands airs
- 24 **groß|ziehen, o, o,** + A, élever qqn ➔ 189
- 07 **grübeln,** vi (hat), se creuser la tête, *(fig.)* ruminer
- 09 **gründen,** + A, fonder
- 09 ♦ **gründen,** sich, auf + A, se fonder sur
- 10 **grundieren,** + A, passer une couche d'apprêt sur
- 04 **grünen,** vi (hat), verdir
- 10 **gruppieren,** + A, (re)grouper
- 10 ♦ **gruppieren,** sich, se grouper, se masser
- 07 **gruseln,** vimp (es), + D/A, être horrifié(e)
- 04 **grüßen,** + A, saluer
- 04 **gucken,** + A, nach, regarder
- 07 **gurgeln,** vi (hat), gargouiller, se gargariser
- 04 **gurren,** vi (hat), roucouler
- 09 **gürten,** + A, ceindre
- 09 ♦ **gürten,** sich, mit, se sangler
- 53 **gut gehen, i, a,** (ist), + D, bien aller, bien se passer
- 39 **gut|heißen, ie, ei,** + A, approuver
- 04 **gut|machen,** + A, réparer, arranger
- 21 **gut|schreiben, ie, ie,** + D + A, créditer de
- 30 **gut tun, a, a,** vi (hat), + D, faire du bien

H

- 04 **haaren,** vi (hat), perdre ses poils
- 01 **haben,** + A/aux., avoir
- 01 ♦ **haben,** sich, faire des simagrées
- 10 **habilitieren,** sich, passer son habilitation
- 04 **hacken**[1], + A, hacher, casser [bois]
- 04 **hacken**[2], vi (hat), *(inform.)* pirater
- 08 **hadern,** vi (hat), mit, s'en prendre à
- 09 **haften**[1], vi (hat), an + D, coller, adhérer à
- 09 **haften**[2], vi (hat), für, répondre de
- 21 **haften bleiben, ie, ie,** (ist), rester collé(e)
- 07 **hageln,** vimp (es), grêler
- 07 **häkeln,** + A/vi (hat), faire du crochet
- 10 **halbieren,** + A, partager en deux
- 04 **hallen,** vi (hat), résonner
- 42 **halten, ie, a, ä,** + A, tenir ; vi (hat), s'arrêter
- 42 ♦ **halten, ie, a, ä,** sich, se tenir, se maintenir
- 04 **Halt machen,** vi (hat), faire halte
- 08 **hämmern,** + A/vi (hat), marteler
- 07 **hampeln,** vi (hat), gigoter
- 08 **hamstern,** + A, faire des réserves
- 09 **handarbeiten,** vi (hat), confectionner à la main
- 07 **handeln**[1], vi (hat), mit, vendre ; von, traiter de
- 07 **handeln**[2], vimp (es), um, s'agir de
- 04 **handhaben,** + A, manier, manipuler
- 04 **hängen,** + A, an + A, accrocher, pendre
- 43 **hängen, i, a,** vi (hat), an + D, être suspendu à
- 21 **hängen bleiben, ie, ie,** (ist), rester accroché, redoubler
- 42 **hängen lassen, ie, a, ä,** + A, laisser tomber
- 07 **hänseln,** + A, se moquer de
- 10 **hantieren,** vi (hat), s'affairer ; mit, manipuler
- 08 **hapern,** (es), ne pas aller, bloquer
- 04 **harken,** + A, ratisser
- 10 **harmonieren,** vi (hat), mit, s'accorder avec
- 10 **harmonisieren,** + A, harmoniser
- 09 **härten,** + A, durcir
- 04 **haschen,** vi (hat), *(fam.)* fumer du haschisch
- 04 **hassen,** + A, haïr
- 09 **hasten** (ist), se hâter
- 07 **hätscheln,** + A, cajoler
- 04 **hauchen,** + A, souffler
- 38/54 **hauen, ie, au,** + A, *(fam.)* frapper
- 04 **häufen,** + A, entasser, amasser
- 06 ♦ **häufen,** sich, s'entasser, s'accumuler
- 04 **hausen,** vi (hat), loger ; *(fig.)* faire des ravages
- 42 **haus|halten, ie, a, ä,** vi (hat), mit, économiser
- 10 **hausieren,** vi (hat), mit, colporter
- 09 **häuten,** + A, écorcher
- 09 ♦ **häuten,** sich, peler, muer
- 23 **heben, o, o,** + A, lever, soulever
- 23 ♦ **heben, o, o,** sich, se (re)lever, s'annuler
- 07 **hecheln,** vi (hat), haleter
- 09 **heften,** + A, fixer, agrafer
- 09 ♦ **heften,** sich, auf, se fixer sur
- 04 **hegen,** + A, clôturer, *(fig.)* protéger, nourrir [espoir]
- 04 **heilen**[1], + A, guérir
- 04 **heilen**[2], vi (hat), guérir, se cicatriser
- 04 **heiligen,** + A, sanctifier

42	**heilig halten**, ie, a, ä, + A, vénérer	04	**heran|reifen** (ist), mûrir
49	**heilig sprechen**, a, o, i, + A, canoniser	04	**heran|rücken**¹, + A, approcher qqch.
13	**heim|bringen**, + A, ramener chez soi	04	**heran|rücken**² (ist), s'approcher
35	**heim|fahren**, u, a, ä, (ist), rentrer chez soi	09	**heran|tasten**, sich, s'approcher à tâtons
06	**heim|fühlen**, sich, se sentir chez soi	32	**heran|treten**, a, e, i, (ist), an + A, s'adresser à
04	**heim|führen**, + A, ramener chez soi, épouser	36	**heran|wachsen**, u, a, ä, (ist), grandir
53	**heim|gehen**, i, a, (ist), rentrer chez soi, (fig.) décéder	06	**heran|wagen**, sich, oser approcher
04	**heim|kehren** (ist), retourner chez soi, être rapatrié	24	**heran|ziehen**, o, o, + A, tirer à soi, consulter qqn ➜ 189
34	**heim|kommen**, a, o, (ist), revenir chez soi	09	**herauf|arbeiten**, sich, s'élever à la force du poignet
09	**heim|leuchten**, vi (hat), + D, (fig., fam.) envoyer promener	25	**herauf|beschwören**, o, o, + A, évoquer
30	**heimlich|tun**, + A, faire en cachette	34	**herauf|kommen**, a, o, (ist), monter
04	**heim|reisen** (ist), retourner chez soi	32	**herauf|sehen**, a, e, ie, vi (hat), lever les yeux
04	**heim|schicken**, + A, renvoyer chez soi, (fam.) envoyer promener	04	**herauf|setzen**, + A, (com.) augmenter
04	**heim|suchen**, + A, affliger, frapper [d'un mal]	21	**herauf|steigen**, ie, ie, (ist), monter
04	**heim|zahlen**, + D + A, faire payer qqch. à qqn	24	**herauf|ziehen**¹, o, o, + A, hisser
09	**heiraten**, + A, épouser ; vi (hat) se marier	24	**herauf|ziehen**², o, o, (ist), menacer [orage]
39	**heißen**, ie, ei, + A, s'appeler, vouloir dire	34	**heraus|bekommen**, a, o, + A, finir par extraire/savoir
38	**heiß laufen**, ie, au, äu, (ist), chauffer	09	**heraus|bilden**, sich, se développer
38	♦ **heiß laufen**, ie, au, äu, sich, s'échauffer	13	**heraus|bringen**, + A, sortir, deviner
04	**heizen**, + A, chauffer	35	**heraus|fahren**¹, u, a, ä, + A, sortir [un véhicule du garage]
50	**helfen**, a, o, i, + D, aider	35	**heraus|fahren**², u, a, ä, (ist), sortir [en voiture], échapper
32	**hell|sehen**, inf. seul, avoir le don de double vue	42	**heraus|fallen**, ie, a, ä, (ist), aus, tomber de, sortir du lot
04	**hemmen**, + A, freiner, entraver	52	**heraus|finden**, a, u, + A, trouver
04	**henken**, + A, pendre	24	**heraus|fliegen**¹, o, o, + A, évacuer par avion
04	**herab|blicken**, vi (hat), regarder de haut	24	**heraus|fliegen**², o, o, (ist), aus, s'envoler de, se faire virer
42	**herab|lassen**, ie, a, ä, + A, baisser	28	**heraus|fließen**, o, o, (ist), aus, couler
42	♦ **herab|lassen**, ie, a, ä, sich, zu, daigner, condescendre à	08	**heraus|fordern**, + A, provoquer
32	**herab|sehen**, a, e, ie, vi (hat), regarder de haut	32	**heraus|geben**, a, e, i, + A, publier, rendre la monnaie ➜ 165
04	**herab|setzen**, + A, baisser [prix], rabaisser	53	**heraus|gehen**, i, a, (ist), partir, sortir
21	**herab|steigen**, ie, ie, (ist), descendre	22	**heraus|greifen**, i, i, + A, choisir au hasard
09	**heran|bilden**, + A, former, élever	04	**heraus|gucken**, vi (hat), regarder par qqch.
09	♦ **heran|bilden**, sich, se former, s'élever	01	**heraus|haben**, + A, trouver ; (fig.) savoir s'y prendre
13	**heran|bringen**, + A, apporter	42	**heraus|halten**, ie, a, ä, + A, tenir en dehors
35	**heran|fahren**, u, a, ä, (ist), s'approcher	42	♦ **heraus|halten**, ie, a, ä, sich, se tenir en dehors de
04	**heran|führen**, + A, amener	04	**heraus|hängen**¹, + A, accrocher
53	**heran|gehen**, i, a, (ist), an, s'approcher, aborder [sujet]	43	**heraus|hängen**², i, a, vi (hat), pendre au-dehors
34	**heran|kommen** (ist), approcher, égaler ➜ 171		
42	**heran|lassen**, + A, laisser approcher		
06	**heran|machen**, sich, entreprendre, accoster qqn		
04	**heran|reichen**, vi (hat), atteindre, égaler qqn		

heraus|helfen à her|kommen

50 **heraus|helfen**, a, o, i, + D, aus, tirer d'embarras
04 **heraus|holen**, + A, aus, sortir, tirer profit de
04 **heraus|hören**, + A, aus, déduire de
34 **heraus|kommen**, a, o, (ist), sortir, paraître [publication] → 171
10 **heraus|kristallisieren**, sich, *(fig.)* résulter
48 **heraus|nehmen¹**, a, o, i, + A, extraire → 180
48 ♦ **heraus|nehmen²**, a, o, i, sich (D) + A, se permettre qqch. → 180
04 **heraus|ragen**, vi (hat), dépasser
09 **heraus|reden**, sich, se disculper
22 **heraus|reißen**, i, i, + A, aus, arracher, tirer d'affaire
04 **heraus|rücken¹**, + A, débourser
04 **heraus|rücken²** (ist), avouer
41 **heraus|rufen**, ie, u, + A, appeler au-dehors, rappeler [théâtre]
35 **heraus|schlagen¹**, u, a, ä, + A, faire sortir/jaillir
35 **heraus|schlagen²**, u, a, ä, (ist), sortir, jaillir
22 **heraus|schneiden**, i, i, + A, *(dé)*couper, exciser
32 **heraus|sehen**, a, e, ie, vi (hat), regarder dehors ; *(fam.)* dépasser de
02 **heraus sein**, (ist), être sorti(e)
52 **heraus|springen**, a, u, (ist), sauter par ; *(fam.)* résulter
04 **heraus|stellen**, + A, mettre en évidence → 186
06 ♦ **heraus|stellen**, sich, apparaître, se révéler → 186
04 **heraus|strecken**, + A, tendre, tirer [langue]
22 **heraus|streichen**, i, i, + A, effacer, souligner
04 **heraus|suchen**, + A, choisir
32 **heraus|treten**, a, e, i, (ist), sortir
24 **heraus|ziehen**, o, o, + A, *(re)*tirer
24 **heraus|ziehen**, o, o, (ist), aus, sortir, partir
24 ♦ **heraus|ziehen**, o, o, sich, *(fam.)* se dépêtrer
13 **herbei|bringen**, + A, apporter
04 **herbei|führen**, + A, amener, provoquer → 162
04 **herbei|holen**, + A, aller chercher
34 **herbei|kommen**, a, o, (ist), (s')approcher
38 **herbei|laufen**, ie, au, äu, (ist), accourir
41 **herbei|rufen**, ie, u, + A, appeler
04 **herbei|schaffen**, + A, rapporter, fournir
04 **herbei|strömen** (ist), affluer
04 **herbei|winken**, + A, faire signe de venir
24 **herbei|ziehen¹**, o, o, + A, tirer à soi

24 **herbei|ziehen²**, o, o, (ist), approcher
34 **her|bekommen**, a, o, + A, se procurer
04 **her|bemühen**, + A, prier de venir
06 ♦ **her|bemühen**, sich, se donner la peine de venir
04 **herbergen**, + A, héberger
04 **her|bestellen**, + A, convoquer
45 **her|bitten**, a, e, + A, prier de venir
13 **her|bringen**, + A, apporter, amener
49 **(he)rein|brechen**, a, o, i, (ist), faire irruption, tomber [nuit]
13 **(he)rein|bringen**, + A, apporter, faire entrer
06 **(he)rein|drängen**, sich, se frayer un passage
42 **(he)rein|fallen**, ie, a, ä, (ist), tomber dans le panneau
34 **(he)rein|kommen**, a, o, (ist), entrer → 171
42 **(he)rein|lassen**, ie, a, ä, + A, faire entrer
04 **(he)rein|legen**, + A, *(fam.)* rouler, mener en bateau → 174
04 **(he)rein|schauen**, vi (hat), regarder dans
07 **(he)rein|schmuggeln**, + A, faire entrer illégalement
04 **(he)rein|schneien** (ist), neiger dans ; *(fam.)* arriver à l'improviste
04 **(he)rein|strömen** (ist), envahir [flots, foule]
10 **(he)rein|spazieren** (ist), entrer sans se presser
04 **(he)rein|stürzen** (ist), se précipiter dans
06 **(he)rein|wagen**, sich, oser entrer
24 **(he)rein|ziehen¹**, o, o, + A, entraîner, *(fig.)* impliquer dans
24 **(he)rein|ziehen²**, o, o, (ist), entrer [en groupe]
35 **her|fahren¹**, u, a, ä, + A, amener [en véhicule]
35 **her|fahren²**, u, a, ä, (ist), venir ; über + A, *(fig.)* assaillir
42 **her|fallen**, ie, a, ä, (ist), über + A, se ruer sur
32 **her|geben**, a, e, i, + A, donner, remettre → 165
32 ♦ **her|geben**, a, e, i, sich, zu, se prêter à
53 **her|gehen¹**, i, a, (ist), approcher
53 **her|gehen²**, i, a, (ist), (es), aller, se passer
01 **her|haben**, + A, tirer de, tenir de
42 **her|halten**, ie, a, ä, + A, tendre ; vi (hat), payer pour
04 **her|holen**, + A, aller chercher
04 **her|hören**, vi (hat), *(fam.)* écouter
34 **her|kommen**, a, o, (ist), approcher ; von, provenir de

her|laufen à herunter|werfen

38	**her|laufen,** ie, au, äu, (ist), *accourir*	08	**herum|lungern,** vi (hat/ist), *être désœuvré(e), (fam.) glander*
09	**her|leiten,** + A, aus, *[faire] dériver de*	07	**herum|nörgeln,** vi (hat), *(fam.) râler*
06	**her|machen,** sich, über + A, *(fam.) se jeter sur*	04	**herum|reichen,** + A, *faire circuler*
48	**her|nehmen,** a, o, i, + A, *tirer de ; (fig.) maltraiter*	04	**herum|reisen** (ist), *courir le monde*
09	**her|richten,** + A, *préparer, aménager*	35	**herum|schlagen,** u, a, ä, + A, *entourer*
04	**herrschen,** vi (hat), *régner*	35	♦ **herum|schlagen,** u, a, ä, sich, *se battre*
04	**her|rühren,** vi (hat), von, *provenir de*	08	**herum|schlendern** (ist), *flâner*
04	**her|sagen,** + A, *réciter*	04	**herum|schleppen,** + A, *traîner, (fam.) trimbaler*
04	**her|schicken,** + A, *envoyer*	02	**herum sein,** (ist), *être achevé(e)*
04	**her|stammen,** vi (hat), von, *provenir de*	46	**herum|sitzen,** a, e, vi (hat), *(fig.) être désœuvré(e)*
04	**her|stellen,** + A, *fabriquer, instaurer* → 186	49	**herum|sprechen,** a, o, i, sich, *s'ébruiter*
13	**(he)rüber|bringen,** + A, *apporter*	31	**herum|stehen,** a, a, vi (hat), *(fig.) musarder*
32	**(he)rüber|geben,** a, e, i, + A, *passer qqch.*	08	**herum|stöbern,** vi (hat), *fouiller*
53	**(he)rüber|gehen,** i, a, (ist), *traverser*	08	**herum|stochern,** vi (hat), *trifouiller*
34	**(he)rüber|kommen,** a, o, (ist), *venir, franchir*	10	**herum|stolzieren** (ist), *parader*
32	**(he)rüber|sehen,** a, e, ie, vi (hat), *regarder de ce côté-ci*	35	**herum|tragen,** u, a, ä, + A, *colporter*
24	**(he)rüber|ziehen¹,** o, o, + A, *tirer [vers soi]*	21	**(he)rum|treiben,** ie, ie, sich, in, *traîner*
24	**(he)rüber|ziehen²,** o, o, (ist), *déménager*	07	**herum|trödeln,** vi (hat), *flemmarder*
08	**herum|albern,** vi (hat), *se complaire à des sottises*	24	**herum|ziehen,** o, o, + A, *faire passer autour*
08	**herum|ärgern,** sich, *s'user les nerfs*	24	**herum|ziehen,** o, o, (ist), *vagabonder*
07	**herum|basteln,** vi (hat), *bricoler*	13	**herunter|bringen,** + A, *descendre, (fig.) ruiner*
04	**herum|drehen,** + A, *(re)tourner*	42	**(he)runter|fallen,** ie, a, ä, (ist), *tomber*
06	♦ **herum|drehen,** sich, *se retourner*	24	**(he)runter|fliegen,** *descendre [en volant], (fam.) se faire éjecter*
35	**herum|fahren¹,** u, a, ä, + A, *balader qqn*	53	**herunter|gehen,** i, a, (ist), *descendre, (fig.) baisser*
35	**herum|fahren²,** u, a, ä, (ist), *contourner, se balader*	07	**herunter|handeln,** + A, *marchander*
04	**herum|fragen,** vi (hat), *interroger à la ronde*	54	**(he)runter|hauen,** + A, *bâcler*
04	**herum|führen,** + A, *piloter, faire visiter ; vi (hat), contourner* → 162	54	**(he)runter|hauen,** vi (hat), *flanquer [une gifle]*
07	**(he)rum|gammeln,** vi (hat), *(fam.) traîner*	04	**(he)runter|holen,** + A, *descendre qqch.*
32	**herum|geben,** a, e, i, + A, *faire circuler*	34	**(he)runter|kommen,** a, o, (ist), *descendre, (fig.) couler*
53	**herum|gehen,** i, a, (ist), *passer de mains en mains, flâner*	35	**(he)runter|laden,** u, a, ä, + A, *télécharger*
43	**(he)rum|hängen,** i, a, vi (hat), *traîner, (fam.) glander*	42	**herunter|lassen,** ie, a, ä, + A, *baisser*
04	**herum|irren** (ist), *errer*	38	**herunter|laufen,** ie, au, äu, (ist), *dévaler*
34	**herum|kommen,** a, o, (ist), *bourlinguer ; + um, éviter qqch.*	08	**herunter|leiern,** + A, *débiter, ânonner*
04	**(he)rum|kriegen,** + A, *(fam.) décider qqn à*	04	**herunter|machen,** + A, *rabaisser, (fig.) descendre en flèche*
38	**herum|laufen,** ie, au, äu, (ist), *tourner autour, flâner*	22	**herunter|reißen,** i, i, + A, *démolir, (fig.) éreinter*
44	**herum|liegen,** a, e, vi (hat), *traîner [objets]*	04	**herunter|schlucken,** + A, *avaler*
		04	**herunter|schrauben,** + A, *rabaisser*
		02	**herunter sein,** (ist), *être à bout*
		04	**herunter|spielen,** + A, *dédramatiser*
		50	**herunter|werfen,** a, o, i, + A, *jeter en bas*

herunter|wirtschaften à hin|bestellen

09 **herunter|wirtschaften**, + A, ruiner
24 **herunter|ziehen¹**, o, o, + A, baisser, *(fig.)* dénigrer
24 **herunter|ziehen²**, o, o, (ist), descendre
49 **hervor|brechen**, a, o, i, (ist), éclater, percer
13 **hervor|bringen**, + A, produire → 156
53 **hervor|gehen**, i, a, (ist), aus, sortir, résulter de
23 **hervor|heben**, o, o, + A, mettre en relief
04 **hervor|holen**, + A, aus, extraire de
34 **hervor|kommen**, a, o, (ist), sortir, apparaître
04 **hervor|ragen**, vi (hat), faire saillie ; *(fig.)* se distinguer
41 **hervor|rufen**, ie, u, + A, provoquer, susciter
49 **hervor|stechen**, a, o, i, vi (hat), dépasser ; *(fig.)* se faire remarquer
32 **hervor|treten**, a, e, i, (ist), s'avancer, ressortir
30 **hervor|tun**, a, a, sich, s'illustrer, se faire remarquer
06 **hervor|wagen**, sich, se risquer au dehors
08 **hervor|zaubern**, + A, faire apparaître [par enchantement]
24 **hervor|ziehen**, o, o, + A, aus, faire sortir de
24 **her|ziehen¹**, o, o, + A, attirer
24 **her|ziehen²**, o, o, vi (hat/ist), über + A, *(fam.)* débiner qqn
04 **hetzen¹**, + A, auf + A, traquer, lâcher les chiens sur
04 **hetzen²**, vi (hat/ist), attiser les haines contre
06 ♦ **hetzen**, sich, se ruer vers
07 **heucheln**, + A, feindre
04 **heulen**, vi (hat), hurler, pleurnicher
42 **hier behalten**, ie, a, ä, + A, garder présent(e)
21 **hier bleiben**, ie, ie, (ist), rester sur place
04 **hierher gehören**, vi (hat), avoir sa place ici
34 **hierher kommen**, a, o, (ist), se ranger ici
38 **hierher laufen**, ie, au, äu, (ist), accourir
42 **hier lassen**, ie, a, ä, + A, laisser sur place
02 **hier sein**, (ist), être sur place
35 **hinab|fahren**, u, a, ä, (ist), + A, descendre¹
09 **hin|arbeiten**, vi (hat), auf + A, travailler en vue de qqch.
09 **hinauf|arbeiten**, sich, s'élever par son travail
04 **hinauf|blicken**, vi (hat), lever les yeux
13 **hinauf|bringen**, + A, monter qqch.

35 **hinauf|fahren**, u, a, ä, (ist), monter [véhicule]
53 **hinauf|gehen**, i, a, (ist), monter [à pied]
08 **hinauf|klettern**, (ist), (auf + A), grimper
34 **hinauf|kommen**, a, o, (ist), arriver en haut
38 **hinauf|laufen**, ie, au, äu, (ist), monter en courant
04 **hinauf|schauen**, vi (hat), lever les yeux
52 **hinauf|schwingen**, a, u, sich, s'élancer
21 **hinauf|steigen**, ie, ie, (ist), escalader
21 **hinauf|treiben**, ie, ie, + A, faire grimper [prix]
24 **hinauf|ziehen¹**, o, o, + A, tirer en haut
24 **hinauf|ziehen²**, o, o, (ist), monter
24 ♦ **hinauf|ziehen**, o, o, sich, se hisser
08 **hinaus|befördern**, + A, faire sortir
06 **hinaus|beugen**, sich, se pencher au dehors
35 **hinaus|fahren¹**, u, a, ä, + A, transporter à l'extérieur
35 **hinaus|fahren²**, u, a, ä, (ist), sortir [véhicule]
53 **hinaus|gehen**, i, a, (ist), sortir ; über + A, dépasser → 168
04 **hinaus|jagen**, + A, jeter dehors
38 **hinaus|laufen**, ie, au, äu, (ist), sortir en courant ; auf + A, aboutir à
06 **hinaus|lehnen**, sich, se pencher au-dehors
04 **hinaus|ragen**, vi (hat), dépasser
04 **hinaus|schicken**, + A, faire sortir
24 **hinaus|schieben**, o, o, + A, pousser dehors, *(fig.)* reporter
24 ♦ **hinaus|schieben**, o, o, sich, *(fig.)* traîner en longueur
22 **hinaus|schmeißen**, i, i, + A, *(fam.)* virer, flanquer à la porte
36 **hinaus|wachsen**, u, a, ä, (ist), dépasser
06 **hinaus|wagen**, sich, oser sortir
50 **hinaus|werfen**, a, o, i, + A, jeter dehors, vider
17 **hinaus|wollen**, vouloir sortir ; auf + A, viser à
24 **hinaus|ziehen¹**, o, o, + A, traîner dehors ; *(fig.)* prolonger → 189
24 **hinaus|ziehen²**, o, o, (ist), sortir
24 ♦ **hinaus|ziehen**, o, o, sich, se prolonger
08 **hinaus|zögern**, + A, faire traîner en longueur
08 ♦ **hinaus|zögern**, sich, traîner en longueur
34 **hin|bekommen**, a, o, + A, *(fam.)* réussir
04 **hin|bestellen**, + A, faire venir

1 Pour les autres composés avec **hinab-**, voir **hinunter-**.

13 **hin|bringen,** + A, *amener*
08 **hindern,** + A, an + D, *empêcher qqn [de faire qqch.]*
09 **hin|deuten,** vi (hat), auf + A, *indiquer, (fig.) porter à croire*
45 **hinein|bitten,** a, e, + A, *inviter à entrer*
13 **hinein|denken,** sich, *se mettre à la place de*
42 **hinein|fallen,** ie, a, ä, (ist), *tomber dans, (fam.) tomber dans le panneau*
52 **hinein|finden,** a, u, sich, *se familiariser avec*
33 **hinein|fressen,** a, e, i, + A, *(fam.) ravaler*
53 **hinein|gehen,** i, a, (ist), in + A, *entrer* ➜ 168
37 **hinein|geraten,** ie, a, ä, (ist), *tomber, se retrouver dans*
04 **hinein|legen,** + A, ➜ *(he)reinlegen*
06 **hinein|mischen,** sich, *se mêler de*
04 **hinein|passen,** vi (hat), in + A, *s'ajuster, tenir dans*
09 **hinein|reden,** vi (hat), *s'immiscer [dans la conversation]*
22 **hinein|reißen,** i, i, + A, *entraîner dans*
04 **hinein|stecken,** + A, *mettre, fourrer dans*
08 **hinein|steigern,** sich, *s'exalter*
30 **hinein|tun,** a, a, + A, *mettre dans*
06 **hinein|versetzen,** sich, *se mettre à la place de*
06 **hinein|wagen,** sich, *oser entrer*
17 **hinein|wollen,** *vouloir entrer*
24 **hinein|ziehen¹,** o, o, + A, *(fig.) impliquer dans*
24 **hinein|ziehen²,** o, o, (ist), *entrer, emménager*
04 **hinein|zwängen,** + A, *faire entrer de force*
35 **hin|fahren¹,** u, a, ä, + A, *transporter [en véhicule]*
35 **hin|fahren²,** u, a, ä, (ist), *aller [en véhicule]*
42 **hin|fallen,** ie, a, ä, (ist), *tomber*
04 **hin|führen,** + A, *mener à*
32 **hin|geben,** a, e, i, + D + A, *livrer, abandonner à* ➜ 165
32 ♦ **hin|geben,** a, e, i, sich, + D, *se consacrer à* ➜ 165
53 **hin|gehen,** i, a, (ist), *aller, passer*
04 **hin|gehören,** vi (hat), *être à sa place, se mettre là*
37 **hin|geraten,** ie, a, ä, (ist), *tomber, (fam.) se fourrer dans*
42 **hin|halten,** ie, a, ä, + A, *tendre, (fig.) faire attendre*

4/54 **hin|hauen¹,** + A, *bâcler*
4/54 **hin|hauen²,** (ist), *(fam.) s'étaler ; vi (hat), marcher, coller*
04 **hin|hören,** vi (hat), *prêter l'oreille*
04 **hinken,** vi (hat/ist), *boiter*
06 **hin|knien,** sich, *s'agenouiller*
34 **hin|kommen,** a, o, (ist), *venir, arriver là*
04 **hin|kriegen,** + A, *(fam.) remettre en état*
04 **hin|legen,** + A, *poser à plat, coucher*
06 ♦ **hin|legen,** sich, *s'allonger*
04 **hin|lenken,** + A, auf + A, *orienter sur, mettre sur le tapis*
48 **hin|nehmen,** a, o, i, + A, *accepter* ➜ 180
08 **hin|opfern,** + A, *sacrifier*
04 **hin|passen,** vi (hat), *être à sa place*
08 **hin|plappern,** + A, *(fam.) rabâcher*
04 **hin|reichen¹,** + A, *tendre*
04 **hin|reichen²,** vi (hat), *suffire*
22 **hin|reißen,** i, i, + A, *entraîner, (fig.) enthousiasmer*
09 **hin|richten,** + A, *exécuter [condamné]*
04 **hin|schauen,** vi (hat), *regarder*
04 **hin|schicken,** + A, *envoyer*
32 **hin|sehen,** a, e, ie, vi (hat), *regarder*
04 **hin|setzen,** + A, *placer, poser*
06 ♦ **hin|setzen,** sich, *s'asseoir*
04 **hin|stellen,** + A, *mettre debout, poser* ➜ 186
06 ♦ **hin|stellen,** sich, *se camper, als, se présenter comme*
13 **hinter|bringen,** + A, *mettre derrière*
13 **hinterbringen,** + D + A, *rapporter, dénoncer*
53 **hintereinander gehen,** i, a, (ist), *marcher en file indienne*
09 **hintereinander schalten,** + A, *monter en série*
53 **hintergehen,** i, a, + A, *tromper, abuser* ➜ 169
35 **hinterher|fahren,** u, a, ä, (ist), + D, *suivre [en véhicule]*
53 **hinterher|gehen,** i, a, (ist), + D, *suivre [à pied]*
34 **hinterher|kommen,** a, o, (ist), *venir après*
38 **hinterher|laufen,** ie, au, äu, (ist), + D, *courir après*
02 **hinterher sein,** (ist), + D, *courir après*
42 **hinterlassen,** ie, a, ä, + A, *laisser, léguer* ➜ 227
04 **hinterlegen,** + A, *déposer* ➜ 175
21 **hinter|treiben¹,** ie, ie, + A, *pousser vers l'arrière*

hinter|treiben à hoch|klappen

21 **hinter|treiben²**, ie, ie, + A, *faire échouer, (fam.) saper* → 227
24 **hinterziehen**, o, o, + A, *frauder* → 190
32 **hin|treten**, a, e, i, (ist), *s'avancer*
30 **hin|tun**, a, a, + A, *mettre*
35 **hinüber|fahren¹**, u, a, ä, + A, *transporter de l'autre côté*
35 **hinüber|fahren²**, u, a, ä, (ist), *passer, traverser [véhicule]*
53 **hinüber|gehen**, i, a, (ist), *passer, traverser [à pied] ; (fam.) décéder*
22 **hinüber|greifen**, i, i, (ist), in + A, *empiéter sur*
50 **hinüber|helfen**, a, o, i, vi (hat), + D, *aider à passer*
09 **hinüber|retten**, + A, *faire passer en lieu sûr*
09 ♦ **hinüber|retten**, sich, *réussir à survivre*
04 **hinüber|schauen**, vi (hat), *regarder de l'autre côté*
02 **hinüber sein** (ist), *être fichu(e) ; (fam.) être éméché(e)*
04 **hinüber|setzen¹**, + A, *mettre de l'autre côté*
04 **hinüber|setzen²** (ist), *passer au-dessus de, franchir*
04 **hinüber|spielen**, vi (hat), *[couleur] tirer sur*
52 **hinüber|springen**, a, u, (ist), *sauter par-dessus*
21 **hinüber|steigen**, ie, ie, (ist), *enjamber, franchir*
24 **hinüber|ziehen¹**, o, o, + A, *tirer de l'autre côté, faire la liaison*
24 **hinüber|ziehen²**, o, o, (ist), *passer dans l'autre camp*
53 **hin und her|gehen**, i, a, (ist), *faire les cent pas*
07 **hin und her|pendeln** (ist), *faire la navette*
04 **hinunter|blicken**, vi (hat), *regarder en bas*
42 **hinunter|fallen**, ie, a, ä, (ist), *tomber par terre*
53 **hinunter|gehen**, i, a, (ist), *descendre*
04 **hinunter|kippen**, + A, *(fam.) siffler, siroter*
04 **hinunter|reichen¹**, + A, *tendre*
04 **hinunter|reichen²**, vi (hat), *s'étendre*
52 **hinunter|schlingen**, a, u, + A, *engloutir, ingurgiter*
04 **hinunter|schlucken**, + A, *avaler, encaisser*
52 **hinunter|springen**, a, u, (ist), *sauter*
04 **hinunter|stürzen¹**, + A, *pousser dans le vide, avaler d'un trait*
04 **hinunter|stürzen²** (ist), *tomber*
06 ♦ **hinunter|stürzen**, sich, *se jeter dans le vide*

50 **hinunter|werfen**, a, o, i, + A, *jeter en bas*
53 **hinweg|gehen**, i, a, (ist), über + A, *passer outre ou sur qqch.*
34 **hinweg|kommen**, a, o, (ist), über + A, *surmonter*
32 **hinweg|sehen**, a, e, ie, vi (hat), über + A, *fermer les yeux sur*
06 **hinweg|setzen**, sich, *passer outre*
04 **hinweg|täuschen**, + A, *abuser*
21 **hin|weisen¹**, ie, ie, + A, auf + A, *signaler qqch. à qqn*
21 **hin|weisen²**, ie, ie, vi (hat), auf + A, *indiquer, signaler*
12/9 **hin|wenden**, + A, zu, *tourner vers*
12/9 ♦ **hin|wenden**, sich, *se tourner vers*
50 **hin|werfen¹**, a, o, i, + A, *jeter, (fig.) esquisser*
50 ♦ **hin|werfen²**, a, o, i, sich, *se jeter à terre*
24 **hin|ziehen**, o, o, + A, *attirer, prolonger* → 189
24 ♦ **hin|ziehen**, o, o, sich, *se prolonger, traîner en longueur* → 189
04 **hin|zielen**, vi (hat), auf + A, *viser à*
13 **hinzu|denken**, sich (D) + A, *s'imaginer*
04 **hinzu|fügen**, + D + A, *ajouter à*
34 **hinzu|kommen**, a, o, (ist), *se joindre, venir s'ajouter* → 171
04 **hinzu|setzen**, + A, *ajouter*
32 **hinzu|treten**, a, e, i, (ist), zu, *se joindre à*
30 **hinzu|tun**, a, a, + A, *ajouter*
04 **hinzu|zählen**, + A, *additionner*
24 **hinzu|ziehen**, o, o, + A, *consulter qqn* → 189
04 **hissen**, + A, *hisser*
07 **hobeln**, + A/vi (hat), *raboter*
09 **hoch achten**, + A, *tenir en haute estime*
09 **hoch|arbeiten**, sich, *s'élever par le travail*
13 **hoch|bringen**, + A, *mettre hors de soi, (fig.) mettre sur pieds*
04 **hoch|drehen**, + A, *lever*
35 **hoch|fahren¹**, u, a, ä, + A, *monter qqch.*
35 **hoch|fahren²**, u, a, ä, (ist), *monter, sursauter*
24 **hoch fliegen**, o, o, (ist), *s'envoler*
53 **hoch|gehen**, i, a, (ist), *se lever [rideau] ; (fig.) s'emporter*
42 **hoch|halten**, ie, a, ä, + A, *lever, (fig.) avoir de la considération pour*
23 **hoch|heben**, o, o, + A, *soulever*
04 **hoch|klappen**, + A, *relever*

hoch|klappen à inne|halten

04 **hoch|klappen** (ist), se relever
08 **hoch|klettern** (ist), grimper
34 **hoch|kommen**, a, o, (ist), monter, se relever
04 **hoch|leben**, inf. seul, jn ~ lassen, porter un toast à la santé de qqn
04 **hoch|legen**, + A, hausser
48 **hoch nehmen**, a, o, i, + A, relever
48 **hoch|nehmen**, a, o, i, + A, mener en bateau
09 **hoch|rechnen**, + A, calculer à partir d'estimations
04 **hoch schätzen**, + A, estimer beaucoup
35 **hoch|schlagen¹**, u, a, ä, + A, relever
35 **hoch|schlagen²**, u, a, ä, (ist), s'élever
04 **hoch|schrauben**, + A, relever [exigences]
04 **hoch|spielen**, + A, grossir, exagérer
52 **hoch|springen**, a, u, (ist), bondir
07 **hoch|stapeln**, vi (hat), vivre d'escroqueries
31 **hoch|stehen**, a, a, vi (hat), être haut placé(e)
04 **hoch|stellen**, + A, relever
21 **hoch|treiben**, ie, ie, + A, relever, faire monter
50 **hoch|werfen**, a, o, i, + A, lancer en l'air
52 **hoch|winden**, a, u, + A, monter, hisser
24 **hoch|ziehen**, o, o, + A, lever, relever
24 ♦ **hoch|ziehen**, o, o, sich, se relever
04 **hocken**, vi (hat), être accroupi(e)/assis(e)
06 ♦ **hocken**, sich, s'accroupir, s'asseoir
04 **hoffen**, vi (hat), espérer
49 **Hohn sprechen**, a, o, i, vi (hat), + D, narguer, bafouer
04 **höhnen**, + A, railler
04 **holen**, + A, aller, venir chercher
04 ♦ **holen**, sich (D) + A, attraper [maladie]
08 **holpern**, vi (hat/ist), trébucher, cahoter
10 **homogenisieren**, + A, homogénéiser
10 **honorieren**, + A, rétribuer, honorer
04 **hopsen** (ist), sautiller, gambader
04 **horchen**, vi (hat), écouter
04 **hören**, + A, entendre
09 **horten**, + A, stocker
10 **hospitieren**, vi (hat), suivre en auditeur libre
04 **huldigen**, vi (hat), + D, rendre hommage à
04 **hüllen**, + A, envelopper
06 ♦ **hüllen**, sich, in + A, s'envelopper dans
07 **humpeln**, vi (hat/ist), boiter
08 **hungern**, vi (hat), souffrir de la faim

04 **hupen**, vi (hat), klaxonner
04 **hüpfen** (ist), sautiller
04 **huschen** (ist), passer rapidement
07 **hüsteln**, vi (hat), toussoter
09 **husten**, vi (hat), tousser
09 **hüten**, + A, garder
09 ♦ **hüten**, sich, vor + D, se garder de
10 **hypnotisieren**, + A, hypnotiser

I

10 **idealisieren**, + A, idéaliser
10 **identifizieren**, + A, identifier
10 ♦ **identifizieren**, sich, mit, s'identifier avec
10 **ignorieren**, + A, ignorer
10 **illustrieren**, + A, illustrer
10 **imitieren**, + A, imiter, copier
10 **immatrikulieren**, + A, inscrire
10 ♦ **immatrikulieren**, sich, s'inscrire
10 **immigrieren** (ist), immigrer
10 **immunisieren**, + A, immuniser
04 **impfen**, + A, vacciner
10 **implantieren**, + A, greffer
10 **implizieren**, + A, impliquer
10 **imponieren**, vi (hat), + D, en imposer à
10 **importieren**, + A, importer
10 **imprägnieren**, + A, imperméabiliser
10 **improvisieren**, + A, improviser
10 **individualisieren**, + A, individualiser
10 **industrialisieren**, + A, industrialiser
28 **ineinander fließen**, o, o, (ist), confluer
04 **ineinander fügen**, + A, assembler
06 ♦ **ineinander fügen**, sich, s'emboîter
22 **ineinander greifen**, i, i, vi (hat), s'engrener, s'enchaîner
04 **ineinander passen**, vi (hat), s'adapter
10 **infiltrieren**, + A, infiltrer, administrer par perfusion
10 **infizieren**, + A, infecter, contaminer
10 **informieren**, + A, informer
10 ♦ **informieren**, sich, über + A, s'informer sur
10 **inhaftieren**, + A, emprisonner
10 **inhalieren**, + A, inhaler
10 **initialisieren**, + A, initialiser
01 **inne|haben**, + A, exercer [fonction]
42 **inne|halten**, ie, a, ä, vi (hat), s'interrompre

inne|werden à kehren

- 03 **inne|werden** (ist), + G, s'apercevoir de
- 04 **inne|wohnen**, vi (hat), + D, être inhérent à
- 10 **inserieren**, + A, mettre une annonce
- 10 **inspirieren**, + A, inspirer
- 10 **inspizieren**, + A, inspecter
- 10 **installieren**, + A, installer
- 10 ♦ **installieren**, sich, s'installer
- 42 **instand|halten**, ie, a, ä, + A, entretenir
- 04 **instand|setzen**, + A, réparer, restaurer
- 10 **instruieren**, + A, donner des instructions à
- 10 **inszenieren**, + A, monter [pièce de théâtre]
- 10 **integrieren**, + A, intégrer
- 10 **interessieren**, + A, intéresser
- 10 ♦ **interessieren**, sich, für, s'intéresser à
- 10 **internieren**, + A, interner
- 10 **interpretieren**, + A, interpréter
- 10 **intervenieren**, vi (hat), intervenir
- 04 **interviewen**, + A, interviewer
- 10 **intrigieren**, + A, intriguer
- 10 **investieren**, + A, investir
- 04 **irre|führen**, + A, induire en erreur
- 53 **irre|gehen**, i, a, (ist), s'égarer
- 09 **irre|leiten**, + A, abuser qqn
- 04 **irre|machen**, + A, déconcerter
- 04 **irren** (ist), errer
- 06 ♦ **irren**, sich, in + D, se tromper de, sur
- 10 **irritieren**, + A, irriter, (fam.) déconcerter
- 10 **isolieren**, + A, isoler

J

- 04 **jagen**, + A, chasser, pourchasser
- 04 **jagen**, vi (hat), chasser ; (ist) courir, foncer
- 08 **jammern**, vi (hat), se lamenter
- 04 **japsen**, vi (hat), être à bout de souffle, haleter
- 09 **jäten**, + A, sarcler
- 04 **jauchzen**, vi (hat), pousser des cris de joie
- 04 **jaulen**, vi (hat), hurler
- 04 **jobben**, vi (hat), avoir un job
- 04 **joggen**, vi (hat/ist), faire du jogging
- 04 **johlen**, vi (hat), brailler
- 10 **jonglieren**, + A/vi (hat), jongler
- 07 **jubeln**, vi (hat), exulter
- 04 **jucken**, + A, gratter, démanger
- 06 ♦ **jucken**, sich, se gratter

- 10 **justieren**, + A, ajuster, régler
- 04 **juxen**, vi (hat), plaisanter

K

- 07 **kabeln**, + A, câbler
- 07 **kacheln**, + A, carreler
- 33 **kahl fressen**, a, e, i, + A, dévorer
- 23 **kahl scheren**, o, o, + A, tondre, raser
- 08 **kalauern**, vi (hat), faire des calembours
- 04 **kalben**, vi (hat), vêler
- 04 **kalken**, + A, blanchir à la chaux
- 10 **kalkulieren**, + A, calculer
- 21 **kalt bleiben**, ie, ie, (ist), garder son sang-froid
- 42 **kalt lassen**, ie, a, ä, + A, laisser froid
- 04 **kalt|machen**, + A, (fam.) liquider
- 04 **kalt|stellen**, + A, limoger
- 04 **kämmen**, + A, peigner
- 06 ♦ **kämmen**, sich, se peigner
- 04 **kämpfen**, vi (hat), gegen, se battre contre
- 10 **kampieren**, vi (hat), camper
- 10 **kanalisieren**, + A, canaliser
- 10 **kandidieren**, vi (hat), se porter candidat(e)
- 10 **kandieren**, + A, confire
- 08 **kapern**, + A, (mar.) arraisonner, capturer
- 10 **kapieren**, + A, (fam.) piger
- 10 **kapitulieren**, vi (hat), capituler
- 04 **kappen**, + A, couper
- 53 **kaputt|gehen**, i, a, (ist), se casser
- 06 **kaputt|lachen**, sich, (fam.) être mort de rire
- 04 **kaputt|machen**, + A, casser, (fam.) crever, éreinter
- 06 ♦ **kaputt|machen**, sich, (fam.) se crever
- 35 **kaputt|schlagen**, u, a, ä, + A, casser
- 10 **karikieren**, + A, caricaturer
- 04 **karren**, + A, transporter en brouette
- 10 **kartonieren**, + A, cartonner
- 10 **kaschieren**, + A, cacher
- 10 **kassieren**, + A, encaisser
- 10 **kastrieren**, + A, castrer
- 04 **kauen**, + A, mâcher
- 08 **kauern**, vi (hat), être accroupi(e)
- 08 ♦ **kauern**, sich, s'accroupir
- 04 **kaufen**, + A, acheter
- 07 **kegeln**, vi (hat), jouer au bowling
- 04 **kehren**, + A, balayer

kehren à knittern

- 04 **kehren**, + A, *tourner*
- 06 ♦ **kehren**, sich, an + A, *se soucier de*
- 04 **kehrt|machen**, vi (hat), *faire demi-tour*
- 04 **keifen**, vi (hat), *brailler*
- 04 **keimen**, vi (hat), *germer*
- 08 **kellnern**, vi (hat), *servir [restaurant]*
- 08 **keltern**, + A, *presser*
- 11 **kennen**, + A, *connaître*
- 04 **kennen lernen**, + A, *faire la connaissance de*
- 09 **kennzeichnen**, + A, *caractériser*
- 08 **kentern** (ist), *chavirer*
- 04 **kerben**, + A, *faire une entaille*
- 09 **ketten**, + A, *enchaîner*
- 04 **keuchen**, vi (hat), *haleter*
- 08 **kichern**, vi (hat), *rire sous cape*
- 04 **kicken**, vi (hat), *jouer au football*
- 04 **kidnappen**, + A, *kidnapper*
- 04 **kiffen**, vi (hat), *fumer du haschich*
- 04 **killen**, + A, *(fam.) zigouiller*
- 04 **kippen**[1], + A, *pencher, renverser*
- 04 **kippen**[2] (ist), *basculer*
- 09 **kitten**, + A, *(techn.) mastiquer, (fig.) cimenter*
- 07 **kitzeln**, + A, *chatouiller*
- 04 **klaffen**, vi (hat), *s'ouvrir, être béant(e)*
- 04 **kläffen**, vi (hat), *japper*
- 04 **klagen**, + D + A, *confier [une peine] à qqn*
- 04 **klagen**, vi (hat), über + A, *se plaindre de*
- 08 **klammern**, + A, *agrafer*
- 08 ♦ **klammern**, sich, an + A, *s'agripper à*
- 04 **klappen**, vi (hat), *claquer ;* vimp (es), *(fam.) marcher, coller*
- 08 **klappern**, vi (hat), *claquer, cliqueter*
- 04 **klären**, + A, *clarifier*
- 06 ♦ **klären**, sich, *s'éclaircir*
- 53 **klar|gehen**, i, a, (ist), *(fam.) marcher*
- 34 **klar|kommen**, a, o, (ist), mit, *s'en sortir avec*
- 04 **klar machen**, + D + A, *faire comprendre*
- 32 **klar sehen**, a, e, ie, vi (hat), *voir clair*
- 04 **klar|stellen**, + A, *mettre en évidence*
- 03 **klar werden**, sich (D), über + A, *comprendre, réaliser*
- 10 **klassifizieren**, + A, *classer*
- 04 **klatschen**[1], vi (hat), *claquer, applaudir*
- 04 **klatschen**[2], vi (hat), über + A, *(fam.) jaser*
- 04 **klauen**, + A, *chiper*

- 04 **kleben**, + A/vi (hat), *coller*
- 08 **kleckern**, vi (hat), *(fam.) faire des taches*
- 04 **klecksen**, vi (hat), *faire des taches, barbouiller*
- 09 **kleiden**, + A, *habiller*
- 09 ♦ **kleiden**, sich, *s'habiller*
- 04 **klein hacken**, + A, *hacher menu*
- 04 **klein|kriegen**, + A, *venir à bout de*
- 04 **klein machen**, + A, *couper en petits morceaux*
- 22 **klein schneiden**, i, i, + A, *hacher menu*
- 21 **klein schreiben**, ie, ie, + A, *écrire en minuscules*
- 08 **kleistern**, + A, *coller*
- 04 **klemmen**, + A, *coincer ;* vi (hat), *être coincé(e)*
- 06 ♦ **klemmen**, sich, *se coincer, se pincer*
- 08 **klettern** (ist), *grimper*
- 04 **klicken**, vi (hat), *produire un son métallique*
- 10 **klimatisieren**, + A, *installer la climatisation*
- 29 **klimmen**, o, o, (ist), *grimper*
- 08 **klimpern**, vi (hat), *faire tinter, pianoter*
- 07 **klingeln**, vi (hat), *sonner*
- 52 **klingen**, a, u, vi (hat), *sonner, tinter*
- 04 **klirren**, vi (hat), *cliqueter*
- 04 **klonen**, + A, *cloner*
- 04 **klopfen**[1], + A, *battre [tapis]*
- 04 **klopfen**[1], vi (hat), an + A, *frapper à*
- 08 **knabbern**, + A, *grignoter*
- 04 **knacken**[1], + A, *casser, forcer*
- 04 **knacken**[2], vi (hat), *craquer*
- 04 **knallen**, vi (hat), *éclater, claquer*
- 42 **knapp halten**, ie, a, ä, + A, *rationner*
- 04 **knarren**, vi (hat), *craquer, grincer [porte]*
- 08 **knattern**, vi (hat), *crépiter, pétarader*
- 08 **knausern**, vi (hat), mit, *lésiner sur*
- 04 **knautschen**, + A, *froisser*
- 07 **knebeln**, + A, *bâillonner*
- 22 **kneifen**[1], i, i, + A, *pincer*
- 22 **kneifen**[2], i, i, vi (hat), *pincer ; (fig.) se dérober*
- 09 **kneten**, + A, *pétrir*
- 04 **knicken**, + A, *plier, casser*
- 04 **knien**, vi (hat), *être à genoux*
- 06 ♦ **knien**, sich, *s'agenouiller*
- 04 **knipsen**[1], + A, *poinçonner, prendre en photo*
- 04 **knipsen**[2], vi (hat), *photographier, allumer*
- 04 **knirschen**, vi (hat), *grincer, crisser*
- 08 **knistern**, vi (hat), *crépiter, craquer*
- 08 **knittern**, vi (hat), *se froisser*

DICTIONNAIRE DES VERBES

knobeln à kreuzen

- 07 **knobeln,** vi (hat), tirer à la courte paille
- 04 **knöpfen,** + A, boutonner
- 09 **knoten,** + A, nouer
- 04 **knüllen,** + A, chiffonner
- 04 **knüpfen,** + A, an + A, nouer, lier à
- 04 **knurren,** vi (hat), grogner, gargouiller
- 08 **knuspern,** + A, grignoter
- 04 **knutschen,** + A, *(fam.)* bécoter, tripoter
- 10 **koalieren,** vi (hat), former une coalition
- 04 **kochen,** + A, faire cuire, préparer
- 04 **kochen,** vi (hat), faire la cuisine
- 08 **ködern,** + A, appâter
- 10 **kodieren,** + A, coder
- 10 **kodifizieren,** + A, codifier
- 10 **kokettieren,** vi (hat), mit, faire du charme à
- 10 **kollidieren** (ist), mit, entrer en collision avec
- 10 **kolonisieren,** + A, coloniser
- 10 **kombinieren,** + A, combiner ; vi (hat), déduire
- 10 **kommandieren,** + A, commander
- 34 **kommen,** a, o, (ist), venir → 170
- 10 **kommentieren,** + A, commenter
- 10 **kommunizieren,** vi (hat), mit, communiquer
- 10 **kompensieren,** + A, compenser
- 10 **komponieren,** + A, composer
- 10 **kondensieren,** + A, condenser ; vi (hat), se concentrer
- 10 **kondolieren,** vi (hat), + D, présenter ses condoléances
- 10 **konferieren,** vi (hat), tenir conseil, s'entretenir
- 10 **konfigurieren,** + A, configurer
- 10 **konfiszieren,** + A, confisquer
- 10 **konfrontieren,** + A, mit, confronter à
- 10 **kongruieren,** vi (hat), coïncider
- 10 **konjugieren,** + A, conjuguer
- 10 **konkurrieren,** vi (hat), mit, concurrencer
- 14 **können,** + A, vmod, pouvoir, savoir
- 10 **konservieren,** + A, conserver
- 10 **konstruieren,** + A, construire
- 10 **konsultieren,** + A, consulter
- 10 **konsumieren,** + A, consommer
- 08 **kontern[1],** + A, contrer, répliquer à
- 08 **kontern[2],** vi (hat), riposter
- 10 **kontrastieren,** vi (hat), mit, contraster avec
- 10 **kontrollieren,** + A, contrôler
- 10 **konvertieren[1],** + A, convertir [monnaie]
- 10 **konvertieren[2],** vi (hat/ist), se convertir à
- 10 **konzentrieren,** + A, concentrer
- 10 ♦ **konzentrieren,** sich, auf + A, se concentrer sur
- 10 **konzipieren,** + A, concevoir, faire un brouillon
- 10 **koordinieren,** + A, coordonner
- 04 **köpfen,** + A, décapiter ; frapper [le ballon] de la tête
- 31 **Kopf stehen,** a, a, vi (hat), être retourné(e)/bouleversé(e)
- 10 **kopieren,** + A, copier
- 07 **koppeln,** + A, an + A, coupler, connecter
- 10 **korrespondieren,** vi (hat), mit, correspondre
- 10 **korrigieren,** + A, corriger
- 10 **korrodieren,** + A (ist), (se) corroder
- 10 **korrumpieren,** + A, corrompre
- 09 **kosten[1],** + A, coûter
- 09 **kosten[2],** + A, goûter, déguster
- 10 **kostümieren,** sich, se déguiser
- 04 **kotzen,** vi (hat), vomir, *(vulg.)* dégueuler
- 07 **krabbeln,** vimp (es) + A, gratter, démanger
- 07 **krabbeln** (ist), marcher à quatre pattes, grouiller
- 04 **krachen,** vi (hat/ist), craquer, éclater
- 04 **krächzen,** vi (hat), croasser
- 04 **kräftigen,** + A, fortifier
- 04 **krähen,** vi (hat), chanter [coq]
- 06 **krallen,** sich, s'agripper
- 04 **kramen,** vi (hat), fouiller
- 06 **krampfen,** sich, se contracter
- 07 **kränkeln,** vi (hat), être maladif
- 04 **kranken,** vi (hat), an + D, pécher par
- 04 **kränken,** + A, offenser
- 08 **krank|feiern,** vi (hat), se faire porter malade
- 09 **krank|melden,** vi (hat), se faire porter malade
- 21 **krank|schreiben,** ie, ie, arrêter [pour maladie]
- 04 **kratzen,** + A, griffer, érafler
- 06 ♦ **kratzen,** sich, se gratter
- 04 **kraulen** (ist), nager le crawl
- 07 **kräuseln,** + A, friser, plisser
- 07 ♦ **kräuseln,** sich, friser, se froisser
- 10 **kreieren,** + A, créer
- 04 **kreischen,** vi (hat), brailler
- 04 **kreisen,** vi (hat/ist), tourner autour, circuler
- 10 **krepieren** (ist), *(fam.)* crever
- 04 **kreuzen,** + A, croiser

06 ♦ **kreuzen,** sich, *se croiser*
04 **kreuzigen,** + A, *crucifier*
07 **kribbeln,** vi (hat), vimp (es), *fourmiller, picoter*
28 **kriechen,** o, o, (ist), *ramper*
04 **kriegen,** + A, *(fam.) avoir, recevoir*
07 **kriseln,** vimp (es), *menace [crise]*
10 **kritisieren,** + A, *critiquer*
07 **kritzeln,** + A, *griffonner*
04 **krönen,** + A, *couronner*
04 **krümmen,** + A, *courber, plier*
06 ♦ **krümmen,** sich, *se tordre*
06 **krumm|lachen,** sich, *se tordre de rire*
48 **krumm|nehmen,** a, o, i, + A, *prendre en mauvaise part*
07 **kugeln,** + A, *rouler*
07 ♦ **kugeln,** sich, *se tordre*
04 **kühlen,** + A, *rafraîchir*
08 **kullern** (ist), *rouler, couler [larmes]*
10 **kultivieren,** + A, *cultiver*
08 **kümmern,** + A, *préoccuper*
08 ♦ **kümmern,** sich, um, *s'occuper de*
32 **kund|geben,** a, e, i, + A, *annoncer, publier*
04 **kündigen,** + D, + A, *résilier [contrat], donner son préavis*
30 **kund|tun,** a, a, + A, *annoncer*
07 **kuppeln,** + A, *réunir* ; vi (hat), *embrayer [voiture]*
04 **kuren,** vi (hat), *faire une cure*
10 **kurieren,** + A, *soigner*
10 **kursieren** (ist), *circuler, courir [bruit]*
04 **kurven** (ist), *(fam.) virer, sillonner*
09 **kurzarbeiten,** vi (hat), *être en chômage partiel*
04 **kürzen,** + A, *raccourcir, abréger*
42 **kurz|halten,** ie, a, ä, + A, *tenir la bride à*
28 **kurz|schließen,** o, o, + A, *court-circuiter*
07 **kuscheln,** sich, *se blottir*
04 **küssen,** + A, *embrasser*
10 **kutschieren** (ist), *aller en calèche*

L

04 **laben,** + A, *réconforter*
06 ♦ **laben,** sich, an + D, *se délecter*
08 **labern,** vi (hat), *(fam.) bavasser*
07 **lächeln,** vi (hat), *sourire*
04 **lachen,** vi (hat), *rire*

10 **lackieren,** + A, *laquer, vernir*
35 **laden,** u, a, ä, + A, *charger*
10 **lädieren,** + A, *endommager*
08 **lagern**[1], + A, *conserver, stocker*
08 **lagern**[2], vi (hat), *être couché/stocké, camper*
04 **lahmen,** vi (hat), *boiter*
04 **lähmen,** + A, *paralyser*
04 **lahm|legen,** + A, *paralyser*
04 **lallen,** + A/vi (hat), *balbutier*
10 **lamentieren,** vi (hat), *se lamenter*
10 **lancieren,** + A, *lancer*
09 **landen**[1], + A, *déposer à terre, débarquer*
09 **landen**[2] (ist), auf + D, *atterrir, accoster*
04 **langen,** vi (hat), *suffire*
04 **langweilen,** + A, *ennuyer*
06 ♦ **langweilen,** sich, *s'ennuyer*
04 **lärmen,** vi (hat), *faire du bruit*
10 **lasieren,** + A, *vernir*
42 **lassen,** ie, a, ä, + A, *laisser* ; + inf., *faire*
09 **lasten,** vi (hat), auf + D, *peser sur*
08 **lästern,** + A, über + A, *médire de, diffamer*
04 **latschen** (ist), *traîner les pieds*
08 **lauern,** vi (hat), auf + A, *guetter*
38 **laufen,** ie, au, äu, (ist), *courir, aller, fonctionner [appareil]*
40 **laufen lassen,** ie, a, ä, + A, *laisser aller*
04 **lauschen,** vi (hat), + D, *tendre l'oreille, écouter*
09 **lauten,** vi (hat), *être (ainsi) libellé*
09 **läuten,** vi (hat), *sonner*
08 **läutern,** + A, *purifier*
10 **lavieren,** vi (hat), *louvoyer, (fig.) biaiser*
04 **leasen,** + A, *prendre en leasing*
04 **leben,** vi (hat), *vivre*
04 **lechzen,** vi (hat), nach, *être avide de*
04 **lecken,** + A, *lécher*
04 **lecken,** vi (hat), *avoir une fuite*
04 **leeren,** + A, *vider*
06 ♦ **leeren,** sich, *se vider*
38 **leer laufen,** ie, au, äu, (ist), *tourner à vide*
10 **legalisieren,** + A, *légaliser*
04 **legen,** + A, *poser à plat, coucher* → 173
06 ♦ **legen,** sich, *se coucher, (fig.) se calmer*
10 **legitimieren,** + A, *légitimer*
04 **lehnen,** + A, an + A, *appuyer contre, adosser à*
06 ♦ **lehnen,** sich, *s'adosser à*

lehren à lynchen

04 **lehren,** + A + A, enseigner
42 **leicht fallen,** ie, a, ä, (ist), + D, être facile
48 **leicht nehmen,** a, o, i, + A, prendre à la légère
22 **leiden,** i, i, vi (hat), an/unter + D, souffrir de
30 **Leid tun,** a, a, vimp (es), + D, regretter
21 **leihen,** ie, ie, + D + A, prêter ; + A, von, emprunter
04 **leimen,** + A, coller
09 **leisten,** + A, accomplir ; sich (D) + A, s'offrir
09 **leiten,** + A, conduire, diriger
04 **lenken,** + A, conduire, orienter
04 **lernen,** + A, apprendre
32 **lesen,** a, e, ie, + A/vi (hat), lire
09 **leuchten,** vi (hat), luire, éclairer
09 **leugnen,** + A/vi (hat), nier
10 **liberalisieren,** + A, libéraliser
09 **lichten,** + A, éclaircir
09 ♦ **lichten,** sich, s'éclaircir
07 **liebäugeln,** vi (hat), mit, (fig.) caresser le désir de
04 **lieben,** + A, aimer
51 **lieb gewinnen,** a, o, + A, prendre en affection
01 **lieb haben,** + A, aimer
04 **liebkosen,** + A, caresser
08 **liefern,** + D + A, livrer
44 **liegen,** a, e, vi (hat), être couché(e), être situé(e) → 176
21 **liegen bleiben,** ie, ie, (ist), rester couché(e), rester en souffrance → 176
42 **liegen lassen,** ie, a, ä, + A, laisser, oublier
09 **liften,** + A, lifter
08 **lindern,** + A, soulager
10 **liquidieren,** + A, liquider
07 **lispeln,** + A, zézayer
04 **loben,** + A, faire l'éloge de
07 **lobhudeln,** + D/A, encenser
04 **lochen,** + A, perforer, poinçonner
08 **löchern,** + A, (fam.) harceler
04 **locken,** + A, attirer ; friser
42 **locker|lassen,** ie, a, ä, vi (hat), céder
04 **locker machen,** + A, Geld ~, délier les cordons de la bourse
08 **lockern,** + A, desserrer, assouplir
08 ♦ **lockern,** sich, se desserrer ; se relâcher
08 **lodern,** vi (hat), flamber
07 **löffeln,** + A, manger à la cuillère

04 **lohnen,** + D + A, récompenser qqn de qqch.
06 ♦ **lohnen,** sich, valoir la peine
10 **lokalisieren,** + A, localiser
52 **los|binden,** a, u, + A, détacher
49 **los|brechen,** a, o, i, (ist), éclater
04 **löschen,** + A, éteindre, effacer
04 **los|drücken,** + A, décocher, appuyer sur la détente
04 **losen,** vi (hat), tirer au sort
04 **lösen,** + A, von, détacher de, résoudre
06 ♦ **lösen,** sich, von, se détacher de, se dissoudre
35 **los|fahren,** u, a, ä, (ist), partir
53 **los|gehen,** i, a, (ist), partir, commencer ; auf + A, foncer sur → 168
04 **los|kaufen,** + A, racheter
34 **los|kommen,** a, o, (ist), von, se dégager de
42 **los|lassen,** ie, a, ä, + A, lâcher, laisser échapper
04 **los|legen,** vi (hat), (fam.) attaquer, démarrer
04 **los|lösen,** + A, détacher, séparer
04 ♦ **los|lösen,** sich, von, se séparer de
04 **los|machen,** + A, détacher, libérer
19 **los|müssen,** devoir partir
04 **los|platzen** (ist), éclater
22 **los|reißen,** i, i, + A, arracher
22 ♦ **los|reißen,** i, i, sich, von, se détacher de
11 **los|rennen** (ist), (fam.) filer
06 **los|sagen,** sich, von, se désolidariser de
28 **los|schießen,** o, o, (ist), (fam.) y aller carrément
49 **los|sprechen,** a, o, i, von + A, acquitter, absoudre
04 **los|stürzen** (ist), auf + A, se précipiter sur
03 **los|werden** (ist), + A, se débarrasser de
24 **los|ziehen,** o, o, (ist), partir ; gegen, se déchaîner contre
09 **loten,** + A, sonder
09 **löten,** + A, souder
04 **lotsen,** + A, piloter
09 **lüften,** + A/vi (hat), aérer
26 **lügen,** o, o, vi (hat), mentir
07 **lümmeln,** sich, se vautrer
04 **lumpen,** vi (hat), vagabonder
04 **lutschen,** + A/vi (hat), sucer
04 **lynchen,** + A, lyncher

machen à mit|haben

M

- 04 **machen,** + A, *faire*
- 04 **mähen,** + A, *faucher, tondre*
- 54 **mahlen,** + A, *moudre*
- 04 **mahnen,** + A, zu, *exhorter à, avertir*
- 04 **mailen,** vi (hat), *envoyer un e-mail*
- 07 **mäkeln,** vi (hat), *dénigrer*
- 04 **malen,** + A, *peindre*
- 48 **mal|nehmen,** a, o, i, + A, mit, *multiplier par*
- 04 **malochen,** vi (hat), *(fam.) trimer*
- 04 **managen,** + A, *manager, diriger*
- 07 **mangeln,** vimp (es), + D, an + D, *manquer de*
- 10 **manipulieren,** + A, *manipuler*
- 10 **manövrieren,** + A, *manœuvrer*
- 10 **markieren,** + A, *marquer ; (fam.) simuler*
- 10 **marschieren** (ist), *(mil.) marcher au pas*
- 08 **martern,** + A, *torturer*
- 10 **maskieren,** + A, *masquer*
- 10 ♦ **maskieren,** sich, als, *se déguiser en*
- 10 **massakrieren,** + A, *massacrer*
- 42 **Maß halten,** ie, a, ä, vi (hat), *se modérer*
- 10 **massieren,** + A, *masser*
- 04 **mäßigen,** + A, *modérer, tempérer*
- 06 ♦ **mäßigen,** sich, *se contrôler*
- 07 **maßregeln,** + A, *infliger un blâme à qqn*
- 09 **mästen,** + A, *engraisser*
- 04 **matschen,** vi (hat), *patauger dans la gadoue*
- 08 **mauern,** + A, *maçonner, monter un mur*
- 04 **maulen,** vi (hat), *bouder, (fam.) râler*
- 07 **mauscheln,** vi (hat), *(fam.) baragouiner*
- 04 **mausen,** + A, *(fam.) chiper*
- 08 **mausern,** sich, *muer, (fig.) faire peau neuve*
- 10 **mechanisieren,** + A, *mécaniser*
- 08 **meckern,** vi (hat), *bêler, (fam.) râler*
- 10 **meditieren,** vi (hat), *méditer*
- 04 **mehren,** + A, *multiplier*
- 06 ♦ **mehren,** sich, *se multiplier*
- 21 **meiden,** ie, ie, + A, *éviter*
- 04 **meinen,** + A/vi (hat), *être d'avis, croire*
- 07 **meißeln,** + A, *ciseler*
- 08 **meistern,** + A, *maîtriser, dominer*
- 09 **melden,** + A, *annoncer, déclarer*
- 09 ♦ **melden,** sich, *se manifester*
- 4/29 **melken,** o, o, i + A, *traire*
- 04 **mengen,** + A, *mélanger*
- 06 ♦ **mengen,** sich, in + A, *se mêler de*
- 04 **merken,** + A, *remarquer ;* sich (D) + A, *retenir*
- 33 **messen,** a, e, i, + A, *mesurer*
- 33 ♦ **messen,** a, e, i, sich, mit, *se mesurer à*
- 08 **meutern,** vi (hat), gegen, *se mutiner contre*
- 04 **miauen,** vi (hat), *miauler*
- 04 **mies machen,** + A, *dénigrer*
- 09 **mieten,** + A, *louer*
- 08 **mildern,** + A, *adoucir, atténuer*
- 08 ♦ **mildern,** sich, *s'adoucir, s'atténuer*
- 10 **militarisieren,** + A, *militariser*
- 04 **mimen,** + A, *feindre*
- 08 **mindern,** + A, *réduire, diminuer*
- 08 ♦ **mindern,** sich, *se réduire*
- 10 **minieren,** + A, *miner*
- 04 **mischen,** + A, *mélanger*
- 06 ♦ **mischen,** sich, in + A, *s'immiscer dans*
- 09 **missachten,** + A, *ne pas respecter*
- 04 **missbilligen,** + A, *désapprouver* → 226
- 04 **missbrauchen,** + A, *abuser de* → 226
- 09 **missdeuten,** + A, *mal interpréter*
- 04 **missen,** + A, *se passer de*
- 42 **missfallen,** ie, a, ä, vi (hat), + D, *déplaire à*
- 04 **missglücken** (ist), + D, *échouer*
- 04 **missgönnen,** + D + A, *envier qqch. à qqn*
- 07 **misshandeln,** + A, *maltraiter*
- 52 **misslingen,** a, u, (ist), + D, *échouer* → 226
- 37 **missraten,** ie, a, ä, (ist), + D, *échouer, mal tourner*
- 04 **misstrauen,** vi (hat), + D, *se méfier de* → 226
- 31 **missverstehen,** a, a, + A, *mal comprendre*
- 09 **mit|arbeiten,** vi (hat), *coopérer, collaborer*
- 34 **mit|bekommen,** a, o, + A, *(fam.) comprendre*
- 04 **mit|benutzen,** + A, *utiliser en commun*
- 04 **mit|bestimmen,** vi (hat), *cogérer*
- 13 **mit|bringen,** + D + A, *amener, apporter* → 156
- 04 **mit|erleben,** + A, *vivre, assister à*
- 35 **mit|fahren,** u, a, ä, (ist), *pratiquer le covoiturage* → 159
- 04 **mit|fühlen,** + A, *partager [un sentiment]*
- 32 **mit|geben,** a, e, i, + D + A, *donner à emporter* → 165
- 53 **mit|gehen,** i, a, (ist), *accompagner* → 168
- 01 **mit|haben,** + A, *avoir sur soi*

mit|halten à nach|fahren

42 **mit|halten,** ie, a, ä, vi (hat), être de la partie
50 **mit|helfen,** a, o, i, vi (hat), prêter son concours à
04 **mit|hören,** + A, écouter, surprendre une conversation
34 **mit|kommen,** a, o, (ist), accompagner, arriver à suivre → 171
14 **mit|können,** pouvoir accompagner
04 **mit|kriegen,** + A, (fam.) comprendre
38 **mit|laufen,** ie, au, äu, (ist), mit, suivre
22 **mit|leiden,** i, i, vi (hat), compatir
04 **mit|machen,** + A, participer à
48 **mit|nehmen,** a, o, i, + A, emmener, emporter → 180
09 **mit|rechnen,** + A, inclure dans son calcul ; vi (hat) calculer en même temps
09 **mit|reden,** vi (hat), prendre part à la conversation
04 **mit|reisen** (ist), accompagner en voyage
22 **mit|reißen,** i, i, + A, entraîner, (fig.) enthousiasmer
04 **mit|schleppen,** + A, traîner avec soi
22 **mit|schneiden,** i, i, + A, enregistrer
21 **mit|schreiben,** ie, ie, + A, prendre des notes
02 **mit sein** (ist), accompagner
04 **mit|spielen,** vi (hat), prendre part au jeu
49 **mit|sprechen,** a, o, i, + A, intervenir
04 **mit|teilen,** + D + A, communiquer, faire part de
06 ♦ **mit|teilen,** sich, se confier
04 **mit|verdienen,** vi (hat), contribuer au budget du ménage
04 **mit|wirken,** vi (hat), bei, coopérer
04 **mit|zählen,** + A, compter ensemble
04 **mixen,** + A, mélanger
10 **mobilisieren,** + A, mobiliser
10 **möblieren,** + A, meubler
10 **modellieren,** + A, modeler
10 **moderieren,** + A, animer, présenter [TV]
08 **modern,** vi (hat/ist), moisir
10 **modernisieren,** + A, moderniser
07 **mogeln,** vi (hat), tricher
16 **mögen,** + A/vmod, aimer, avoir envie de
10 **mokieren,** sich, se moquer de
10 **monieren,** + A, critiquer, blâmer
10 **montieren,** + A, monter
04 **mopsen,** + A, (fam.) chiper

09 **morden,** vi (hat), assassiner
04 **morsen,** vi (hat), télégraphier
10 **motivieren,** + A, motiver
10 **motorisieren,** + A, motoriser
04 **motzen,** vi (hat), râler
04 **mucksen,** vi (hat), (fam.) broncher
06 ♦ **mucksen,** sich, (fam.) piper mot, broncher
07 **muffeln,** vi (hat), ronchonner
04 **muhen,** vi (hat), meugler
10 **multiplizieren,** + A, multiplier
07 **mummeln,** vi (hat), mâchonner
09 **münden,** vi (hat/ist), déboucher, se jeter dans
07 **munkeln,** vi (hat), von, chuchoter, papoter
04 **münzen,** + A, battre monnaie ; (fig.) viser qqn en parole
04 **murksen,** vi (hat), (fam.) bâcler
07 **murmeln,** + A, murmurer
04 **murren,** vi (hat), grogner
19 **müssen,** vi/vmod, devoir, être obligé(e) de
08 **mustern,** + A, inspecter
04 **mutmaßen,** vi (hat), présumer

N

04 **nach|äffen,** + A, singer → 212
04 **nach|ahmen,** + A, imiter → 212
09 **nach|arbeiten,** + A, rectifier
07 **nach|behandeln,** + A, traiter après coup → 211
09 **nach|bereiten,** + A, réviser
08 **nach|bessern,** + A, retoucher
04 **nach|bestellen,** + A, commander en plus
04 **nach|bezahlen,** + A, payer → 211
09 **nach|bilden,** + A, reproduire, imiter → 212
08 **nach|blättern,** + A, feuilleter
04 **nach|blicken,** vi (hat), suivre des yeux → 211
10 **nach|datieren,** + A, postdater
13 **nach|denken,** vi (hat), réfléchir à → 211
04 **nach|drucken,** + A, réimprimer
07 **nach|dunkeln,** vi (hat/ist), foncer, assombrir
08 **nach|eifern,** vi (hat), + D, être l'émule de → 212
04 **nach|eilen** (ist), + D, courir après
52 **nach|empfinden,** a, u, + A, partager les sentiments de qqn
04 **nach|erzählen,** + A, raconter → 212
35 **nach|fahren,** u, a, ä, (ist), + D, suivre [en véhicule]

nach|folgen à nahe stehen

- 04 **nach|folgen** (ist), + D, *suivre, succéder à* ➔ 211
- 08 **nach|fordern**, + A, *demander en plus* ➔ 211
- 04 **nach|forschen**, vi (hat), + D, *faire des recherches sur* ➔ 211 remarque
- 04 **nach|fragen**, vi (hat), *se renseigner* ➔ 211
- 04 **nach|fühlen**, + A, *partager les sentiments de qqn* ➔ 212
- 04 **nach|füllen**, + A, *remplir de nouveau, recharger*
- 32 **nach|geben**, a, e, i, vi (hat), + D, *céder* ➔ 165
- 53 **nach|gehen**, i, a, (ist), + D, *retarder* [montre], *suivre* ➔ 168
- 28 **nach|gießen**, o, o, + A, *ajouter* [en versant]
- 07 **nach|grübeln**, vi (hat), *se creuser les méninges*
- 04 **nach|haken**, vi (hat), *revenir à la charge*
- 04 **nach|hallen**, vi (hat), *résonner* ➔ 211 remarque
- 43 **nach|hängen**, i, a, vi (hat), + D, *donner libre cours à*
- 50 **nach|helfen**, a, o, i, vi (hat), + D, *aider* [en donnant des cours] ➔ 211
- 04 **nach|holen**, + A, *rattraper, récupérer* ➔ 211
- 04 **nach|jagen** (ist), + D, *pourchasser*
- 52 **nach|klingen**, a, u, (ist), *retentir, résonner* ➔ 211 remarque
- 34 **nach|kommen**, a, o, (ist), + D, *venir plus tard, répondre à* ➔ 174
- 42 **nach|lassen**, ie, a, ä, vi (hat), *diminuer* ➔ 212
- 38 **nach|laufen**, ie, au, äu, (ist), + D, *courir après qqn* ➔ 211
- 32 **nach|lesen**, a, e, ie, + A, *relire, se documenter*
- 08 **nach|liefern**, + A, *livrer ultérieurement*
- 04 **nach|machen**, + A, *imiter, refaire* ➔ 212
- 33 **nach|messen**, + A, *reprendre les mesures* ➔ 211
- 08 **nach|plappern**, + A, (fam.) *répéter, faire le perroquet* ➔ 211
- 04 **nach|prüfen**, + A, *contrôler, vérifier* ➔ 211
- 09 **nach|rechnen**, + A, *recalculer* ➔ 211
- 09 **nach|reden**, + D + A, *répéter* ; Übles ~, *dire du mal de qqn* ➔ 211
- 04 **nach|reichen**, + A, *présenter ultérieurement*
- 04 **nach|reisen** (ist), + D, *rejoindre* [en voyage]
- 11 **nach|rennen** (ist), + D, *courir après*
- 04 **nach|rücken** (ist), + D, (mil.) *prendre la relève*
- 04 **nach|sagen**, + D + A, *dire de qqn, colporter*
- 04 **nach|schauen**, + D, *suivre des yeux* ; vi (hat), *vérifier* ➔ 211
- 04 **nach|schicken**, + D + A, *réexpédier* ➔ 211
- 35 **nach|schlagen¹**, u, a, ä, + A, *chercher* [un mot]
- 35 **nach|schlagen²**, u, a, ä, vi (hat/ist), *consulter, tenir de*
- 22 **nach|schleichen**, i, i, (ist), + D, *suivre furtivement*
- 21 **nach|schreiben**, ie, ie, + A, *recopier, ajouter en post-scriptum*
- 32 **nach|sehen¹**, a, e, ie, + A, *vérifier* ; + D + A, *excuser* ➔ 211-212
- 32 **nach|sehen²**, a, e, ie, vi (hat), *suivre des yeux, consulter* ➔ 211
- 12/9 **nach|senden**, + A, *faire suivre* ➔ 211
- 46 **nach|sitzen**, a, e, vi (hat), *être en retenue*
- 10 **nach|spionieren**, vi (hat), *espionner*
- 49 **nach|sprechen**, a, o, i, + A, *répéter*
- 04 **nach|spüren**, vi (hat), + D, *épier qqn*
- 31 **nach|stehen**, a, a, vi (hat), + D, *être inférieur à* ➔ 183
- 04 **nach|stellen**, + A, *retarder* [montre] ; vi (hat), + D, *tendre un piège* ➔ 186
- 04 **nach|suchen**, vi (hat), um, *solliciter qqch.*
- 35 **nach|tragen**, u, a, ä, + A, *ajouter* ; + D + A, *en vouloir à qqn pour qqch.* ➔ 211
- 08 **nach|trauern**, + D, *regretter* ➔ 211
- 24 **nach|vollziehen**, o, o, + A, *comprendre*
- 36 **nach|wachsen**, u, a, ä, (ist), *repousser* ➔ 211
- 21 **nach|weisen**, ie, ie, + D + A, *démontrer*
- 04 **nach|wirken**, vi (hat), *agir ultérieurement*
- 04 **nach|zahlen**, + A, *payer ultérieurement* ; vi (hat), *payer le complément* ➔ 211
- 04 **nach|zählen**, + A, *recompter*
- 09 **nach|zeichnen**, + A, *copier*
- 24 **nach|ziehen¹**, o, o, + A, *resserrer, traîner*
- 24 **nach|ziehen²**, o, o, vi (hat/ist), + D, *suivre*
- 07 **nageln**, + A, *clouer*
- 04 **nagen**, + A/vi (hat), *ronger*
- 13 **nahe bringen**, + D + A, *faire comprendre*
- 53 **nahe gehen**, i, a, (ist), + D, *toucher de près*
- 34 **nahe kommen**, a, o, (ist), + D, *approcher*
- 04 **nahe legen**, + D + A, *suggérer*
- 44 **nahe liegen**, a, e, vi (hat), *tomber sous le sens*
- 04 **nahen** (ist), *approcher*
- 31 **nahe stehen**, a, a, vi (hat), + D, *être intime avec qqn*

DICTIONNAIRE DES VERBES

nahe treten à offen bleiben

32 **nahe treten,** a, e, i, (ist), + D, se familiariser avec
04 **nähen,** + A, coudre
13 **näher bringen,** + A, rapprocher, mieux faire comprendre
34 **näher kommen,** a, o, (ist), + D, se rapprocher
08 **nähern,** sich, + D, (s')approcher de
04 **nähren,** + A, nourrir
06 ♦ **nähren,** sich, von, se nourrir de
04 **naschen,** + A/vi (hat), manger par gourmandise
07 **näseln,** vi (hat), parler du nez
04 **nässen,** + A/vi (hat), mouiller, suinter
10 **naturalisieren,** + A, naturaliser
07 **nebeln,** vimp (es), être brumeux
53 **nebenher gehen,** i, a, (ist), marcher à côté
09 **neben|ordnen,** + A, coordonner
04 **necken,** + A, taquiner
10 **negieren,** + A, nier
48 **nehmen,** a, o, i, + A, prendre → 179
09 **neiden,** + D + A, envier qqch. à qqn
04 **neigen,** + A, pencher
06 ♦ **neigen,** sich, zu, se pencher vers
11 **nennen,** + A, appeler, nommer
11 ♦ **nennen,** sich, se nommer
04 **neppen,** + A, (fam.) estamper
04 **nerven,** + A, énerver
10 **neutralisieren,** + A, neutraliser
04 **nicken,** vi (hat), hocher de la tête
04 **nieder|beugen,** + A, courber, (fig.) accabler
06 ♦ **nieder|beugen,** sich, se baisser
11 **nieder|brennen,** + A, réduire en cendres ; (ist), être réduit en cendres
04 **nieder|drücken,** + A, presser, affliger
42 **nieder|halten,** ie, a, ä, + A, réprimer [sentiment]
04 **nieder|kämpfen,** + A, (mil.) maîtriser
08 **nieder|kauern,** vi (hat), être accroupi(e)
04 **nieder|knien,** vi (hat), sich, s'agenouiller
42 **nieder|lassen,** ie, a, ä, sich, s'asseoir, s'établir
04 **nieder|legen,** + A, poser à terre, démissionner
06 ♦ **nieder|legen,** sich, se coucher
04 **nieder|machen,** + A, massacrer
07 **nieder|metzeln,** + A, massacrer
22 **nieder|reißen,** i, i, + A, démolir
28 **nieder|schießen,** o, o, + A, abattre

35 **nieder|schlagen,** u, a, ä, + A, abattre, réprimer, baisser [yeux]
35 ♦ **nieder|schlagen,** u, a, ä, sich, se traduire en
08 **nieder|schmettern,** + A, terrasser, foudroyer
21 **nieder|schreiben,** ie, ie, + A, écrire
04 **nieder|setzen,** + A, déposer
06 ♦ **nieder|setzen,** sich, s'asseoir
52 **nieder|sinken,** a, u, (ist), s'affaisser, tomber
21 **nieder|steigen,** ie, ie, (ist), descendre
04 **nieder|strecken,** + A, étendre par terre
06 ♦ **nieder|strecken,** sich, s'étendre
04 **nieder|stürzen** (ist), s'écrouler
50 **nieder|werfen,** a, o, i, + A, terrasser, (fig.) réprimer
50 ♦ **nieder|werfen,** a, o, i, sich, se jeter à terre
07 **nieseln,** vimp (es), bruiner
04 **niesen,** vi (hat), éternuer
09 **nieten,** + A, (techn.) river
04 **nippen,** vi (hat), an + D, siroter
09 **nisten,** vi (hat), nicher
10 **nivellieren,** + A, niveler
10 **nominieren,** + A, nommer, désigner
07 **nörgeln,** vi (hat), trouver à redire
10 **normalisieren,** + A, normaliser
10 ♦ **normalisieren,** sich, revenir à la normale
04 **normen,** + A, standardiser
10 **notieren,** + A, noter
04 **nötigen,** + A, zu, forcer, contraindre
09 **not|landen** (ist), faire un atterrissage forcé
09 **not|schlachten,** + A, faire abattre
10 **nuancieren,** + A, nuancer
07 **nuckeln,** vi (hat), téter
10 **nummerieren,** + A, numéroter
07 **nuscheln,** vi (hat), (fam.) bredouiller
04 **nutzen,** + A, exploiter, saisir une occasion
04 **nützen,** vi (hat), + D, zu, servir à

O

10 **obduzieren,** + A, autopsier
10 **objektivieren,** + A, objectiver
44 **obliegen,** a, e, vi (hat), + D, incomber à
04 **offenbaren,** + A, révéler
06 ♦ **offenbaren,** sich, se révéler, apparaître
21 **offen bleiben,** ie, ie, (ist), rester ouvert(e), (fig.) rester en suspens

offen halten à plagen

42 **offen halten,** ie, a, ä, + A, demeurer ouvert(e), (fig.) réserver
42 **offen lassen,** ie, a, ä, + A, laisser ouvert(e), (fig.) laisser en suspens
04 **offen legen,** + A, dévoiler
31 **offen stehen,** a, a, vi (hat), être ouvert(e)
09 **öffnen,** + A, ouvrir
09 ♦ **öffnen,** sich, s'ouvrir
04 **ohrfeigen,** + A, gifler
04 **ölen,** + A, huiler, lubrifier
10 **operieren,** + A, opérer
08 **opfern,** + D + A, sacrifier
08 ♦ **opfern,** sich, se sacrifier
10 **opponieren,** vi (hat), s'opposer à
08 **ordern,** + A, commander
10 **ordinieren,** + A, ordonner [prêtre]
09 **ordnen,** + A, ranger, classer
10 **organisieren,** + A, organiser
10 ♦ **organisieren,** sich, s'organiser
10 **orientieren,** + A, orienter, informer
10 ♦ **orientieren,** sich, s'orienter
09 **orten,** + A, repérer
10 **oxidieren,** vi (hat/ist), s'oxyder

P

04 **paaren,** + A, accoupler
06 ♦ **paaren,** sich, s'accoupler
09 **pachten,** + A, prendre à bail
04 **packen,** + A, faire [ses valises], emballer
06 ♦ **packen,** sich, décamper
07 **paddeln** (ist), pagayer
04 **paffen,** vi (hat), tirer de grosses bouffées
10 **paktieren,** vi (hat), mit, pactiser avec
08 **palavern,** vi (hat), palabrer
10 **panieren,** + A, paner
04 **panschen,** + A/vi (hat), couper (vin)
08 **panzern,** + A, blinder
07 **päppeln,** + A, (fam.) dorloter
04 **pappen,** + A, coller
10 **parfümieren,** + A, parfumer
10 ♦ **parfümieren,** sich, se parfumer
10 **parieren**[1], + A, contrer, parer
10 **parieren**[2], + D, obéir
04 **parken**[1], + A, garer
04 **parken**[2], vi (hat), se garer, stationner

10 **parodieren,** + A, parodier
04 **passen,** vi (hat), + D, aller, convenir à
10 **passieren**[1], + A, passer, traverser
10 **passieren**[2] (ist), + D, arriver, se passer
10 **pasteurisieren,** + A, pasteuriser
10 **patentieren,** + A, breveter
10 **patrouillieren,** vi (hat/ist), patrouiller
04 **patschen,** vi (hat/ist), taper, patauger
04 **pauken,** vi (hat), (fam.) bûcher, bachoter
04 **peilen,** + A, sonder
04 **peinigen,** + A, tourmenter
04 **peitschen,** + A, fouetter
04 **pellen,** + A, peler, éplucher
07 **pendeln,** vi (hat/ist), osciller, faire la navette
04 **pennen,** vi (hat), (fam.) pioncer
10 **pensionieren,** + A, mettre à la retraite
10 **perfektionieren,** + A, perfectionner
04 **perlen,** vi (hat/ist), pétiller, perler
04 **petzen,** vi (hat), dénoncer, cafarder
09 **pfänden,** + A, saisir [biens]
08 **pfeffern,** + A, poivrer, (fam.) saler [addition]
22 **pfeifen,** i, i, + A/vi (hat), siffler
04 **pflanzen,** + A, planter, cultiver
08 **pflastern,** + A, paver
04 **pflegen**[1], + A, soigner
04 **pflegen**[2], zu + inf., avoir l'habitude de
04 **pflücken,** + A, cueillir
04 **pflügen,** + A, labourer
04 **pfropfen,** + A, greffer
04 **pfuschen,** vi (hat), bâcler, bousiller
10 **phantasieren,** vi (hat), rêver, délirer
10 **philosophieren,** vi (hat), philosopher
10 **phosphoreszieren,** vi (hat), être fluorescent(e)
04 **picken,** + A, picorer
04 **picknicken,** vi (hat), pique-niquer
04 **pieken,** vi (hat), piquer
04 **piep(s)en,** vi (hat), pépier, piailler
04 **piercen,** + A, se faire faire un piercing à
04 **piesacken,** + A, (fam.) tourmenter
04 **piken,** + A, (fam.) piquer
08 **pilgern** (ist), faire un pèlerinage
07 **pinkeln,** vi (hat), (fam.) uriner
07 **pinseln,** + A, peindre
10 **plädieren,** vi (hat), für, plaider pour
04 **plagen,** + A, tourmenter, tracasser

plagen à quaken

06 ♦ **plagen,** sich, se tourmenter
10 **plagiieren,** vi (hat), plagier
04 **planen,** + A, projeter
10 **planieren,** + A, aplanir, niveler
04 **planschen,** vi (hat), barboter, patauger
08 **plappern,** vi (hat), (fam.) papoter
04 **plärren,** vi (hat), piailler
08 **plätschern,** vi (hat), clapoter
09 **plätten,** + A, repasser
04 **platzen** (ist), éclater
10 **platzieren,** + A, placer
10 ♦ **platzieren,** sich, se placer
08 **plaudern,** vi (hat), bavarder
53 **Pleite gehen,** i, a, (ist), faire faillite
10 **plombieren,** + A, plomber
04 **plumpsen** (ist), tomber lourdement
08 **plündern,** + A, piller
04 **pochen,** vi (hat), battre ; auf + A, se prévaloir de
10 **pointieren,** + A, souligner
07 **pökeln,** + A, saler
08 **pokern,** vi (hat), jouer au poker
10 **polemisieren,** vi (hat), polémiquer
10 **polieren,** + A, polir
10 **politisieren,** + A, politiser
10 ♦ **politisieren,** sich, se politiser
08 **polstern,** + A, rembourrer
08 **poltern,** vi (hat), faire du tapage
10 **porträtieren,** + A, faire le portrait de
10 **posieren,** vi (hat), poser
08 **powern,** vi (hat), (fam.) s'imposer
04 **prägen,** + A, frapper [monnaie] ; marquer de son empreinte
04 **prahlen,** vi (hat), se vanter
10 **praktizieren,** + A/vi (hat), pratiquer, exercer
04 **prallen** (ist), gegen, se heurter contre qqch.
10 **prämiieren,** + A, primer
04 **prangen,** vi (hat), resplendir ; mit, faire parade de
10 **präsentieren,** + A, présenter
10 **präsidieren,** vi (hat), présider
07 **prasseln,** vi (hat), tomber dru, crépiter
10 **präzisieren,** + A, préciser
04 **predigen,** + A, prêcher
21 **preisen,** ie, ie, + A, louer, vanter
32 **preis|geben,** a, e, i, + A, abandonner, livrer

04 **prellen,** + A, faire rebondir ; (fig.) escroquer
04 **pressen,** + A, presser, serrer
07 **prickeln,** vi (hat), picoter, pétiller
10 **privatisieren,** + A, privatiser
10 **privilegieren,** + A, privilégier
35 **Probe fahren,** u, a, ä, (ist), faire un essai sur route
04 **proben,** + A, répéter
10 **probieren,** + A, essayer, goûter
10 **produzieren,** + A, produire
10 ♦ **produzieren,** sich, se montrer, se produire
10 **profilieren,** sich, affirmer sa personnalité
10 **profitieren,** vi (hat), von, profiter de
10 **programmieren,** + A, programmer
10 **projizieren,** + A, projeter
10 **proklamieren,** + A, proclamer
10 **promovieren,** vi (hat), passer son doctorat
10 **propagieren,** + A, propager, préconiser
04 **prophezeien,** + A, prédire
10 **prostituieren,** sich, se prostituer
10 **protestieren,** vi (hat), gegen, protester contre
10 **protokollieren,** + A, dresser un procès-verbal
04 **protzen,** vi (hat), crâner
10 **provozieren,** + A, provoquer
10 **prozessieren,** vi (hat), intenter un procès
04 **prüfen,** + A, contrôler, faire passer un examen
07 **prügeln,** + A, battre
07 ♦ **prügeln,** sich, mit, se battre avec
04 **prunken,** vi (hat), mit, faire étalage de
09 **prusten,** vi (hat), s'ébrouer
10 **publizieren,** + A, publier
08 **pudern,** + A, poudrer
08 ♦ **pudern,** sich, se poudrer
10 **pulsieren,** vi (hat), battre, (fig.) palpiter
04 **pumpen,** + A, pomper, (sich) von jm, (fam.) taper qqn de qqch.
10 **punktieren,** + A, pointer, ponctionner
07 **purzeln** (ist), culbuter
09 **pusten,** vi (hat), souffler
04 **putschen,** vi (hat), faire un putsch
04 **putzen,** + A, nettoyer

Q

08 **quacksalbern,** vi (hat), faire le charlatan
04 **quaken,** vi (hat), coasser

quäken à rechtfertigen

04 **quäken**, vi (hat), piailler
04 **quälen**, + A, torturer, tourmenter
06 ♦ **quälen**, sich, se tourmenter
10 **qualifizieren**, + A, qualifier
10 ♦ **qualifizieren**, sich, für, se qualifier pour
04 **qualmen**, vi (hat), dégager une épaisse fumée
07 **quasseln**, vi (hat), (fam.) jacasser
04 **quatschen**, + A, (fam.) radoter, raconter
29 **quellen**, o, o, i, (ist), aus, jaillir de, gonfler
07 **quengeln**, vi (hat), geindre, pleurnicher
53 **quer gehen**, i, a, (ist), échouer
06 **quer legen**, sich, se mettre en travers
06 **quer stellen**, sich, se mettre en travers
10 **querulieren**, vi (hat), (fam.) râler sans arrêt
04 **quetschen**, + A, contusionner
06 ♦ **quetschen**, sich, se serrer
04 **quiek(s)en**, vi (hat), criailler
04 **quietschen**, vi (hat), crier, grincer [porte]
10 **quittieren[1]**, + A, délivrer un reçu, quitter [service]
10 **quittieren[2]**, vi (hat), signer
10 **quotieren**, + A, coter

R

04 **rächen**, + A, venger
06 ♦ **rächen**, sich, se venger
08 **rackern**, sich, s'éreinter
04 **radebrechen**, + A, baragouiner [une langue]
07 **radeln** (ist), faire du vélo
35 **Rad fahren**, u, a, ä, (ist), faire du vélo
10 **radieren**, + A, gommer, effacer
10 **radikalisieren**, + A, radicaliser
10 ♦ **radikalisieren**, sich, se radicaliser
04 **raffen**, + A, emporter, retrousser
04 **ragen**, vi (hat), aus, s'élever, se dresser
04 **rahmen**, + A, encadrer
04 **rammen**, + A, enfoncer, éperonner
04 **ramschen**, + A, acheter en vrac
10 **randalieren**, vi (hat), provoquer des désordres
10 **rangieren**, + A, manœuvrer ; vi (hat), se placer
42 **ran|halten**, ie, a, ä, sich, s'accrocher
06 **ranken**, sich, grimper
04 **ran|kriegen**, + A, (fam.) serrer la vis à qqn
42 **ran|lassen**, ie, a, ä, + A, (fam.) laisser faire ses preuves

19 **ran|müssen**, vi/vmod, devoir mettre la main à la pâte
07 **rappeln[1]**, vi (hat), claquer
07 **rappeln[2]**, vimp (es), bei, (fam.) avoir un grain
04 **rappen**, vi (hat), faire du rap
07 **rascheln**, vi (hat), crisser
04 **rasen**, vi (hat/ist), foncer, devenir fou/folle
10 **rasieren**, + A, raser
10 ♦ **rasieren**, sich, se raser
07 **raspeln**, + A, râper
07 **rasseln**, vi (hat/ist), cliqueter
09 **rasten**, vi (hat), faire une halte
37 **raten**, ie, a, ä, + D + A/vi (hat), conseiller, deviner
10 **ratifizieren**, + A, ratifier
10 **rationalisieren**, + A, rationaliser
07 **rätseln**, vi (hat), chercher la solution
08 **rattern**, vi (hat/ist), pétarader
04 **rauben**, + D + A, voler, dérober
08 **räubern**, vi (hat), piller
04 **rauchen**, + A, fumer
08 **räuchern**, + A, fumer [viande]
04 **raufen**, + A, arracher
06 ♦ **raufen**, sich, se crêper le chignon
53 **rauf|gehen**, i, a, (ist), monter
04 **räumen**, + A, évacuer, déblayer
04 **raunen**, vi (hat), murmurer
04 **rauschen**, vi (hat), bruisser, filer
24 **raus|fliegen**, o, o, (ist), (fam.) se faire virer
42 **raus|halten**, ie, a, ä, + A, mettre dehors
42 ♦ **raus|halten**, ie, a, ä, sich, se tenir à l'écart
34 **raus|kommen**, a, o, (ist), dabei, en sortir, en résulter
08 **räuspern**, sich, se racler la gorge
04 **raus|rücken**, + A (ist), (fam.) lâcher [argent], cracher le morceau
22 **raus|schmeißen**, i, i, + A, (fam.) virer, jeter dehors
10 **reagieren**, vi (hat), auf + A, réagir à
10 **reaktivieren**, + A, réactiver
10 **realisieren**, + A, réaliser
10 **rebellieren**, vi (hat), se rebeller
10 **recherchieren**, + A/vi (hat), faire des recherches
09 **rechnen**, + A, calculer
04 **rechtfertigen**, + A, justifier

DICTIONNAIRE DES VERBES

rechtfertigen à röntgen

06 ♦ **rechtfertigen,** sich, *se justifier*
04 **recken,** + A, *tendre, dresser*
06 ♦ **recken,** sich, *s'étirer*
07 **recyceln,** + A, *recycler*
09 **recyclen,** + A, *recycler*
09 **reden,** vi (hat), von, *parler de*
10 **reduzieren,** + A, *réduire*
10 **referieren,** vi (hat), *faire un exposé*
10 **reflektieren,** + A, *refléter*
10 **reformieren,** + A, *réformer, modifier*
07 **regeln,** + A, *régler*
07 ♦ **regeln,** sich, *se régler*
04 **regen,** + A, *bouger*
06 ♦ **regen,** sich, *remuer, bouger*
10 **regenerieren,** + A, *régénérer*
10 **regieren,** + A/vi (hat), *gouverner, régner*
10 **registrieren,** + A, *enregistrer*
09 **regnen,** vimp (es), *pleuvoir*
10 **regulieren,** + A, *régler, régulariser*
10 **rehabilitieren,** + A, *réhabiliter*
21 **reiben,** ie, ie, + A, *frotter, râper*
04 **reichen**[1], + D + A, *passer, tendre qqch. à qqn*
04 **reichen**[2], vi (hat), bis, *s'étendre jusqu'à, suffire*
04 **reifen** (ist), *mûrir*
04 **reihen,** + A, *ranger, enfiler*
04 **reimen,** + A/vi (hat), *rimer*
06 ♦ **reimen,** sich, auf, *rimer avec*
04 **reinigen,** + A, *nettoyer*
04 **rein(e)|machen,** + A/vi (hat), *nettoyer*
04 **reisen** (ist), *voyager*
22 **reißen**[1], i, i, + A, von, *déchirer, arracher de*
22 **reißen**[2], i, i, (ist), *se rompre, se déchirer*
22 **reiten**[1], i, i, + A, *monter [cheval]*
22 **reiten**[2], i, i, (ist), *monter à cheval, parcourir*
04 **reizen,** + A, *attirer, exciter*
07 **rekeln,** sich, *s'étirer*
10 **reklamieren,** + A, *réclamer*
10 **rekonstruieren,** + A, *reconstituer [événement]*
10 **rekrutieren,** + A, *recruter*
10 ♦ **rekrutieren,** sich, aus, *se recruter parmi*
10 **relativieren,** + A, *relativiser*
04 **relaxen,** vi (hat), *se détendre*
07 **rempeln,** + A, *bousculer*
11 **rennen** (ist), *courir*

10 **renovieren,** + A, *rénover*
10 **rentieren,** sich, *être rentable*
10 **reparieren,** + A, *réparer*
10 **repräsentieren,** + A, *représenter*
10 **reprivatisieren,** + A, *dénationaliser*
10 **reproduzieren,** + A, *reproduire*
10 ♦ **reproduzieren,** sich, *se reproduire*
10 **reservieren,** + A, *réserver*
10 **residieren,** vi (hat), *résider*
10 **resignieren,** vi (hat), *se résigner*
10 **respektieren,** + A, *respecter*
10 **restaurieren,** + A, *restaurer*
10 **resultieren,** vi (hat), aus, *résulter de*
09 **retten,** + A, *sauver*
09 ♦ **retten,** sich, aus, *se sauver de*
10 **retuschieren,** + A, *retoucher*
04 **reuen,** + A, vimp (es), *regretter*
10 **revanchieren,** sich, für, *rendre la pareille*
10 **revidieren,** + A, *réviser, vérifier*
10 **revoltieren,** vi (hat), *se révolter*
10 **revolutionieren,** + A, *révolutionner*
10 **rezensieren,** + A, *faire le compte rendu de*
09 **richten,** + A, auf, *diriger sur* ; vi (hat), *juger*
09 ♦ **richten,** sich, nach, *se conformer à*
44 **richtig liegen,** a, e, vi (hat), *être dans le ton*
04 **richtig stellen,** + A, *rectifier*
28 **riechen,** o, o, + A/vi (hat), *sentir*
07 **riegeln,** + A, *verrouiller*
07 **rieseln** (ist), *couler, ruisseler*
07 **ringeln,** + A, *enrouler*
07 ♦ **ringeln,** sich, *s'enrouler*
52 **ringen,** a, u, + A, *tordre* ; vi (hat), *lutter*
51 **rinnen,** a, o, (ist), *ruisseler*
10 **riskieren,** + A, *risquer*
04 **ritzen,** + A, in + A, *entailler, graver dans*
06 ♦ **ritzen,** sich, *s'érafler*
10 **rivalisieren,** vi (hat), mit, *rivaliser avec*
04 **robben** (ist), *ramper*
07 **röcheln,** vi (hat), *râler*
07 **rodeln,** vi (hat/ist), *faire de la luge*
09 **roden,** + A, *défricher*
04 **röhren,** vi (hat), *bramer*
04 **rollen,** + A/vi (ist), *(en)rouler, gronder*
06 ♦ **rollen,** sich, *se rouler, s'enrouler*
04 **röntgen,** + A, *radiographier*

rosten à schaffen

09 **rosten,** vi (hat/ist), rouiller
09 **rösten,** + A, griller
09 **röten,** + A, colorer en rouge
09 ♦ **röten,** sich, rougir
10 **rotieren,** vi (hat), tourner [sur son axe]
07 **rubbeln,** + A, (dialectal) frotter
34 **rüber|kommen**[1]**,** a, o, (ist), passer [frontière]
04 **rücken**[1]**,** + A, pousser, déplacer
04 **rücken**[2] (ist), se pousser
51 **rücken|schwimmen,** a, o, (ist), nager sur le dos
09 **rückerstatten,** + D + A, rembourser
04 **rück|fragen,** vi (hat), demander des précisions
04 **rückübersetzen,** + A, retraduire
08 **rückversichern,** + A, réassurer
08 ♦ **rückversichern,** sich, se réassurer
53 **rückwärts gehen,** i, a, (ist), reculer
08 **rudern,** vi (hat/ist), ramer
41 **rufen,** ie, u, + A, appeler, crier
04 **rügen,** + A, réprimander
04 **ruhen,** vi (hat), (se) reposer, être au point mort
42 **ruhen lassen,** ie, a, ä, + A, laisser reposer
04 **ruhig stellen,** + A, immobiliser
04 **rühmen,** + A, glorifier
06 ♦ **rühmen,** sich + G, se vanter de
04 **rühren,** + A, remuer, émouvoir
06 ♦ **rühren,** sich, bouger
10 **ruinieren,** + A, ruiner, abîmer
10 ♦ **ruinieren,** sich, se ruiner
04 **rülpsen,** vi (hat), (vulg.) roter
04 **rumoren,** vi (hat), faire du bruit
07 **rumpeln,** vi (hat/ist), cahoter
04 **rümpfen,** + A, faire la grimace
35 **rum|schlagen,** u, a, ä, sich, mit, (fam.) se colleter avec
08 **runderneuern,** + A, rechaper [pneus]
42 **runter|fallen**[2]**,** ie, a, ä, (ist), tomber
07 **runzeln,** + A, froncer
07 ♦ **runzeln,** sich, se rider
04 **rupfen,** + A, plumer, arracher
04 **rußen,** vi (hat), fumer
09 **rüsten,** vi (hat), s'armer
09 ♦ **rüsten,** sich, zu, se préparer à

04 **rutschen** (ist), glisser, déraper
07 **rütteln,** + A/vi (hat), secouer

S

08 **sabbern,** vi (hat), (fam.) baver, radoter
07 **säbeln,** + A, couper grossièrement
10 **sabotieren,** + A, saboter
04 **sacken** (ist), s'enfoncer, couler
04 **säen,** + A, semer
04 **sagen,** + D, + A, dire
04 **sägen,** + A, scier
10 **säkularisieren,** + A, laïciser
04 **salben,** + A, oindre, sacrer
10 **salutieren,** vi (hat), (mil.) saluer
54 **salzen,** + A, saler
07 **sammeln,** + A, rassembler, collectionner
07 ♦ **sammeln,** sich, se rassembler
10 **sanieren,** + A, assainir, redresser [économie]
10 **sanktionieren,** + A, sanctionner
07 **satteln,** + A, seller
01 **satt haben,** + A, en avoir marre
04 **sättigen,** + A/vi (hat), saturer, rassasier
42 **sauber halten,** ie, a, ä, + A, tenir propre
04 **sauber machen,** + A, nettoyer
08 **säubern,** + A, von, nettoyer, débarrasser de
08 **säuern,** + A, rendre aigre
27 **saufen,** o, o, äu, + A/vi (hat), (fam.) boire [animal], picoler
27 **saugen**[1]**,** o, o, + A, téter, aspirer
04 **saugen**[2]**,** vi (hat), passer l'aspirateur
04 **säugen,** + A, allaiter
04 **säumen,** + A, ourler, border
07 **säuseln,** vi (hat), susurrer, murmurer
04 **sausen,** vi (hat/ist), siffler, foncer
42 **sausen lassen,** ie, a, ä, + A, laisser filer
04 **scannen,** + A, scanner
04 **schaben,** + A, râper, racler, gratter
08 **schachern,** vi (hat), marchander
07 **schachteln,** + A, emboîter
04 **schaden,** vi (hat), + D, nuire à
04 **schädigen,** + A, léser, porter préjudice à
36 **schaffen**[1]**,** u, a, + A, créer
04 **schaffen**[2]**,** + A (es), y arriver ; vi (hat), travailler

1 Voir herüber-. 2 Voir herunter-.

08	**schäkern,** vi (hat), badiner, flirter	06	♦ **schicken,** sich, être convenable ; in + A, se plier à
04	**schälen,** + A, éplucher, peler	24	**schieben,** o, o, + A, pousser ; vi (hat), trafiquer
06	♦ **schälen,** sich, peler	53	**schief gehen,** i, a, (ist), échouer
4/29	**schallen,** o, o, vi (hat), retentir	06	**schief lachen,** sich, se tordre de rire
09	**schalten,** + A, connecter, brancher sur	44	**schief liegen,** a, e, vi (hat), *(fam.)* être à côté de la plaque
09	**schalten,** vi (hat), changer de vitesse, passer [en 1re]	04	**schielen,** vi (hat), loucher, lorgner
06	**schämen,** sich, avoir honte	04	**schienen,** + A, poser une attelle à
09	**schänden,** + A, déshonorer, violer	28	**schießen¹,** o, o, + A, abattre
04	**scharen,** + A, grouper, rassembler	28	**schießen²,** o, o, vi (hat/ist), auf + A, tirer sur, jaillir
06	♦ **scharen,** sich, um, se grouper, faire bloc autour	10	**schikanieren,** + A, brimer, chercher chicane à
04	**scharf|machen,** + A, *(fam.)* exciter qqn	08	**schildern,** + A, dépeindre
04	**schärfen,** + A, aiguiser	08	**schillern,** vi (hat), chatoyer
04	**scharren,** + A, gratter	07	**schimmeln,** vi (hat/ist), moisir
04	**schassen,** + A, *(fam.)* vider, sacquer	08	**schimmern,** vi (hat), luire
10	**schattieren,** + A, nuancer [couleurs]	04	**schimpfen,** vi (hat), auf + A, crier après qqn
04	**schätzen,** + A, estimer, apprécier	9/52	**schinden,** u, u, + A, maltraiter, éreinter
08	**schaudern,** vimp (es), + A, tressaillir	9/52	♦ **schinden,** u, u, sich, s'échiner, s'éreinter
04	**schauen,** vi (hat), regarder	04	**schippen,** + A, déblayer à la pelle
08	**schauern,** vi/vimp (es), + A, frissonner	04	**schirmen,** + A, abriter, protéger
07	**schaufeln,** + A, enlever à la pelle	04	**schirren,** + A, harnacher, atteler
07	**schaukeln¹,** + A, bercer	08	**schlabbern,** + A, boire bruyamment, laper
07	**schaukeln²,** vi (hat), (se) balancer	09	**schlachten,** + A, tuer, abattre
04	**schäumen,** vi (hat), mousser, écumer	08	**schlackern,** vi (hat), vaciller
08	**schauspielern,** vi (hat), jouer la comédie	37	**schlafen,** ie, a, ä, vi (hat), dormir
07	**scheffeln,** + A, amasser	07	**schlafwandeln,** vi (hat/ist), être somnambule
21	**scheiden¹,** ie, ie, + A, séparer, dissoudre	35	**schlagen,** u, a, ä, + A, frapper
21	**scheiden²,** ie, ie, (ist), von, partir	35	♦ **schlagen,** u, a, ä, sich, se battre
21	**scheinen,** vi (hat), + D, briller, paraître	04	**schlämmen,** + A, laver, curer
08	**scheitern** (ist), échouer	07	**schlängeln,** sich, serpenter, se faufiler
04	**schellen,** vi (hat), sonner	04	**schlappen,** vi (hat), traîner les pieds
50	**schelten,** a, o, i, + A, gronder	04	**schlapp|machen,** vi (hat), flancher
10	**schematisieren,** + A, schématiser	04	**schlauchen,** + A, exténuer, *(fam.)* crever
04	**schenken,** + D + A, offrir	04	**schlecht machen,** + A, dénigrer
08	**scheppern,** vi (hat), cliqueter	04	**schlecken,** + A, lécher, manger des sucreries
23	**scheren,** o, o, + A, tondre	22	**schleichen,** i, i, (ist), se glisser
06	♦ **scheren,** sich, um, se soucier de	22	♦ **schleichen,** i, i, sich, se glisser, se faufiler
04	**scherzen,** vi (hat), plaisanter	22	**schleifen¹,** i, i, + A, polir, aiguiser
04	**scheuchen,** + A, effaroucher	04	**schleifen²,** + A (ist), traîner
04	**scheuen,** + A, craindre ; vi (hat), s'effaroucher	04	**schlemmen,** vi (hat), festoyer, faire ripaille
06	♦ **scheuen,** sich, avoir peur, appréhender	08	**schlendern** (ist), flâner
08	**scheuern,** + A, frotter, récurer	08	**schlenkern,** vi (hat), balancer
09	**schichten,** + A, empiler	04	**schleppen,** + A, traîner, remorquer
04	**schicken,** + D + A, envoyer		

06 ♦ **schleppen,** sich, se traîner
08 **schleudern¹,** + A, lancer, essorer
08 **schleudern²** (ist), déraper
04 **schleusen,** + A, introduire subrepticement
09 **schlichten,** + A, arranger, arbitrer
28 **schließen,** o, o, + A, fermer, conclure
52 **schlingen,** a, u, + A, engloutir ;
+ um, enrouler autour
52 ♦ **schlingen,** a, u, sich, s'enrouler, s'entortiller
08 **schlingern,** vi (hat), *(mar.)* rouler
08 **schlittern,** vi (hat), glisser, patiner
04 **schlitzen,** + A, taillader
08 **schlottern,** vi (hat), trembler
04 **schluchzen,** vi (hat), sangloter
04 **schlucken,** + A, avaler
08 **schludern,** vi (hat), *(fam.)* bâcler
08 **schlummern,** vi (hat), sommeiller
04 **schlüpfen** (ist), se glisser, in + A, enfiler
04 **schlurfen** (ist), traîner les pieds
04 **schlürfen,** + A, boire bruyamment
08 **schlussfolgern,** + A, déduire
09 **schmachten,** vi (hat), nach, languir
04 **schmähen,** + A, invectiver
08 **schmälern,** + A, rabaisser, minimiser
04 **schmarotzen,** vi (hat), vivre en parasite
04 **schmatzen,** vi (hat), manger bruyamment
04 **schmausen,** vi (hat), festoyer
04 **schmecken,** vi (hat), + D, plaire [au goût]
07 **schmeicheln,** + D, flatter
22 **schmeißen,** i, i, + A, *(fam.)* flanquer, balancer
04 **schmelzen,** + A, faire fondre
29 **schmelzen,** o, o, i, (ist), fondre
04 **schmerzen,** + A/vi (hat), faire souffrir
08 **schmettern,** + A, lancer, smasher, sonner
09 **schmieden,** + A, forger
06 **schmiegen,** sich, se blottir
04 **schmieren,** + A, graisser
04 **schminken,** + A, maquiller
06 ♦ **schminken,** sich, se maquiller
07 **schmirgeln,** + A, poncer à l'émeri
08 **schmökern,** + A, bouquiner
04 **schmollen,** vi (hat), bouder
04 **schmoren,** + A, cuire à l'étuvée, braiser
04 **schmücken,** + A, mit, orner, décorer de
06 ♦ **schmücken,** sich, se parer

07 **schmuddeln,** vi (hat), massacrer [un travail]
07 **schmuggeln,** + A, passer en contrebande
07 **schmunzeln,** vi (hat), sourire béatement
04 **schmusen,** vi (hat), mit, *(fam.)* câliner
04 **schmutzen,** vi (hat), se salir [vêtement]
04 **schnallen,** + A, boucler, attacher
04 **schnalzen,** vi (hat), mit, faire claquer
04 **schnappen¹,** + A, attraper, *(fam.)* pincer
04 **schnappen²,** vi (hat), chercher à happer, faire ressort
04 **schnarchen,** vi (hat), ronfler
04 **schnarren,** vi (hat), faire un bruit de crécelle
08 **schnattern,** vi (hat), cancaner
04 **schnauben,** vi (hat), souffler, s'ébrouer [cheval]
04 **schnaufen,** vi (hat), haleter
06 **schnäuzen,** sich, se moucher
22 **schneiden,** i, i, + A/vi (hat), couper
08 **schneidern,** vi (hat), coudre
04 **schneien,** vimp (es), neiger
04 **schnellen** (ist), (re)bondir, *(fig.)* s'envoler [prix]
04 **schniefen,** vi (hat), renifler
07 **schnipseln,** + A, découper en petits morceaux
04 **schnipsen,** + A, lancer
07 **schnitzeln,** + A, hacher menu
04 **schnitzen,** + A, sculpter sur bois
07 **schnorcheln,** vi (hat), nager avec un tuba
04 **schnorren,** + A, *(fam.)* quémander, taxer
07 **schnüffeln,** + A, renifler, flairer
04 **schnupfen,** + A, priser
08 **schnuppern,** vi (hat), renifler
04 **schnüren,** + A, lacer, nouer
04 **schnurren,** vi (hat), ronronner
04 **schocken,** + A, choquer, être sous le choc
10 **schockieren,** + A, choquer
04 **schonen,** + A, ménager
06 ♦ **schonen,** sich, se ménager
04 **schön|färben,** + A, embellir, enjoliver
06 **schön machen,** sich, se pomponner
09 **schön|reden,** vi (hat), enjoliver
30 **schön|tun,** a, a, vi (hat), minauder
04 **schöpfen,** + A, aus, puiser dans, reprendre [courage]
10 **schraffieren,** + A, hachurer
04 **schrammen,** + A, érafler
04 **schränken,** + A, croiser

schrappen à sezieren

- 04 **schrappen**, + A, gratter, racler
- 04 **schrauben**, + A, visser
- 04 **schrecken**, + A, effrayer
- 21 **schreiben**, ie, ie, + D + A, écrire
- 21 ♦ **schreiben**, ie, ie, sich, s'écrire
- 21 **schreien**, ie, ie, vi (hat), crier
- 22 **schreiten**, i, i, (ist), marcher
- 04 **schrillen**, vi (hat), rendre un son strident
- 04 **schröpfen**, + A, (fig.) plumer, gruger
- 09 **schroten**, + A, broyer
- 04 **schrubben**, + A, frotter
- 04 **schrumpfen** (ist), se rétrécir, se ratatiner
- 04 **schubsen**, + A, pousser
- 09 **schuften**, vi (hat), trimer
- 09 **schulden**, + D + A, devoir qqch. à qqn
- 04 **schulen**, + A, former
- 08 **schultern**, + A, mettre sur l'épaule
- 07 **schummeln**, vi (hat), (fam.) tricher
- 07 **schunkeln**, vi (hat/ist), se balancer
- 04 **schuppen**, + A, écailler
- 06 ♦ **schuppen**, sich, se desquamer
- 04 **schüren**, + A, attiser
- 04 **schürfen**, vi (hat), frotter, prospecter
- 07 **schurigeln**, + A, brimer
- 04 **schürzen**, + A, retrousser, nouer
- 07 **schütteln**, + A, secouer
- 07 ♦ **schütteln**, sich, s'ébrouer
- 09 **schütten**, + A/vimp (es), verser
- 04 **schützen**, + A, vor + D, protéger de
- 06 ♦ **schützen**, sich, vor + D, se protéger de
- 04 **schutzimpfen**, + A, vacciner à titre préventif
- 04 **schwächen**, + A, affaiblir
- 07 **schwafeln**, vi (hat), (fam.) radoter
- 04 **schwanen**, vimp (es), + D, avoir un pressentiment
- 08 **schwängern**, + A, mettre enceinte
- 04 **schwanken**, vi (hat), chanceler, osciller
- 04 **schwänzen**, + A, sécher [les cours]
- 04 **schwappen**, vi (hat/ist), clapoter, déborder
- 04 **schwären**, vi (hat), suppurer
- 04 **schwärmen**, vi (hat), für, s'enthousiasmer pour
- 09 **schwarz|arbeiten**, vi (hat), travailler au noir
- 04 **schwärzen**, + A, noircir
- 35 **schwarz|fahren**, u, a, ä, (ist), resquiller
- 04 **schwarz|malen**, + A, peindre en noir
- 32 **schwarz sehen**, a, e, ie, vi (hat), voir tout en noir
- 04 **schwatzen**, vi (hat), bavarder
- 04 **schweben**, vi (hat), planer, être en suspens
- 04 **schweifen** (ist), errer, vagabonder
- 21 **schweigen**, ie, ie, vi (hat), se taire
- 04 **schweißen**, + A, souder
- 04 **schwelen**, vi (hat), couver [feu, sentiment]
- 04 **schwelgen**, vi (hat), se griser de qqch.
- 04 **schwellen¹**, + A, gonfler, faire enfler
- 29 **schwellen²**, o, o, i, (ist), enfler
- 04 **schwemmen**, + A, emporter, charrier
- 04 **schwenken**, + A, agiter, tourner
- 42 **schwer fallen**, ie, a, ä, (ist), + D, avoir du mal à
- 04 **schwer machen**, + D + A, rendre difficile
- 48 **schwer nehmen**, a, o, i, + A, prendre au tragique
- 30 **schwer tun**, a, a, sich, avoir du mal à
- 51 **schwimmen**, a, o, vi (ist/hat), nager
- 07 **schwindeln¹**, vi (hat), mentir
- 07 **schwindeln²**, vimp (es), + D, avoir le vertige
- 52 **schwinden**, a, u, (ist), diminuer, décliner
- 52 **schwingen¹**, a, u, + A, brandir
- 52 **schwingen²**, a, u, vi (hat/ist), vibrer, se balancer
- 52 ♦ **schwingen**, a, u, sich, s'élancer
- 04 **schwirren** (ist), bourdonner
- 04 **schwitzen**, vi (hat), transpirer
- 25 **schwören**, o, o, + A/vi (hat), jurer
- 07 **segeln**, vi (hat/ist), naviguer, faire de la voile
- 09 **segnen**, + A, bénir
- 32 **sehen**, a, e, ie, + A, voir
- 06 ♦ **sehnen**, sich, nach, aspirer à
- 02 **sein, war, gewesen**, (ist), aux., être
- 42 **sein lassen**, ie, a, ä, + A, s'abstenir de faire
- 49 **selig sprechen**, a, o, i, + A, béatifier
- 12 **senden**, + D + A, envoyer, diffuser
- 04 **senken**, + A, faire baisser
- 06 ♦ **senken**, sich, s'abaisser, s'affaisser
- 10 **sensibilisieren**, + A, sensibiliser
- 10 **servieren**, + D + A, servir
- 04 **setzen**, + A, mettre, poser
- 06 ♦ **setzen**, sich, s'asseoir
- 04 **seufzen**, vi (hat), soupirer
- 10 **sezieren**, + A, disséquer

shoppen à springen

- 04 **shoppen,** vi (hat), *faire du shopping*
- 53 **sicher|gehen,** i, a, (ist), *s'assurer que*
- 08 **sichern,** + A, *assurer, garantir*
- 08 ♦ **sichern,** sich, vor + D/gegen, *se prémunir contre qqch.*
- 04 **sicher|stellen,** + A, *mettre en sécurité*
- 09 **sichten,** + A, *examiner, trier*
- 08 **sickern** (ist), *suinter, s'infiltrer*
- 04 **sieben,** + A, *filtrer, tamiser*
- 07 **siedeln,** vi (hat), *s'établir, se fixer*
- 9/28 **sieden,** o, o, + A/vi (hat), *faire bouillir*
- 07 **siegeln,** + A, *sceller*
- 07 **siegen,** vi (hat), *vaincre, triompher*
- 04 **siezen,** + A, *vouvoyer*
- 10 **signalisieren,** + A, *signaler*
- 10 **signieren,** + A, *signer*
- 10 **simulieren,** + A, *simuler, feindre*
- 52 **singen,** a, u, + A, *chanter*
- 52 **sinken,** a, u, (ist), *sombrer, s'enfoncer*
- 51 **sinnen,** a, o, vi (hat), *méditer*
- 10 **sinnieren,** vi (hat), *(fam.) rêvasser*
- 04 **sirren,** vi (hat), *bourdonner*
- 46 **sitzen,** a, e, vi (hat), *être assis(e)*
- 21 **sitzen bleiben,** ie, ie, (ist), *redoubler [une classe]*
- 42 **sitzen lassen,** ie, a, ä, + A, *faire faux bond à ; (fam.) plaquer*
- 10 **skalpieren,** + A, *scalper*
- 09 **skaten,** vi (hat), *faire du roller*
- 35 **Ski fahren,** u, a, ä, (ist), *faire du ski*
- 38 **Ski laufen,** ie, au, äu, (ist), *faire du ski*
- 10 **skizzieren,** + A, *esquisser*
- 09 **snowboarden,** vi (hat), *faire du snowboard*
- 10 **solidarisieren,** sich, mit, *être solidaire de*
- 18 **sollen,** vi/vmod, *devoir*
- 08 **sondern,** + A, von, *séparer de*
- 10 **sondieren,** + A, *sonder, (fig.) tâter le terrain*
- 06 **sonnen,** sich, um, *prendre un bain de soleil*
- 04 **sorgen,** vi (hat), für, *s'occuper de*
- 06 ♦ **sorgen,** sich, um, *s'inquiéter de*
- 10 **sortieren,** + A, *trier*
- 10 **sozialisieren,** + A, *socialiser*
- 07 **spachteln,** + A, *reboucher ; vi (hat), (fam.) s'empiffrer*
- 04 **spähen,** vi (hat), nach, *épier*
- 9/54 **spalten,** + A, *fendre*
- 9/54 ♦ **spalten,** sich, *se fendre ; (fig.) se diviser*
- 04 **spannen,** + A, *tendre*
- 06 ♦ **spannen,** sich, *s'étendre*
- 04 **sparen,** + A, *économiser*
- 04 **spaßen,** vi (hat), *plaisanter*
- 10 **spazieren** (ist), *se promener*
- 35 **spazieren fahren,** u, a, ä, (ist), *se promener [en voiture]*
- 53 **spazieren gehen,** i, a, (ist), *se promener [à pied]*
- 07 **speicheln,** vi (hat), *baver*
- 08 **speichern,** + A, *stocker, enregistrer*
- 21 **speien,** ie, ie, + A/vi (hat), *cracher*
- 04 **speisen¹,** + A, *alimenter*
- 04 **speisen²,** vi (hat), *prendre son repas*
- 10 **spekulieren,** vi (hat), *spéculer*
- 09 **spenden,** + A, *faire un don*
- 10 **spendieren,** + D, + A, *offrir*
- 04 **sperren,** + A, *barrer, couper ; in, enfermer*
- 06 ♦ **sperren,** sich, *s'opposer à*
- 10 **spezialisieren,** sich, auf, *se spécialiser dans*
- 04 **spicken¹,** + A, mit, *larder, truffer de*
- 04 **spicken²,** vi (hat), *copier [en trichant]*
- 07 **spiegeln,** vi (hat), *briller*
- 07 ♦ **spiegeln,** sich, *se refléter*
- 04 **spielen,** + A, *jouer*
- 04 **spießen,** + A, *embrocher*
- 51 **spinnen¹,** a, o, + A, *filer ; (fig.) tramer*
- 51 **spinnen²,** a, o, vi (hat), *(fam.) être toqué(e)*
- 10 **spionieren,** vi (hat), *espionner*
- 07 **spitzeln,** vi (hat), *moucharder*
- 04 **spitzen,** + A, *tailler, aiguiser*
- 04 **spitz|kriegen,** + A, *avoir le fin mot de qqch.*
- 08 **splittern,** vi (hat/ist), *voler en éclats*
- 08 **sponsern,** + A, *sponsoriser*
- 04 **spornen,** + A, *éperonner ; (fig.) stimuler*
- 07 **spötteln,** vi (hat), über + A, *se moquer de*
- 09 **spotten,** vi (hat), über + A, *se moquer de*
- 49 **sprechen,** a, o, i, + A/vi (hat), *parler*
- 04 **spreizen,** + A, *écarter*
- 06 ♦ **spreizen,** sich, *se pavaner*
- 04 **sprengen,** + A, *faire sauter, arroser*
- 28 **sprießen,** o, o, (ist), *germer, pousser*
- 52 **springen,** a, u, (ist), *sauter*

DICTIONNAIRE DES VERBES

spritzen à stimulieren

- 04 **spritzen¹**, + A, *arroser, peindre au pistolet*
- 04 **spritzen²** (hat/ist), *gicler, éclabousser*
- 04 **sprossen**, vi (hat), *bourgeonner*
- 07 **sprudeln**, vi (hat/ist), *bouillonner, (fig.) déborder*
- 04 **sprühen**, + A, *projeter, vaporiser*
- 04 **sprühen**, vi (hat/ist), *jaillir, (fig.) pétiller*
- 04 **spucken**, + A, *cracher*
- 04 **spuken**, vi (hat), *hanter*
- 04 **spülen**, + A, *laver* ; vi (hat) *faire la vaisselle*
- 04 **spuren**, vi (hat), *(fam.) tracer, obéir*
- 04 **spüren**, + A, *ressentir, éprouver*
- 09 **spurten**, vi (hat/ist), *sprinter*
- 09 ♦ **sputen**, sich, *se dépêcher*
- 10 **stabilisieren**, + A, *stabiliser*
- 07 **staffeln**, + A, *échelonner*
- 10 **stagnieren**, vi (hat), *stagner, croupir*
- 04 **staksen** (ist), *marcher avec raideur*
- 07 **stammeln**, + A, *balbutier*
- 04 **stammen**, vi (hat), aus, *être originaire de*
- 04 **stampfen¹**, + A, *fouler, pilonner*
- 04 **stampfen²** (ist), *trépigner, piaffer*
- 42 **stand|halten**, ie, a, ä, + D, *résister à*
- 08 **stänkern**, vi (hat), *(fam.) chercher des noises*
- 04 **stanzen**, + A, *poinçonner, estamper*
- 07 **stapeln**, + A, *empiler, entasser*
- 07 ♦ **stapeln**, sich, *s'entasser*
- 04 **stapfen** (ist), *marcher d'un pas lourd*
- 04 **stärken**, + A, *fortifier, amidonner*
- 06 ♦ **stärken**, sich, *se restaurer*
- 04 **starren**, vi (hat), *fixer du regard*
- 09 **starten**, + A, *lancer, démarrer*
- 09 **starten** (ist), *partir, décoller*
- 10 **stationieren**, + A, *stationner [troupes], déployer [fusées]*
- 52 **statt|finden**, a, u, vi (hat), *avoir lieu*
- 32 **statt|geben**, a, e, i, + D, *accéder à*
- 10 **statuieren**, + A, *établir, faire [un exemple]*
- 04 **stauben**, vi (hat), *faire de la poussière*
- 04 **Staub saugen**, + A, *passer l'aspirateur*
- 04 **stauen**, + A, *retenir, contenir*
- 06 ♦ **stauen**, sich, *s'accumuler*
- 04 **staunen**, vi (hat), über + A, *s'étonner de*
- 49 **stechen**, a, o, i, + A, *piquer, brûler [soleil]*
- 49 ♦ **stechen**, a, o, i, sich, *se piquer*

- 04 **stecken**, + A, *mettre*
- 04 **stecken**, vi (hat), *être, se trouver*
- 21 **stecken bleiben**, (ist), *rester bloqué(e)*
- 42 **stecken lassen**, ie, a, ä, + A, *laisser*
- 31 **stehen**, a, a, vi (hat), *être debout* → 182
- 31 ♦ **stehen**, a, a, sich, mit, *s'entendre avec qqn*
- 21 **stehen bleiben**, (ist), *s'arrêter* → 182
- 42 **stehen lassen**, ie, a, ä, + A, *laisser, oublier*
- 47 **stehlen**, a, o, ie, + D + A, *voler qqch. à qqn*
- 47 ♦ **stehlen**, a, o, ie, sich, *partir à la dérobée*
- 21 **steigen**, ie, ie, (ist), *monter*
- 08 **steigern**, + A, *augmenter*
- 08 ♦ **steigern**, sich, *s'amplifier*
- 04 **stellen**, + A, *mettre, poser debout* → 185
- 06 ♦ **stellen**, sich, *se placer, s'opposer à* → 185
- 04 **stemmen**, + A, *appuyer, lever*
- 06 ♦ **stemmen**, sich, gegen, *s'appuyer contre, s'opposer à*
- 07 **stempeln**, + A, *tamponner, oblitérer ; (fig.) cataloguer*
- 04 **steppen**, + A, *piquer [couture]*
- 50 **sterben**, a, o, i, (ist), *mourir*
- 10 **sterilisieren**, + A, *stériliser*
- 08 **steuern**, + A, *diriger, piloter*
- 04 **stibitzen**, + A, *chiper, chaparder*
- 07 **sticheln**, vi (hat), *coudre ; (fig.) lancer des piques*
- 04 **sticken**, + A/vi (hat), *broder*
- 4/24 **stieben**, o, o, (ist), *jaillir, voler [étincelles]*
- 07 **stiefeln** (ist), *marcher à grands pas ou maladroitement*
- 04 **stieren**, vi (hat), *regarder fixement*
- 09 **stiften**, + A, *fonder, faire don de*
- 53 **stiften gehen**, i, a, (ist), *filer, s'échapper*
- 10 **stilisieren**, + A, *styliser*
- 04 **stillen**, + A, *apaiser, allaiter*
- 42 **still halten**, ie, ie, ä, vi (hat), *se tenir coi*
- 04 **still|legen**, + A, *arrêter, fermer [usine]*
- 44 **still|liegen**, a, e, vi (hat), *être fermée [usine]*
- 46 **still|sitzen**, a, e, vi (hat), *tenir en place*
- 31 **still|stehen**, a, a, vi (hat), *s'arrêter, se mettre au garde-à-vous*
- 04 **stimmen¹**, + A, *accorder [instrument]*
- 04 **stimmen²**, vi (hat), *voter, être exact(e)*
- 10 **stimulieren**, + A, *stimuler*

52	**stinken,** a, u, vi (hat), *(fam.)* puer	04	**stricken,** + A, tricoter
08	**stöbern,** vi (hat), fouiller	04	**strolchen** (ist), vagabonder
08	**stochern,** vi (hat), in den Zähnen ~, se curer les dents	04	**strömen** (ist), couler, affluer
		08	**stromern** (ist), *(fam.)* rôder
04	**stocken,** vi (hat), s'arrêter, se ralentir	04	**strotzen,** vi (hat), von, déborder de
04	**stöhnen,** vi (hat), gémir	07	**strudeln,** vi (hat), bouillonner
08	**stolpern** (ist), trébucher	10	**strukturieren,** + A, structurer
10	**stolzieren** (ist), se pavaner	07	**stückeln,** + A, assembler [étoffe], morceler
04	**stopfen,** + A, repriser, bourrer	10	**studieren,** + A, étudier
04	**stoppen,** + A, stopper ; vi (hat), s'arrêter	04	**stülpen,** + A, retrousser, mettre sur
04	**stören,** + A, déranger	08	**stümpern,** + A, massacrer [un travail]
10	**stornieren,** + A, annuler	09	**stunden,** + D + A, ajourner [paiement, dette]
40	**stoßen**[1]**,** ie, o, ö, + A, pousser	04	**stürmen**[1]**,** + A, prendre d'assaut
40	**stoßen**[2]**,** ie, o, ö, vi (hat/ist), heurter ; auf jn, tomber sur qqn	04	**stürmen**[2] (ist), auf + A, s'élancer, attaquer
		04	**stürzen**[1]**,** + A, renverser
40	♦ **stoßen,** ie, o, ö, sich, se heurter à	04	**stürzen**[2] (ist), tomber, se précipiter
08	**stottern,** vi (hat), bégayer	06	♦ **stürzen,** sich, se jeter, se précipiter
04	**strafen,** + A, punir	04	**stutzen**[1]**,** + A, couper
04	**straffen,** + A, tendre, raidir	4	**stutzen**[2]**,** vi (hat), rester stupéfait(e)
06	♦ **straffen,** sich, se tendre, se raidir	04	**stützen,** + A, appuyer, soutenir
04	**strahlen,** vi (hat), rayonner, briller	06	♦ **stützen,** sich, auf + A, s'appuyer sur
31	**stramm|stehen,** a, a, vi (hat), être au garde-à-vous	04	**stylen,** + A, dessiner
		10	**subtrahieren,** + A, soustraire
07	**strampeln,** vi (hat/ist), gigoter, pédaler	10	**subventionieren,** + A, subventionner
09	**stranden** (ist), (s')échouer	04	**suchen,** + A, chercher
10	**strapazieren,** + A, fatiguer, user	07	**sudeln,** + A, *(fam.)* barbouiller, gâcher
10	♦ **strapazieren,** sich, s'épuiser	10	**suggerieren,** + D + A, suggérer
04	**sträuben,** + A, hérisser	06	**suhlen,** sich, *(fam.)* se vautrer
06	♦ **sträuben,** sich, se hérisser, être récalcitrant	04	**sühnen,** + A, expier
		04	**summen,** + A/vi (hat), fredonner, bourdonner
07	**straucheln** (ist), trébucher	10	**summieren,** + A, additionner
04	**streben,** vi (hat/ist), nach, tendre, aspirer à	10	♦ **summieren,** sich, s'additionner
04	**strecken,** + A, étendre, allonger	04	**sumsen,** vi (hat), bourdonner
06	♦ **strecken,** sich, s'étendre ; s'étirer	04	**sündigen,** vi (hat), pécher
07	**streicheln,** + A, caresser	04	**surfen,** vi (hat/ist), surfer
22	**streichen**[1]**,** i, i, + A, peindre, étaler, rayer	04	**surren,** vi (hat), ronfler, siffler [flèche]
22	**streichen**[2]**,** i, i, (ist), passer la main sur, rôder	10	**suspendieren,** + A, suspendre
04	**streifen**[1]**,** + A, effleurer	04	**süßen,** + A, sucrer
04	**streifen**[2] (ist), rôder	10	**symbolisieren,** + A, symboliser
04	**streiken,** vi (hat), faire grève	10	**sympathisieren,** vi (hat), mit, sympathiser avec
22	**streiten,** i, i, sich, se quereller, se disputer		
04	**stressen,** + A, stresser	10	**synchronisieren,** + A, synchroniser, doubler [film]
06	♦ **stressen,** sich, se stresser		
04	**streuen,** + A, répandre	10	**systematisieren,** + A, systématiser
04	**streunen,** vi (hat/ist), errer, vagabonder		
07	**stricheln,** + A, hachurer		

T

- 07 **tadeln,** + A, *blâmer*
- 07 **tafeln,** vi (hat), *festoyer*
- 07 **täfeln,** + A, *lambrisser*
- 04 **tagen,** vi (hat), *siéger* ; vimp (es), *poindre*
- 07 **takeln,** + A, *(mar.) gréer*
- 10 **taktieren,** vi (hat), *battre la mesure, appliquer une tactique*
- 10 **tamponieren,** + A, *tamponner*
- 07 **tändeln,** vi (hat), *badiner, flirter*
- 10 **tangieren,** + A, *toucher, concerner*
- 04 **tanken,** + A, *prendre de l'essence*
- 07 **tänzeln,** vi (hat/ist), *sautiller, piaffer*
- 04 **tanzen,** + A, *danser*
- 10 **tapezieren,** + A, *tapisser*
- 04 **tappen** (ist), *marcher à tâtons*
- 04 **tarnen,** + A, *camoufler*
- 06 ♦ **tarnen,** sich, *se camoufler*
- 09 **tasten,** + A, *tâter* ; vi (hat), nach, *tâtonner*
- 09 ♦ **tasten,** sich, zu, *avancer à tâtons*
- 04 **tätigen,** + A, *effectuer, réaliser*
- 10 **tätowieren,** + A, *tatouer*
- 07 **tätscheln,** + A, *(fam.) cajoler*
- 04 **tauchen,** + A, *tremper, plonger*
- 04 **tauchen** (ist), *plonger*
- 04 **tauen**[1], vimp (es), (hat), *dégeler*
- 04 **tauen**[2] (ist), *fondre*
- 04 **taufen,** + A, *baptiser*
- 04 **taugen,** vi (hat), *für/zu, être apte, convenir*
- 07 **taumeln,** vi (hat/ist), *tituber, chanceler*
- 04 **tauschen,** + A, *gegen, échanger contre*
- 04 **täuschen,** + A, *tromper, donner l'illusion*
- 06 ♦ **täuschen,** sich, *se tromper*
- 10 **taxieren,** + A, *évaluer, estimer*
- 04 **teeren,** + A, *goudronner*
- 04 **teilen,** + A/vi (hat), *partager*
- 06 ♦ **teilen,** sich, *se diviser*
- 01 **teil|haben,** vi (hat), an + D, *participer à*
- 48 **teil|nehmen,** a, o, i, vi (hat), an + D, *participer à* ➔ **180**
- 10 **telefonieren,** vi (hat), mit, *téléphoner à*
- 10 **telegrafieren,** + D + A, *télégraphier*
- 10 **tendieren,** vi (hat), zu, *tendre à/vers*
- 10 **terrorisieren,** + A, *terroriser*

- 09 **testen,** + A, *tester*
- 04 **thronen,** vi (hat), *trôner*
- 04 **ticken,** vi (hat), *faire tic-tac*
- 07 **tief|stapeln,** vi (hat), *tromper son monde*
- 08 **tigern,** vi (hat), *déambuler*
- 04 **tilgen,** + A, *rembourser, effacer*
- 04 **timen,** + A, *minuter*
- 07 **tingeln,** (ist), *jouer dans les cabarets*
- 07 **tippeln,** (ist), *trottiner*
- 04 **tippen,** + A/vi (hat), *taper [sur clavier]*
- 08 **tischlern,** vi (hat), *faire de la menuiserie*
- 10 **titulieren,** + A, *qualifier qqn de*
- 09 **toasten,** + A, *faire griller*
- 04 **toben,** vi (hat/ist), *se déchaîner*
- 10 **tolerieren,** + A, *tolérer*
- 04 **tollen** (ist), *se démener, faire le fou*
- 04 **tönen,** + A, *teindre* ; vi (hat), *clamer*
- 08 **töpfern,** + A, *faire de la poterie*
- 07 **torkeln,** vi (hat/ist), *tituber*
- 10 **torpedieren,** + A, *torpiller*
- 04 **tosen,** vi (hat/ist), *gronder, déferler*
- 09 **tot|arbeiten,** sich, *(fam.) se crever à la tâche*
- 08 **tot|ärgern,** sich, *se fâcher à mort*
- 09 **töten,** + A, *tuer*
- 09 ♦ **töten,** sich, *se tuer*
- 35 **tot|fahren,** u, a, ä, + A, *écraser qqn*
- 06 **tot|lachen,** sich, *mourir de rire*
- 38 **tot|laufen,** ie, au, äu, sich, *s'enliser, échouer*
- 28 **tot|schießen,** o, o, + A, *abattre*
- 35 **tot|schlagen,** u, a, ä, + A, *tuer en frappant*
- 21 **tot|schweigen,** ie, ie, + A, *passer sous silence*
- 06 **tot|stellen,** sich, *faire le mort*
- 10 **toupieren,** + A, *crêper [cheveux]*
- 04 **traben** (ist), *trotter*
- 09 **trachten,** vi (hat), nach, *aspirer à*
- 10 **tradieren,** + A, *transmettre*
- 35 **tragen,** u, a, ä, + A, *porter*
- 10 **trainieren,** + A, *entraîner* ; vi (hat), *s'entraîner*
- 10 **traktieren,** + A, *(fam.) (mal)traiter*
- 08 **trällern,** + A, *fredonner*
- 07 **trampeln,** vi (hat/ist), *piétiner, trépigner*
- 04 **trampen,** vi (hat/ist), *faire de l'auto-stop*
- 04 **tränen,** vi (hat), *pleurer, larmoyer*
- 04 **tränken,** + A, *abreuver*
- 10 **transchieren,** + A, *découper*

transferieren à überblicken

10 **transferieren**, + A, auf + A, *transférer à*
10 **transplantieren**, + D + A, *transplanter, greffer*
10 **transportieren**, + A, *transporter*
07 **trappeln** (ist), *trottiner*
04 **trappen** (ist), *marcher lourdement*
04 **tratschen**, vi (hat), über + A, *cancaner, dire du mal de*
04 **trauen**, + A, *marier* ; + D, *faire confiance à*
06 ♦ **trauen**, sich, zu + inf., *oser*
08 **trauern**, vi (hat), um, *porter le deuil de qqn*
07 **träufeln**[1], + A, *verser goutte à goutte, instiller*
07 **träufeln**[2], vi (hat), *tomber, ruisseler [pluie]*
04 **träumen**, vi (hat), von, *rêver de*
49 **treffen**[1], a, o, i, + A, *rencontrer, atteindre*
49 **treffen**[2], a, o, i, (ist), auf + A, *tomber sur qqn*
49 ♦ **treffen**, a, o, i, sich, *se rencontrer, tomber [bien, mal]*
21 **treiben**[1], ie, ie, + A, *faire* ; zu, *pousser à*
21 **treiben**[2], ie, ie, vi (hat/ist), *flotter, pousser*
04 **trennen**, + A, *séparer*
06 ♦ **trennen**, sich, von, *se séparer de*
32 **treten**[1], a, e, i, + A, *donner un coup de pied à*
32 **treten**[2], a, e, i, (ist), *poser le pied, entrer*
04 **tricksen**, + A, *dribbler*
4/28 **triefen**, o, o, vi (hat/ist), *couler*
08 **trillern**, + A, *chanter, gazouiller*
04 **trimmen**, + A, *entraîner, dresser*
06 ♦ **trimmen**, sich, *se maintenir en forme*
52 **trinken**, a, u, + A/vi (hat), *boire*
07 **trippeln** (ist), *trottiner*
10 **triumphieren**, vi (hat), *triompher*
04 **trocken|legen**, + A, *assécher, changer*
08 **trocken|schleudern**, + A, *sécher [au sèche-linge]*
09 **trocknen**, + A, *sécher*
07 **trödeln**, vi (hat/ist), *traîner*
06 **trollen**, sich, *(fam.) déguerpir*
07 **trommeln**, + A, *tambouriner* ; vi (hat), *battre le tambour*
09 **trompeten**, + A, *jouer de la trompette*
07 **tröpfeln**[1], + A, *verser goutte à goutte*
07 **tröpfeln**[2], vi (hat/ist), *tomber en gouttelettes*
04 **tropfen**[1], + A, *verser goutte à goutte*
04 **tropfen**[2], vi (hat/ist), *goutter, perler*
09 **trösten**, + A, *consoler*
09 ♦ **trösten**, sich, *se consoler*

07 **trotteln** (ist), *trotter*
09 **trotten** (ist), *trotter, avancer cahin-caha*
04 **trotzen**, vi (hat), + D, *braver*
04 **trüben**, + A, *troubler, affecter*
06 ♦ **trüben**, sich, *se troubler*
07 **trudeln** (ist), *descendre en vrille*
26 **trügen**, o, o, + A/vi (hat), *tromper, abuser*
08 **tuckern**, vi (hat/ist), *pétarader*
07 **tüfteln**, vi (hat), *bricoler, (fam.) bidouiller*
07 **tummeln**, sich, *s'ébattre*
30 **tun**, a, a, + A/vi (hat), *faire*
04 **tünchen**, + A, *badigeonner, blanchir à la chaux*
04 **tunken**, + A, *tremper dans*
07 **tüpfeln**, + A, *tacheter*
04 **tupfen**, + A, *tamponner*
04 **türmen**, + A, *empiler*
04 **türmen** (ist), *(fam.) décamper*
06 ♦ **türmen**, sich, *s'amonceler, se dresser*
04 **turnen**, vi (hat/ist), *faire de la gymnastique*
07 **turteln**, vi (hat), *roucouler*
07 **tuscheln**, + A/vi (hat), *chuchoter*
04 **tuschen**, + A, *dessiner à l'encre de Chine*
09 **tuten**, vi (hat), *klaxonner*
10 **tyrannisieren**, + A, *tyranniser*

U

48 **übel nehmen**, a, o, i, + D + A, *tenir rigueur à qqn de qqch.* → 180
17 **übel wollen**, vmod, + D, *vouloir du mal à qqn*
04 **üben**, + A, *étudier, s'exercer à*
06 ♦ **üben**, sich, *s'exercer*
04 **überan|strengen**, + A, *surmener*
06 ♦ **überan|strengen**, sich, *se surmener* → 232
09 **überantworten**, + A + D, *confier*
09 **überarbeiten**, + A, *remanier [édition]* → 233
09 ♦ **überarbeiten**, sich, *se surmener* → 232
36/54 **überbacken**, a/u, a, + A, *gratiner*
04 **über|beanspruchen**, + A, *surcharger, surmener*
09 **über|belichten**, + A, *surexposer [photo]*
04 **über|betonen**, + A, *souligner exagérément*
09 **über|bewerten**, + A, *surestimer, surévaluer*
24 **überbieten**, o, o, + A, *enchérir sur*
24 ♦ **überbieten**, o, o, sich, *se surpasser*
21 **über|bleiben**, ie, ie, (ist), *être de reste*
04 **überblicken**, + A, *embrasser du regard* → 232

überbringen à überreizen

13 **überbringen,** + D + A, remettre → 157
04 **überbrücken,** + A, franchir ; *(fig.)* concilier
04 **überdachen,** + A, couvrir d'un toit
08 **überdauern,** + A, survivre à
04 **überdecken,** + A, recouvrir
13 **überdenken,** + A, méditer sur
04 **überdrehen,** + A, fausser [en tournant], forcer
04 **übereilen,** + A, précipiter
04 **übereinander legen,** + A, superposer
44 **übereinander liegen,** a, e, vi (hat), être superposé(e)
35 **übereinander schlagen,** u, a, ä, + A, croiser [jambes]
50 **übereinander werfen,** a, o, i, + A, jeter les uns sur les autres
34 **überein|kommen,** a, o, (ist), se mettre d'accord
04 **überein|stimmen,** vi (hat), s'accorder, concorder
33 **überessen,** a, e, i, sich, se gaver
35 **überfahren,** u, a, ä, + A, écraser → 160
35 **über|fahren,** u, a, ä, (ist), franchir → 159
42 **überfallen,** ie, a, ä, + A, attaquer par surprise, agresser → 232
24 **überfliegen,** o, o, + A, survoler → 232
28 **über|fließen,** o, o, (ist), déborder
07 **überflügeln,** + A, surpasser
09 **überfluten,** + A, inonder, submerger → 232
08 **überfordern,** + A, exiger trop de qqn → 232
04 **überfragen,** + A, demander trop à qqn
33 **überfressen,** a, e, i, sich, *(fam.)* s'empiffrer
04 **überführen,** + A + G, confondre [suspect] → 163
04 **über|führen,** + A, in + A, transférer
04 **überfüllen,** + A, mit, trop remplir, surcharger
08 **überfüttern,** + A, suralimenter
32 **übergeben,** a, e, i, + D + A, transmettre → 166
32 ♦ **übergeben,** a, e, i, sich, vomir → 166
53 **übergehen,** i, a, + A, omettre, oublier → 169
53 **über|gehen,** i, a, (ist), passer à → 168
28 **übergießen,** o, o, + A, mit, arroser
22 **über|greifen,** i, i, vi (hat), gagner, envahir
01 **über|haben,** + A, *(fam.)* en avoir assez de
48 **überhand nehmen,** a, o, i, vi (hat), devenir excessif/excessive
04 **überhängen,** + A, suspendre, passer sur soi
43 **über|hängen,** i, a, vi (hat), surplomber
04 **überhäufen,** + A, mit, combler, accabler de
23 **überheben,** o, o, + A, exempter de

23 ♦ **überheben,** o, o, sich, se faire mal en soulevant qqch.
04 **überhitzen,** + A, surchauffer
04 **überhöhen,** + A, surélever, faire bondir [prix]
04 **überholen,** + A, dépasser, doubler → 232
04 **überhören,** + A, faire la sourde oreille à
04 **über|kippen** (ist), basculer
04 **überkleben,** + A, coller sur, recouvrir
04 **über|kochen** (ist), déborder [en bouillant]
34 **überkommen,** a, o, + A, envahir [sentiment] → 172
04 **über|kriegen,** + A, *(fam.)* en avoir marre de
35 **überladen,** u, a, ä, + A, mit, surcharger de
08 **überlagern,** + A, superposer, interférer avec
06 **überlappen,** sich, se chevaucher
42 **überlassen,** ie, a, ä, + D + A, confier à → 232
42 ♦ **überlassen,** ie, a, ä, sich, + D, s'abandonner à
09 **überlasten,** + A, surcharger, accabler
38 **überlaufen,** ie, au, äu, + A, inonder, envahir
38 **über|laufen,** ie, au, äu, (ist), déborder ; + zu, passer [à l'ennemi] → 232
04 **überleben,** + A, survivre à
06 ♦ **überleben,** sich, se démoder
04 **überlegen,** sich (D) + A, réfléchir à → 175
09 **über|leiten,** + A, zu, passer à
32 **überlesen,** a, e, ie, + A, ne pas voir [à la lecture]
08 **überliefern,** + D + A, transmettre → 232
09 **überlisten,** + A, tromper → 232
04 **übermalen,** + A, recouvrir de peinture
04 **übermannen,** + A, vaincre
07 **übermitteln,** + D + A, transmettre → 232
09 **übernachten,** vi (hat), passer la nuit
48 **übernehmen,** a, o, i, + A, assumer → 181
48 ♦ **übernehmen,** a, o, i, sich, présumer de ses forces → 181
09 **über|ordnen,** + D + A, faire prévaloir sur
04 **überprüfen,** + A, vérifier, contrôler
29 **über|quellen,** o, o, i, (ist), déborder
04 **überqueren,** + A, traverser
04 **überragen,** + A, dépasser
04 **überraschen,** + A, surprendre → 232
09 **überreden,** + A, zu, persuader → 232
04 **überreichen,** + D + A, remettre → 232
04 **überreizen,** + A, exacerber

11 **überrennen**, + A, renverser, bousculer
04 **überrollen**, + A, submerger, prendre de court
07 **überrumpeln**, + A, prendre au dépourvu
09 **überrunden**, + A, distancer
09 **überschatten**, + A, assombrir ; *(fig.)* gâcher
04 **überschätzen**, + A, surestimer ➜ 232
06 ♦ **überschätzen**, sich, se surestimer ➜ 232
04 **überschauen**, + A, saisir, dominer du regard
04 **über|schäumen** (ist), déborder [en moussant]
35 **überschlagen**, u, a, ä, + A, évaluer, sauter [à la lecture]
35 ♦ **überschlagen**, u, a, ä, sich, se renverser
35 **über|schlagen**[1], u, a, ä, + A, croiser [jambes]
35 **über|schlagen**[2], u, a, ä, (ist), basculer ; in + A, se muer en
04 **über|schnappen** (ist), *(fam.)* perdre la tête
22 **über|schneiden**, i, i, sich, coïncider, interférer
21 **überschreiben**, ie, ie, + A, intituler ; + D + A, céder [un bien]
22 **überschreiten**, i, i, + A, franchir [limite] ➜ 232
09 **überschütten**, + A, mit, couvrir de, *(fig.)* accabler
04 **über|schwappen** (ist), déborder
04 **überschwemmen**, + A, inonder ➜ 232
32 **übersehen**, a, e, ie, + A, avoir une vue d'ensemble ; ne pas voir ➜ 232, 233
12 **übersenden**, + D + A, envoyer
04 **übersetzen**, + A, in + A, traduire ➜ 232
04 **über|setzen**[1], + A, faire traverser ➜ 232
04 **über|setzen**[2] (ist), passer sur l'autre rive ➜ 232
07 **über|siedeln** (ist), nach, partir s'installer ➜ 232
04 **überspannen**, + A, tendre par-dessus ou à l'excès
04 **überspielen**, + A, copier [enregistrement] ➜ 232
04 **überspitzen**, + A, exagérer
52 **überspringen**, a, u, + A, franchir, sauter
52 **über|springen**, a, u, (ist), jaillir ; auf + A, passer à
07 **über|sprudeln** (ist), déborder; *(fig.)* pétiller
04 **überspülen**, + A, inonder
31 **überstehen**, a, a, + A, surmonter ➜ 184
31 **über|stehen**, a, a, vi (hat), faire saillie
21 **übersteigen**, + A, franchir ; *(fig.)* dépasser
08 **übersteigern**, + A, exagérer, faire monter [prix]

04 **überstimmen**, + A, mettre en minorité
10 **über|strapazieren**, + A, exténuer
22 **überstreichen**, i, i, + A, repeindre
04 **überstreifen**, + A, enfiler
04 **überströmen**, + A, submerger
04 **über|strömen** (ist), von, déborder de
04 **überstürzen**, + A, précipiter
06 ♦ **überstürzen**, sich, se précipiter
07 **übertölpeln**, + A, berner, *(fam.)* rouler
04 **übertönen**, + A, couvrir [le son]
35 **übertragen**, u, a, ä, + A, transmettre, diffuser [radio] ➜ 232
35 ♦ **übertragen**, u, a, ä, sich, se transmettre
49 **übertreffen**, a, o, i, + A, surpasser ➜ 232
21 **übertreiben**, ie, ie, + A, exagérer ➜ 232
32 **übertreten**, a, e, i, + A, transgresser ➜ 232
32 **über|treten**, a, e, i, (ist), zu, passer à, se convertir à ➜ 232
04 **übervorteilen**, + A, léser
04 **überwachen**, + A, surveiller ➜ 232
04 **über|wallen** (ist), déborder
04 **überwältigen**, + A, vaincre, maîtriser ➜ 232
07 **über|wechseln** (ist), changer de bord
21 **überweisen**, ie, ie, + A, virer [argent] ➜ 232
50 **überwerfen**, a, o, i, sich, mit, se fâcher avec
24 **überwiegen**, o, o, + A/vi (hat), l'emporter sur, prédominer
52 **überwinden**, a, u, + A, surmonter ➜ 232
52 ♦ **überwinden**, a, u, sich, se faire violence
08 **überwintern**, vi (hat), passer l'hiver
08 **überwuchern**, + A, envahir
04 **überzeugen**, + A, convaincre ➜ 232
06 ♦ **überzeugen**, sich, von, se persuader de
24 **überziehen**, o, o, + A, mit, revêtir de ; mettre à découvert [compte] ➜ 190
24 **über|ziehen**, o, o, + A, mettre sur soi, enfiler [vêtement] ➜ 189
21 **übrig bleiben**, ie, ie, (ist), rester
42 **übrig lassen**, ie, a, ä, + A, laisser
04 **ulken**, vi (hat), plaisanter
10 **um|adressieren**, + A, changer l'adresse de
08 **um|ändern**, + A, transformer, remanier ➜ 235
09 **um|arbeiten**, + A, transformer ➜ 235
04 **umarmen**, + A, enlacer ➜ 235
04 **umbauen**, + A, mit, entourer de constructions

um|bauen à umranden

04 **um|bauen,** + A, transformer, faire des travaux
11 **um|benennen,** + A, renommer, rebaptiser
04 **um|bestellen,** + A, modifier la commande de
24 **um|biegen,** o, o, + A, (re)courber
09 **um|bilden,** + A, remanier ➜ 235
52 **um|binden,** a, u, + A, mettre autour ➜ 235
08 **um|blättern,** + A, tourner ; vi (hat), tourner la page
06 **um|blicken,** sich, regarder autour de soi
49 **um|brechen¹,** a, o, i, + A, rompre
49 **um|brechen²,** a, o, i, (ist), se rompre
13 **um|bringen,** + A, tuer ➜ 235 remarque
13 ♦ **um|bringen,** sich, se tuer
04 **um|buchen,** + A, transférer, virer [argent]
10 **um|datieren,** + A, antidater ou postdater
13 **um|denken,** vi (hat), changer sa façon de penser
09 **um|deuten,** + A, réinterpréter
10 **um|disponieren,** vi (hat), modifier ses projets
04 **um|drehen¹,** + A, (re)tourner
04 **um|drehen²,** vi (hat/ist), faire demi-tour
06 ♦ **um|drehen,** sich, se retourner
35 **umfahren,** u, a, ä, + A, contourner ➜ 160
35 **um|fahren,** u, a, ä, + A, renverser ➜ 159
42 **um|fallen,** ie, a, ä, (ist), se renverser ➜ 235
43 **umfangen,** i, a, ä, + A, enlacer
04 **umfassen,** + A, comprendre
24 **umfliegen,** o, o, + A, contourner en volant
28 **umfließen,** o, o, + A, entourer de ses eaux, baigner
04 **um|formen,** + A, transformer
04 **um|fragen,** vi (hat), enquêter ➜ 235
04 **um|füllen,** + A, transvaser
10 **um|funktionieren,** + A, changer l'utilisation de
32 **umgeben,** a, e, i, + A, mit, entourer de ➜ 166
32 ♦ **umgeben,** a, e, i, sich, s'entourer de ➜ 166
53 **umgehen,** i, a, + A, contourner, éviter ➜ 169
53 **um|gehen,** i, a, (ist), circuler ; mit, fréquenter qqn, manier qqch. ➜ 168
09 **um|gestalten,** + A, remodeler ➜ 235
35 **um|graben,** u, a, ä, + A, retourner [sol]
04 **um|grenzen,** + A, délimiter
06 **um|gucken,** sich, regarder derrière ou autour de soi

01 **um|haben,** + A, (fam.) porter
04 **umhängen,** + A, mit, entourer de
04 **um|hängen,** + A, (se) mettre sur les épaules
38 **um|hauen,** + A, abattre
04 **umher|blicken,** vi (hat), regarder autour de soi
53 **umher|gehen,** i, a, (ist), déambuler
04 **umher|irren** (ist), errer, vagabonder
38 **umher|laufen,** ie, au, äu, (ist), courir en tous sens[1]
14 **umhin|können,** vmod, nicht ~, ne pouvoir s'empêcher de
06 **um|hören,** sich, (fam.) demander autour de soi
04 **umhüllen,** + A, envelopper
07 **umjubeln,** + A, faire un triomphe à
04 **um|kehren¹,** + A, retourner, inverser
04 **um|kehren²** (ist), faire demi-tour ➜ 235
06 ♦ **um|kehren,** sich, se retourner
04 **um|kippen¹,** + A, faire basculer ➜ 235
04 **um|kippen²** (ist), basculer, perdre l'équilibre
08 **umklammern,** + A, étreindre
04 **um|klappen,** + A, rabattre
09 **umkleiden,** + A, mit, revêtir de
09 ♦ **um|kleiden,** sich, se changer
04 **um|knicken¹,** + A, plier, rompre
04 **um|knicken²** (ist), se plier, se rompre
34 **um|kommen,** a, o, (ist), périr ➜ 171
04 **umkreisen,** + A, tourner autour de
07 **um|krempeln,** + A, retrousser
35 **um|laden,** u, a, ä, + A, transborder
08 **umlagern,** + A, assiéger, cerner
38 **umlaufen,** ie, au, äu, + A, faire le tour en courant
38 **um|laufen,** ie, au, äu, (ist), courir [bruit]
04 **um|legen,** + A, mettre autour ; (fam.) abattre qqn ➜ 174
09 **um|leiten,** + A, dévier, détourner
04 **um|lenken,** + A, faire tourner
04 **um|packen,** + A, changer d'emballage
04 **umpflanzen,** + A, mit, garnir de plantes
04 **um|pflanzen,** + A, transplanter
10 **um|quartieren,** + A, installer ailleurs, évacuer
04 **umrahmen,** + A, encadrer
09 **umranden,** + A, mit, entourer de

1 Pour les autres composés, voir **herum-**.

um|räumen à unterhalten

- 04 **um|räumen**, + A, déménager les meubles
- 09 **um|rechnen**, + A, convertir → 235
- 22 **umreißen,** i, i, tracer les grandes lignes de
- 22 **um|reißen,** i, i, + A, renverser → 235
- 11 **um|rennen**, + A, renverser [en courant]
- 04 **umringen**, + A, entourer → 235
- 04 **um|rühren**, + A, remuer
- 09 **um|rüsten**, + A, (se) réarmer
- 07 **um|satteln**, vi (hat), *(fig.)* changer de branche, se recycler → 235
- 09 **um|schalten**, + A, commuter, changer
- 09 **um|schalten**, vi (hat), passer sur
- 06 **um|schauen**, sich, regarder derrière ou autour de soi → 235
- 04 **umschiffen**, + A, contourner [en bateau] → 235
- 35 **um|schlagen**, u, a, ä, + A, abattre [arbre], (re)tourner → 235
- 35 **um|schlagen**, u, a, ä, (ist), changer subitement → 235
- 28 **umschließen**, o, o, + A, entourer
- 52 **umschlingen**, a, u, + A, enlacer
- 22 **umschmeißen**, i, i, + A, *(fam.)* renverser
- 21 **umschreiben**, ie, ie, + A, exprimer par une périphrase
- 21 **um|schreiben**, ie, ie, + A, réécrire
- 04 **um|schulen**, + A, changer d'école, recycler
- 04 **umschwärmen**, + A, se presser autour, aduler
- 04 **um|schwenken** (ist), faire volte-face
- 07 **umsegeln**, + A, faire le tour à la voile → 235
- 32 **um|sehen**, a, e, ie, sich, regarder autour → 235
- 02 **um sein**, (ist), *(fam.)* être fini(e)
- 04 **um|setzen**, + A, in + A, transposer
- 06 ♦ **um|setzen**, sich, s'asseoir ailleurs, se transformer
- 07 **um|siedeln**[1], + A, transférer
- 07 **um|siedeln**[2] (ist), aller s'installer
- 04 **umspannen**, + A, entourer, *(fig.)* embrasser
- 04 **um|spannen**, + A, tendre autour, transformer
- 52 **um|springen**, a, u, (ist), changer de direction
- 31 **umstehen**, a, a, + A, entourer
- 21 **um|steigen**, ie, ie, (ist), changer, prendre une correspondance → 235
- 04 **umstellen**, + A, cerner → 187
- 04 **um|stellen**, + A, changer de place → 186
- 06 ♦ **um|stellen**, sich, se réadapter → 186
- 04 **um|stimmen**, + A, faire changer d'avis
- 40 **um|stoßen**, ie, o, ö, + A, renverser → 235
- 10 **um|strukturieren**, + A, restructurer
- 04 **um|stülpen**, + A, retrousser
- 04 **um|stürzen**[1], + A, renverser → 235
- 04 **um|stürzen**[2] (ist), tomber, se renverser → 235
- 04 **um|taufen**, + A, rebaptiser
- 04 **um|tauschen**, + A, échanger, changer [argent] → 235
- 30 **um|tun**, a, a, sich, nach, *(fam.)* rechercher
- 07 **um|wandeln**, + A, in + A, transformer en
- 07 ♦ **um|wandeln**, sich, se transformer
- 07 **um|wechseln**, + A, changer
- 09 **um|wenden**, + A, retourner
- 9/12 ♦ **um|wenden**, sich, se retourner
- 50 **um|werfen**, a, o, i, + A, renverser → 235
- 07 **umwickeln**, + A, mit, envelopper de
- 04 **um|wühlen**, + A, fouiller, retourner
- 04 **um|zäunen**, + A, clôturer → 235
- 24 **um|ziehen**[1], o, o, + A, changer [habits] → 189
- 24 **um|ziehen**[2], o, o, (ist), déménager → 189
- 24 ♦ **um|ziehen**, o, o, sich, se changer
- 07 **umzingeln**, + A, encercler → 235
- 04 **unken**, vi (hat), *(fam.)* jouer les Cassandre
- 04 **unterbauen**, + A, étayer
- 09 **unterbewerten**, + A, sous-évaluer
- 24 **unterbieten**, o, o, + A, vendre moins cher
- 52 **unterbinden**, a, u, + A, ligaturer ; *(fig.)* arrêter
- 49 **unterbrechen**, a, o, i, + A, interrompre → 237
- 09 **unterbreiten**, + D + A, soumettre à l'approbation → 237
- 13 **unter|bringen**, + A, loger, caser → 156
- 08 **unter|buttern**, + A, brimer
- 04 **unterdrücken**, + A, réprimer ; opprimer → 238
- 43 **unterfangen**, i, a, ä, sich, zu + inf., oser
- 04 **unterführen**, + A, faire passer en dessous
- 53 **unter|gehen**, i, a, (ist), sombrer, couler, se coucher [soleil] → 168
- 08 **unter|gliedern**, + A, subdiviser
- 35 **untergraben**, u, a, ä, + A, ruiner, *(fam.)* saper
- 35 **unter|graben**, u, a, ä, + A, enterrer
- 04 **unter|haken**, + A, prendre le bras de
- 06 ♦ **unter|haken**, sich, se donner le bras
- 42 **unterhalten**, ie, a, ä, + A, entretenir, divertir
- 42 ♦ **unterhalten**, ie, a, ä, sich, s'entretenir, se divertir → 237

DICTIONNAIRE DES VERBES

unter|halten à verantworten

- 42 **unter|halten**, ie, a, ä, + A, tenir en dessous
- 07 **unterhandeln**, vi (hat), mit, négocier avec
- 04 **unterhöhlen**, + A, miner, saper
- 34 **unter|kommen**, a, o, (ist), se loger, se caser
- 28 **unter|kriechen**, o, o, (ist), (fam.) rentrer dans le trou d'une souris
- 04 **unter|kriegen**, + A, dominer ; (fig.) marcher sur les pieds
- 42 **unterlassen**, ie, a, ä, + A, s'abstenir
- 38 **unterlaufen**, ie, au, äu, (ist), + D, se glisser, échapper [erreur]
- 04 **unterlegen**, + A, mit, doter d'un support
- 04 **unter|legen**, (+ D) + A, mettre en dessous, conférer [un sens] → 237
- 44 **unterliegen**, a, e, (ist), + D, avoir le dessous, être soumis(e) à → 178
- 04 **untermalen**, + A, (fig.) créer [un fond sonore]
- 08 **untermauern**, + A, étayer
- 48 **unternehmen**, a, o, i, + A, entreprendre → 181
- 09 **unter|ordnen**, + D + A, subordonner à → 237
- 09 ♦ **unter|ordnen**, sich, se soumettre
- 09 **unterreden**, sich, mit, s'entretenir avec
- 09 **unterrichten**, + A, enseigner ; von, informer de → 238
- 04 **untersagen**, + D + A, interdire → 237
- 04 **unterschätzen**, + A, sous-estimer → 237
- 06 ♦ **unterschätzen**, sich, se sous-estimer
- 21 **unterscheiden**, ie, ie, + A, distinguer → 237
- 21 ♦ **unterscheiden**, ie, ie, sich, se distinguer
- 24 **unterschieben**, o, o, + D + A, substituer, imputer à tort
- 24 **unter|schieben**, o, o, + D + A, glisser dessous
- 35 **unterschlagen**, u, a, ä, + A, détourner
- 35 **unter|schlagen**, u, a, ä, + A, croiser
- 04 **unter|schlüpfen** (ist), s'abriter
- 21 **unterschreiben**, ie, ie, + A, signer → 237
- 22 **unterschreiten**, i, i, + A, être inférieur(e) à
- 04 **unter|setzen**, + A, mettre dessous
- 31 **unterstehen**, a, a, vi (hat), + D, être subordonné(e) à → 184
- 31 ♦ **unterstehen**, a, a, sich, zu + inf., avoir l'audace de
- 04 **unterstellen**, + D + A, placer sous l'autorité de, imputer à → 187
- 04 **unter|stellen**, + A, mettre à l'abri → 186
- 06 ♦ **unter|stellen**, sich, se mettre à l'abri → 186
- 22 **unterstreichen**, i, i, + A, souligner → 237
- 04 **unterstützen**, + A, soutenir → 237
- 04 **untersuchen**, + A, examiner, analyser → 237
- 04 **unter|tauchen**, + A, plonger, immerger
- 04 **unter|tauchen** (ist), plonger, (fig.) disparaître
- 04 **unterteilen**, + A, in + A, (sub)diviser en
- 21 **untertreiben**, ie, ie, + A, minimiser
- 07 **untertunneln**, + A, creuser un tunnel sous
- 09 **unter|vermieten**, + A, sous-louer
- 08 **unterwandern**, + A, infiltrer, noyauter
- 21 **unterweisen**, ie, ie, + A, initier à → 238
- 50 **unterwerfen**, a, o, i, + D + A, soumettre → 238
- 50 ♦ **unterwerfen**, a, o, i, sich + D, se soumettre
- 09 **unterzeichnen**, + A, signer → 237
- 24 **unterziehen**, o, o, + D, soumettre [à un examen] → 190
- 24 ♦ **unterziehen**, o, o, sich, + D, subir → 190
- 24 **unter|ziehen**, o, o, + A, mettre dessous
- 09 **updaten**, + A, mettre à jour
- 04 **urauf|führen**, + A, donner la 1re représentation de
- 04 **urteilen**, vi (hat), über + A, juger de

V

- 10 **variieren**, + A/vi (hat), varier
- 10 **vegetieren**, vi (hat), végéter, vivoter
- 09 **verabreden**, + A, convenir de qqch.
- 09 ♦ **verabreden**, sich, mit, donner rendez-vous
- 04 **verabreichen**, + A, administrer qqch. à qqn
- 04 **verabscheuen**, + A, détester
- 09 **verabschieden**, + A, congédier, voter [loi]
- 09 ♦ **verabschieden**, sich, von, prendre congé de
- 09 **verachten**, + A, mépriser, dédaigner
- 08 **veralbern**, + A, tourner en ridicule
- 08 **verallgemeinern**, + A/vi (hat), généraliser
- 09 **veralten** (ist), vieillir → 224
- 08 **verändern**, + A, changer, modifier → 224
- 08 ♦ **verändern**, sich, changer
- 08 **verankern**, + A, ancrer
- 04 **veranlassen**, + A, zu, amener qqn à
- 04 **veranschaulichen**, + A, illustrer
- 04 **veranschlagen**, + A, évaluer, estimer
- 09 **veranstalten**, + A, organiser
- 09 **verantworten**, + A, répondre de qqch.
- 09 ♦ **verantworten**, sich, se justifier

veräppeln à verdunsten

07 **veräppeln**, + A, *(fam.)* se moquer de
09 **verarbeiten**, + A, transformer, *(fig.)* assimiler
08 **verärgern**, + A, irriter
04 **verarmen** (ist), s'appauvrir
09 **verarzten**, + A, *(fam.)* soigner
07 **verästeln**, sich, se ramifier
04 **verausgaben**, + A, dépenser
06 ♦ **verausgaben**, sich, se dépenser
08 **veräußern**, + A, aliéner, vendre
04 **verballhornen**, + A, modifier en pire
04 **verbannen**, + A, exiler
10 **verbarrikadieren**, + A, barricader
10 ♦ **verbarrikadieren**, sich, se barricader
04 **verbauen**, + D + A, mal bâtir, boucher
22 **verbeißen**, i, i, sich, réprimer, s'acharner à
50 **verbergen**, a, o, i, + A, cacher, dissimuler
50 ♦ **verbergen**, a, o, i, sich, se cacher
08 **verbessern**, + A, améliorer, corriger
08 ♦ **verbessern**, sich, s'améliorer, se corriger
06 **verbeugen**, sich, s'incliner
24 **verbiegen**, o, o, + A, tordre
24 ♦ **verbiegen**, o, o, sich, se tordre
24 **verbieten**, o, o, + D + A, interdire
09 **verbilden**, + A, déformer
04 **verbilligen**, + A, réduire le prix
52 **verbinden**[1], a, u, + A, mit, joindre, relier, panser [blessure]
52 **verbinden**[2], a, u, vi (hat), établir la communication
52 ♦ **verbinden**, a, u, sich, se combiner
45 **verbitten**, a, e, sich (D) + A, ne pas tolérer
04 **verblassen** (ist), passer [couleur]
21 **verbleiben**, ie, ie, (ist), rester, convenir de qqch.
22 **verbleichen**, i, i, (ist), blêmir, se décolorer
09 **verblenden**, + A, aveugler
09 **verblöden**[1], + A, abrutir
09 **verblöden**[2] (ist), s'abrutir
04 **verblüffen**, + A, ébahir, stupéfier
04 **verblühen** (ist), se faner ➜ 224
09 **verbluten** (ist), perdre tout son sang
06 **verbohren**, sich, in, s'obstiner
04 **verbrauchen**, + A, consommer
49 **verbrechen**, a, o, i, + A, commettre [un délit]
09 **verbreiten**, + A, répandre, propager
09 ♦ **verbreiten**, sich, se répandre, se propager

08 **verbreitern**, élargir
08 ♦ **verbreitern**, sich, s'élargir
11 **verbrennen**, + A, brûler, incinérer ➜ 224
11 **verbrennen** (ist), brûler, se consumer ➜ 224
13 **verbringen**, + A, passer [séjour] ➜ 157
08 **verbrüdern**, sich, mit, fraterniser avec
04 **verbuchen**, + A, comptabiliser
07 **verbummeln**, + A, *(fam.)* passer à traîner, gaspiller
09 **verbünden**, sich, mit, s'allier avec
04 **verbürgen**, + A, garantir
06 ♦ **verbürgen**, sich, für, se porter garant de
04 **verbüßen**, + A, purger [une peine]
04 **verdächtigen**, + A + G, soupçonner qqn
04 **verdammen**, + A, maudire
04 **verdampfen** (ist), s'évaporer
04 **verdanken**, + D + A, devoir qqch. à qqn
04 **verdauen**, + A, digérer
04 **verdecken**, + A, couvrir, cacher
13 **verdenken**, + D + A, tenir rigueur à qqn
04 **verderben**[1], + A, gâcher, corrompre
50 **verderben**[2], a, o, i, (ist), se perdre, se gâter
04 **verdeutlichen**, + A, élucider
09 **verdichten**, sich, se condenser
04 **verdienen**, + A, gagner, mériter
04 **verdolmetschen**, + A, traduire
08 **verdonnern**, + A, *(fig.)* condamner
07 **verdoppeln**, + A, doubler
07 ♦ **verdoppeln**, sich, doubler
04 **verdorren** (ist), se dessécher
04 **verdrängen**, + A, repousser, refouler
04 **verdrehen**, + A, tordre, *(fig.)* dénaturer
04 **verdreifachen**, + A, tripler
06 ♦ **verdreifachen**, sich, tripler
29 **verdreschen**, o, o, i, + A, *(fam.)* tabasser
28 **verdrießen**, o, o, + A, contrarier
04 **verdrücken**, + A, *(fam.)* avaler
06 ♦ **verdrücken**, sich, *(fam.)* filer à l'anglaise
09 **verduften** (ist), *(fam.)* s'éclipser
04 **verdummen**[1], + A, abêtir
04 **verdummen**[2] (ist), s'abêtir
07 **verdunkeln**, + A, assombrir
07 ♦ **verdunkeln**, sich, s'assombrir
04 **verdünnen**, + A, diluer
09 **verdunsten** (ist), s'évaporer

verdursten à verhärten

09 **verdursten** (ist), mourir de soif
04 **verebben** (ist), baisser, diminuer
07 **veredeln**, + A, améliorer, affiner
04 **verehren**, + A, vénérer
04 **vereidigen**, + A, assermenter
04 **vereinbaren**, + A, convenir de
04 **vereinen**, + A, unir
06 ♦ **vereinen**, sich, s'unir
04 **vereinfachen**, + A, simplifier
04 **vereinheitlichen**, + A, uniformiser
04 **vereinigen**, + A, unir
06 ♦ **vereinigen**, sich, mit, s'unir avec
04 **vereinnahmen**, + A, encaisser
04 **vereisen**, + A, anesthésier [localement]
04 **vereisen** (ist), geler, verglacer
07 **vereiteln**, + A, empêcher, contrecarrer
09 **verenden** (ist), mourir
04 **verengen**, + A, rétrécir
08 **verengern**, + A, rétrécir
04 **vererben**, + D + A, léguer
04 **verewigen**, + A, immortaliser
35 **verfahren**, u, a, ä, (ist), procéder, agir ; mit, traiter → 160
35 ♦ **verfahren**, u, a, ä, sich, se tromper de route → 160
42 **verfallen**, ie, a, ä, (ist), se délabrer, être périmé(e)
04 **verfälschen**, + A, falsifier
43 **verfangen**, i, a, ä, vi (hat), prendre, faire effet
43 ♦ **verfangen**, i, a, ä, sich, s'embarrasser
06 **verfärben**, sich, déteindre, changer de couleur
04 **verfassen**, + A, rédiger
04 **verfaulen** (ist), pourrir
29 **verfechten**, o, o, i, + A, défendre
04 **verfehlen**, + A, manquer, rater
09 **verfeinden**, sich, mit, se brouiller avec
08 **verfeinern**, + A, (r)affiner, améliorer
04 **verfertigen**, + A, fabriquer
04 **verfilmen**, + A, porter à l'écran
08 **verfinstern**, sich, s'assombrir
04 **verflachen** (ist), s'affadir, devenir plat
24 **verfliegen**, o, o, (ist), passer vite, se dissiper
24 ♦ **verfliegen**, o, o, sich, s'égarer [avion]
04 **verfluchen**, + A, maudire
06 **verflüchtigen**, sich, se volatiliser

04 **verfolgen**, + A, poursuivre, persécuter
04 **verformen**, + A, déformer
06 ♦ **verformen**, sich, se déformer
09 **verfrachten**, + A, charger, affréter
04 **verfügen**, + A, ordonner, stipuler
04 **verfügen**, vi (hat), über + A, disposer de
04 **verführen**, + A, séduire → 163
04 **vergällen**, + D + A, gâcher, dénaturer
07 **vergammeln**, + A, (fam.) passer à flemmarder
07 **vergammeln** (ist), (fam.) se gâter [nourriture]
04 **vergasen**, + A, gazer
32 **vergeben**[1], a, e, i, + D + A, attribuer → 166
32 **vergeben**[2], a, e, i, vi (hat), + D, pardonner
04 **vergegenwärtigen**, sich (D) + A, se remémorer
53 **vergehen**, i, a, (ist), passer → 169
53 ♦ **vergehen**, i, a, sich, an + D, abuser de
50 **vergelten**, a, o, i, + A, rendre la monnaie de sa pièce
33 **vergessen**, a, e, i, + A, oublier
09 **vergeuden**, + A, gaspiller
04 **vergewaltigen**, + A, violer
08 **vergewissern**, sich, + G, s'assurer de
28 **vergießen**, o, o, + A, verser, répandre
09 **vergiften**, + A, empoisonner
08 **vergittern**, + A, protéger par un grillage
04 **verglasen**, + A, vitrer
22 **vergleichen**, i, i, + A, mit, comparer à
06 **vergnügen**, sich, s'amuser, se divertir
08 **vergöttern**, + A, idolâtrer
35 **vergraben**, u, a, ä, + A, enterrer, enfouir
35 ♦ **vergraben**, u, a, ä, sich, se terrer
22 **vergreifen**, i, i, sich, an + D, s'attaquer, porter atteinte à
08 **vergrößern**, + A, agrandir → 224
09 **vergüten**, + D + A, rembourser qqch. à qqn
09 **verhaften**, + A, arrêter
04 **verhallen** (ist), se perdre [son]
42 **verhalten**, ie, a, ä, sich, se comporter
07 **verhandeln**, + A/vi (hat), débattre de, négocier
04 **verhängen**, + A, couvrir, ordonner
04 **verharmlosen**, + A, minimiser
04 **verharren**, vi (hat), rester, persister
09 **verhärten**, + A, durcir, endurcir
09 **verhärten** (ist), durcir, s'endurcir
09 ♦ **verhärten**, sich, s'endurcir

verhätscheln à verleumden

- 07 **verhätscheln**, + A, dorloter
- 54 **verhauen**, + A, tabasser, massacrer [travail]
- 08 **verheddern**, sich, s'embrouiller
- 04 **verheeren**, + A, dévaster
- 04 **verheilen** (ist), guérir
- 04 **verheimlichen**, + A, dissimuler
- 09 **verheiraten**, + A, marier
- 09 ♦ **verheiraten**, sich, mit, se marier avec
- 50 **verhelfen**, a, o, i, + D, zu, aider à obtenir
- 04 **verherrlichen**, + A, glorifier
- 04 **verhetzen**, + A, gegen, exciter contre
- 08 **verhindern**, + A, empêcher
- 04 **verhöhnen**, + A, tourner en dérision
- 04 **verhören**, + A, interroger
- 06 ♦ **verhören**, sich, mal comprendre
- 04 **verhüllen**, + A, voiler
- 08 **verhungern** (ist), mourir de faim
- 04 **verhunzen**, + A, (fam.) gâcher, saboter
- 09 **verhüten**, + A, empêcher, prévenir
- 04 **verinnerlichen**, + A, intérioriser
- 06 **verirren**, sich, se perdre
- 04 **verjagen**, + A, chasser
- 04 **verjähren** (ist), se périmer, être prescrit(e)
- 07 **verjubeln**, + A, dilapider
- 04 **verjüngen**, + A, rajeunir
- 06 ♦ **verjüngen**, sich, rajeunir
- 07 **verkabeln**, + A, câbler
- 04 **verkalken** (ist), se scléroser
- 10 **verkalkulieren**, sich, mal calculer
- 04 **verkaufen**, + D + A, vendre
- 04 **verkehren**[1], + A, retourner, inverser
- 04 **verkehren**[2], vi (hat), circuler
- 04 **verkeilen**, + A, caler
- 06 ♦ **verkeilen**, sich, s'encastrer
- 11 **verkennen**, + A, méconnaître
- 04 **verklagen**, + A, intenter une action contre qqn
- 04 **verklappen**, + A, dégazer
- 04 **verkleben**[1], + A, (re)coller, boucher
- 04 **verkleben**[2] (ist), coller
- 09 **verkleiden**, + A, couvrir, déguiser
- 09 ♦ **verkleiden**, sich, als, se déguiser en
- 08 **verkleinern**, + A, réduire
- 08 ♦ **verkleinern**, sich, se réduire
- 52 **verklingen**, a, u, (ist), se perdre [son]
- 06 **verknallen**, sich, in + A, (fam.) s'amouracher de
- 22 **verkneifen**, i, i, + A, retenir ; sich (D) + A, (fam.) faire ceinture
- 09 **verknoten**, + A, nouer, attacher
- 04 **verknüpfen**, + A, mit, lier, associer à
- 34 **verkommen**, a, o, (ist), se perdre, déchoir ➔ 172
- 04 **verkorken**, + A, boucher
- 08 **verkörpern**, + A, incarner
- 06 **verkrachen**, sich, se brouiller
- 09 **verkraften**, + A, (fam.) surmonter, (fig.) absorber
- 06 **verkrampfen**, sich, se crisper
- 04 **verkratzen**, + A, rayer
- 28 **verkriechen**, o, o, sich, se terrer
- 07 **verkrüppeln** (ist), se déformer, s'atrophier
- 08 **verkümmern** (ist), dépérir
- 09 **verkünden**, + A, annoncer, promulguer [loi]
- 04 **verkündigen**, + A, annoncer, prononcer [sentence]
- 04 **verkürzen**, + A, raccourcir, réduire
- 35 **verladen**, u, a, ä, + A, charger
- 08 **verlagern**, + A, déplacer
- 08 ♦ **verlagern**, sich, se déplacer
- 04 **verlangen**, + A, exiger, réclamer
- 08 **verlängern**, + A, prolonger
- 08 ♦ **verlängern**, sich, se prolonger
- 04 **verlangsamen**, + A, ralentir
- 06 ♦ **verlangsamen**, sich, se ralentir
- 42 **verlassen**, ie, a, ä, + A, quitter ➔ 224
- 42 ♦ **verlassen**, ie, a, ä, sich, auf + A, compter sur
- 38 **verlaufen**, ie, au, äu, (ist), passer, se dérouler
- 38 ♦ **verlaufen**, ie, au, äu, sich, se perdre ➔ 224
- 09 **verlauten**, + A, communiquer
- 04 **verleben**, + A, passer
- 04 **verlegen**, + A, déplacer, reporter ➔ 175
- 06 ♦ **verlegen**, sich, auf + A, se tourner vers
- 09 **verleiden**, + D + A, gâcher, ôter l'envie de
- 21 **verleihen**, ie, ie, + D + A, prêter, louer
- 09 **verleiten**, + A, zu, inciter à
- 04 **verlernen**, + A, désapprendre, oublier ➔ 224
- 32 **verlesen**, a, e, ie, + A, lire [en public]
- 32 ♦ **verlesen**, a, e, ie, sich, se tromper en lisant
- 04 **verletzen**, + A, blesser, offenser
- 06 ♦ **verletzen**, sich, se blesser
- 09 **verleugnen**, + A, renier
- 09 **verleumden**, + A, calomnier

verlieben à versäumen

06	**verlieben**, sich, in + A, tomber amoureux/amoureuse de	04	**veröffentlichen**, + A, publier
24	**verlieren**, o, o, + A, perdre	09	**verordnen**, + D + A, décréter, prescrire
06	**verloben**, sich, se fiancer	09	**verpachten**, + A, donner à bail
04	**verlocken**, + A, séduire, tenter	04	**verpacken**, + A, emballer
32	**verloren geben**, a, e, i, tenir pour perdu(e)	04	**verpassen**, + A, manquer, laisser échapper
53	**verloren gehen**, i, a, (ist), se perdre	04	**verpesten**, + A, infecter, empoisonner
29	**verlöschen**, o, o, (ist), s'éteindre	04	**verpetzen**, + A, (fam.) cafarder
04	**verlosen**, + A, tirer au sort	09	**verpfänden**, + A, engager, hypothéquer
09	**verlöten**, + A, souder	04	**verpflanzen**, + A, transplanter
04	**vermachen**, + D + A, léguer qqch. à qqn	04	**verpflegen**, + A, nourrir, ravitailler
09	**vermarkten**, + A, commercialiser	09	**verpflichten**, + A, zu, engager, obliger à
07	**vermasseln**, + A, (fam.) gâcher, faire échouer	09	♦ **verpflichten**, sich, zu, s'engager à
08	**vermauern**, + A, murer, condamner	04	**verpfuschen**, + A, (fam.) gâcher [travail]
04	**vermehren**, + A, accroître	04	**verplanen**, + A, concevoir de travers
06	♦ **vermehren**, sich, augmenter, se multiplier	08	**verplempern**, + A, gaspiller
21	**vermeiden**, ie, ie, + A, éviter	04	**verprassen**, + A, dissiper [son bien]
04	**vermeinen**, vi (hat), supposer à tort, présumer	04	**verprellen**, + A, irriter, déplaire à
04	**vermengen**, + A, mélanger	07	**verprügeln**, + A, rouer de coups
04	**vermerken**, + A, noter, remarquer	04	**verpuffen** (ist), partir en fumée
33	**vermessen**, a, e, i, + A, mesurer	04	**verputzen**, + A, crépir
33	♦ **vermessen**, a, e, i, sich, se tromper en mesurant ; (fig.) oser	04	**verquicken**, + A, amalgamer
04	**vermiesen**, + A, (fam.) gâcher [le plaisir]	37	**verraten**, ie, a, ä, + D + A, trahir, dévoiler
09	**vermieten**, + D + A, louer, mettre en location	37	♦ **verraten**, ie, a, ä, sich, se trahir
08	**vermindern**, + A, diminuer, amoindrir	04	**verrauchen**[1], + A, (fam.) dépenser en tabac
08	♦ **vermindern**, sich, s'amoindrir	04	**verrauchen**[2] (ist), passer, se dissiper
04	**verminen**, + A, miner	09	**verrechnen**, + A, imputer, passer en compte
04	**vermischen**, + A, mit, mélanger à	09	♦ **verrechnen**, sich, se tromper [calculs]
06	♦ **vermischen**, sich, se mêler	04	**verrecken** (ist), (vulg.) crever
04	**vermissen**, + A, ressentir l'absence de	04	**verreisen** (ist), partir en voyage
07	**vermitteln**, + D + A, procurer, transmettre ; vi, (hat) servir de médiateur	22	**verreißen**, i, i, + A, démolir, dénigrer
16	**vermögen**, + A/zu + inf., être capable [de faire]	04	**verrenken**, sich (D) + A, se luxer [un membre]
06	**vermummen**, sich, s'emmitoufler, se masquer	09	**verrichten**, + A, accomplir
09	**vermuten**, + A, supposer	07	**verriegeln**, + A, verrouiller
04	**vernachlässigen**, + A, négliger	08	**verringern**, + A, réduire, diminuer
04	**vernarben** (ist), se cicatriser	08	♦ **verringern**, sich, se réduire
06	**vernarren**, sich, in + A, s'enticher de	51	**verrinnen**, a, o, (ist), s'écouler
48	**vernehmen**, a, o, i, + A, entendre, (jur.) interroger → 181	09	**verrosten** (ist), rouiller → 224
06	**verneigen**, sich, s'incliner	04	**verrücken**, + A, déplacer
04	**verneinen**, + A, nier	04	**verrutschen** (ist), glisser
04	**vernetzen**, + A, mettre en réseau	04	**versacken** (ist), sombrer, couler à pic
09	**vernichten**, + A, anéantir, exterminer	04	**versagen**, vi (hat), échouer, tomber en panne
		54	**versalzen**, + D + A, trop saler ; (fig.) gâcher
		07	**versammeln**, + A, rassembler
		07	♦ **versammeln**, sich, se rassembler
		04	**versäumen**, + A, manquer, négliger

verschaffen à verständigen

04 **verschaffen**, + D + A, procurer qqch. à qqn
07 **verschandeln**, + A, défigurer
06 ♦ **verschanzen**, sich, se retrancher
04 **verschärfen**, + A, aggraver, renforcer
06 ♦ **verschärfen**, sich, s'aggraver
04 **verscharren**, + A, enfouir
06 **verschätzen**, sich, se tromper
04 **verschenken**, + A, donner en cadeau
04 **verscherzen**, sich (D) + A, perdre par sa faute, gâcher
04 **verscheuchen**, + A, effaroucher
04 **verschicken**, + A, expédier
24 **verschieben**, o, o, + A, déplacer, reporter
24 ♦ **verschieben**, o, o, sich, être reporté(e)
04 **verschiffen**, + A, transporter par bateau
07 **verschimmeln** (ist), moisir
37 **verschlafen**, ie, a, ä, + A, passer à dormir ; vi (hat), ne pas se réveiller
37 ♦ **verschlafen**, ie, a, ä, sich, ne pas se réveiller
35 **verschlagen**[1], u, a, ä, + D + A, fermer, couper [le souffle]
35 **verschlagen**[2], u, a, ä, vi (hat), marcher, être efficace
08 **verschlechtern**, + A, détériorer, dégrader
08 ♦ **verschlechtern**, sich, empirer
08 **verschleiern**, + A, voiler, masquer
22 **verschleißen**, i, i, + A, user
22 **verschleißen**, i, i, (ist), s'user
04 **verschleppen**, + A, traîner, déplacer
08 **verschleudern**, + A, brader
28 **verschließen**, o, o, + A, fermer à clé
28 ♦ **verschließen**, o, o, sich, se renfermer
08 **verschlimmern**, + A, aggraver
08 ♦ **verschlimmern**, sich, s'aggraver
52 **verschlingen**, a, u, + A, dévorer, engloutir
04 **verschlucken**, + A, avaler
06 ♦ **verschlucken**, sich, avaler de travers
07 **verschlüsseln**, + A, chiffrer, coder
04 **verschmähen**, + A, dédaigner
29 **verschmelzen**, o, o, i, (ist), se fondre, fusionner
04 **verschmieren**, + A, barbouiller
04 **verschmutzen**[1], + A, salir, polluer
04 **verschmutzen**[2] (ist), s'encrasser
06 **verschnaufen**, sich, reprendre haleine

04 **verschnüren**, + A, ficeler
04 **verschonen**, + A, mit, épargner qqch. à qqn
08 **verschönern**, + A, embellir ➔ 224
04 **verschränken**, + A, croiser
04 **verschrauben**, + A, visser
21 **verschreiben**, ie, ie, + D + A, prescrire
21 ♦ **verschreiben**, ie, ie, sich, se tromper [en écrivant]
09 **verschrotten**, + A, mettre à la casse
09 **verschulden**, + A, se rendre coupable de
09 ♦ **verschulden**, sich, s'endetter
09 **verschütten**, + A, renverser, ensevelir
21 **verschweigen**, ie, ie, + A, passer sous silence
09 **verschwenden**, + A, gaspiller
52 **verschwinden**, a, u, (ist), disparaître
25 **verschwören**, o, o, sich, conspirer
32 **versehen**, a, e, ie, + A, s'occuper de, pourvoir
32 **versehen**, a, e, ie, sich, se tromper
9/12 **versenden**, + A, expédier
04 **versengen**, + A, brûler superficiellement
04 **versenken**, + A, couler, descendre
04 **versetzen**, + A, déplacer, porter un coup
04 **verseuchen**, + A, contaminer
08 **versichern**, + D + A, affirmer, assurer
08 ♦ **versichern**, sich, gegen, s'assurer contre
08 **versickern** (ist), s'infiltrer
07 **versiegeln**, + A, sceller, cacheter
04 **versiegen** (ist), tarir
52 **versinken**, a, u, (ist), s'enfoncer
04 **versinnbildlichen**, + A, symboliser
04 **versohlen**, + A, mettre une raclée
04 **versöhnen**, + A, réconcilier
06 ♦ **versöhnen**, sich, mit, se réconcilier avec
04 **versorgen**, + A, entretenir, mit, approvisionner en
06 **verspäten**, sich, être en retard
04 **versperren**, + D + A, barrer, bloquer
04 **verspielen**, + A, perdre au jeu
09 **verspotten**, + A, se moquer de
49 **versprechen**, a, o, i, + D + A, promettre
49 ♦ **versprechen**, a, o, i, sich, faire un lapsus
04 **verspüren**, + A, ressentir
04 **verstaatlichen**, + A, nationaliser
04 **verständigen**, + A, informer
06 ♦ **verständigen**, sich, mit, se mettre d'accord

verstärken à verwelken

- 04 **verstärken,** + A, consolider, renforcer
- 06 ♦ **verstärken,** sich, s'intensifier
- 04 **verstauchen,** sich (D) + A, se fouler le pied
- 04 **verstauen,** + A, caser, placer
- 04 **verstecken,** + A, cacher
- 06 ♦ **verstecken,** sich, se cacher
- 31 **verstehen,** a, a, + A, comprendre ➔ 184
- 31 ♦ **verstehen,** a, a, sich, mit, s'entendre avec
- 04 **versteifen,** + A, renforcer
- 06 ♦ **versteifen,** sich, se raidir, (fig.) s'obstiner
- 08 **versteigern,** + A, vendre aux enchères
- 04 **verstellen,** + A, dérégler, déguiser ➔ 187
- 06 ♦ **verstellen,** sich, se dérégler, dissimuler ➔ 187
- 08 **versteuern,** + A, payer l'impôt sur
- 04 **verstimmen,** + A, désaccorder ; (fig.) contrarier
- 04 **verstopfen,** + A, boucher
- 40 **verstoßen**[1], ie, o, ö, + A, repousser, expulser
- 40 **verstoßen**[2], ie, o, ö, vi (hat), gegen, contrevenir à
- 22 **verstreichen**[1], i, i, + A, étaler
- 22 **verstreichen**[2], i, i, (ist), s'écouler [temps]
- 04 **verstreuen,** + A, répandre, éparpiller
- 04 **verstricken,** + A, mêler, impliquer
- 06 ♦ **verstricken,** sich, in + A, s'impliquer dans
- 07 **verstümmeln,** + A, estropier, mutiler
- 04 **verstummen** (ist), se taire
- 04 **versuchen,** + A/zu + inf., essayer, tenter de
- 04 **versüßen,** + A, adoucir
- 04 **vertagen,** + A, ajourner
- 04 **vertauschen,** + A, mit, échanger [par erreur]
- 04 **verteidigen,** + A, défendre
- 06 ♦ **verteidigen,** sich, se défendre
- 04 **verteilen,** + A, distribuer, répartir
- 06 ♦ **verteilen,** sich, se répartir
- 08 **verteuern,** + A, rendre plus cher
- 08 ♦ **verteuern,** sich, augmenter [prix]
- 04 **vertiefen,** + A, approfondir
- 06 ♦ **vertiefen,** sich, se plonger dans, se creuser
- 04 **vertilgen,** + A, exterminer ; (fam.) engloutir
- 06 **vertippen,** sich, faire une faute de frappe
- 04 **vertonen,** + A, mettre en musique
- 35 **vertragen,** u, a, ä, + A, supporter
- 35 ♦ **vertragen,** u, a, ä, sich, mit, s'accorder avec
- 04 **vertrauen,** + D, se fier à
- 21 **vertreiben,** ie, ie, + A, chasser
- 32 **vertreten,** a, e, i, + A, représenter, soutenir [opinion]
- 32 **vertreten,** a, e, i, sich (D) den Fuß ~, se fouler le pied
- 09 **vertrocknen** (ist), se dessécher
- 07 **vertrödeln,** + A, gâcher, perdre [son temps]
- 09 **vertrösten,** + A, faire patienter
- 30 **vertun,** a, a, + A, gaspiller
- 30 ♦ **vertun,** a, a, sich, se tromper
- 04 **vertuschen,** + A, cacher, étouffer
- 04 **verüben,** + A, commettre
- 04 **verulken,** + A, se moquer de
- 04 **verunglimpfen,** + A, diffamer
- 04 **verunglücken** (ist), avoir un accident
- 04 **verunreinigen,** + A, salir, polluer
- 08 **verunsichern,** + A, déstabiliser
- 09 **verunstalten,** + A, défigurer
- 04 **veruntreuen,** + A, détourner
- 04 **verursachen,** + A, causer, provoquer
- 04 **verurteilen,** + A, condamner
- 04 **vervielfachen,** + A, multiplier
- 06 ♦ **vervielfachen,** sich, se multiplier
- 04 **vervielfältigen,** + A, photocopier, polycopier
- 09 **vervollkommnen,** + A, perfectionner
- 09 ♦ **vervollkommnen,** sich, se perfectionner
- 04 **vervollständigen,** + A, compléter
- 36 **verwachsen,** u, a, ä, (ist), se cicatriser
- 36 ♦ **verwachsen,** u, a, ä, sich, (techn.) s'imbriquer
- 06 **verwählen,** sich, se tromper de numéro
- 04 **verwahren,** + A, conserver [en lieu sûr]
- 06 ♦ **verwahren,** sich, gegen, s'inscrire en faux
- 04 **verwahrlosen** (ist), être à l'abandon
- 09 **verwalten,** + A, administrer, gérer
- 07 **verwandeln,** + A, transformer
- 07 ♦ **verwandeln,** sich, se métamorphoser
- 04 **verwarnen,** + A, avertir
- 08 **verwässern,** + A, délayer
- 07 **verwechseln,** + A, mit, confondre avec
- 04 **verwehen,** + A, disperser, effacer
- 04 **verwehren,** + D + A, interdire
- 08 **verweigern,** + D + A, refuser
- 04 **verweilen,** vi (hat), demeurer, séjourner
- 21 **verweisen,** ie, ie, + A, auf + A, renvoyer à
- 04 **verwelken** (ist), se faner

verwenden à vor|bauen

- 9/12 **verwenden,** + A, employer, utiliser
- 9/12 ♦ **verwenden,** sich, für, intervenir pour
- 50 **verwerfen,** a, o, i, + A, rejeter
- 09 **verwerten,** + A, utiliser
- 04 **verwesen** (ist), se décomposer
- 07 **verwickeln,** + A, impliquer dans
- 07 ♦ **verwickeln,** sich, s'emmêler
- 08 **verwildern** (ist), (fig.) être laissé à l'abandon
- 52 **verwinden,** a, u, + A, surmonter
- 04 **verwirklichen,** + A, réaliser, concrétiser
- 06 ♦ **verwirklichen,** sich, se réaliser
- 04 **verwirren,** + A, embrouiller, déconcerter
- 04 **verwischen,** + A, effacer, estomper
- 08 **verwittern** (ist), s'effriter, se dégrader
- 04 **verwöhnen,** + A, gâter
- 09 **verwunden,** + A, blesser ➜ 224
- 08 **verwundern,** + A, étonner
- 08 ♦ **verwundern,** sich, s'étonner
- 04 **verwünschen,** + A, maudire
- 07 **verwurzeln** (ist), s'enraciner
- 09 **verwüsten,** + A, dévaster
- 06 **verzählen,** sich, se tromper en comptant
- 06 **verzanken,** sich, se quereller
- 04 **verzapfen,** + A, (fam.) raconter des âneries
- 08 **verzaubern,** + A, enchanter
- 04 **verzehren,** + A, consommer
- 09 **verzeichnen,** + A, enregistrer
- 21 **verzeihen,** ie, ie, + D + A, pardonner
- 04 **verzerren,** + A, déformer
- 06 ♦ **verzerren,** sich, se contorsionner
- 07 **verzetteln,** sich, s'éparpiller
- 09 **verzichten,** vi (hat), auf + A, renoncer à
- 24 **verziehen**[1], o, o, + A, das Gesicht ~, faire la grimace ➜ 190
- 24 **verziehen**[2], o, o, (ist), nach, déménager ➜ 190
- 24 ♦ **verziehen,** o, o, sich, se crisper, se dissiper [nuages] ➜ 190
- 04 **verzieren,** + A, mit, orner de
- 04 **verzinsen,** + A, payer les intérêts de
- 06 ♦ **verzinsen,** sich, rapporter des intérêts
- 08 **verzögern,** + A, retarder
- 08 ♦ **verzögern,** sich, avoir du retard
- 04 **verzollen,** + A, déclarer [à la douane]
- 07 **verzweifeln** (ist), désespérer
- 06 **verzweigen,** sich, se ramifier

- 10 **vibrieren,** vi (hat), vibrer
- 07 **vierteln,** + A, partager en quatre
- 10 **visitieren,** + A, fouiller, contrôler
- 13 **vollbringen,** + A, réaliser ➜ 240
- 09 **vollenden,** + A, achever, terminer ➜ 240
- 33 **voll fressen,** a, e, i, sich, (fam.) (se) bâfrer
- 04 **vollführen,** + A, accomplir ➜ 240
- 04 **voll füllen,** + A, remplir
- 28 **voll gießen,** o, o, + A, remplir ➜ 240
- 38 **voll laufen,** ie, au, äu, (ist), se remplir
- 04 **voll machen,** + A, remplir, compléter ➜ 240
- 04 **voll packen,** + A, bourrer ➜ 240
- 04 **voll schenken,** + A, remplir à ras bords ➜ 240
- 35 **voll schlagen,** u, a, ä, sich (D) den Bauch ~, s'empiffrer
- 04 **voll stopfen,** + A, mit, bourrer de
- 06 ♦ **voll stopfen,** sich, (fam.) se gaver de
- 04 **vollstrecken,** + A, exécuter [sentence] ➜ 240
- 04 **voll tanken,** + A, faire le plein ➜ 240
- 24 **vollziehen,** o, o, + A, accomplir ➜ 190
- 24 ♦ **vollziehen,** o, o, sich, s'accomplir ➜ 190
- 13 **voran|bringen,** + A, faire avancer
- 53 **voran|gehen,** i, a, (ist), + D, précéder qqn, marcher en tête ➜ 168
- 34 **voran|kommen,** a, o, (ist), avancer, progresser ➜ 171
- 04 **voran|stellen,** + A, placer en tête
- 21 **voran|treiben,** ie, ie, + A, impulser
- 09 **vor|arbeiten,** vi (hat), prendre de l'avance dans son travail
- 09 ♦ **vor|arbeiten,** sich, progresser
- 04 **voraus|ahnen,** + A, pressentir
- 04 **voraus|bestimmen,** + A, déterminer à l'avance
- 04 **voraus|bezahlen,** + A, payer d'avance
- 04 **voraus|eilen** (ist), prendre les devants
- 53 **voraus|gehen,** i, a, (ist), + D, partir avant
- 01 **voraus|haben,** + D + A, avoir l'avantage de
- 04 **voraus|sagen,** + A, prédire
- 04 **voraus|schicken,** + A, expédier, exposer d'abord
- 32 **voraus|sehen,** a, e, ie, + A, prévoir
- 04 **voraus|setzen,** + A, exiger, supposer
- 20 **voraus|wissen,** + A, savoir d'avance
- 04 **voraus|zahlen,** + A, verser un acompte
- 04 **vor|bauen,** vi (hat), + D, prévenir [danger] ➜ 214

DICTIONNAIRE DES VERBES

vor|behalten à vor|stehen

- 42 **vor|behalten**, ie, a, ä, + A, réserver
- 35 **vorbei|fahren**, u, a, ä, (ist), passer [en véhicule]
- 53 **vorbei|gehen**, i, a, (ist), passer, laisser échapper
- 34 **vorbei|kommen**, a, o, (ist), passer → 171
- 42 **vorbei|lassen**, ie, a, ä, + A, laisser passer
- 10 **vorbei|marschieren** (ist), défiler
- 09 **vorbei|reden**, vi (hat), aneinander ~, avoir un dialogue de sourds
- 09 **vor|bereiten**, + A, préparer → 214
- 09 ♦ **vor|bereiten**, sich, auf + A, se préparer [à un examen] → 214
- 04 **vor|bestellen**, + A, réserver → 214
- 04 **vor|beugen**, + D, prévenir [maladie] → 214
- 06 ♦ **vor|beugen**, sich, se pencher en avant → 214
- 09 **vor|bilden**, + A, préparer
- 13 **vor|bringen**, + A, présenter, avancer [argument] → 214
- 10 **vor|datieren**, + A, antidater
- 06 **vor|drängen**, sich, jouer des coudes → 214
- 52 **vor|dringen**, a, u, (ist), avancer → 214
- 42 **vor|enthalten**, + D + A, priver qqn de qqch.
- 35 **vor|fahren**[1], u, a, ä, + A, avancer [véhicule] → 159
- 35 **vor|fahren**[2], u, a, ä, (ist), avancer, passer le premier → 159
- 42 **vor|fallen**, ie, a, ä, (ist), survenir → 214
- 52 **vor|finden**, a, u, + A, trouver, découvrir → 215
- 04 **vor|fühlen**, vi (hat), (fam.) tâter le terrain
- 04 **vor|führen**, + D + A, présenter, projeter → 162
- 07 **vor|gaukeln**, + D + A, faire miroiter → 215
- 32 **vor|geben**, a, e, i, + A/zu + inf., prétendre, prétexter → 165
- 53 **vor|gehen** (ist), avancer, se passer → 214
- 22 **vor|greifen**, i, i, vi (hat), + D, anticiper sur → 214
- 01 **vor|haben**, + A, projeter qqch. → 214
- 42 **vor|halten**, ie, a, ä, + D + A, présenter, reprocher
- 04 **vorher|bestimmen**, + A, prédestiner
- 53 **vorher|gehen**, i, a, (ist), + D, précéder
- 04 **vor|herrschen**, vi (hat), (pré)dominer → 215
- 04 **vorher|sagen**, + A, prédire, das Wetter ~, présenter la météo
- 32 **vorher|sehen**, a, e, ie, + A, prévoir
- 04 **vor|kauen**, + D + A, mâcher le travail à qqn

- 04 **vor|knöpfen**, sich (D) + A, (fam.) prendre qqn à partie
- 34 **vor|kommen**, a, o, (ist), arriver, + D, sembler à qqn → 171
- 35 **vor|laden**, + A, convoquer, citer [en justice]
- 42 **vor|lassen**, ie, a, ä, + A, laisser passer [devant], recevoir
- 04 **vor|legen**, + D + A, présenter, soumettre [projet] → 174
- 32 **vor|lesen**, a, e, ie, + D + A, lire à qqn → 214
- 48 **vorlieb nehmen**, a, o, i, vi (hat), se contenter de
- 44 **vor|liegen**, a, e, vi (hat), exister → 177
- 04 **vor|machen**, + D + A, montrer, en faire accroire à qqn → 214
- 04 **vor|merken**, sich (D) + A, prendre note de
- 48 **vor|nehmen**, a, o, i, + A, entreprendre, sich (D) + A, se proposer de → 180
- 04 **vornüber kippen**, (ist), basculer en avant
- 04 **vor|preschen** (ist), se ruer en tête
- 09 **vor|rechnen**, + D + A, énumérer, détailler
- 04 **vor|rücken**[1], + A, avancer
- 04 **vor|rücken**[2] (ist), avancer, progresser → 214
- 04 **vor|sagen**, + A/vi (hat), souffler [la réponse]
- 24 **vor|schieben**, o, o, + A, pousser en avant, (fig.) prétexter → 214
- 28 **vor|schießen**, o, o, + D + A, avancer [argent]
- 35 **vor|schlagen**, u, a, ä, + D + A, proposer
- 21 **vor|schreiben**, ie, ie, + D + A, prescrire → 214
- 04 **vor|schützen**, + A, prétexter
- 04 **vor|schweben**, vi (hat)/vimp (es), + D, avoir une vague idée de
- 32 **vor|sehen**, a, e, ie, + A, prévoir → 214
- 32 ♦ **vor|sehen**, a, e, ie, sich, se prémunir
- 04 **vor|setzen** (+ D) + A, servir (qqch. à qqn)
- 52 **vor|singen**, a, u, + A, chanter, passer une audition
- 46 **vor|sitzen**, a, e, vi (hat), + D, présider à → 215
- 04 **vor|sorgen**, vi (hat), für, parer à → 214
- 07 **vor|spiegeln**, + D + A, faire miroiter → 215
- 04 **vor|spielen**, + D + A, jouer, faire entendre
- 49 **vor|sprechen**, a, o, i, + D + A, prononcer
- 49 **vor|sprechen**, a, o, i, passer [chez qqn] → 214
- 52 **vor|springen** (ist), faire saillie, avancer → 214
- 31 **vor|stehen**, a, a, vi (hat), faire saillie, + D, diriger → 183

vor|stellen à weg|jagen

- 04 **vor|stellen,** + D + A, (re)présenter, sich (D), se représenter, imaginer ➜ 186
- 06 ♦ **vor|stellen,** sich, se présenter ➜ 186
- 40 **vor|stoßen,** ie, o, ö, (ist), s'avancer, pénétrer ➜ 214
- 04 **vor|strecken,** + D, + A, tendre, avancer [de l'argent] ➜ 214
- 04 **vor|täuschen,** + A, feindre, simuler
- 35 **vor|tragen,** u, a, ä, + A, exposer ➜ 214
- 32 **vor|treten,** a, e, i, (ist), s'avancer ➜ 214
- 53 **vorüber|gehen,** i, a, (ist), passer, cesser
- 04 **vor|verlegen,** + A, avancer
- 06 **vor|wagen,** sich, oser s'avancer, s'aventurer
- 13 **vorwärts bringen,** + A, faire avancer
- 53 **vorwärts gehen,** i, a, (ist), avancer
- 34 **vorwärts kommen,** a, o, (ist), progresser, réussir
- 48 **vorweg|nehmen,** a, o, i, + A, anticiper sur
- 21 **vor|weisen,** ie, ie, + A, montrer, produire
- 50 **vor|werfen,** a, o, i, + D + A, reprocher ➜ 214
- 24 **vor|wiegen,** o, o, vi (hat), prévaloir ➜ 215
- 09 **vor|zeichnen,** + A, ébaucher, indiquer
- 04 **vor|zeigen,** + A, montrer, produire ➜ 214
- 24 **vor|ziehen,** o, o, + A, tirer, fermer ; + D + A, préférer à ➜ 189

W

- 04 **wachen,** vi (hat), veiller
- 41 **wach|rufen,** ie, u, + A, éveiller, évoquer
- 07 **wach|rütteln,** + A, secouer
- 04 **wachsen,** + A, cirer, farter [skis]
- 36 **wachsen,** u, a, ä, (ist), pousser, grandir
- 07 **wackeln,** vi (hat/ist), être branlant, tituber
- 04 **wagen,** + A/zu + inf., oser faire, risquer
- 06 ♦ **wagen,** sich, se risquer
- 04 **wählen,** + A, choisir, zu, élire
- 04 **wahren,** + A, préserver
- 04 **währen,** vi (hat)/vimp (es), durer
- 01 **wahrhaben,** + A, inf. seul, admettre
- 48 **wahr|nehmen,** a, o, i, + A, percevoir, profiter de ➜ 180
- 04 **wahr|sagen,** + A, prédire ; vi (hat), prédire l'avenir
- 04 **wallen,** vi (hat), bouillonner
- 09 **walten,** vi (hat), régner
- 04 **walzen,** + A, laminer
- 04 **wälzen,** + A, rouler ; (fig.) ruminer
- 06 ♦ **wälzen,** sich, se rouler, se vautrer
- 07 **wandeln¹,** + A, changer
- 07 **wandeln²** (ist), cheminer
- 07 ♦ **wandeln,** sich, se transformer
- 08 **wandern** (ist), faire une randonnée
- 04 **wanken,** vi (hat/ist), chanceler, tituber
- 04 **wärmen,** + A, chauffer
- 06 ♦ **wärmen,** sich, se réchauffer
- 42 **warm|halten,** ie, a, ä, + A, (fam.) rester en relation avec
- 04 **warm stellen,** + A, tenir au chaud
- 38 **warm laufen,** ie, au, äu, (ist), chauffer [moteur]
- 38 ♦ **warm laufen,** ie, au, äu, sich, s'échauffer
- 04 **warnen,** + A, vor + D, avertir de qqch.
- 09 **warten,** vi (hat), auf + A, attendre
- 36 **waschen,** u, a, ä, + A, laver
- 36 ♦ **waschen,** u, a, ä, sich, se laver
- 08 **wässern,** + A, arroser, faire tremper
- 09 **waten** (ist), patauger
- 07 **watscheln** (ist), se dandiner
- 04 **weben¹,** + A, tisser
- 23 **weben²,** o, o, + A, (lit.) tisser
- 07 **wechseln,** + A, (é)changer
- 04 **wecken,** + A, réveiller qqn, éveiller [sentiment]
- 07 **wedeln,** vi (hat), mit, remuer, agiter
- 34 **weg|bekommen,** a, o, + A, enlever, faire disparaître
- 21 **weg|bleiben,** ie, ie, (ist), ne pas/ne plus venir
- 13 **weg|bringen,** + A, enlever, emmener
- 13 **weg|denken,** + A, faire abstraction de
- 04 **weg|drängen,** + A, écarter, évincer
- 35 **weg|fahren¹,** u, a, ä, + A, emmener [en véhicule] ➜ 159
- 35 **weg|fahren²,** u, a, ä, (ist), partir ➜ 159
- 42 **weg|fallen,** ie, a, ä, (ist), être supprimé(e)
- 24 **weg|fliegen,** o, o, (ist), s'envoler
- 04 **weg|führen,** + A, emmener ; vi (hat), s'éloigner
- 32 **weg|geben,** a, e, i, + A, donner
- 53 **weg|gehen,** i, a, (ist), partir, s'en aller ➜ 168
- 01 **weghaben,** + A, ne plus voir ; être féru de
- 04 **weg|jagen,** + A, chasser

DICTIONNAIRE DES VERBES

weg|kommen à wenden

34 **weg|kommen,** a, o, (ist), *s'en aller, disparaître*
04 **weg|kriegen,** + A, *(fam.) enlever, faire disparaître*
42 **weg|lassen,** ie, a, ä, + A, *laisser de côté, supprimer*
38 **weg|laufen,** ie, au, äu, (ist), *se sauver*
04 **weg|legen,** + A, *mettre de côté*
04 **weg|machen,** + A, *faire partir*
19 **weg|müssen,** vi/vmod, *devoir partir*
48 **weg|nehmen,** a, o, i, + D + A, *enlever, prendre à qqn* → 180
04 **weg|raffen,** + A, *emporter, (fig.) faucher*
10 **weg|rationalisieren,** + A, *faire un plan social*
04 **weg|räumen,** + A, *débarrasser*
04 **weg|reisen** (ist), *partir en voyage*
11 **weg|rennen** (ist), *se sauver*
04 **weg|schaffen,** + A, *enlever*
04 **weg|schicken,** + A, *(r)envoyer*
22 **weg|schleichen,** i, i, (ist), *partir à la dérobée*
22 ♦ **weg|schleichen,** i, i, sich, *partir à la dérobée*
22 **weg|schmeißen,** i, i, + A, *(fam.) ficher en l'air*
04 **weg|schnappen,** + D + A, *souffler qqch. à qqn*
32 **weg|sehen,** a, e, ie, vi (hat), *détourner le regard*
04 **weg|spülen,** + A, *emporter [flots]*
04 **weg|stecken,** + A, *cacher*
47 **weg|stehlen,** a, o, ie, sich, *s'esquiver*
04 **weg|stellen,** + A, *mettre de côté*
40 **weg|stoßen,** ie, o, ö, + A, *repousser*
22 **weg|streichen,** i, i, + A, *rayer, supprimer*
30 **weg|tun,** a, a, + A, *enlever, jeter*
50 **weg|werfen,** a, o, i, + A, *jeter*
04 **weg|wischen,** + A, *nettoyer, (fig.) balayer*
17 **wegwollen,** vi/vmod, *vouloir partir*
24 **weg|ziehen**[1], o, o, + A, *(re)tirer* → 189
24 **weg|ziehen**[2], o, o, (ist), *partir* → 189
04 **wehen**[1], + A, *emporter*
04 **wehen**[2], vi (hat/ist), *souffler, flotter*
06 **wehren,** sich, *se défendre*
04 **wehklagen,** vi (hat), *se lamenter*
30 **weh|tun,** a, a, + D, *faire mal à*
04 **weichen**[1], + A, *faire tremper, ramollir*
04 **weichen**[2] (ist), *se ramollir*
22 **weichen,** i, i, (ist), + D, *céder, reculer*
04 **weich machen,** + A, *ramollir ; (fam.) faire céder*

09 **weiden,** vi (hat), *paître*
09 ♦ **weiden,** sich, an + D, *se repaître de*
08 **weigern,** sich, *refuser*
04 **weihen,** + D + A, *consacrer*
04 **weinen,** vi (hat), *pleurer*
21 **weisen,** ie, ie, + A/vi (hat), *montrer, indiquer*
04 **weis|machen,** + D + A, *faire croire qqch. à qqn*
04 **weißen,** + A, *blanchir*
09 **weiten,** + A, *élargir*
09 ♦ **weiten,** sich, *s'élargir*
09 **weiter|arbeiten,** vi (hat), *continuer à travailler*
08 **weiter|befördern,** + A, *réexpédier*
31 **weiter|bestehen,** a, a, vi (hat), *subsister*
09 **weiter|bilden,** + A, *donner une formation complémentaire*
09 ♦ **weiter|bilden,** sich, *se recycler*
13 **weiter|bringen,** + A, *faire avancer*
47 **weiter|empfehlen,** a, o, ie, + A, *recommander*
07 **weiter|entwickeln,** + A, *développer*
07 ♦ **weiter|entwickeln,** sich, *évoluer*
04 **weiter|erzählen,** + A, *continuer son récit, rapporter*
35 **weiter|fahren,** u, a, ä, (ist), *poursuivre sa route*
04 **weiter|führen,** + A/vi (hat), *continuer*
32 **weiter|geben,** a, e, i, + A, *transmettre* → 165
53 **weiter|gehen,** i, a, (ist), *continuer son chemin*
50 **weiter|helfen,** a, o, i, + D, *aider*
34 **weiter|kommen,** a, o, (ist), *avancer, progresser* → 171
14 **weiter|können,** vi/vmod, *pouvoir continuer*
38 **weiter|laufen,** ie, au, äu, (ist), *continuer à courir, se poursuivre*
04 **weiter|leben,** vi (hat), *continuer à vivre*
09 **weiter|leiten,** + A, *acheminer [courrier]*
04 **weiter|machen,** vi (hat), *continuer*
04 **weiter|reisen** (ist), *poursuivre son voyage*
04 **weiter|sagen,** *répéter*
09 **weiter|verbreiten,** + A, *propager*
20 **weiter|wissen,** vi (hat), *savoir quoi faire*
17 **weiter|wollen,** vi/vmod, *vouloir continuer*
52 **weit|springen,** a, u, (ist), *sauter en longueur*
04 **welken** (ist), *se faner*
04 **wellen,** + A, *onduler*
06 ♦ **wellen,** sich, *onduler, friser*
12 **wenden,** + A, *tourner ; vi (hat), faire demi-tour*

12 ♦ **wenden,** sich, an + A, *s'adresser à qqn*
50 **werben,** a, o, i, + A, *recruter*
50 **werben,** a, o, i, vi (hat), für, *faire de la publicité*
03 **werden,** wurde, geworden, (ist), aux. *devenir*
50 **werfen,** a, o, i, + A, *jeter, lancer*
50 ♦ **werfen,** a, o, i, sich, *se jeter*
07 **werkeln,** vi (hat), *bricoler*
09 **werten,** + A, *évaluer, juger*
08 **wetteifern,** vi (hat), mit, *rivaliser avec*
09 **wetten,** vi (hat), *parier*
08 **wettern,** vi (hat), gegen, *pester contre*
04 **wett|machen,** + A, *compenser, réparer*
04 **wetzen,** + A, *aiguiser*
04 **wichsen,** + A, *cirer ; (fam.) rouer de coups*
07 **wickeln,** + A, *envelopper, langer*
04 **wider|hallen,** vi (hat), *résonner* → 242
04 **widerlegen,** + A, *réfuter* → 175
41 **widerrufen,** ie, u, + A, *se rétracter* → 242
06 **widersetzen,** sich, + D, *s'opposer à* → 242
07 **wider|spiegeln,** + A, *refléter* → 242
07 ♦ **wider|spiegeln,** sich, *se refléter* → 242
49 **widersprechen,** a, o, i, + D, *contredire* → 242
31 **widerstehen,** a, a, + D, *résister à* → 184
04 **widerstreben,** + D, *répugner à*
09 **widmen,** + D + A, *dédier, consacrer*
09 ♦ **widmen,** sich, + D, *se consacrer à*
43 **wieder an|fangen,** i, a, ä, vi (hat), *recommencer*
04 **wieder auf|bauen,** + A, *reconstruire*
09 **wieder auf|bereiten,** + A, *retraiter*
48 **wieder auf|nehmen,** a, o, i, + A, *reprendre, réintégrer*
04 **wieder auf|tauchen,** (ist), *refaire surface*
34 **wieder|bekommen,** a, o, + A, *récupérer*
04 **wieder|beleben,** + A, *ranimer*
13 **wieder|bringen,** + A, *rapporter*
42 **wieder ein|fallen,** ie, a, ä, (ist), *revenir [à l'esprit]*
04 **wieder entdecken,** + A, *redécouvrir*
11 **wieder|erkennen,** + A, *reconnaître*
09 **wieder|eröffnen,** + A, *rouvrir*
52 **wieder|finden,** a, u, + A, *retrouver*
32 **wieder|geben,** a, e, i, + D + A, *rendre, restituer* → 165
51 **wieder|gewinnen,** a, o, + A, *recouvrer*
04 **wieder gut|machen,** + A, *réparer*

01 **wieder|haben,** + A, *récupérer*
04 **wiederher|stellen,** + A, *rétablir, restaurer*
04 **wiederholen,** + A, *répéter, réviser*
06 ♦ **wiederholen,** sich, *se répéter*
04 **wieder|holen,** + A, *aller chercher ou récupérer*
04 **wieder|käuen,** + A, *ruminer*
04 **wieder|kehren** (ist), *revenir, se répéter*
34 **wieder|kommen,** a, o, (ist), *revenir*
32 **wieder sehen,** a, e, ie, + A, *revoir*
49 **wieder treffen,** a, o, i, + A, *rencontrer à nouveau*
30 **wieder tun,** a, a, + A, *refaire*
04 **wieder|vereinigen,** + A, *réunifier*
09 **wieder|verwenden,** + A, *réutiliser*
09 **wieder verwerten,** + A, *recycler*
04 **wieder wählen,** + A, *réélire*
04 **wiegen,** + A, *bercer, balancer*
06 ♦ **wiegen,** sich, *se bercer, se balancer*
24 **wiegen,** o, o, + A/vi (hat), *peser*
08 **wiehern,** vi (hat), *hennir*
08 **wildern,** *braconner*
39 **willkommen heißen,** ie, ei, + A, *souhaiter la bienvenue*
07 **wimmeln,** vi/vimp (es), *fourmiller, grouiller*
08 **wimmern,** vi (hat), *geindre*
52 **winden,** a, u, + A, *enrouler, tresser*
52 ♦ **winden,** a, u, sich, *se tordre, serpenter*
04 **winken,** vi (hat), + D, *faire signe de la main*
07 **winseln,** vi (hat), *pleurnicher*
04 **wippen,** vi (hat), *se balancer*
07 **wirbeln** (ist), *tourner, tourbillonner*
04 **wirken,** vi (hat), auf + A, *agir, faire effet sur*
09 **wirtschaften,** vi (hat), *gérer [ses affaires]*
04 **wischen,** + A/vi (hat), *essuyer*
07 **wispeln,** vi (hat), *chuchoter*
08 **wispern,** vi (hat), *chuchoter*
20 **wissen,** + A/vi (hat), *savoir*
08 **wittern,** + A, *flairer*
07 **witzeln,** vi (hat), *plaisanter*
04 **wogen,** vi (hat), *onduler, faire des vagues*
30 **wohl tun,** a, a, + D, *faire du bien*
04 **wohnen,** vi (hat), *habiter*
06 **wölben,** sich, *se bomber, former une voûte*
17 **wollen,** + A, vmod, *vouloir*
52 **wringen,** a, u, + A, *tordre, essorer*

wuchern à zerstreuen

08 **wuchern** (hat/ist), proliférer, foisonner
09 **wuchten,** + A/vi (hat), hisser, (fam.) trimer
04 **wühlen,** vi (hat), creuser, fouiller
08 **wundern,** + A, étonner
08 ♦ **wundern,** sich, über + A, s'étonner de
04 **wünschen,** + D/sich + A, souhaiter, désirer
04 **würdigen,** + A + G, gratifier, estimer digne
07 **würfeln,** vi (hat), jouer aux dés
04 **würgen,** + A/vi (hat), étrangler
07 **wursteln,** vi (hat), (fam.) travailler en dilettante
07 **wurzeln,** vi (hat), être enraciné(e)
04 **würzen,** + A, assaisonner, épicer
09 **wüten,** vi (hat), faire rage

Z

04 **zahlen,** + D + A, payer
04 **zählen,** + A, compter
04 **zähmen,** + A, dompter, apprivoiser
06 **zanken,** sich, se chamailler
04 **zapfen,** + A, tirer au tonneau
07 **zappeln,** vi (hat), frétiller, gigoter
04 **zappen,** vi (hat), zapper
08 **zaubern,** + A, faire de la magie
08 **zaudern,** vi (hat), hésiter
04 **zäumen,** + A, brider
04 **zechen,** vi (hat), (fam.) picoler
04 **zehren,** vi (hat), von, se nourrir de, vivre de/sur
09 **zeichnen,** + A, dessiner
04 **zeigen,** + D + A, montrer
06 ♦ **zeigen,** sich, se montrer
09 **zelten,** vi (hat), camper
10 **zementieren,** + A, cimenter
10 **zensieren,** + A, noter
10 **zentralisieren,** + A, centraliser
22 **zerbeißen,** i, i, + A, croquer
04 **zerbomben,** + A, bombarder
49 **zerbrechen¹,** a, o, i, + A, briser → 225
49 **zerbrechen²,** a, o, i, (ist), se briser
07 **zerbröckeln¹,** + A, émietter
07 **zerbröckeln²** (ist), s'émietter, s'effriter
04 **zerdrücken,** + A, écraser
42 **zerfallen,** ie, a, ä, (ist), tomber en ruine, se décomposer
04 **zerfetzen,** + A, déchirer → 225
04 **zerfleischen,** + A, déchiqueter

28 **zerfließen,** o, o, (ist), couler
33 **zerfressen,** a, e, i, + A, ronger, corroder
53 **zergehen,** i, a, (ist), se dissoudre → 169
08 **zergliedern,** + A, décomposer, analyser
04 **zerhacken,** + A, couper en morceaux
38/54 **zerhauen,** ie, au, + A, couper, trancher
08 **zerkleinern,** + A, réduire en morceaux → 225
08 **zerknittern,** + A, froisser
04 **zerknüllen,** + A, froisser
04 **zerkratzen,** + A, rayer, égratigner
07 **zerkrümeln¹,** + A, émietter
07 **zerkrümeln²** (ist), s'émietter
42 **zerlassen,** ie, a, ä, + A, faire fondre
04 **zerlegen,** + A, démonter, découper → 175
54 **zermahlen,** + A, moudre, broyer
04 **zermalmen,** + A, broyer
04 **zermürben,** + A, user, (fig.) démoraliser
04 **zerpflücken,** + A, effeuiller, (fig.) éplucher
04 **zerplatzen** (ist), éclater
04 **zerquetschen,** + A, écraser
21 **zerreiben,** ie, ie, + A, pulvériser
22 **zerreißen¹,** i, i, + A, déchirer → 225
22 **zerreißen²,** i, i, (ist), se déchirer
04 **zerren,** + A/vi (hat), traîner, tirer [avec violence]
51 **zerrinnen,** a, o, (ist), s'écouler, (fig.) s'évanouir
09 **zerrütten,** + A, ruiner, (fig.) désorganiser
04 **zerschellen** (ist), an + D, se fracasser sur
35 **zerschlagen,** u, a, ä, + A, briser, démanteler [réseau] → 225
35 ♦ **zerschlagen,** u, a, ä, sich, s'effondrer
08 **zerschmettern,** + A, fracasser
22 **zerschneiden,** i, i, + A, découper → 225
04 **zersetzen,** + A, décomposer
06 ♦ **zersetzen,** sich, se décomposer
9/54 **zerspalten,** + A, fendre
08 **zersplittern,** + A, fractionner, disperser
08 **zersplittern** (ist), éclater
04 **zersprengen,** + A, faire sauter
52 **zerspringen,** a, u, (ist), se briser, éclater
04 **zerstampfen,** + A, piler, écraser
04 **zerstäuben,** + A, vaporiser
49 **zerstechen,** a, o, i, + A, couvrir de piqûres
04 **zerstören,** + A, détruire → 225
04 **zerstreuen,** + A, distraire, disperser

zerstreuen à zu|legen

06 ♦ **zerstreuen**, sich, se distraire, se disperser
07 **zerstückeln**, + A, morceler, dépecer
04 **zerteilen**, + A, découper, fractionner → 225
07 **zertrampeln**, + A, piétiner
32 **zertreten**, a, e, i, + A, écraser
08 **zertrümmern**, + A, désintégrer
04 **zerzausen**, + A, ébouriffer
04 **zeugen**, + A, engendrer, procréer
04 **zeugen**, vi (hat), von, témoigner de
24 **ziehen**[1], o, o, + A, tirer → 188
24 **ziehen**[2], o, o, (ist), nach, partir → 188
24 ♦ **ziehen**, o, o, sich, s'étendre, traîner en longueur → 188
04 **zielen**, vi (hat), auf + A, viser
06 **zieren**, sich, faire des manières
08 **zimmern**, + A, charpenter
04 **zirpen**, vi (hat), chanter [grillon]
04 **zischen**, vi (hat), siffler
10 **zitieren**, + A, citer
08 **zittern**, vi (hat), trembler
10 **zivilisieren**, + A, civiliser
08 **zögern**, vi (hat), zu + inf., hésiter à
04 **zollen**, + D + A, témoigner du respect à qqn
04 **zu|bauen**, + A, condamner [issue]
22 **zu|beißen**, i, i, vi (hat), mordre
34 **zu|bekommen**, a, o, + A, arriver à fermer
09 **zu|bereiten**, + A, préparer [un plat] → 218
04 **zu|billigen**, + D + A, accorder → 217
21 **zu|bleiben**, ie, ie, (ist), rester fermé(e)
13 **zu|bringen**, + A, apporter, passer, pouvoir fermer
08 **zu|buttern**, + A, injecter [de l'argent]
09 **züchten**, + A, élever, cultiver
04 **züchtigen**, + A, châtier
07 **zuckeln** (ist), (fam.) trottiner
04 **zucken**, vi (hat/ist), tressaillir, palpiter
04 **zücken**, + A, tirer, sortir
08 **zuckern**, + A, sucrer
04 **zu|decken**, + A, couvrir
04 **zu|drehen**, + A, fermer [en tournant]
06 ♦ **zu|drehen**, sich, + D, se tourner vers
04 **zu|drücken**, + A, fermer [en appuyant]
42 **zueinander halten**, ie, a, ä, vi (hat), être solidaire
04 **zueinander passen**, vi (hat), aller ensemble

11 **zu|erkennen**, + D + A, décerner → 217
35 **zu|fahren**, u, a, ä, (ist), accélérer, rouler vers → 159
42 **zu|fallen**, ie, a, ä, (ist), se fermer ; + D, revenir à qqn → 217
04 **zu|fassen** vi (hat), empoigner
24 **zu|fliegen**, o, o, (ist), claquer [porte] ; + D, tomber du ciel
28 **zu|fließen**, o, o, (ist), + D, affluer vers
08 **zu|flüstern**, + D + A, chuchoter [à l'oreille]
32 **zufrieden geben**, a, e, i, sich, mit, se contenter de → 165
42 **zufrieden lassen**, ie, a, ä, + A, laisser tranquille
04 **zufrieden stellen**, + A, satisfaire
24 **zu|frieren**, o, o, (ist), geler
04 **zu|fügen**, + D + A, causer, occasionner → 217
04 **zu|führen**, + D + A, amener, conduire à → 217
32 **zu|geben**, a, e, i, + A, ajouter, admettre → 165
53 **zu|gehen** (ist), (se) fermer ; auf + A, se diriger vers → 168
07 **zügeln**, + A, tenir en bride, réfréner
31 **zu|gestehen**, a, a, + D + A, concéder
22 **zu|greifen**, i, i, vi (hat), se saisir de, se servir → 217 remarque
53 **zugrunde gehen**, i, a, (ist), se perdre, faire naufrage
44 **zugrunde liegen**, a, e, vi (hat), être à la base de
34 **zugute kommen**, a, o, (ist), + D, profiter à
01 **zu|haben** vi (hat), (com.) être fermé(e)
42 **zu|halten**, ie, a, ä, + A, tenir fermé(e)
04 **zu|heilen** (ist), guérir, se cicatriser
04 **zu|hören**, + D, écouter → 217
04 **zu|kehren**, + D + A, tourner le dos à
04 **zu|klappen**[1], + A, rabattre, fermer
04 **zu|klappen**[2] (ist), se rabattre → 218
04 **zu|kleben**, + A, coller, cacheter
04 **zuknöpfen**, + A, boutonner
34 **zu|kommen** (ist), + D, parvenir à qqn → 217
07 **zu|lächeln**, + D, sourire à → 217
04 **zu|langen**, vi (hat), suffire
42 **zu|lassen**, ie, a, ä, + A, autoriser, zu etw. ~, admettre à
38 **zu|laufen**, ie, au, äu, (ist), auf + A, se précipiter vers → 217
04 **zu|legen**, + A, ajouter ; sich (D) + A, s'offrir qqch. → 174

09	**zu|leiten**, + D + A, *acheminer* → 217	42	**zurück|fallen**, ie, a, ä, (ist), *retomber, rétrograder*
04	**zu|machen**, + A, *fermer* → 218	52	**zurück|finden**, a, u, vi (hat), sich, *retrouver son chemin*
08	**zu|mauern**, + A, *murer* → 218 remarque	24	**zurück|fliegen¹**, o, o, + A, *ramener [en avion]*
33	**zu|messen**, a, e, i, + D + A, *attribuer*	24	**zurück|fliegen²**, o, o, (ist), *revenir [en avion]*
09	**zu|muten**, + D + A, *exiger qqch. de qqn*	08	**zurück|fordern**, + A, *redemander, réclamer*
07	**zu|nageln**, + A, *clouer*	04	**zurück|führen**, + A, auf + A, *ramener, imputer à* → 162
09	**zünden**, + A, *allumer* ; vi (hat), *s'allumer*	32	**zurück|geben**, a, e, i, + D + A, *rendre* → 165
48	**zu|nehmen**, a, o, i, vi (hat), *augmenter* → 180	53	**zurück|gehen**, i, a, (ist), *revenir [à pied], baisser, diminuer* → 168
04	**zu|neigen**, vi (hat), + D, *pencher, incliner à*	51	**zurück|gewinnen**, a, o, + A, *récupérer*
06	♦ **zu|neigen**, sich, *se pencher*	22	**zurück|greifen**, i, i, vi (hat), *avoir recours à*
04	**zunichte machen**, + A, *réduire à néant*	42	**zurück|halten**, ie, a, ä, + A, *retenir*
04	**zu|nicken**, + D, *faire un signe de tête* → 217	42	♦ **zurück|halten**, ie, a, ä, sich, *se retenir*
09	**zu|ordnen**, + D + A, *ranger parmi*	04	**zurück|holen**, + A, *ramener*
04	**zu|packen**, vi (hat), *empoigner, mettre la main à la pâte*	04	**zurück|kehren** (ist), von, *rentrer de*
04	**zupfen**, + A, an + D, *tirer par* ; vi (hat), *pincer*	34	**zurück|kommen**, a, o, (ist), *revenir* → 171
37	**zu|raten**, ie, a, ä, + D, *conseiller qqn*	42	**zurück|lassen**, ie, a, ä, + A, *laisser derrière soi*
09	**zu|rechnen**, + D + A, *compter parml, imputer à*	04	**zurück|legen**, + A, *remettre, mettre de côté, parcourir* → 174
24	**zurecht|biegen**, o, o, + A, *redresser, arranger*	04	**zurück|lehnen**, + A, *pencher en arrière*
52	**zurecht|finden**, a, u, sich, *trouver son chemin*	06	♦ **zurück|lehnen**, sich, *se pencher en arrière*
34	**zurecht|kommen**, a, o, (ist), mit, *se débrouiller* → 171	44	**zurück|liegen**, a, e, vi (hat), *remonter à* → 177
04	**zurecht|legen**, + A, *préparer*	19	**zurück|müssen**, vi/vmod, *devoir rentrer*
04	**zurecht|machen**, + A, *préparer*	48	**zurück|nehmen**, a, o, i, + A, *reprendre, retirer* → 180
04	**zurecht|rücken**, + A, *arranger* ; *(fam.) remettre en place*	41	**zurück|rufen**, ie, u, + A, *rappeler*
21	**zurecht|weisen**, ie, ie, + A, *réprimander*	04	**zurück|schicken**, + A, *renvoyer*
09	**zu|reden**, vi (hat), + D, *exhorter qqn* → 217	24	**zurück|schieben**, o, o, + A, *repousser*
04	**zu|reichen**, + D + A, *passer qqch. à qqn*	35	**zurück|schlagen**, u, a, ä, + A, *renvoyer [en frappant]* ; vi (hat), *riposter*
09	**zurichten**, + A, *apprêter* ; übel, *mettre dans un piteux état* → 218	4/49	**zurück|schrecken**, a, o, i, (ist), vor + D, *reculer devant*
07	**zu|riegeln**, + A, *verrouiller*	04	**zurück|setzen**, + A, *reculer, remettre* ; *(fig.) défavoriser*
42	**zurück|behalten**, ie, a, ä, + A, *garder*	06	♦ **zurück|setzen**, sich, *se rasseoir*
34	**zurück|bekommen**, a, o, + A, *récupérer*	04	**zurück|stecken**, + A, *remettre* ; vi (hat), *en rabattre*
21	**zurück|bleiben**, ie, ie, (ist), *rester en arrière*	04	**zurück|stellen**, + A, *reculer, ajourner* → 186
04	**zurück|blicken**, vi (hat), *regarder en arrière*	40	**zurück|stoßen**, ie, o, ö, + A, *repousser*
13	**zurück|bringen**, + D + A, *rapporter* → 156	04	**zurück|strahlen**, + A/vi (hat), *(se) refléter*
04	**zurück|drängen**, + A, *repousser*	32	**zurück|treten**, a, e, i, (ist), *reculer, démissionner*
42	**zurück|erhalten**, ie, a, ä, + A, *récupérer*	04	**zurück|verfolgen**, + A, *retrouver, reconstituer*
09	**zurück|erstatten**, + A, *rembourser*	04	**zurück|verlangen**, + A, *réclamer*
35	**zurück|fahren¹**, u, a, ä, + A, *ramener [en véhicule]* → 159		
35	**zurück|fahren²**, u, a, ä, (ist), *revenir [en véhicule], reculer* → 159		

zurück|versetzen à zusammen|wachsen

- 04 **zurück|versetzen,** + A, renvoyer, réaffecter
- 06 ♦ **zurück|versetzen,** sich, se replonger
- 22 **zurück|weichen,** i, i, (ist), reculer
- 21 **zurück|weisen,** ie, ie, + A, refuser, repousser
- 50 **zurück|werfen,** a, o, i, + A, rejeter, réfléchir
- 17 **zurück|wollen,** + A/vi/vmod, vouloir récupérer qqch., vouloir retourner
- 04 **zurück|zahlen,** + D + A, rembourser
- 24 **zurück|ziehen,** o, o, + A, retirer → 189
- 24 **zurück|ziehen,** o, o, (ist), retourner → 189
- 24 ♦ **zurück|ziehen,** o, o, sich, se retirer, se replier → 189
- 41 **zu|rufen,** ie, u, + D + A, crier à → 217
- 04 **zu|sagen,** + A, accepter, promettre ; + D, convenir à → 217
- 09 **zusammen|arbeiten,** vi (hat), collaborer
- 04 **zusammen|ballen,** + A, amonceler
- 06 ♦ **zusammen|ballen,** sich, s'amonceler
- 22 **zusammen|beißen,** i, i, + A, serrer les dents
- 52 **zusammen|binden,** a, u, + A, lier ensemble
- 21 **zusammen|bleiben,** ie, ie, (ist), rester ensemble
- 49 **zusammen|brechen,** a, o, i, (ist), s'écrouler, s'effondrer
- 13 **zusammen|bringen,** + A, rassembler → 156
- 04 **zusammen|drängen,** + A, serrer, presser
- 06 ♦ **zusammen|drängen,** sich, se presser, s'entasser
- 35 **zusammen|fahren,** u, a, ä, (ist), entrer en collision, sursauter → 159
- 42 **zusammen|fallen,** ie, a, ä, (ist), s'écrouler, coïncider
- 09 **zusammen|falten,** + A, plier
- 04 **zusammen|fassen,** + A, résumer
- 52 **zusammen|finden,** a, u, sich, se retrouver
- 04 **zusammen|flicken,** + A, rapiécer
- 28 **zusammen|fließen,** o, o, (ist), confluer
- 04 **zusammen|fügen,** + A, assembler
- 06 ♦ **zusammen|fügen,** sich, s'assembler
- 04 **zusammen|führen,** + A, réunir
- 53 **zusammen|gehen,** i, a, (ist), (fig.) faire cause commune
- 04 **zusammen|gehören,** vi (hat), aller ensemble
- 42 **zusammen|halten,** ie, a, ä, + A, maintenir ; vi (hat), être solidaire
- 43 **zusammen|hängen,** i, a, vi (hat), être en rapport

- 04 **zusammen|klappen¹,** + A, plier, refermer
- 04 **zusammen|klappen²** (ist), (fam.) craquer
- 34 **zusammen|kommen,** a, o, (ist), se réunir
- 38 **zusammen|laufen,** ie, au, äu, (ist), s'attrouper, converger
- 04 **zusammen|leben,** vi (hat), vivre ensemble
- 04 **zusammen|legen,** + A, regrouper, plier ; vi (hat), se cotiser → 174
- 48 **zusammen|nehmen,** + A, rassembler → 180
- 48 ♦ **zusammen|nehmen,** a, o, i, sich, se dominer → 180
- 04 **zusammen|packen,** a, o, i, + A, emballer
- 04 **zusammen|passen,** vi (hat), aller ensemble, s'accorder
- 04 **zusammen|prallen** (ist), se heurter, entrer en collision
- 04 **zusammen|pressen,** + A, presser, serrer
- 04 **zusammen|raffen,** + A, ramasser
- 06 ♦ **zusammen|raffen,** sich, se ressaisir
- 22 **zusammen|reißen,** i, i, sich, se ressaisir
- 04 **zusammen|rücken¹,** + A, rapprocher
- 04 **zusammen|rücken²** (ist), se serrer
- 04 **zusammen|sacken** (ist), s'affaisser
- 35 **zusammen|schlagen,** u, a, ä, + A, rouer de coups
- 28 **zusammen|schließen,** o, o, + A, réunir
- 28 ♦ **zusammen|schließen,** o, o, sich, s'associer, fusionner
- 04 **zusammen|schrumpfen** (ist), (se) rétrécir, (se) réduire
- 02 **zusammen sein,** (ist), être ensemble
- 04 **zusammen|setzen,** + A, composer, assembler
- 06 ♦ **zusammen|setzen,** sich, aus, se composer de
- 04 **zusammen|stellen,** + A, composer, rassembler → 186
- 40 **zusammen|stoßen,** ie, o, ö, (ist), mit, entrer en collision avec
- 04 **zusammen|stürzen** (ist), s'effondrer
- 04 **zusammen|suchen,** + A, recueillir
- 35 **zusammen|tragen,** u, a, ä, + A, réunir
- 49 **zusammen|treffen,** a, o, i, (ist), se rencontrer, coïncider
- 32 **zusammen|treten¹,** a, e, i, + A, piétiner
- 32 **zusammen|treten²,** a, e, i, (ist), se réunir
- 30 **zusammen|tun,** a, a, sich, s'associer
- 36 **zusammen|wachsen,** u, a, ä, (ist), se souder

zusammen|zählen à zwitschern

- 04 **zusammen|zählen**, + A, additionner
- 24 **zusammen|ziehen¹**, o, o, + A, resserrer, concentrer ➜ 189
- 24 **zusammen|ziehen²**, o, o, (ist), aller habiter ensemble
- 24 ♦ **zusammen|ziehen**, o, o, sich, se contracter
- 04 **zusammen|zucken** (ist), tressaillir
- 04 **zu|schauen**, + D, regarder ➜ 217
- 04 **zu|schicken**, + D + A, envoyer
- 24 **zu|schieben**, o, o, + A, fermer [en poussant] ; + D + A, rejeter [la faute] sur
- 28 **zu|schießen¹**, o, o, + D + A, lancer, injecter [argent]
- 28 **zu|schießen²**, o, o, (ist), auf + A, foncer sur
- 35 **zu|schlagen¹**, u, a, ä, + A, fermer ➜ 218
- 35 **zu|schlagen²**, u, a, ä, vi (hat/ist), claquer, porter des coups ➜ 218
- 28 **zu|schließen**, o, o, + A, fermer à clé ➜ 218
- 04 **zu|schnappen**, vi (hat/ist), mordre, se rabattre
- 22 **zu|schneiden**, i, i, + A, tailler, couper ➜ 218
- 21 **zu|schreiben**, ie, ie, + D + A, attribuer à
- 32 **zu|sehen**, a, e, ie, + D, regarder ➜ 217
- 02 **zu sein**, (ist), être fermé(e)
- 9/12 **zu|senden**, + D + A, envoyer
- 04 **zu|setzen**, + A, ajouter, perdre ; + D, harceler
- 08 **zu|sichern**, + D + A, assurer, garantir
- 04 **zu|spielen**, + D + A, passer [le ballon]
- 06 **zu|spitzen**, sich, s'aggraver ➜ 218 remarque
- 13 **zustande bringen**, + A, réaliser
- 34 **zustande kommen**, a, o, (ist), se réaliser
- 04 **zu|stecken**, + D + A, donner en cachette
- 31 **zu|stehen**, a, a, vi (hat), + D, revenir de droit à
- 21 **zu|steigen**, ie, ie, (ist), monter [en plus]
- 04 **zu|stellen**, + D + A, distribuer, remettre à qqn ➜ 186
- 08 **zu|steuern** (ist), + D, mettre le cap sur
- 04 **zu|stimmen**, + D, consentir à ➜ 217
- 40 **zu|stoßen¹**, ie, o, ö, + A, fermer ➜ 218

- 40 **zu|stoßen²**, ie, o, ö, (ist), + D, arriver à qqn
- 13 **zutage bringen**, + A, mettre au jour
- 34 **zutage kommen**, a, o, (ist), se révéler
- 04 **zu|teilen**, + D + A, attribuer à
- 35 **zu|tragen**, u, a, ä, + D + A, rapporter à
- 35 ♦ **zu|tragen**, u, a, ä, sich, se passer
- 04 **zu|trauen**, + D + A, créditer de ➜ 217
- 49 **zu|treffen**, a, o, i, vi (hat), für, se révéler exact(e) ; s'appliquer à ➜ 217 remarque
- 52 **zu|trinken**, a, u, + D, boire à la santé de
- 34 **zuvor|kommen**, a, o, (ist), + D, devancer, prévenir
- 36 **zu|wachsen**, u, a, ä, (ist), se couvrir de végétation
- 08 **zu|wandern** (ist), immigrer
- 13 **zuwege bringen**, + A, réussir [à faire] qqch.
- 21 **zu|weisen**, ie, ie, + D + A, attribuer
- 9/12 **zu|wenden**, + D + A, tourner qqch. vers
- 9/12 ♦ **zu|wenden**, sich, + D, se tourner vers, se consacrer à
- 50 **zu|werfen**, a, o, i, + D + A, lancer
- 07 **zuwider|handeln**, + D, enfreindre, contrevenir à
- 04 **zu|winken**, + D, faire signe à qqn
- 04 **zu|zahlen**, + A, payer en supplément
- 04 **zuzählen**, + A + D, ajouter [au compte]
- 24 **zu|ziehen¹**, o, o, + A, tirer [rideau], faire appel à ➜ 189
- 24 **zu|ziehen²**, o, o, (ist), venir s'installer ➜ 189
- 24 ♦ **zu|ziehen**, o, o, sich (D), + A, s'attirer, contracter [maladie] ➜ 189
- 04 **zwängen**, + A, in + A, faire entrer de force
- 06 ♦ **zwängen**, sich, s'introduire de force
- 07 **zweifeln**, vi (hat), an + D, douter de
- 04 **zwicken**, + A, pincer
- 52 **zwingen**, a, u, + A, zu, forcer, obliger à
- 52 ♦ **zwingen**, a, u, sich, se forcer à
- 08 **zwinkern**, vi (hat), cligner des yeux
- 08 **zwitschern**, vi (hat), gazouiller